U0567116

BLUE BOOK

智 库 成 果 出 版 与 传 播 平 台

四川县域经济蓝皮书

BLUE BOOK OF SICHUAN COUNTY ECONOMIC

四川县域经济发展报告
（2023~2024）

**REPORT ON THE COUNTY ECONOMIC DEVELOPMENT OF
SICHUAN (2023-2024)**

主　编／《四川县域经济发展报告》编委会

社会科学文献出版社
SOCIAL SCIENCES ACADEMIC PRESS（CHINA）

图书在版编目（CIP）数据

四川县域经济发展报告 . 2023-2024 /《四川县域经济发展报告》编委会主编 . --北京：社会科学文献出版社，2025.1. --（四川县域经济蓝皮书）. --ISBN 978-7-5228-4316-2

Ⅰ. F127.714

中国国家版本馆 CIP 数据核字第 2024YM5535 号

四川县域经济蓝皮书

四川县域经济发展报告（2023~2024）

主　　编／《四川县域经济发展报告》编委会

出 版 人／冀祥德
责任编辑／桂　芳
责任印制／王京美

出　　版／社会科学文献出版社·皮书分社（010）59367127
　　　　　地址：北京市北三环中路甲 29 号院华龙大厦　邮编：100029
　　　　　网址：www.ssap.com.cn
发　　行／社会科学文献出版社（010）59367028
印　　装／天津千鹤文化传播有限公司

规　　格／开　本：787mm×1092mm　1/16
　　　　　印　张：29.5　字　数：444 千字
版　　次／2025 年 1 月第 1 版　2025 年 1 月第 1 次印刷
书　　号／ISBN 978-7-5228-4316-2
定　　价／249.00 元

读者服务电话：4008918866

主编简介

　　《四川县域经济发展报告》编委会，是依托四川省县域经济学会成立的、组织开展四川县域经济蓝皮书编撰的机构，编委会由四川省县域经济学会的现任（历任）顾问、会长、副会长和秘书长组成。在《四川县域经济发展报告》编委会的领导下，成立了《四川县域经济发展报告（2023~2024）》编写小组，负责开展具体的编写工作。

摘　要

本书系统地分析了 2023 年四川省县域经济的发展状况和趋势，揭示了县域经济在国民经济、民生保障以及城乡融合发展中的重要作用。作为国民经济的基础单元，县域经济不仅是推动区域协调发展的核心，也是缩小城乡差距、实现高质量发展的关键抓手。本书不仅为地方政府科学决策提供了依据，也为研究者提供了理解县域经济发展的重要参考。本书对推动四川省县域经济高质量发展具有重要的理论和实践意义。

全书共三个部分 15 篇报告。总报告部分聚焦于四川县域经济发展的重大理论问题，以及所面临的现实挑战，并通过构建综合竞争力水平指标体系，对各县域的经济社会发展进行了全面评估。四川省县域经济呈现"一干多支"的格局，尤其是成都市下辖县域在经济竞争力上优势明显，各功能区充分发挥各自的区域特色，共同推动全省经济的高质量发展。不同视角下的县域前十强排名，进一步展示了各县域在不同条件下的经济社会发展现状和趋势。

综合发展篇从经济总量、人口发展、经济结构、城镇化水平等九个维度对县域经济进行了多维度解读。成都市及其周边县域在经济总量、人均产值上均具有显著优势，呈现"中心辐射、一超多强"的特征。人口规模、工业发展、财政贸易和人民生活水平等方面的数据指标也表明，成都平原经济区在多个维度上处于全省领先地位。此外，川南经济区因产业结构优化和升级，经济增速较快，显示出较强的增长势头。川东北经济区在流动人口净流入方面表现突出，特别是在农业增速和城镇化水平提升方面有明显进步。川

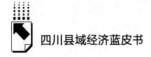

西北生态示范区的农业年均增速居全省前列，反映出该区域在农业发展上的潜力。攀西经济区和川南经济区在工业和服务业发展水平上与川东北经济区相近，整体表现较为均衡。

县域案例篇通过汶川县、彭州市、越西县和安宁河谷经济走廊四个典型县域经济高质量发展的案例，展示了各地在灾后重建、产业优化、生态保护等方面取得的显著成效，为其他县域经济的发展提供了有益的参考。通过这些案例，书中不仅呈现了不同县域在面对复杂发展环境时的应对策略，也揭示了相关政策在推动经济高质量发展中的重要性和可行性。

关键词： 四川省　县域经济　高质量发展　区域协调　城乡融合

Abstract

This book provides a systematic analysis of the development status and trends of county economies in Sichuan Province as of 2023, highlighting the crucial role these economies play in the broader national economy, safeguarding livelihoods, and in the integration of urban and rural areas. As a foundational unit of the national economy, county economies are pivotal in driving regional coordinated development and are essential in narrowing the urban-rural divide and achieving high-quality development. This book offers scientific decision-making tools for local governments and serves as an essential resource for researchers seeking to understand county-level economic development. The book is of considerable theoretical and practical importance for advancing the high-quality development of county economies in Sichuan Province. The book is divided into three sections, comprising a total of 15 chapters. The first section, general reports, delves into significant theoretical issues and practical challenges associated with the development of county economies in Sichuan. By establishing a comprehensive competitiveness index, it provides a thorough assessment of the economic and social development of each county. The county economy in Sichuan is characterized by a "one core, many branches" structure, where counties under Chengdu's administration stand out in terms of economic competitiveness. Each functional area leverages its unique regional strengths to collectively propel the province's economic development. Rankings of the top 10 counties from different perspectives further illustrate the current conditions and trends of economic and social development in these regions.

The second section dissects county economies across nine dimensions, including total economic output, population growth, economic structure, and urbanization levels. Counties within and around Chengdu demonstrate significant

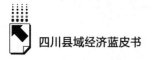
四川县域经济蓝皮书

advantages in terms of total economic output and per capita production, embodying a "central hub with a strong surrounding network" model. Indicators such as population size, industrial growth, fiscal trade, and living standards also suggest that the Chengdu Plain Economic Zone leads the province across several dimensions. Moreover, the Southern Sichuan Economic Zone is showing strong growth momentum, driven by industrial restructuring and upgrading. The Northeastern Sichuan Economic Zone is notable for its net population inflow, with significant progress in agricultural growth and urbanization. The Northwestern Sichuan Ecological Demonstration Zone ranks highly in agricultural growth, highlighting the region's potential for agricultural development. The Panxi Economic Zone and Southern Sichuan Economic Zone exhibit similar levels of industrial and service sector development as the Northeastern Sichuan Economic Zone, demonstrating overall balanced development.

The third section provides in-depth case studies on the high-quality economic development of four typical counties: Wenchuan County, Pengzhou City, Yuexi County, and the Anning River Valley Economic Corridor. These cases showcase significant successes in post-disaster reconstruction, industrial optimization, and ecological preservation, offering valuable lessons for other county economies. Through these examples, the book not only presents the strategies employed by various counties to navigate complex development environments but also underscores the importance and viability of these policies in promoting high-quality economic growth.

Keywords: Sichuan Province; County Economy; High Quality Development; Coordinated Regional Development; Urban-rural Integration Development

目 录 ⟩

Ⅰ 总报告

Ⅱ 综合发展篇

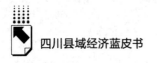

Ⅲ 县域案例篇

皮书数据库阅读使用指南

CONTENTS ⤵

I   General Reports

II   Comprehensive Development Reports

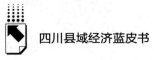

四川县域经济蓝皮书

III County Case Reports

总 报 告

B.1

四川省县域经济发展现状、问题及对策

杨继瑞 徐雅玲 何晶晶 袁宇微 黄潇*

摘　要： 　2023 年，四川省县域经济发展取得了显著成效，主要经济指标如投资、消费和工业增长均实现了稳步上升。尽管县域经济综合实力有所提升，但在民生水平提高和产业结构调整方面，县域经济发展仍面临诸多挑战，如产业层次低、创新能力不足、品牌知名度不高等问题。为实现县域经济的高质量发展，四川需采取差异化的发展策略，因地制宜地推进经济发展，通过"四化同步、城乡融合、全域协同、品质强县"的路径，推动县域经济的提质增效和动能转换，实现不平衡的发展向均衡增长转变。

关键词： 　县域经济　高质量发展　产业政策　城乡融合　四川省

---

* 杨继瑞，博士，西南财经大学教授，主要研究方向为区域经济、农村经济、国土资源与房地产经济；徐雅玲，博士，成都外国语学院商学院副教授，主要研究方向为电子商务；何晶晶，成都外国语学院英语与翻译学院副教授，主要研究方向为城市文化；袁宇微，西南财经大学中国西部经济研究院硕士研究生；黄潇，博士，重庆工商大学教授，主要研究方向为区域经济、数量经济学。

2024 年 6 月 1 日出版的第 11 期《求是》杂志发表了中共中央总书记、国家主席、中央军委主席习近平的重要文章《发展新质生产力是推动高质量发展的内在要求和重要着力点》。习近平总书记在这篇重要文章中指出："去年 7 月以来，我在四川、黑龙江、浙江、广西等地考察调研时，提出要整合科技创新资源，引领发展战略性新兴产业和未来产业，加快形成新质生产力。"

习近平总书记对四川高质量发展高度重视并寄予厚望。四川是我国发展的战略腹地，在国家发展大局特别是实施西部大开发战略中具有独特而重要的地位。习近平总书记对四川提出"四个发力"重要要求，要求四川建设"两高地、两基地、一屏障"，尽快成为带动西部高质量发展的重要增长极和新的动力源。① 县域特别是县域经济则是四川培育和发展新质生产力、夯实战略腹地根基的"压舱石"。

2023 年，在错综复杂的形势下，四川省上下一心，全面落实习近平总书记对四川工作系列重要指示精神和党中央决策部署，全面贯彻习近平新时代中国特色社会主义思想，切实践行四川省第十二次党代会和省委十二届二、三、四、五、六次全会的决策安排。深入学习贯彻党的二十大和二十届一中、二中、三中全会精神，全省着力推动高质量发展，以成渝地区双城经济圈建设为主导，以实现"四化同步、城乡融合、五区共兴"为主要目标。全省人民积极努力，为加大经济建设力度、稳定县域经济发展良好态势全力以赴。

一 四川县域经济发展取得可喜成效

"郡县之治，天下之治也"，郡乃国之根本。为进一步优化营商环境、促进经济运行整体好转，继 2023 年 2 月四川省政府出台了"36 条"后，7 月又推出支持民营企业发展壮大 10 条，近期相关政策从六个方面推出进一

---

① 《习近平在四川考察时强调 推动新时代治蜀兴川再上新台阶 奋力谱写中国式现代化四川新篇章 返京途中在陕西汉中考察》，新华网，2023 年 7 月 29 日，http://www.news.cn/politics/leaders/2023-07/29/c_1129775942.htm。

步激发市场活力 19 条措施，全省经济持续回升。2023 年全年，各县域的经济主要指标保持平稳增长，全省的投资增长率为 4.4%，消费增长率为 9.2%，规模以上工业增长率为 6.1%。全省进出口总额保持在全国第八位。实现合同外资 531.2 亿元、增长 100%，实际到位外商直接投资规模居中西部前列。在川世界 500 强企业达到 381 家，居中西部第一位。在川领事机构达 23 个，成都被称为全国"领馆第三城"。①

在政策支持下，四川省全国百强县增加到 7 个，全国百强区、县总数增加到 20 个，所以要加快制定相关扶持政策，对县域经济薄弱环节给予更多的政策支持，即对革命老区、贫困地区、民族地区、盆周山区进行扶持，有效提高县域经济的底部发展水平。作为六大经济大省之一的四川，其县域数量在全国数一数二，经过多年努力县域发展有了明显成绩，一些县域甚至持续跨过了几百亿元的大关。同时，四川头部强县、强区的数量仍然在持续增加。

从"2024 赛迪百强县（市）"榜单看，四川上榜的县（市）共 7 个，分别是西昌市、简阳市、江油市、宣汉县、彭州市、射洪市和金堂县，这 7 县（市）与以往相比，均呈现向上提升态势且极具强韧性（见表 1）。得益于本次上榜数量达到新高度，四川成为近三年全国新增百强县（市）最多省份。2024 赛迪百强县（市）评选设置了地区生产总值至少 600 亿元、一般公共预算收入至少 20 亿元两道门槛。此外，还将经济实力、增长潜力、富裕程度、绿色水平作为首要衡量标准，认定为一级指标，对应设置了 8 个二级指标、27 个三级指标。在该评选要求下，这 7 个县（市）在过去两年里不断努力向上靠近，虽然榜单排名仍较为靠后，但多数实现了进位提升。

2023 年四川省县域经济综合实力得到显著提升，主要表现为民生水平不断提高，这为全省经济快速发展打下坚实基础。产业方面，一产增加值占比达 10.1%，较上年提升 0.4 个百分点；二产增加值占比达 35.4%，较上年下降 1 个百分点；三产增加值占比为 54.5%，较上年增加 1.4 个百分点。②

---

① 资料来源：2024 年四川省人民政府工作报告。
② 资料来源：2023 年四川各县（市、区）主要经济指标，由四川省统计局提供，下同。

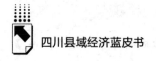

（一）县域经济发展稳中有进

四川经济发展呈现稳中有升态势：全省 183 个县（市、区）中，有 128 个县（市、区）的生产总值在 2023 年突破 100 亿元大关，占比达 69.9%，相较上年增加了 1.5 个百分点。其中，经济总量超过 500 亿元的有 33 个县（市、区），比上年增加了 5 个（三台县、游仙区、都江堰市、新津区、崇州市）；经济总量超千亿元的有 11 个县（市、区），与 2022 年持平；事实上，全省经济总量最高的武侯区，经济总量达到 3899.96 亿元。四川经济的韧性之大、发展的后劲之强，由此可见一斑。从 GDP 增速来讲，183 个县（市、区）中有 79 个超过全省平均值，5 个保持两位数增长。这显示出四川省经济发展水平持续提高。从经济发展水平来看，全省有 78 个县（市、区）人均 GDP 高于全省平均水平（65218 元），其中人均超过 10 万元的有 23 个，比上年增加 6 个，这其中青羊区人均 GDP 最高，达 163364.3 元。另外，全省一般公共财政预算收入增长的县（市、区）达到 168 个，增幅高于全省平均水平的达 47 个。这表明四川省财政收入实现了稳步增长。

表 1　2024 赛迪百强县（市）四川区域情况

县(市)名	排名	增长名次	2023 年生产总值	优势产业
西昌市	85	7	672.14 亿元	钒钛钢铁、新材料及装备制造、清洁能源、电子信息与大数据等支柱产业快速发展
简阳市	87	6	672.99 亿元	在以机械制造、绿色建材、食品加工等领域为龙头，加快传统产业转型升级步伐的同时，积极培育战略性新兴产业如航空航天装备等
江油市	89	首次	615.04 亿元	"1+4"现代工业体系以先进材料为主导，突出清洁能源、电子信息、智能制造、食品医药四大优势领域
宣汉县	90	首次	621.8 亿元	"四大支柱产业"——天然气、硫黄、锂钾综合利用、微玻纤、金属新材料
彭州市	92	3	638.9 亿元	新材料、航空动力与增材、中药制造
射洪市	94	4	613.8 亿元	锂电新材料、食品饮料、机械电子、能源化工
金堂县	95	首次	602.9 亿元	太阳能光伏、新型锂电材料

资料来源：四川省统计局、2024 赛迪百强县榜单。

（二）产业结构不断优化

全省 183 个县（市、区）按主要功能不同分为城市主城区、重点开发区县、农产品主产区县、重点生态功能区县。县域类别不同，其经济结构和产业发展也呈现不同特点：城市主城区的三产结构为 9.6∶39.1∶51.3，其中二产比重比上年高 3.7 个百分点，增幅较大；重点开发区县的三产结构为 15.0∶39.3∶45.7，三产的比重相较上年高 1.9 个百分点；农产品主产区县的三产结构为 21.7∶32.6∶45.7，二产比重相较上年下降 1.5 个百分点；重点生态功能区县的三产结构为 22.5∶25.5∶52.0，三产比重相较上年提高 5 个百分点。这些数据显示，县域类型不同，其产业结构和发展重点也会有所区别，而这些差异为各自经济发展提供了指导和依据。

（三）民生水平持续提高

2023 年四川省城镇居民人均可支配收入增幅超过全省平均水平的县（市、区）有 84 个，是四川省内 183 个县（市、区）中的佼佼者。此外，还有 82 个县（市、区）农村居民人均可支配收入增速超过全省平均水平。这对于农村居民来说，意味着收入的稳步提升。

从城乡居民收入占比来看，城乡居民人均可支配收入比值低于全省平均值的县（市、区）有 76 个。城乡居民人均可支配收入比值低于 2 的县（市、区）达到 46 个。这说明，收入分配调整工作需要进一步加大力度，还有一些地区城乡居民收入差距较大。

基础设施建设方面，四川省加快推进县域内的高速公路和农村公路等基础设施建设，完成了长达 2.3 万公里的农村公路新建与改建。基础设施投资增速高于全省平均水平的有 102 个县（市、区），这说明，四川省在基础设施建设上的进步有目共睹。

持续改善生态环境质量。全省 85 个县（市、区）的空气优良率可达 90%以上。此外，四川省已累计创建国家生态文明建设示范县 28 个，同时

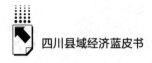

也创建了"两山"基地，在中西部地区的命名数量上名列前茅。这标志着四川省在保护和改善生态环境方面成效显著。

（四）强县工程培育成效显著

为促进县域经济的高质量发展，四川省在2022年选择了7个区和10个县（市）作为重点培育对象。每个培育区经济总量均超过500亿元，其中3个区的经济总量突破千亿元，经济总量最高的培育区——双流区达到2050.67亿元；而各培育县（市）经济总量都在470亿元以上，简阳市经济总量最高，达806.99亿元。

2024赛迪百强县（市、区）榜单显示，四川省入围百强区13个和百强县（市）7个，入选总数位居全国第3，仅次于江苏省和浙江省，在西部地区依然位居第一。同时，有33个县（市）入选了中国西部百强县排行榜，连续多年位居西部地区第一；荣获全省县域经济发展先进县称号的共15个。

二 四川县域经济发展问题及成因

随着西部大开发战略、脱贫攻坚行动、成渝地区双城经济圈建设等一系列战略规划的实施，四川省与东部沿海地区间差距有所缩小，县域经济发展水平总体上有了明显提升，但仍有不少县域存在经济发展质量不高、产业层次偏低、创新能力不强等问题，具体表现在龙头企业与知名品牌数量不足、农业精深加工不足、生产性服务业发展滞后、数字化转型的动力比较弱等方面，这些都是典型的"短板"。相当一部分县企业有规模、没龙头，有数量、没质量，有产品、没品牌。

（一）四川县域经济发展不平衡

全省县域经济失衡现象显著。GDP超过500亿元的县（市、区）达33个，但多集中在成都平原经济区，仅有少数分布在其他区域。而GDP低于300亿元的县域多达122个，其中有55个县域GDP未达到百亿元，这在民族自治州表现得尤为明显，许多县市的 GDP 甚至低于 30 亿元。以简阳市和得荣县为例，简阳市的 GDP 是得荣县的 50 多倍。① 总体来看，四川县域发展水平排序为成都平原、川南、川东北、攀西、川西北，而经济发展相对薄弱的是革命老区、脱贫地区、民族地区、盆周山区。显然，位于成都平原的县域相比其他县域经济更为发达。

此外，整体来看，四川省的县域经济发展结构优化和提升的速度相对较慢。由于大部分县域位于山区，农业难以实现规模化发展，小农经济仍然存在，因此城镇化进程难以快速推进。另外，受地理位置和经济基础的限制，四川各县域很难吸引知识密集型和高附加值产业，导致区域产业结构始终处于较低水平。

（二）总体实力有待增强

四川省各县域经济总量仍需进一步提高。2023 年全省县域中多达 32 个县（市、区）经济总量不足 50 亿元。但相比于 2022 年，经济总量不足 10 亿元的县（市、区）已不再存在。据赛迪顾问发布的 2024 赛迪百强县（市、区）榜单，四川省仅有 1 个区（武侯区）进入前 20 名，居第 13 位，与东部地区经济强县相比差距仍然较为显著，西昌市、简阳市、江油市、宣汉县、彭州市、射洪市、金堂县等县市的排名较为靠后。

在省内多个县域中，地方财政收入较低，县域间财政收入差距较大。平均而言，全省 183 个县域一般公共预算收入平均只有 19 亿元。其中，2023 年武侯区财政收入列全省县域的第一位，达到 400 亿元，而壤塘县的财政收入最低，仅有 0.4 亿元。此外，县域一般公共预算收入 10 亿元以下的县（市、区）多达 91 个，约占全省县（市、区）数量的一半。

四川县域经济发展受多重因素制约。一方面，受山川地势等自然条件的影响，农业规模化水平难以提高，规模效应无法得到有效实现，对外贸易经济发展动力不足。另一方面，四川存在地区经济发展不平衡问题，相比东部

---

① 2023 年四川各县（市、区）主要经济指标，由四川省统计局提供，下同。

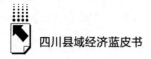

地区的强县（市、区），四川县域经济发展存在滞后性。但在实施西部大开发、成渝经济圈建设等战略时，四川省劳动力效益不断提升，经济发展逐步向外拓展，为县域经济发展增添新的动力。

（三）区域发展差距还需缩小

县域经济在全省范围内呈现极不平衡的发展局面。2023年，90个在城市主城区和重点开发区的县（市、区）地区生产总值，占全省的比重为78%，其中二、三产业增加值占全省比重分别为79.6%和81.5%。与之相比，93个县（市、区）生产总值所占比重为22%，无论是在主要农产品产区，还是重点生态功能区。具体来看，GDP方面，武侯区是得荣县的325倍，地方一般公共预算收入方面，最高的武侯区是最低的壤塘县的约1000倍。另外，2023年经济恢复进程中差异明显，全省183个县（市、区）均实现了经济总量的正增长，其中经济增速最高的雅江县比最低的泸县的增速高出19个百分点。

这种不平衡的发展表明，各个县域政府在分配财政支出时存在差距。成都平原与平原之外地区呈现两极分化趋势，逐渐显现出县域间发展的不平衡。从大局来看，四川应避免内部区域间发展的不平衡问题。只有这样，才有可能实现弯道超车。

（四）发展基础还需夯实

四川各城市主城区投资需求恢复较缓，仅47个县（市、区）的全社会固定资产投资增速实现正增长。重点开发区工业恢复速度较慢，工业增加值增速均值为4.68%，低于全省均值（5.75%），其中有17个县（市、区）工业增加值增速没有达到全省平均水平，同比下降的县（市、区）达到13个。农产品主产区的工业和服务业恢复明显，工业和服务业的增加值增长率分别为5.86%和13.6%，均高于全省平均水平。

通过对农业机械化、工业发展情况、经济产出效率以及出口对经济的拉动作用等多个方面进行评估，可以了解县域经济的发展情况。近年来，四川省的多个县域试点开展了农业大户承包制度，实现了农业的机械化发展和集约化经营。这不仅释放了农村劳动力进入城镇发展的潜力，还为农业实现规模化和高效发展提供了机会。

三　四川县域经济高质量发展对策与建议

按照"四化同步、城乡融合、全域协同、品质强县"的发展路径，推动促进县域经济提质增效、动能转换，为推进四川县域经济高质量发展这一系统工程，必须厘清思路、谋划战略、精准施策、久久为功。

县域间经济发展失衡客观存在，矛盾日益突出。因此，有的县域因其在一些资源或产业上更具特色或比较优势，相比其他县域发展速度会更快。比如，成都都市圈内各个县域的经济发展模式与其他地区的经济发展模式存在一定的差异。试图以同等条件对待全省各县域，或是投入等量资本，显然是不合理、不经济的，这种无差别的发展模式与客观经济发展规律在某种程度上是相违背的。在不平衡发展的过程中，平衡因素将发挥作用，正如区际产业转移和结构调整，能够作为一种重要推动力，让县域更加均衡地发展。

（一）以创新增强县域经济高质量发展动力

只有在科技创新领域取得先发优势，企业才能在竞争中抢占先机。习近平总书记强调，"创新"是第一动力，要紧紧围绕实施创新驱动发展战略，发展新经济、培育新动能，促进协同人力资源，释放创新巨大潜能，坚持以新发展理念引领高质量发展。2023 年 9 月，习近平总书记在新时代推动东北全面振兴座谈会上指出，"积极培育新能源、新材料、先进制造、电子信息等战略性新兴产业"，强调加快形成新质生产力，新质生产力是以科技创新为基础，摆脱传统路径、满足高质量发展要求，与传统生产力不同的一种新的动力。主要内容涉及创新技术、新材料、新经济模式、新兴产业、新元素、新机制等方面。

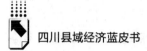

因此，四川各县域要加强科技创新供给与产业技术需求间的对接关系，增强企业创新的主体地位，激发企业科技创新意愿。制定更加具有激励作用的财税、融资、政府采购、技术引进和知识产权等方面的政策，在加快科技型企业培育的同时，推动研发机构在大中型企业实现普遍性覆盖。建立创新产品与服务远期约定购买制度，严格执行研发费用加计扣除等政策，严格落实各项鼓励企业创新的优惠政策。协调科技、国税部门加大政策宣传力度，简化办理手续，确保研发费用加计扣除等优惠政策贯彻落实到位，促使优惠政策惠及更多企业。

另外，提升新经济的显示度，培育领军企业也十分重要。加强包括种子企业、瞪羚企业、独角兽企业、行业龙头在内的新经济企业的分类培育，有利于在新经济企业实施"双百工程"的同时，有针对性地采取措施和管理，为其搭建沟通平台。加强新经济人才培养和保障措施，拓宽企业融资渠道，推动新经济企业平台化发展和总部建设，优化产业要素供给，推动实施培育领军企业和发展新兴经济产业等一系列具有普遍性、适用性的政策措施，加大新经济企业品牌宣传力度。

（二）把乡村振兴作为四川县域经济高质量发展的突破口

习近平总书记在四川考察时指出，巩固拓展脱贫攻坚成果、推动治蜀兴川，要充分发挥乡村振兴的重要作用，把确保粮食、生猪、油料等重要农产品稳产保供作为第一位的责任，要切实把农村振兴作为当前经济社会发展的重中之重。

作为农业大省，保障粮食安全使命重大。对可能出现的困难和问题，要提前预防，以确保国家粮食安全。只有抓住耕地和种子这两个关键，抓住"天府粮仓"建设新时期更高层次的机遇，才能更好地促进粮食多产优出。通过县域农业的高质量发展，培育新型"农业CEO"、借力农业新科技守牢耕地保护红线、实施"天府良种"工程，让饭碗主要装"中国粮"，四川正奋力打造更高水平的"天府粮仓"，为保障国家粮食安全贡献四川力量。

要突破基础设施和公共服务提供不足、城乡二元结构不良影响等瓶颈，消除阻碍县城和乡村发展的体制机制障碍。通过促进产业发展、要素交流、人才聚集，形成农村经济发展的新动力，形成强大的辐射带动作用。因此，县域经济的发展对乡村振兴意义重大。

不同县域要围绕农业的绿色化、特色化、品牌化、精品化，在农业全产业链上重视品牌建设、强化品牌建设，形成能够持久推动农产品提质增效的农业转型升级支撑力量。重点培育国家级农业品牌，尤其是在国内有影响力、在国际上有竞争力、能够带动农业发展的优质品牌。既要展示我国丰厚的文化底蕴，又要致力于打造全国农产品区域公用品牌、全国农业企业品牌、农产品品牌，完善品牌发展机制，丰富品牌文化内涵。

（三）把工业强县作为四川县域经济高质量发展的引擎

目前，四川暂时还没有经济总量能够突破千亿元的县域，原因主要在于县域之间产业融合的能力不足，县域产业链发展未达到优质水平，在铸链、聚链、补链、延链、扩链和强链环节还存在不足。具体来看，在建设现代化产业体系尤其在发展先进制造业上，四川县域经济的短板比较明显。相对于人口经济集中的大城市，四川县域的第三产业发展缺乏足够的集聚效应，但在信息化的背景下，县域发展第二产业却有了"变道追赶"的机会，甚至可以说是"弯道超车"。

因此，四川必须在现代化产业体系建设中，以"链长系列+链主系列+产业基金系列+高能级产业平台系列等"，联动县域产业链，提升融圈强链能级，突出工业强县、制造业强县战略重要性[1]。这无疑是四川打造"千亿县"的必由之路。

抓好全县百亿主导产业培育提升行动，逐步培育经济总量达千亿元、百亿元、十亿元的不同规模的产业集群[2]。以打造高水平产业平台为重点，以点带面，推动园区特色化、集约化发展，"一园一主业、一区一特色"。协

---

① 杨继瑞：《绵阳：释放国家科技城磁性思考及举措》，《决策咨询》2022年第3期。
② 王若晔、余如波：《发展县域经济，加快县城建设，把县域打造为城乡融合发展"桥头堡"》，《四川日报》2023年3月21日，第2版。

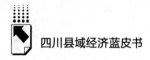

调实施各项促进龙头企业向前发展计划，如"百亿强企"推进行动和中小企业"育苗壮干"梯度培育计划。

（四）凭借四川县域绿色比较优势做优做强绿色产业

四川各县域要凸显绿色生态比较优势。重视绿色"产业化"发展，积极与人工智能、生物技术、高端装备制造等产业对接，培育引领全县绿色产业发展的具有重要影响力的产业集群与企业，为全县绿色产业发展保驾护航。为推动钢铁、有色、化工、建材等领域产业绿色升级，加快县域传统产业"绿色化"改造，积极采用新技术、新业态、新模式，在能源、水资源、环保、技术等方面优化标准。全面推动生产性服务业的绿色发展，包括绿色金融、物流、电商、研设、信咨等领域，以提高现代服务业的可持续发展水平。同时，为消除地域壁垒，平等对待各类市场参与者，建立绿色产业市场准入机制，明确行业范围，设立行业认定程序和市场准入限制清单，营造公平市场环境。积极完善绿色产业市场激励机制，采取财政资金、税收优惠、人才支持等方式，对绿色企业给予奖励扶持，使项目运营成本在一定程度上得到降低，从而激发市场主体的积极性。建立促进有限资源流向优质企业、实现优胜劣汰的环保失信惩戒和退出机制，建立绿色产业市场监管机制，加强绿色政策法规的制定和完善，强化绿色绩效考核。积极融入循环经济和低碳经济，提高绿色产品服务供给水平，以形成绿色消费的新动力，从而扩大产业发展空间。专注于关键领域如绿色技术创新、绿色制造示范及绿色能源推广等，为县城绿色产业园、绿色科技城等示范性工程的布局与建设做足准备，以扩展县域绿色产业的发展空间①。

面对四川革命老区、脱贫地区、民族地区、盆周山区县域，要更加注重当地特色资源的利用、战略性矿产资源勘查和开发利用，探索省市县联合技术攻关机制，支持向下游应用发展钒钛、锂钾、锂矿、石墨、玄武岩、氢能源等资源产业。打造一批中小企业特色产业集群，以加速形成一系列县域百

---

① 郭训成：《促进山东低碳经济发展的对策建议》，《宏观经济管理》2013 年第 1 期。

亿级特色优势产业。支持具备条件的经济技术开发区、高新技术产业开发区、工业园区进行扩区调位，鼓励符合条件的部分地区申报省级工业园区及实施扩区计划，高度重视企业提升在特色产业上的创新水平，支持和鼓励企业培育更多的省级产业、技术、制造等创新中心，鼓励企业在特色产业上积极培育国家制造业单项冠军企业（产品）、专精特新"小巨人"企业，推动一批制造业企业被纳入"贡嘎培优"行动计划。

加大生态保护力度、提升生态资源价值转化效率。致力于山水林田湖整体保护和综合治理草沙工作，坚持生态保护和治理两不误、两促进。着力打造一批国家生态文明建设示范市县，秉承"绿水青山就是金山银山"理念，创建一批实践创新基地，注重提升人与自然和谐共生的大熊猫国家公园建设质量，加快打造"最美高原沼泽湿地"新名片——若尔盖国家公园。积极开展美丽四川建设先行县（市、区）试点工程，从生态保护与生态价值转换两方面着手。首先，不仅要加大对重点区域的生态补偿力度，如森林、水流、草地等，而且要加大对生态保护的补偿力度，加强生态保护补偿机制建设。其次，生态产品价值实现机制的先行工作仍需继续向纵深和更高层次推进。不仅要大力推动国家储备林建设，还要加大力度培育推广经济林和用材林。鼓励林草碳汇项目开发试点，进一步挖掘林草生态效益的价值化潜力[①]。

首先，促进清洁、低碳、高效利用能源。加强"三江"水电基地及抽水蓄能电站建设，针对盆周山区和凉山州等地，重点加强风能发电基地建设，针对"三州一市"加强光伏发电基地建设，充分提高水风光一体化水平。其次，确保重要电网工程互联互通。实施川中、川东北、川西等气田滚动开发，大力推进天然气（页岩气）勘探开发，加快页岩气在川南地区的产能建设。同时，加大能源安全保障力度，争取国家石油储备基地、地下储气库、煤炭储备基地布局建设。此外，地热资源的综合利用也可以因地制宜、提高能效。

---

① 庄贵阳：《协同推进降碳减污扩绿增长》，《经济日报》2023 年 4 月 29 日，第 6 版。

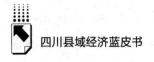

（五）以县城高质量发展形成县域经济的"压舱石"

县域经济发展离不开县城的高质量发展，关键要提高县城综合承载能力①。提升县城的高质量发展水平，保障农民就业安家与生产生活需要，为扩大内需奠定坚实基础，为协同推进新型城镇化与乡村振兴提供重要支撑。在新发展格局的构建中，县城既是县域经济内部循环的中心节点，又搭建起城乡间的桥梁，在两地经济发展中发挥重要纽带作用，极具开放性、能动性及可塑性。

县城的发展质量对县域经济的发展水平起着塑造和决定作用。加快推进县城城镇化，把新型工业化、信息化和农业现代化有机结合起来，把加快推进城乡一体化发展作为支撑五区共兴战略的关键，推动"四化"时空融合、功能叠加。具体来看，做强县城要推进县城城区、产业园区、旅游景区"三区联动"，重塑县域经济地理空间版图。我国城镇化前期最关键的点在于吸引人口就业，而在经济发展进入新阶段的情况下，区域合理化需求增加，公共服务和基础设施配置优化应受到重视。

四川县域经济存在结构单一、动能转换不畅等问题，这主要是因为以县城为核心的发展空间、支柱产业以及人口等统筹管理水平较低，要素优化配置所需的制度性支持较少。这意味着，如果对以县城为核心的经济地理发展空间加以重视，对城乡之间的资源要素进行有效统筹、充分整合，在功能上起到耦合作用，就能为县域经济的高质量发展创造更广阔的空间。

因此，四川各个县（市、区）应重视县城建设与有机更新，首先要尊重自然、顺应自然，其次要借山地河流自然之势，造高质量发展的县城，不仅要关注各个县城自身的发展，更要统筹优化各县城的合理布局，紧跟当下"新中式"潮流，进一步规划打造出展现县域文化、极具古色古韵的县域标志性建筑，尤其要重视县城天际线、湖岸线、河岸线、山脊线和街面视线的有机重塑，基于美学视野和人城境业文的有机排列组合，更新旧城、再建新

---

① 《在新发展格局中做强做优县域经济》，《经济日报》2022年9月19日，第11版。

城，为县域经济高质量发展创造更加优质的条件①。

四川县域经济要实现高质量发展，必须充分挖掘地方的经济潜力，找准在构建新发展格局中的定位，把县域特色和潜能充分释放，推动县域经济转型升级。应立足本地市场，培育新产业新业态新模式，承接中心城市的产业转移，布局符合高质量发展要求的先进制造业、现代服务业、特色农产品加工业，切实转变发展方式，推动质量变革、效率变革、动力变革，在"四化同步"上实现新跨越，在"城乡融合"上实现新突破，在"五区共兴"上实现新进步。

（六）以民营经济的做大做强为县域经济夯基

主要依靠民营经济的发展来推动县域经济的优质发展。只有大力扶持民营经济，才能推动县域经济有更大发展。全面推行市场准入负面清单制度，以确保各种类型、各行各业的民营企业都能受到公平对待、获得同等的机会，为县域经济发展提供坚实保障。此外，还要不断深化"放、管、服"改革，进一步健全市场准入机制，降低民企入市门槛，让市场重新焕发活力。

2023 年 7 月新华社发布《中共中央 国务院关于促进民营经济发展壮大的意见》，明确了"民营经济是推进中国式现代化的生力军"，为推动民营经济发展壮大谋划蓝图、指明方向。随后《国家发展改革委等部门关于实施促进民营经济发展近期若干举措的通知》中提出 28 条举措，从五个方面为民企发展提气、壮胆、撑腰，条理清晰、细致具体、针对性强且具备实际操作性，助力优化民营经济发展环境、增强民营企业发展信心及提升民营企业竞争力。四川各个县域要抢抓机遇，促进 28 条举措落地落实。

对全省民营经济的健康发展，要依法依规予以保障。严厉打击垄断经营、偷工减料及偷税漏税等违法犯罪行为。在健全社会征信系统、完善全省民营企业诚信档案的同时，建立红黑榜制度，完善市场退出机制。完善配套

---

① 杨继瑞：《绵阳：释放国家科技城磁性思考及举措》，《决策咨询》2022 年第 3 期。

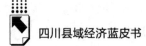
设施：加快推进公共基础设施建设，完善公共交通、住房、商业超市、医疗服务等基本生活保障设施。同时，全面提升产业配套能力，加快产品、人才、技术等要素配套，发展与主导产业和领军企业相衔接的上下游企业，逐步形成完整的供应链。此外，还要优化社会服务体系，积极推动风险投资、人才培训、市场咨询、中介服务等相关行业的发展，为县域民营企业的全面发展提供保障。

四川各县域要着力提升县域民营企业内在发展动力。鼓励建立现代企业管理体系：为了确保民营经济的长期稳定发展，全省应定期组织各种培训活动，特别是针对民营企业的小微企业管理者。这些培训活动旨在传播管理知识，培养管理意识，建立现代企业管理体系。政府在搭建高校和企业之间的桥梁的同时，不断完善公共和产业配套建设，并加大政策支持力度。高校和科研机构凭借自身的科研能力，为民营企业提供智力支持，并派驻技术顾问解决企业技术难题。

要着力强化民营企业品牌建设和创新能力，制定品牌发展战略和品牌经济发展规划，积极打造具有市场主导地位的名牌产品；此外，还应勇于模仿创新，不断提升产品质量和技术水平。

完善"招才引智"工作，建立灵活的人才引进机制，根据不同情况实施工资、住房补贴、子女教育、医疗服务等政策，以吸引各类人才、满足民营企业的需求。可以建立企业与高校、科研机构的人才培养和流动机制，定期派遣教师到民营企业提供业务指导，组织学生参与实习，为县域民营企业培养人才。积极推行青年企业家成长计划，加强培训和指导，全面提升青年企业家的经营和风险化解能力，为县域民营企业的可持续发展提供有力支持。

（七）支持"四类地区"县域大力发展电商

四川区域发展的突出短板和促进共同富裕的薄弱地区是革命老区、脱贫地区、民族地区、盆周山区（即"四类地区"）。

完善各种基础设施是"四类地区"县域发展的首要任务，在县域电商探索过程中，应对快递服务建设高度重视，应专注于建设技术先进、服务优质、绿色高效，且联通国内外、惠及城乡的快递服务体系，解决末端网点规划建设不全面问题，实现快递收寄业务畅通运行。充分发挥农村现有服务中心、供销社、邮政便民服务网点及"万村千乡""美丽乡村"等平台作用，同时，应进一步完善与之对应的综合快递信息服务和快递物流仓储配送体系，鼓励农村快递企业通过加强与邮政企业、供销合作社合作的方式，积极开展自身业务，借助城市与农村的双向流通渠道，让工农产品同时流动，带动农村消费①。

此外，鼓励快递服务行业积极承担协助农村电子商务发展的责任，既可以在快递物流运输线路上开拓和延伸，也可以针对农产品快递服务模式进行创新和完善，如构建农产品快递网络、助力订单生产等新型农业生产模式。主动担当助推农村电子商务发展的重任，以快递服务为载体，巩固拓展脱贫攻坚成果，推动县域经济发展。

促进县域地区电商发展离不开人才，鼓励更多青年返乡创业或者成为"村官"，加强对农村电商领域相关政策的关注并灵活把握，充分发挥优惠鼓励政策的支持作用，以此带领农村发展电商，激发当地经济发展活力。成都不仅要重视具备实践经验的电子商务专业人才并加以鼓励与引导，还应该通过举办讲座等活动，加强新型职业农民的互联网思维与信息技术培训，稳固其市场参与主体地位，以此提升他们对电商的了解水平与运营能力，成为"既拿镰刀，又拿鼠标"的复合型职业人才。

另外，补齐"四类地区"县域的物流短板还可以借助第四方物流。这是 20 世纪末美国埃森哲咨询公司提出的一种概念：以为第一、二、三方提供物流规划、咨询、信息系统、供应链管理等活动为主，实际不承担具体物流运作活动。所以，作为供应链集成机制，它有供应链再建、功能转化、业务流程再造、开展多功能多流程供应链管理四个特点，主要负责提供全面供应链解决方案，整合和管理组织自身以及互补的服务、资源、能力和技术。

---

① 陈梅芬：《做强县域数字经济，助推四川省高质量发展》，《决策咨询》2023 年第 4 期。

既能提出物流全流程的方案，又可利用电子商务进行整合，所以第四方涵盖了物流商的各种不同类型。除了在能力、技术、贸易等方面协助第三方物流顺利管理外，这一物流的关键在于能够为客户提供包括快速、高效、低成本、个性化等在内的卓越增值服务，也有独立经营、做大的潜力。因此，"四类地区"县域可以通过 PPP 机制，成立大型第四方物流平台公司，以实现高质量发展。

（八）创新县域经济普惠制的要素保障

要加大创新力度，把有为政府与有效市场、加强统筹与分级配置、破解制约与完善机制结合起来，健全相关体制机制，促使要素更加科学、自主、有序流动，加快提升要素保障能力。

要进一步明确能耗指标、土地、资金、环境容量和数据要素等工作措施，提升能源供应保障能力、优化调整考核方式。深入开展土地制度改革，加大挖潜力度，盘活土地存量，强化重点项目建设规划服务保障；强化重点项目建设融资保障，加大小微企业发展融资保障力度，优化金融辅导管家式服务，打造省、市综合金融服务平台，大力发展绿色金融，推动更多企业挂牌上市，做好小微企业发展融资保障工作。全面实施污染物削减预支，统筹采用污染物排放总量指标，并鼓励支持企业采取减排措施，积极推动排污权交易试点。强化数据资源平台支撑，推进公共数据深度利用，加快市场化配置数据要素。

要建立健全创新普惠制的要素保障工作机制、维护市场公平竞争秩序、持续深化"亩产效益"评价改革、加快公共资源交易数字化建设等，以保障创新普惠制要素供给的制度安排落地见效。

四川省县域经济竞争力评价报告

梁甄桥*

摘　要：　本报告分析了全省 183 个县（市、区）的经济竞争力状况，并提出了着眼于县域经济高质量发展的政策建议。本报告基于 CRITIC 权重法构建了科学合理的竞争力评价体系，重点分析了县域经济竞争力前 10 强的区域分布特点和年度排名变化。评价结果显示，四川省内的县域经济呈现"一干多支"的显著特征，成都市下辖县域在经济竞争力方面优势明显。同时，本报告从"五区共兴"视角分析了不同区域的县域经济发展态势，强调了区域协同发展的重要性。为了进一步提升县域经济竞争力，需持续推进产业结构升级、基础设施建设以及人才流动机制的完善，推动全省县域经济实现高质量发展。

关键词：　县域经济　经济竞争力　五区共兴　四川省

党的二十届三中全会强调，紧紧围绕推进中国式现代化进一步全面深化改革，特别是在经济高质量发展方面，提出了构建高水平社会主义市场经济体制、健全推动高质量发展的体制机制、完善城乡融合发展体制机制等一系列政策措施。这些举措旨在通过优化资源配置、激发创新活力、改善市场环境，为全国经济社会高质量发展提供政策指引和行动纲领。

2023 年 7 月，习近平总书记在四川考察时强调，四川要进一步从全国

---

* 梁甄桥，博士，重庆工商大学经济学院讲师，主要研究方向为发展经济学、城市经济、文化经济学。

大局出发把握自身的战略定位,立足本地实际,明确发展思路和主攻方向,锻长板、补短板,努力在提高科技创新能力、建设现代化产业体系、推进乡村振兴、加强生态环境治理等方面实现新突破。习近平总书记此次考察既对推动新时代治蜀兴川提出明确要求,也为各行各业开创高质量发展新局面指明方向。①

2023 年以来,结合四川省实际情况,省委、省政府继续深入实施"四化同步、城乡融合、五区共兴"发展战略,通过强化区域协同来推动全省经济实现质的提升和量的增长。加快推进县域经济高质量发展是实现全省"四化同步、城乡融合、五区共兴"总体发展战略、协调推进"四个全面"战略布局的重要保障。省委、省政府也明确指出,县域经济发展应按照"抓强、壮干、提弱"的思路,以科技创新引领现代化产业体系建设,支持有条件的县域率先发展,推动新型工业化、农业现代化和现代服务业发展,全面提升四川省县域经济综合实力。

为深入贯彻党的二十届三中全会精神和习近平总书记在川考察时作出的重要指示,全面推进大中小城市和县域经济发展,落实省委、省政府加快推动县域经济高质量发展的决策部署,本报告探索建立县域经济发展评价机制。

通过对四川省内 183 个县(市、区)的县域经济竞争力进行全面深入、科学的评价,建立科学合理的竞争力评价体系,测算出各县(市、区)的经济竞争力评价指数,结合全省"五区共兴"发展战略,阐述位于不同经济发展优劣势区域的县域特征及其差异性,明确各县(市、区)的竞争优势和薄弱环节,为四川省县域经济竞争力排序提供经验证据,也希望引起社会各界对四川省县域经济发展的关注,为治蜀兴川作出贡献。

---

① 《习近平在四川考察时强调 推动新时代治蜀兴川再上新台阶 奋力谱写中国式现代化四川新篇章 返京途中在陕西汉中考察》,新华网,2023 年 7 月 29 日,http://www.news.cn/politics/leaders/2023-07/29/c_1129775942.htm。

一　指标体系及统计方法

（一）构建原则

选择评价指标是进行综合评价的基础。指标选择对分析对象有举足轻重的作用。指标不是选择得越多越好，也不是选择得越少越好；太多，会造成重复选择；太少，则指标体系缺乏足够的信息，导致片面性。选择指标时，要视具体评价问题而定，要力图分清主次，抓住主要因子，剔除次要因子。一般来说，在选择指标时，应遵循以下原则。

第一，简练性。指标宜少不宜多、宜简不宜繁，关键要看评价指标在评价过程中所起作用的大小。指标体系应涵盖评价目的所需的基本内容，能反映对象的基本信息。简练的指标体系可以减少时间和物质成本，使评价活动易于开展。

第二，独立性。每个指标要内涵清晰、相对独立，各指标应尽量不相互重叠，相互间不存在因果关系。整个评价指标体系的构成必须紧紧围绕综合评价的目的层层展开，使最后的评价结论能切实反映评价意图。

第三，代表性。指标应具有代表性，能很好地反映研究对象某方面的特性。所以，应该在分析研究的基础上，选择能较好反映研究对象某方面特征的指标。

第四，可比性。指标应具有明显的差异性，降低信息重复的可能性。

第五，可行性。指标的选取应符合客观实际，有稳定的数据来源，易于操作，具有可行性。评价指标含义要明确，数据要规范，统计口径要一致，资料收集要简便易行。

（二）数据来源和评价范围

本报告以四川省统计局提供的官方数据作为唯一的数据来源，对 2019~2023 年度的县域经济竞争力进行客观、准确的评价。

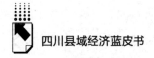

根据四川省县级行政区划的范围，结合四川省统计局所提供的统计数据的具体口径，本研究对四川全省 183 个县级行政单位辖区进行县域经济竞争力的评价与分析，并分年度（2019~2023 年）对其进行排序比较，得到各年度各县（市、区）的经济竞争力综合得分。

（三）CRITIC 权重法

结合对特定区域进行经济竞争力评价的研究目的，本研究选取 CRITIC 权重赋值法对四川省内 183 个县级行政单位辖区的经济竞争力进行测算。

CRITIC 权重赋值法是一种比熵权法和标准离差法更好的客观赋权方法。[1] 它是基于评价指标的对比强度和指标之间的冲突性来综合衡量指标的客观权重。在考虑指标变异性大小的基础之上，兼顾指标间的相关性，完全利用数据自身的客观属性进行科学评价。[2] 对于多指标多对象的综合评价问题，CRITIC 权重法消除一些相关性较强的指标的影响，减少指标之间信息上的重叠，更有利于得到可信的评价结果。[3] 因此，该权重法与本研究契合，综合考虑多种指标，有效地测量和评估各个县域的经济实力和竞争优势。通过这种方法，我们可以更为全面和深入地了解各县域的经济竞争力水平，从而为决策提供有力的数据支持。

其中，对比强度是指同一个指标各个评价方案之间取值差距的大小，以标准差的形式来表现。标准差越大，说明波动越大，即各指标之间的取值差距越大，权重会越高。对指标之间的冲突性使用相关系数进行表示，若两个指标之间具有较强的正相关，说明其冲突性越小，权重会越低。

对于 CRITIC 法而言，在标准差一定时，指标间冲突性越小，权重也越小；冲突性越大，权重也越大；另外，当两个指标间的正相关程度越大时，

---

① Diakoulaki, D., Mavrotas, G., Papayannakis, L., Determining Objective Weights in Multiple Criteria Problems: The CRITIC Method, *Computer Ops Res*, 1995, 22: 763-770.

② 刘志惠、黄志刚：《P2P 网络借贷平台风险识别及度量研究——基于熵值法和 CRITIC 算法》，《合肥工业大学学报》（社会科学版）2019 年第 2 期。

③ Milićević, Milić R., and Goran Ž. Župac, "An Objective Approach to Determining Criteria Weights," *Vojnotehnički Glasnik*, 60 (2012): 39-56.

冲突性越小，这表明这两个指标在评价方案的优劣上反映的信息有较大的相似性。具体计算步骤如下：

第一步，对各个指标进行归一化处理（无量纲化）。其中，对于正向指标（公式1）和负向指标（公式2）分别进行如下处理：

$$x'_{ij} = \frac{X_{ij} - \min(X_{ij}, X_{nj}, \cdots, X_{nj})}{\min(X_{1j}, X_{nj}, \cdots, X_{nj}) - \min(X_{1j}, X_{nj}, \cdots, X_{nj})} \tag{1}$$

$$x'_{ij} = \frac{\min(X_{ij}, X_{nj}, \cdots, X_{nj}) - X_{ij}}{\min(X_{1j}, X_{nj}, \cdots, X_{nj}) - \min(X_{1j}, X_{nj}, \cdots, X_{nj})} \tag{2}$$

第二步，计算指标变异性。在 CRITIC 权重赋值法中使用标准差来表示各指标取值的差异情况，标准差越大表示该指标的数值差异越大，越能反映出更多的信息，该指标本身的评价强度也就越高，应该给该指标分配更多的权重。标准差计算公式（3）如下，其中 S_j 表示第 j 个指标的标准差：

$$\begin{cases} \bar{x}_j = \dfrac{1}{n} \sum_{i=1}^{n} x_{ij} \\ S_j = \sqrt{\dfrac{\sum_{i=1}^{n} (x_{ij} - \bar{x}_j)^2}{n-1}} \end{cases} \tag{3}$$

第三步，计算指标冲突性。使用相关系数来表示指标间的相关性，与其他指标的相关性越强，则该指标就与其他指标的冲突性越小，反映出相同的信息越多，所能体现的评价内容就越有重复之处，一定程度上也就削弱了该指标的评价强度，应该减少对该指标分配的权重。在公式（4）中，r_{ij} 表示指标 i 和 j 之间的相关系数。

$$R_j = \sum_{i=1}^{p} (1 - r_{ij}) \tag{4}$$

第四步，计算指标信息量。C_j 越大，第 j 个评价指标在整个评价指标体系中的作用越大，就应该给其分配更大的权重。信息量计算公式（5）如下：

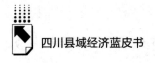

$$C_j = S_j \sum_{i=1}^{p} (1 - r_{ij}) = S_j \times R_j \tag{5}$$

第五步，计算各指标权重值。权重计算公式（6）如下，其中 W_j 表示第 j 个指标的客观权重数值。

$$W_j = \frac{C_j}{\sum_{j=1}^{p} C_j} \tag{6}$$

第六步，计算综合得分。在使用上述 CRITIC 权重法得到各指标的权重值后，将无量纲化后的指标数据值与对应的指标权重相乘，并且进行累加求和，最终得到各县（市、区）的综合得分。

（四）CRITIC 权重赋值结果

本报告采用上述 CRITIC 权重赋值法，在所建立的指标评价体系基础之上，对四川省 183 个县（市、区）经济竞争力进行客观评价，获得县域经济竞争力综合得分。根据式（1）至式（5）计算出各指标的权重值（见表1）。根据 2023 年的数据情况，可以看出，在县域经济竞争力指标体系评价中，二产增加值占比所占的权重最大（17.409%），其他指标所占权重由大到小分别是三产增加值占比 14.995%、城镇化率 10.775%、地区人均生产总值 9.309%、城镇居民人均可支配收入 9.216%、农村居民人均可支配收入 8.232%、工业增加值增速 7.744%、全社会固定资产投资增速 6.980%、社会消费品零售总额 5.467%、地区生产总值 5.147%、一般公共预算收入4.725%。可见，指标权重最大值为第二产业增加值占比 17.409%，最小值为一般公共预算收入（4.725%）。

需要说明的是，表 1 所呈现的权重值为 2023 年的计算结果。我们使用 CRITIC 方法对每一年的经济指标权重值进行了单独计算，并在此基础之上分年度计算各县（市、区）的经济竞争力综合得分。出于篇幅考虑，此处仅以 2023 年的计算结果为例进行展示，2019 年、2020 年、2021 年以及2022 年的权重计算结果与之接近。

表1 CRITIC 权重计算结果（以 2023 年为例）

指标	指标变异性	指标冲突性	信息量	权重(%)
地区生产总值	0.114	5.031	0.571	5.147
地区人均生产总值	0.175	5.918	1.033	9.309
二产增加值占比	0.205	9.408	1.932	17.409
三产增加值占比	0.185	8.977	1.664	14.995
工业增加值增速	0.084	10.265	0.859	7.744
全社会固定资产投资增速	0.077	9.998	0.775	6.980
社会消费品零售总额	0.114	5.307	0.607	5.467
城镇化率	0.218	5.475	1.196	10.775
城镇居民人均可支配收入	0.191	5.364	1.023	9.216
一般公共预算收入	0.093	5.637	0.524	4.725
农村居民人均可支配收入	0.174	5.260	0.913	8.232

注：本表展示了 CRITIC 权重计算结果。①指标变异性为标准差，标准差越大则权重越大。②冲突性为相关系数，指标之间相关性越强则冲突性越低，权重越小。③信息量为指标变异性×冲突性指标。④权重是信息量的无量纲化处理结果。⑤出于篇幅考虑，此处仅以 2023 年的计算结果为例进行展示，2019 年、2020 年、2021 年以及 2022 年的权重计算结果与之接近，此处不再单独列示。

二 全省县域经济竞争力前10强

在得到 CRITIC 权重法的权重值之后，我们进一步将无量纲化后的各指标数据与其对应的权重数值相乘，并且进行累加求和，在本节中，表2呈现了 2023 年全省县域经济竞争力前 10 强的得分情况。

2023 年度，成都市下辖的 7 个辖区（武侯区、锦江区、青羊区、金牛区、成华区、双流区、龙泉驿区）居于全省县域经济竞争力综合得分的前 10 强。此外，从成都市下辖区的内部结构来讲，武侯区、青羊区、锦江区、金牛区以及成华区作为成都的核心区域，各年度的经济竞争力得分大多在 60 分以上，相比于本市其他辖区的经济竞争力要更高一档。

另外，从表2中也可以看到，全省县域经济竞争力综合得分前 10 强的县（市、区）还包括了攀枝花市下辖的东区、宜宾市下辖的翠屏区以及绵阳市下辖的涪城区。从变化趋势的角度来讲，2019～2023 年，攀枝花市的东区稳居前 10 强。宜宾市的翠屏区在 2023 年再次跻身前 10 强，位列第 9 位。绵阳市的涪城区时隔 3 年也再次进入前 10 强，列第 10 位。

综上所述，从表 2 来看，成都这座核心城市下辖区的经济竞争力得分显著高于全省平均水平，表现出更高的经济发展水平。这与当前省内区域经济的发展格局相互吻合。核心城市的区位优势对县域经济竞争力具有直接的影响。

表 2　2023 年四川省县域经济竞争力综合得分前 10 强

县域名称	综合得分 2019	县域排名 2019	综合得分 2020	县域排名 2020	综合得分 2021	县域排名 2021	综合得分 2022	县域排名 2022	综合得分 2023	县域排名 2023
武侯区	70.21	1	75.85	1	71.91	1	71.92	1	73.98	1
锦江区	63.78	3	66.31	3	60.81	3	60.68	3	59.95	2
青羊区	63.96	2	67.64	2	61.09	2	60.82	2	59.67	3
金牛区	61.29	4	64.84	4	58.51	4	58.21	4	57.55	4
成华区	58.98	5	62.77	5	57.13	5	57.65	5	55.14	5
东区	53.76	7	59.00	8	53.41	6	54.84	6	51.25	6
双流区	55.93	6	60.85	6	52.86	8	53.37	8	50.47	7
龙泉驿区	53.52	8	59.52	7	53.22	7	54.10	7	49.52	8
翠屏区	46.30	14	52.46	13	46.12	13	47.75	11	46.92	9
涪城区	48.13	10	51.45	14	45.86	14	47.28	13	46.46	10

注：本表展示了基于 CRITIC 权重赋值法所得到的县域经济竞争力各年综合得分数值。①本表列示了全省县域经济竞争力得分值前 10 强。②县域经济竞争力得分均保留小数点后两位。下表同。③本表前几年地区显示顺序按照 2023 年综合得分来进行排列。

表 3　近两年四川省县域经济竞争力综合得分进步前 10 强（2022~2023）

地区	2022 年综合得分	2023 年综合得分	2023 年得分增加值	排序
巴塘县	18.44	28.47	10.03	1
康定市	33.71	38.25	4.54	2
大英县	26.73	29.21	2.48	3
石渠县	19.21	21.64	2.42	4
叙永县	21.12	23.47	2.35	5
宁南县	20.66	22.98	2.32	6
白玉县	19.21	21.27	2.06	7
武侯区	71.92	73.98	2.05	8
古蔺县	24.76	26.63	1.87	9
北川县	25.35	27.18	1.83	10

表4　四川省183个县域的经济竞争力综合得分描述性统计

年份	县域数量	均值	方差	最小值	25%百分位	75%百分位	最大值
2019	183	32.42	8.90	17.44	26.84	35.87	70.21
2020	183	36.04	9.42	18.92	30.22	40.24	75.85
2021	183	29.51	9.71	12.55	23.17	33.61	71.91
2022	183	30.09	9.73	14.13	23.68	34.19	71.92
2023	183	29.65	81.87	14.70	23.70	34.12	73.98

三　基于"五区共兴"视角的县域经济竞争力前10强

"五区共兴"就是打造各具特色的区域经济板块,推动成都平原经济区、川南经济区、川东北经济区、攀西经济区以及川西北生态示范区竞相发展。

县域经济是国民经济的基本单元,加快县域经济高质量发展是实现全省"五位一体"总体布局、协调推进"四个全面"战略布局的基础。因此,本部分将在"五区共兴"的视角下来考察全省县域经济的发展现状和未来趋势。

与前一部分的计算方式一致,我们进一步将无量纲化后的各指标数据与其对应的权重数值相乘,并且进行累加求和,最终得到了全省183个县(市、区)共五个年度的综合得分(2019~2023年)。本部分呈现了5个不同区域的县域经济竞争力前10强的得分及位次特征。

表5列出了2019~2023年度成都平原经济区县域经济竞争力综合得分前10强的县(市、区)。可以看出,成都平原经济区的县域前10强与此前全省县域经济竞争力前10强高度重合,武侯区、青羊区、锦江区、金牛区以及成华区等作为成都市下辖的核心区域,与成都平原经济区内的其他县域相比,在经济竞争力得分上表现出"一枝独秀"的特征,其各年度的综合得分数值均显著高于组内平均分值。

成都平原经济区内的县域经济竞争力得分在2019~2023年出现了一定

的波动。武侯区在整个时间段内始终保持了最高的综合得分，表现出强劲的经济竞争力。并且，武侯区在2023年的综合得分为73.98分，相较于2022年的71.92分，增长率为2.86%，是增长最快的区之一。在2023年的综合得分排名中，武侯区、锦江区、青羊区位列前三，显示出其经济实力稳定。此外，从龙泉驿区、双流区、郫都区、新都区的得分来看，随着距成都平原经济区内核心区域的距离增加，成都市对县域经济体的经济辐射能力也在衰减。

表5 成都平原经济区县域经济竞争力综合得分前10强（2019~2023年）

地区	综合得分 2019年	综合得分 2020年	综合得分 2021年	综合得分 2022年	综合得分 2023年
武侯区	70.21	75.85	71.91	71.92	73.98
锦江区	63.78	66.31	60.81	60.68	59.95
青羊区	63.96	67.64	61.09	60.82	59.67
金牛区	61.29	64.84	58.51	58.21	57.55
成华区	58.98	62.77	57.13	57.65	55.14
双流区	55.93	60.85	52.86	53.37	50.47
龙泉驿区	53.52	59.52	53.22	54.10	49.52
涪城区	48.13	—	—	—	46.46
郫都区	49.17	55.38	49.15	50.23	46.02
新都区	—	53.37	47.48	47.87	43.76
温江区	47.98	52.82	46.67	47.71	—

川南经济区包括宜宾市、泸州市、内江市、自贡市。自"五区共兴"发展战略实施以来，川南经济区一体化发展取得实质性成效。初步建成了全省第二经济增长极、南向开放重要门户和川渝滇黔接合部区域经济中心。表6列出了2019~2023年度，川南经济区县域经济竞争力综合得分前10强的县（市、区）。可以看出，在过去的五年中，川南经济区内县域经济竞争力表现出了一些明显的趋势和特点。首先，翠屏区、江阳区和龙马潭区在经济竞争力上持续领先，尤其是翠屏区，其五年平均得分高达47.91分。从增长变化率来看，得分下降幅度最大的三个区是龙马潭区、江阳区和自流井区。

特别是龙马潭区，2023 年的得分较 2022 年下降了 8.28%。相比之下，内江市市中区和叙州区的得分变化较小，2023 年分别为 33.75 分和 33.30 分，基本保持稳定，但整体得分仍处于较低水平。

表6 川南经济区县域经济竞争力综合得分前 10 强（2019~2023 年）

地区	综合得分 2019 年	综合得分 2020 年	综合得分 2021 年	综合得分 2022 年	综合得分 2023 年
翠屏区	46.30	52.46	46.12	47.75	46.92
江阳区	46.09	50.01	44.40	45.46	42.94
龙马潭区	45.45	49.64	43.47	44.79	41.08
自流井区	42.33	46.29	41.53	42.19	40.85
内江市市中区	35.42	39.61	33.84	34.04	33.75
叙州区	37.14	39.49	33.32	33.75	33.30
威远县	34.65	39.01	32.79	33.50	32.82
沿滩区	35.60	40.46	33.14	32.87	32.72
南溪区	34.51	38.31	31.97	32.49	31.82
大安区	—	39.16			31.53
纳溪区	37.11		31.90	33.26	

川东北经济区包括南充、达州、广安、广元、巴中 5 市。自"五区共兴"发展战略实施以来，川东北经济区特色资源开发利用成效明显。川陕革命老区加快振兴发展，初步建成东向北向出川综合交通枢纽和川渝陕甘接合部区域经济中心。表7 列出了 2019~2023 年度，川东北经济区县域经济竞争力综合得分前 10 强的县（市、区）。从增长趋势来看，川东北经济区内大部分县（市、区）的经济竞争力得分都呈下降趋势。相比于 2022 年，川东北经济区内大多数县域经济体的得分出现了不同程度的下滑。顺庆区的综合得分在 2023 年为 38.39 分，较 2022 年的 40.14 分有所下降。船山区的得分也有所下降，2023 年为 37.10 分，较 2022 年的 39.19 分下降了 5.33%。

利州区在 2023 年的综合得分为 35.55 分，较 2022 年的 34.76 分略有上升，增长率为 2.27%，表明其经济竞争力有所提升。射洪市的得分也略有增加，2023 年为 34.74 分，较 2022 年的 34.33 分增长了 1.19%。然而，

2023 年通川区和华蓥市的得分分别为 34.33 分和 32.16 分，较前一年有所下降。

整体来看，大多地区呈下降或波动趋势，表明川东北经济区的县域经济发展在过去五年中承受一定的压力。

表 7　川东北经济区县域经济竞争力综合得分前 10 强（2019~2023 年）

地区	综合得分 2019 年	综合得分 2020 年	综合得分 2021 年	综合得分 2022 年	综合得分 2023 年
顺庆区	43.12	47.60	39.99	40.14	38.39
船山区	40.11	43.82	38.11	39.19	37.10
利州区	36.10	40.98	35.50	34.76	35.55
射洪市	37.09	41.90	32.42	34.33	34.74
通川区	37.38	41.97	36.12	37.13	34.33
华蓥市	35.43	39.54	33.09	32.68	32.16
宣汉县	—	—	—	30.49	31.09
前锋区	32.87	37.39	30.38	30.55	30.04
大英县	—	—	—	—	29.21
大竹县	32.54	36.35	29.92	30.65	29.03
南部县	33.88	37.78	30.45	30.44	—
达川区	32.91	36.75	30.35	—	—

攀西经济区包括攀枝花市和凉山州。攀西经济区充分发挥资源优势，初步建成攀西战略资源创新开发试验区、现代农业示范基地和国际阳光康养旅游目的地。表 8 展示了 2019~2023 年度，攀西经济区县域经济竞争力综合得分前 10 强的各县（市、区）的情况。从攀西经济区内部的县域经济体排名位次来看，攀枝花市下辖的东区的平均得分最高，达到了 54.45 分，领先于攀西经济区内的其他县（市、区），并且稳居全省 183 个县域经济体竞争力得分排名的前 10 位，这显示了东区在区域内的经济中心地位。接下来是西区，其平均得分为 46.11 分。2023 年西昌市、仁和区和米易县分别以38.99 分、34.90 分和 29.75 分排第三、第四和第五位。

从增长趋势来看，2019~2023 年，德昌县在这五年的增长率最高，为

3.43%。2023年会东县同比增长率为2.85%。会理市的得分波动性较大，标准差为6.24，该县级市的经济竞争力在这五年间出现了较大波动。西区、米易县和盐边县的综合得分整体呈下降趋势，其中西区的下降更为明显，增长率为-5.13%。攀西经济区内排名靠后的县域经济体得分波动较大，整体分值较低。

表8　攀西经济区县域经济竞争力综合得分前10强（2019~2023年）

地区	综合得分 2019年	综合得分 2020年	综合得分 2021年	综合得分 2022年	综合得分 2023年
东区	53.76	59.00	53.41	54.84	51.25
西区	46.02	50.30	44.89	45.67	43.66
西昌市	40.30	44.92	38.47	39.49	38.99
仁和区	37.28	41.75	34.94	35.81	34.90
米易县	32.57	37.08	29.98	31.11	29.75
盐边县	31.37	35.66	28.13	29.51	29.40
德昌县	24.75	30.31	23.82	24.68	25.60
会理市	35.89	37.87	25.18	26.69	24.75
会东县	—	—	—	23.15	23.81
宁南县	30.10	29.92	—	—	22.98
冕宁县	—	30.05	22.54	23.68	
木里县	25.95	—	22.98		

　　川西北生态示范区包括甘孜州和阿坝州。川西北生态示范区生态功能更加突出，初步建成国家生态建设示范区、国际生态文化旅游目的地、国家级清洁能源基地和现代高原特色农牧业基地。表9展示了2019~2023年度，川西北生态示范区县域经济竞争力综合得分前10强的各个县（市、区）的情况。从川西北生态示范区内部的县域经济体排名位次来看，马尔康市和康定市在这五年的得分相对较高。从2019年至2023年，川西北生态示范区的县域经济体得分变化显著。九寨沟县在此期间受疫情影响，得分从2019年的34.71分下降至2023年的28.86分。马尔康市和康定市是过去五年竞争力最强的两个地区，2023年的得分分别为34.17分和38.25分。九龙县和汶川县在2023年的得分分别为26.95分和31.92分，表现出一定竞争力。

前 10 强内的最低得分县域经济体变化不定，说明川西北生态示范区的经济发展态势呈现区域竞争性的特点。

表 9　川西北生态示范区县域经济竞争力综合得分前 10 强（2019~2023 年）

地区	综合得分 2019 年	综合得分 2020 年	综合得分 2021 年	综合得分 2022 年	综合得分 2023 年
康定市	36.60	41.58	33.64	33.71	38.25
马尔康市	35.85	41.02	34.82	34.87	34.17
汶川县	33.04	37.72	31.18	31.61	31.92
雅江县	—	—	29.93	32.67	31.78
九寨沟县	34.71	36.51	27.76	27.51	28.86
巴塘县	—	—	—	—	28.47
理县	—	31.86	27.70	28.17	28.42
黑水县	34.92	35.23	25.07	26.61	27.39
九龙县	—	—	32.96	29.90	26.95
茂县	30.49	32.45	26.32	26.27	25.92
阿坝县	—	31.73	—	—	—
丹巴县	30.80	31.34	—	—	—
甘孜县	30.47	—	—	—	—
理塘县	33.54	—	—	—	—
小金县	28.81	—	—	—	—
乡城县	—	—	—	29.82	—
泸定县	—	34.66	24.76	—	—

四　平原、丘陵、山区地形县域竞争力前 10 强

　　四川省地跨青藏高原、横断山脉、云贵高原、秦巴山地、四川盆地等几大主要地貌单元，地势西高东低，由西北向东南倾斜。以龙门山—大凉山一线为界，东部为四川盆地及盆缘山地，西部为川西高山高原及川西南山地。地貌类型按平原、丘陵、山地分为 3 类，分别占全省行政区域面积的约 6%、12%、82%。①

---

① 《四川省情地情》，四川省情网，2023 年 6 月 27 日，http：//www.scdfz.org.cn/scdqs/scsq/content_ 12034，最后检索时间：2023 年 8 月 20 日。

地形地貌对四川省经济社会的发展具有深刻的影响。从四川省自然地形情况分类来看，本节选取了三种地貌类型的县域进行比对，这三种类型县域经济体分别是：平原县（市、区）、丘陵县（市、区）和山区县（市、区）。

表 10 列出了 2019~2023 年度，平原地区县域经济竞争力综合得分前 10 强的县（市、区）。从结果可以看出，成都市地处成都平原，其下辖的区在平原地区经济竞争力评分上处于绝对领导地位，与全省县域经济竞争力排名前 10 强高度重合。其中，武侯区在这五年中一直是县域经济竞争力得分最高的地区，其平均得分为 72.77 分。各地区在这 5 年的得分变化趋势大致相似，基本上在 2020 年达到峰值后在 2021 年有所下降。

增长最快的地区是武侯区，从 2019 年到 2023 年，其得分增长率为 5.37%。下降最快的地区则是青羊区，从 2019 年到 2023 年，其得分下降了 6.71%。总体来看，成都市作为全省的经济中心，其经济辐射能力在成都平原内处于绝对优势地位。加强平原区内的"成德绵"都市圈建设和推进"成德眉资"同城化建设，对于全省县域经济高质量发展具有重要意义。

表 10　平原地区县域经济竞争力综合得分前 10 强（2019~2023 年）

地区	综合得分 2019 年	综合得分 2020 年	综合得分 2021 年	综合得分 2022 年	综合得分 2023 年
武侯区	70.21	75.85	71.91	71.92	73.98
锦江区	63.78	66.31	60.81	60.68	59.95
青羊区	63.96	67.64	61.09	60.82	59.67
金牛区	61.29	64.84	58.51	58.21	57.55
成华区	58.98	62.77	57.13	57.65	55.14
双流区	55.93	60.85	52.86	53.37	50.47
涪城区	48.13	—	—	47.28	46.46
郫都区	49.17	55.38	49.15	50.23	46.02
新都区	47.80	53.37	47.48	47.87	43.76
青白江区	—	52.65	46.66	—	43.64
温江区	47.98	52.82	46.67	47.71	—

　　龙泉山脉以东地区则为盆地丘陵地貌区。表11列出了2019～2023年度,丘陵地区县域经济竞争力综合得分前10强的县(市、区)。从结果可以看出,在五年的平均得分中,东区和龙泉驿区依然是得分最高的两个地区,分别为54.45分和53.98分。翠屏区、西区和江阳区的平均得分分别为47.91分、46.11分和45.78分,它们之间的差距相对较小。位次靠后的船山区和五通桥区在前10强的排名位次上波动较大。从变化趋势来看,翠屏区在2019～2023年的增长率最高,达到1.34%。顺庆区的增长率为-10.97%,是五年内降幅最大的地区。东区和龙泉驿区的增长率分别为-4.67%和-7.47%,尽管有所下降,但仍然保持相对较高的得分。

　　丘陵地区的县域经济竞争力在过去五年中展现了不同的发展轨迹。攀枝花市下辖的东区和成都市下辖的龙泉驿区持续领先,显示出强劲的经济活力。翠屏区在五年中的经济竞争力增长率为1.34%,表现出显著的增长势头。然而,顺庆区在这五年里的得分下降最为显著。这可能意味着该地区在产业发展、吸引投资方面遇到了一些挑战。

表11　丘陵地区县域经济竞争力综合得分前10强(2019～2023年)

地区	综合得分 2019年	综合得分 2020年	综合得分 2021年	综合得分 2022年	综合得分 2023年
东区	53.76	59.00	53.41	54.84	51.25
龙泉驿区	53.52	59.52	53.22	54.10	49.52
翠屏区	46.30	52.46	46.12	47.75	46.92
西区	46.02	50.30	44.89	45.67	43.66
江阳区	46.09	50.01	44.40	45.46	42.94
龙马潭区	45.45	49.64	43.47	44.79	41.08
五通桥区	—	—	—	41.43	40.94
自流井区	42.33	46.29	41.53	42.19	40.85
顺庆区	43.12	47.60	39.99	40.14	38.39
船山区	40.11	43.82	38.11	—	37.10
游仙区	40.55	44.57	38.86	39.33	—

川西南山地位于青藏高原东部横断山系中段，地貌类型为中山峡谷。川西北高原地区为青藏高原东南缘和横断山脉的一部分，根据切割深浅可分为高山原和高山峡谷区。表12列出了2019~2023年度山地地区县域经济竞争力综合得分前10强的县（市、区）。从结果来看，大部分县域经济体在五年内的得分整体上呈现稳定或轻微下降的趋势。在山地地形区域内，西昌市五年的平均得分为40.43分，居首位，显示其在县域经济发展上具有较强的竞争优势。相反，汶川县的经济竞争力得分在2023年是最低的，仅为31.92分。从变化趋势来看，大部分地区的得分增长率在五年内有所波动，其中石棉县近四年降幅达12%。

总体来看，西昌市在得分和五年平均得分上表现出色，显示其县域经济竞争力较强。仁和区五年内得分略有下降，但整体仍维持在较高水平。汶川县、九龙县等地需要重点关注，以提升其经济竞争力和稳定性。

表12 山地地区县域竞争力综合得分前10强（2019~2023年）

地区	综合得分 2019年	综合得分 2020年	综合得分 2021年	综合得分 2022年	综合得分 2023年
西昌市	40.30	44.92	38.47	39.49	38.99
康定市	36.60	41.58	33.64	33.71	38.25
沙湾区	39.65	43.26	36.75	37.68	35.64
利州区	36.10	40.98	35.50	34.76	35.55
峨眉山市	38.70	42.99	36.68	35.87	35.00
仁和区	37.28	41.75	34.94	35.81	34.90
石棉县	—	39.63	33.45	34.38	34.70
马尔康市	35.85	41.02	34.82	34.87	34.17
雨城区	36.64	—	32.43	33.01	32.88
汶川县	—	—	—	—	31.92
九龙县	—	—	32.96	—	—
会理市	35.89	37.87	—	—	—
金口河区	—	37.92	—	—	—
雅江县	—	—	—	32.67	—
黑水县	34.92	—	—	—	—

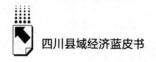

五　基于县级行政区划视角的县域竞争力前10强

我国现行的行政区划主要包括4级结构：省级行政区、地级市行政区、县级行政区、乡级行政区。县级行政区属于第三级行政区，属于省、自治区所辖地级行政区的下级行政区划单位。而在县级行政区划内部，则又主要分为4种类型的县级行政单位，分别是：民族自治县、市辖区、县级市、县。因此，本节按照这4种类型的县级行政单位进行划分，分别考察不同类型的县级行政区划的县域经济竞争力位次排名。

表13列出了2019～2023年度民族自治县经济竞争力综合得分前10强的县（市、区）。从结果可以看出，西昌市在这5年间持续保持了经济竞争力的领先地位。2019年得分为40.30分，2023年得分为38.99分，五年内的平均得分为40.43，总体稳定。康定市的平均得分为36.76分，表现较好，但得分波动明显。大部分地区的得分在下降，仅有少数地区得分上升或保持稳定。例如，九寨沟县2019年得分为34.71分，2023年降至28.86分，下降了约17%。马尔康市的得分也在下降，2019年为35.85分，2023年为34.17分，平均得分为36.15分。从变化趋势来看，黑水县近五年得分下降幅度最大，降幅约为22%。

总体而言，西昌市和康定市在得分上表现较好，但大多数地区在五年内的县域经济竞争力有所下降，尤其是九寨沟县，支柱产业旅游业受疫情影响导致整体县域竞争力下降显著。

表13　民族自治县经济竞争力综合得分前10强（2019～2023年）

地区	综合得分 2019年	综合得分 2020年	综合得分 2021年	综合得分 2022年	综合得分 2023年
西昌市	40.30	44.92	38.47	39.49	38.99
康定市	36.60	41.58	33.64	33.71	38.25
马尔康市	35.85	41.02	34.82	34.87	34.17

地区	综合得分 2019 年	综合得分 2020 年	综合得分 2021 年	综合得分 2022 年	综合得分 2023 年
汶川县	33.04	37.72	31.18	31.61	31.92
雅江县	—	—	29.93	32.67	31.78
九寨沟县	34.71	36.51	27.76	27.51	28.86
巴塘县	—	—	—	—	28.47
理县	—	—	27.70	28.17	28.42
峨边县	—	32.61	25.84	—	27.75
黑水县	34.92	35.23	—	—	27.39
泸定县	—	34.66	—	—	—
理塘县	33.54	—	—	—	—
茂县	30.49	32.45	26.32	—	—
会理市	35.89	37.87	—	26.69	—
乡城县	—	—	—	29.82	—
九龙县	—	—	32.96	29.90	—
丹巴县	30.80	—	—	—	—

表 14 列出了 2019~2023 年度市辖区经济竞争力综合得分前 10 强的区。从结果来看，市辖区行政区划类型中的县域经济竞争力与全省县域经济竞争力排名前 10 强高度重合。其中，武侯区在这五年中一直是县域经济竞争力得分最高的地区，其平均得分为 72.77 分。各地区在 2019~2023 年的得分变化趋势大致相似，大多数地区在 2020 年达到峰值后有所下降。除了武侯区之外，其他地区的得分差异较小，集中在一个相对较小的得分范围内。从变化趋势来看，降幅最小的地区是东区，从 2019 年到 2023 年，其得分降幅为 4.67%。下降最快的地区则是龙泉驿区，从 2019 年到 2023 年，其得分下降了 7.47%。总体来看，成都市作为全省的经济中心，其经济辐射能力在川内处于绝对优势地位。

表14 市辖区经济竞争力综合得分前 10 强（2019~2023 年）

地区	综合得分2019 年	综合得分2020 年	综合得分2021 年	综合得分2022 年	综合得分2023 年
武侯区	70.21	75.85	71.91	71.92	73.98
锦江区	63.78	66.31	60.81	60.68	59.95
青羊区	63.96	67.64	61.09	60.82	59.67
金牛区	61.29	64.84	58.51	58.21	57.55
成华区	58.98	62.77	57.13	57.65	55.14
东区	53.76	59.00	53.41	54.84	51.25
双流区	55.93	60.85	52.86	53.37	50.47
龙泉驿区	53.52	59.52	53.22	54.10	49.52
翠屏区	—	—	—	—	46.92
涪城区	48.13	—	—	—	46.46
新都区	—	53.37	47.48	47.87	—
郫都区	49.17	55.38	49.15	50.23	—

表15 列出了 2019~2023 年度县级市经济竞争力综合得分前 10 强的市。从结果可以看出，在这五年中，有 13 个县级市至少出现在了前 10 名中，这表明县级市间的竞争性较强。具体来讲，西昌市和什邡市在五年间的得分都保持在较高水平，波动不大，显示出较为稳定的经济竞争力。广汉市和崇州市在 2019 年和 2020 年得分显著上升，但在 2021 年及之后有所下降。从增长趋势来看，西昌市、崇州市、绵竹市、广汉市和都江堰市的得分在五年中有轻微下降，但整体仍保持较高水平。部分县级市如马尔康市、康定市、江油市、彭州市、射洪市和邛崃市在某些年份未进入前 10 强，反映出这些地区的经济竞争力波动较大。

表15 县级市经济竞争力综合得分前 10 强（2019~2023 年）

地区	综合得分2019 年	综合得分2020 年	综合得分2021 年	综合得分2022 年	综合得分2023 年
西昌市	40.30	44.92	38.47	39.49	38.99
康定市	36.60	41.58	—	—	38.25
什邡市	40.12	43.81	37.19	38.20	37.31

地区	综合得分 2019 年	综合得分 2020 年	综合得分 2021 年	综合得分 2022 年	综合得分 2023 年
广汉市	39.27	42.81	37.50	38.08	36.63
绵竹市	39.10	42.42	36.24	37.37	36.17
彭州市	38.98	—	37.10	38.46	36.00
都江堰市	39.48	44.28	37.77	37.99	35.34
江油市	—	41.27	—	35.66	35.14
崇州市	37.70	43.30	36.86	37.12	35.12
峨眉山市	38.70	42.99	36.68	35.87	35.00
射洪市	37.09	41.90	—	—	—
邛崃市	—	—	35.00	35.60	—
马尔康市	—	—	34.82	—	—

表 16 列出了 2019~2023 年度县经济竞争力综合得分前 10 强的县。从结果可以看出,金堂县、威远县在这 5 年间的得分相对较高,显示出较强的经济竞争力。九寨沟县、宣汉县、九龙县、宝兴县、南部县、黑水县、理塘县、米易县和雅江县等的经济竞争力波动较大,部分年份未能进入前 10 名。从变化趋势来看,2019~2020 年,金堂县、威远县和大邑县的经济竞争力得分增长率超过 12%,展现出较强的经济活力。然而,2020~2021 年,多数县掉出前 10 强,夹江县、泸县和汶川县的降幅超过 17%,反映出经济下滑问题。从 2021 年至 2022 年,所有县的经济竞争力得分有所回升,但增长仍然缓慢。

表 16　县经济竞争力综合得分前 10 强（2019~2023 年）

地区	综合得分 2019 年	综合得分 2020 年	综合得分 2021 年	综合得分 2022 年	综合得分 2023 年
金堂县	37.02	42.18	35.51	36.99	35.12
石棉县	—	39.63	33.45	34.38	34.70
大邑县	35.52	40.02	34.83	35.28	33.16
蒲江县	35.09	39.93	33.46	34.05	32.92
威远县	34.65	39.01	32.79	33.50	32.82

续表

地区	综合得分 2019 年	综合得分 2020 年	综合得分 2021 年	综合得分 2022 年	综合得分 2023 年
汶川县	—	37.72	31.18	31.61	31.92
雅江县	—	—	—	32.67	31.78
宣汉县	—	—	—	—	31.09
青神县	—	—	30.74	31.47	31.01
宝兴县	—	—	—	—	29.84
九寨沟县	34.71	—	—	—	—
米易县	—	37.08	—	—	—
泸县	34.26	38.24	31.25	32.43	—
理塘县	33.54	—	—	—	—
九龙县	—	—	32.96	—	—
夹江县	34.68	38.74	31.99	32.00	—
南部县	33.88	37.78	—	—	—
黑水县	34.92	—	—	—	—

六 结论

在遵循指标构建原则的基础上，本章基于 CRITIC 权重客观赋值方法，构建了四川省县域经济竞争力的指标体系，并对省内 183 个县级辖区的经济竞争力进行了准确计算。本报告在搜集整理经济和社会发展数据的基础上，运用 CRITIC 权重客观赋值方法对县域经济竞争力进行了多维度的测算和分析。主要得出以下三点结论。

第一，四川省内的县域经济竞争力水平呈现"一干多支"的显著特征。从测算结果来看，2023 年县域经济竞争力排序处在前 10 位、具有绝对优势地位的县（市、区）分别是：武侯区、锦江区、青羊区、金牛区、成华区、双流区、龙泉驿区。隶属于成都市的县级行政单位数量达 7 个。宜宾市翠屏区、绵阳市涪城区再次跻身全省前 10 强，分别列第 9、第 10 位。总体而言，四川省内的"一干多支"特征十分明显。

第二，四川省内的县域经济竞争力水平表现出"五区共兴、县域集聚"的显著特征。四川省五大经济区，各具禀赋优势，展现出良好的区域协同发展势头。成都平原经济区内，环成都经济圈各城市能级显著提升，已建成与成都有机融合、一体发展的现代经济集中发展区；川南经济区已成为全省第二经济增长极，是南向开放的重要门户；川东北经济区特色资源开发利用成效显著；攀西经济区资源优势充分发挥，初步建成国家战略资源创新开发试验区、现代农业示范基地和国际阳光康养旅游目的地；川西北生态示范区生态功能更加突出，已建成国家生态建设示范区、国际生态文化旅游目的地、国家级清洁能源基地和现代高原特色农牧业基地。五区共兴发展水平直接关系到四川省183个县级辖区能否实现整体的高质量发展，继续推进"五区共兴"发展战略，结合各区域自身的要素禀赋优势，推动全川经济高质量发展。

第三，四川省的县域发展应立足产业政策，推动基础设施建设，完善人才等关键要素流动机制。在经济竞争力指标体系评价之中，第二产业增加值占GDP比重的指标，所占的权重最大（17.409%），其他指标所占权重由大到小分别是第三产业增加值占比14.995%、城镇化率10.775%。各县工业和服务业发展水平对于经济竞争力水平具有决定性的影响，二者具有明显的正相关趋势。产业结构的升级、产业效率的提升，可以显著地提高县域的经济竞争力水平，新时代产业经济提质增效的重要性更加凸显。立足产业发展，推动基础设施改善，完善人才等关键要素流动的体制机制，是推进四川全省县域经济高质量发展的政策抓手之一。

综合发展篇

B.3
四川省县域经济总量评价与分析报告

梁甄桥　赵建浩*

摘　要：　本报告分析了2023年四川省各县市经济发展的总体情况，主要从地区生产总值（GDP）、人均生产总值、经济增速等多个角度进行评价与分析。成都市在全省县域经济中表现突出，包揽了GDP前十强中的8个席位，且在各项人均经济指标中占据主导地位。本报告按照"五区共兴"的经济区域划分，详细分析了各区经济表现，指出了区域间发展不平衡的现象，如甘孜藏族自治州和凉山彝族自治州在增速指标中表现亮眼，但总量和人均产值仍相对落后。此外，本报告对近五年各地区的经济增长趋势进行了总结，揭示了区域发展的持续性与稳定性。通过对各项经济指标的全面分析，本报告为四川省进一步推动县域经济高质量发展提供了经验证据。

关键词：　县域经济　地区生产总值　人均生产总值　经济增速　四川省

---

* 梁甄桥，博士，重庆工商大学经济学院讲师，主要研究方向为发展经济学、城市经济、文化经济学；赵建浩，重庆工商大学硕士研究生，主要研究方向为发展经济学、数量经济学。

一　经济总量前10强

2023 年四川省各县域地区生产总值前 10 强中（见图 1），成都市占到了 8 个席位，剩下 2 个席位分别属于宜宾市和绵阳市，可见成都市还是牢牢占据着四川各县域经济发展的龙头地位。其中，第一名的武侯区地区生产总值更是成为全省唯一突破 3000 亿元的地区。此外，2023 年四川省各县域地区生产总值前 10 强中有 9 个都归属于成都平原经济区，可见此区域经济发展水平较高。

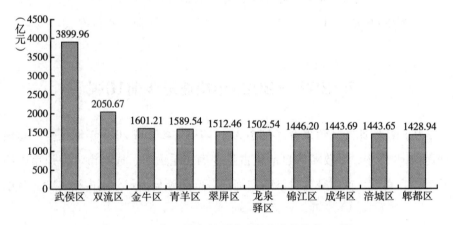

图 1　2023 年四川省各县域地区生产总值前 10 强

资料来源：2023 年四川各县（市、区）主要经济指标（四川省统计局提供）。

二　人均经济总量前10强

2023 年四川省各县域人均地区生产总值前 10 强中（见图 2），成都市占据 6 个席位，乐山市占据 2 个席位，宜宾市、攀枝花市分别占据 1 个席位。此外基于五区视角来看，成都平原经济区占据了人均地区生产总值前 10 强中的 8 个位置，剩下的两个席位分别归属于攀西经济区的东区和川南经济区的翠屏区。

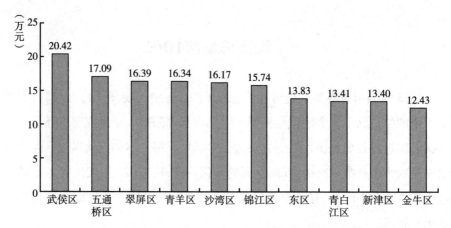

图2 2023年四川省各县域人均地区生产总值前10强

资料来源：2023年四川各县（市、区）主要经济指标（四川省统计局提供）。

三 2022~2023年快速进步前10强

从经济增速的视角来看（见图3），四川省各县域2023年地区生产总值增速前10强中，甘孜藏族自治州占据3席，乐山市、成都市、泸州市、绵阳市、宜宾市、凉山彝族自治州和阿坝藏族羌族自治州分别占据1席，其中

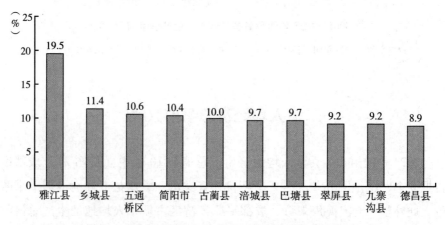

图3 2023年四川省各县域地区生产总值增速前10强

资料来源：2023年四川各县（市、区）主要经济指标（四川省统计局提供）。

第一位甘孜藏族自治州的雅江县更是达到了 19.5%的增长速度并且连续两年位居第一。基于五区视角来看，除了川东北经济区外，其余四区皆在地区生产总值增速前 10 强中拥有席位。此外，从位次进步的角度来看（见图 4），四川省各县域 2023 年地区生产总值位次进步前 10 强中，盐亭县以进步 8 个位次的优异表现位居第一。

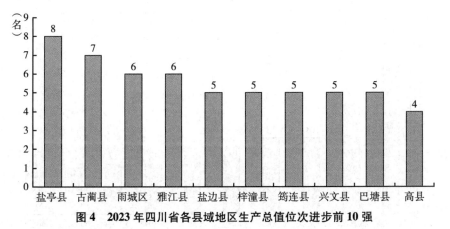

图 4　2023 年四川省各县域地区生产总值位次进步前 10 强

资料来源：2023 年四川各县（市、区）主要经济指标（四川省统计局提供）。

四川省各县域 2023 年人均地区生产总值增速前 10 强中，前三强的增速都超过了 20%（见图 5），前八位的增速都超过了 15%。在前 10 强中甘孜

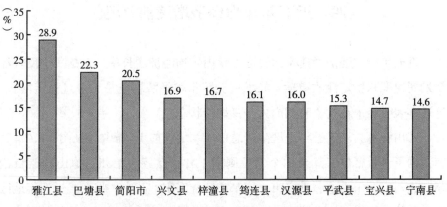

图 5　2023 年四川省各县域人均地区生产总值增速前 10 强

资料来源：2023 年四川各县（市、区）主要经济指标（四川省统计局提供）。

藏族自治州、雅安市、宜宾市和绵阳市分别占据 2 个席位，凉山彝族自治州和成都市分别占据一个席位。值得一提的是，除地区生产总值增速居前 10 强外，雅江县还占据了人均地区生产总值增速的第 1 位，增速更是达到了 28.9%。此外，从位次进步的角度来看（见图 6），四川省各县域 2023 年人均地区生产总值位次进步前 10 强中，雅江县以进步 35 个位次的优异表现位居第一。

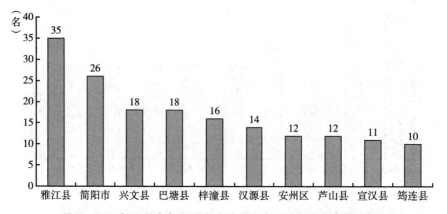

图 6　2023 年四川省各县域人均地区生产总值位次进步前 10 强

资料来源：2023 年四川各县（市、区）主要经济指标（四川省统计局提供）。

四　近五年年均经济增速前10强

近五年年均经济增速是指过去五年内年均经济增长率，它是一个反映经济发展速度和稳定性的指标。如果近五年年均经济增速是正值且稳定增长，这通常表明经济在这个时期内处于良好的状态。

四川省各县域近五年地区生产总值年均增速前 10 强中（见图 7），宜宾市占据了 3 个席位，其余 7 个席位则属于甘孜藏族自治州、凉山彝族自治州、达州市、乐山市、雅安市、成都市和遂宁市；其中，雅江县近五年地区生产总值年均增速突破了 25%，其余 9 强的近五年地区生产总值年均增速也都突破了 10%。

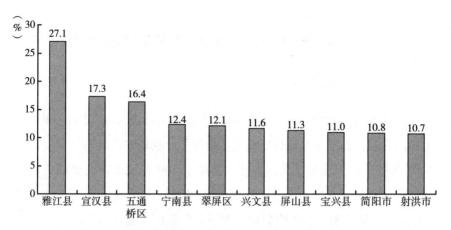

图 7　近五年四川省各县域地区生产总值年均增速前 10 强

资料来源：2019~2023 年四川各县（市、区）主要经济指标（四川省统计局提供）。

从近五年人均地区生产总值年均增速来看（见图 8），四川省各县域前 10 强中凉山彝族自治州占据了 3 个席位，宜宾市占据了 2 个席位，而甘孜藏族自治州、雅安市、遂宁市、乐山市和达州市分别占据了 1 个席位。作为第一名的木里县的近五年人均地区生产总值年均增速超过 35%，第 2、第 3 名的增速也都超过了 20%。

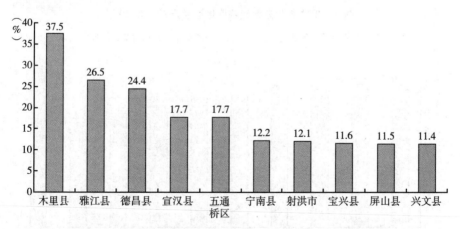

图 8　近五年四川省各县域人均地区生产总值年均增速前 10 强

资料来源：2019~2023 年四川各县（市、区）主要经济指标（四川省统计局提供）。

五 基于五区共兴视角的经济总量前10强

（一）川东北经济区

2023 年川东北经济区地区生产总值前 10 强中半数席位属于达州市，南充市紧随其后占据了 3 个席位，剩余 2 个席位分别属于广元市、广安市（见图9）。其中，第 1 位的宣汉县是唯一突破了 700 亿元生产总值的地区。另外，川东北经济区人均地区生产总值前 10 强中，广元市和南充市各占据了 3 个席位，广安市和达州市则分别占据了 2 个席位（见图 10）。

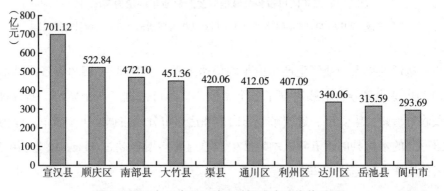

图 9　2023 年川东北经济区地区生产总值前 10 强

资料来源：2023 年四川各县（市、区）主要经济指标（四川省统计局提供）。

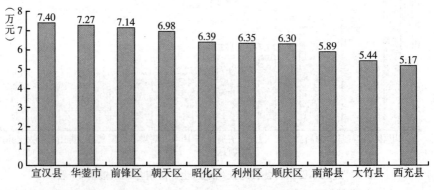

图 10　2023 年川东北经济区人均地区生产总值前 10 强

资料来源：2023 年四川各县（市、区）主要经济指标（四川省统计局提供）。

川东北经济区 2023 年地区生产总值增速前 10 强中南充市揽下 6 个席位，达州市占据 2 个席位，广安市和巴中市各占 1 个席位（见图 11）。

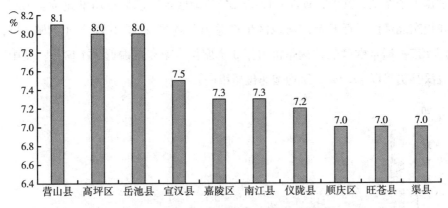

图 11　2023 年川东北经济区地区生产总值增速前 10 强

资料来源：2023 年四川各县（市、区）主要经济指标（四川省统计局提供）。

川东北经济区 2023 年人均地区生产总值增速前 10 强中，广安市占据 4 个席位，达州市占据 3 个席位，广元市占据 2 个席位，巴中市占据 1 个席位（见图 12）。在该指标上，宣汉县取得了第 1 位，其 2023 年人均地区生产总值增速达到了 13.11%。

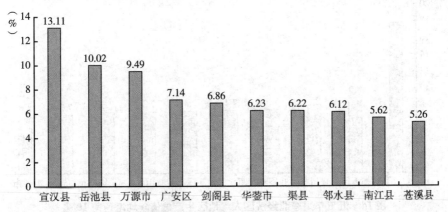

图 12　2023 年川东北经济区人均地区生产总值增速前 10 强

资料来源：2023 年四川各县（市、区）主要经济指标（四川省统计局提供）。

　　川东北经济区近五年地区生产总值年均增速前 10 强中（见图 13），达州市占据 4 个席位，广元市占据了 3 个席位，南充市占据 2 个席位，广安市占据 1 个席位；其中，宣汉县以 17.3%的地区生产总值年均增速位居第一。在川东北经济区近五年人均地区生产总值年均增速前 10 强中（见图 14），广元市占据半数席位，达州市占据 3 个席位，南充市占据 2 个席位；其中，宣汉县仍然以 17.7%的年均增速位居第一。

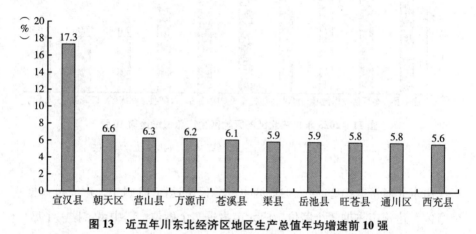

图 13　近五年川东北经济区地区生产总值年均增速前 10 强

资料来源：2019~2023 年四川各县（市、区）主要经济指标（四川省统计局提供）。

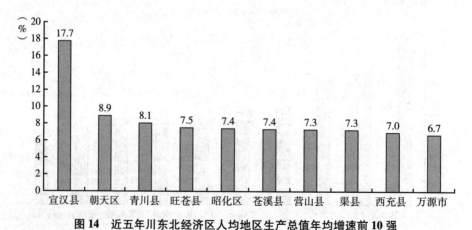

图 14　近五年川东北经济区人均地区生产总值年均增速前 10 强

资料来源：2019~2023 年四川各县（市、区）主要经济指标（四川省统计局提供）。

（二）成都平原经济区

2023 年成都平原经济区地区生产总值前 10 强中成都市独占 9 席，剩余 1 席被绵阳市占据（见图 15）。另外，成都平原经济区人均地区生产总值前 10 强中成都市依然强势占据了其中 7 个位置，乐山市、雅安市和德阳市各占据 1 席（见图 16）。在地区生产总值以及人均地区生产总值前 10 强这两项指标中，武侯区均取得了第一名。

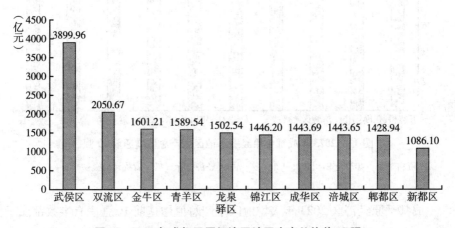

图 15　2023 年成都平原经济区地区生产总值前 10 强

资料来源：2023 年四川各县（市、区）主要经济指标（四川省统计局提供）。

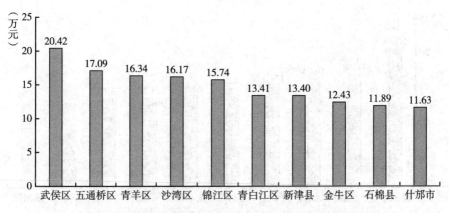

图 16　2023 年成都平原经济区人均地区生产总值前 10 强

资料来源：2023 年四川各县（市、区）主要经济指标（四川省统计局提供）。

成都平原经济区2023年地区生产总值增速前10强中绵阳市揽下4个席位，成都市手握2个席位，而德阳市、遂宁市、乐山市、眉山市则分别占据了1个席位（见图17）。在这项指标中，五通桥区和简阳市居前两名，且增速均突破了10%。

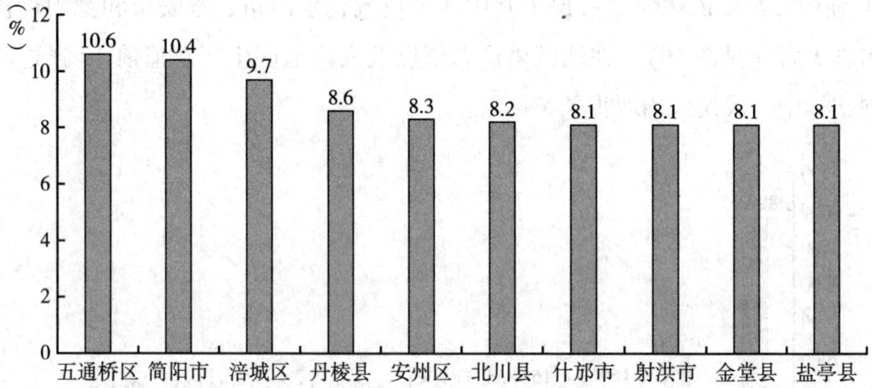

图17　2023年成都平原经济区地区生产总值增速前10强

资料来源：2023年四川各县（市、区）主要经济指标（四川省统计局提供）。

成都平原经济区2023年人均地区生产总值增速前10强中有半数都属于雅安市，绵阳市占据4个席位，另一席由成都市占据（见图18）。在该项指标中，成都市的简阳市取得了第一名，且增速突破了20%。

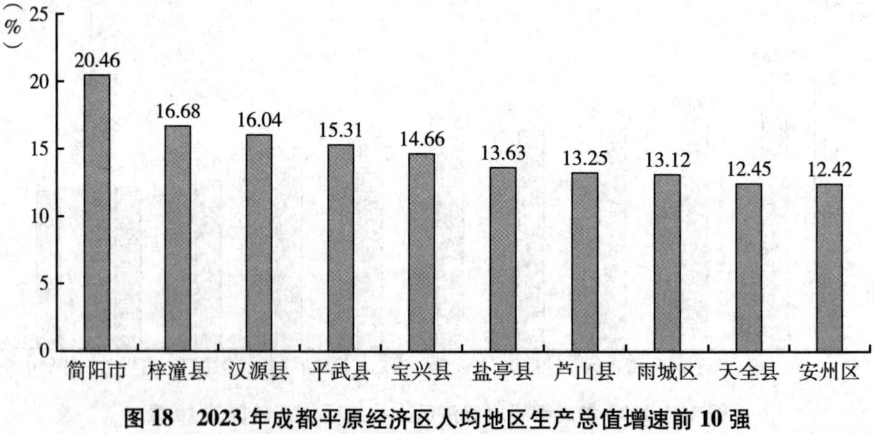

图18　2023年成都平原经济区人均地区生产总值增速前10强

资料来源：2023年四川各县（市、区）主要经济指标（四川省统计局提供）。

　　成都平原经济区近五年地区生产总值年均增速前 10 强中绵阳市和雅安市各占据了 3 个席位，成都市占据了 2 个席位，遂宁市和乐山市分别占据了 1 个席位；其中五通桥区增速达到了 16.4%（见图 19）。此外，成都平原经济区近五年人均地区生产总值年均增速前 10 强中绵阳市占据了 4 个席位，雅安市和遂宁市各占据了 2 个席位，成都市和乐山市各占据了 1 个席位；其中，五通桥区增速达到了 17.7%（见图 20）。

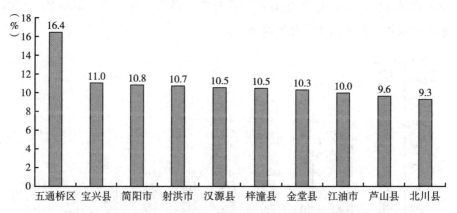

图 19　近五年成都平原经济区地区生产总值年均增速前 10 强

资料来源：2019~2023 年四川各县（市、区）主要经济指标（四川省统计局提供）。

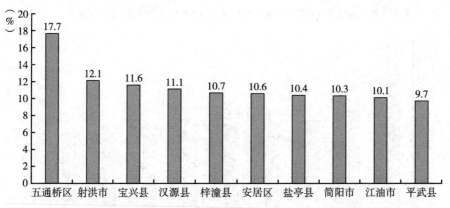

图 20　近五年成都平原经济区人均地区生产总值年均增速前 10 强

资料来源：2019~2023 年四川各县（市、区）主要经济指标（四川省统计局提供）。

（三）川南经济区

2023 年川南经济区地区生产总值前 10 强中泸州市和内江市分别占据了 3 个席位，宜宾市则和自贡市分别占据了 2 个席位（见图 21）。另外，川南经济区人均地区生产总值前 10 强中自贡市、内江市、宜宾市、泸州市分别占据了 4 个、3 个、2 个、1 个席位（见图 22）。此外，在地区生产总值以及人均地区生产总值前 10 强这两项指标中，翠屏区均取得了第一名，足以彰显其在川南经济区中不凡的经济实力。

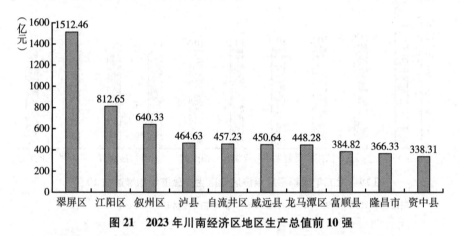

图 21 2023 年川南经济区地区生产总值前 10 强

资料来源：2023 年四川各县（市、区）主要经济指标（四川省统计局提供）。

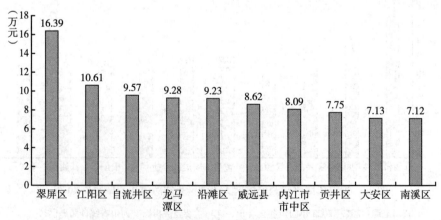

图 22 2023 年川南经济区人均地区生产总值前 10 强

资料来源：2023 年四川各县（市、区）主要经济指标（四川省统计局提供）。

川南经济区 2023 年地区生产总值增速前 10 强中宜宾市占据了一半的席位，内江市占据了 3 个席位，剩余 2 个席位由泸州市占有（见图 23）。在这项指标上，古蔺县夺得头名。

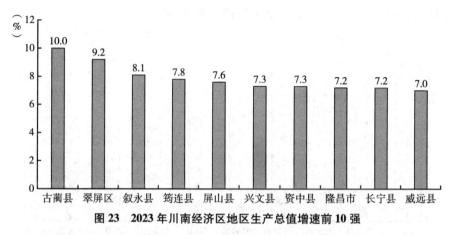

图 23　2023 年川南经济区地区生产总值增速前 10 强

资料来源：2023 年四川各县（市、区）主要经济指标（四川省统计局提供）。

川南经济区 2023 年人均地区生产总值增速前 10 强中有 7 个席位同地区生产总值增速前 10 强相同，出现的新面孔自流井区属于自贡市，东兴区和内江市市中区则属于内江市（见图 24）。在人均地区生产总值增速前 10 强中，前两名增速均超过了 16%。

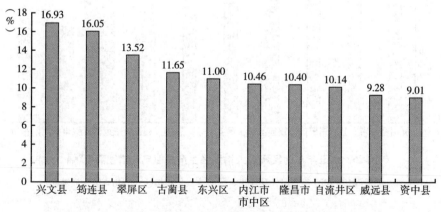

图 24　2023 年川南经济区人均地区生产总值增速前 10 强

资料来源：2023 年四川各县（市、区）主要经济指标（四川省统计局提供）。

川南经济区近五年地区生产总值年均增速前 10 强中宜宾市独揽 7 席，包揽了前 4 强，而且增速相对较高；泸州市则取得了剩余的 3 个席位（见图 25）。川南经济区近五年人均地区生产总值年均增速前 10 强中宜宾市独占 6 个席位，泸州市、内江市各占 2 个席位（见图 26）。

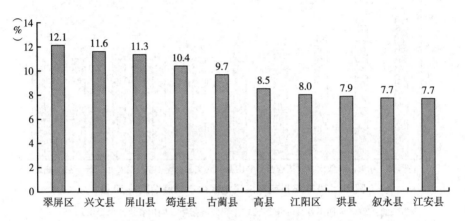

图 25　近五年川南经济区地区生产总值年均增速前 10 强

资料来源：2019~2023 年四川各县（市、区）主要经济指标（四川省统计局提供）。

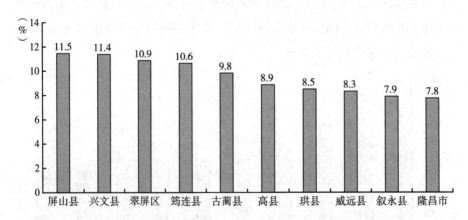

图 26　近五年川南经济区人均地区生产总值年均增速前 10 强

资料来源：2019~2023 年四川各县（市、区）主要经济指标（四川省统计局提供）。

（四）攀西经济区

2023 年攀西经济区地区生产总值前 10 强中凉山彝族自治州和攀枝花市占比是 5：5（见图 27）；其中，第 1 位的西昌市是唯一突破了 700 亿元生产总值的地区。攀西经济区人均地区生产总值前 10 强中凉山彝族自治州和攀枝花市分别占据半数席位。其中，东区以 13.83 万元的人均地区生产总值成为攀西经济区的第 1（见图 29）。

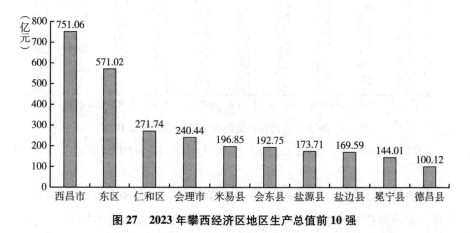

图 27 2023 年攀西经济区地区生产总值前 10 强

资料来源：2023 年四川各县（市、区）主要经济指标（四川省统计局提供）。

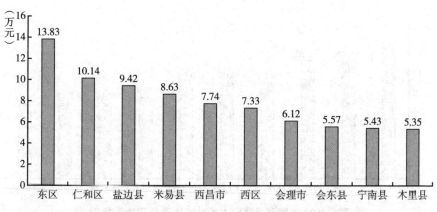

图 28 2023 年攀西经济区人均地区生产总值前 10 强

资料来源：2023 年四川各县（市、区）主要经济指标（四川省统计局提供）。

攀西经济区 2023 年地区生产总值增速前 10 强中凉山彝族自治州和攀枝花市占比是 6∶4，凉山彝族自治州包揽前 5 强；在这项指标上，德昌县获得了第一名（见图 29）。

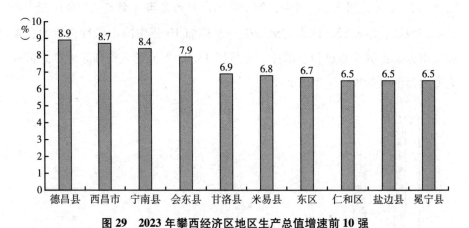

图 29　2023 年攀西经济区地区生产总值增速前 10 强

资料来源：2023 年四川各县（市、区）主要经济指标（四川省统计局提供）。

攀西经济区 2023 年人均地区生产总值增速前 10 强中攀枝花市占据 2 个席位，其余席位皆属于凉山彝族自治州（见图 30）。在这项指标上，宁南县获得了第一名，且增速达到了 14.56%，可见 2023 年其经济发展势头强劲。

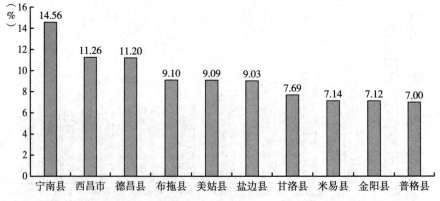

图 30　2023 年攀西经济区人均地区生产总值增速前 10 强

资料来源：2023 年四川各县（市、区）主要经济指标（四川省统计局提供）。

攀西经济区近五年地区生产总值年均增速前 10 强中攀枝花市占据了 2 个席位，其余席位皆属于凉山彝族自治州（见图 31）。其中宁南县年均增速达到了 12.4%。攀西经济区近五年人均地区生产总值年均增速前 10 强中攀枝花市占据了 1 个席位，其余席位皆属于凉山彝族自治州，其中木里县年均增速达到了 37.5%（见图 32）。

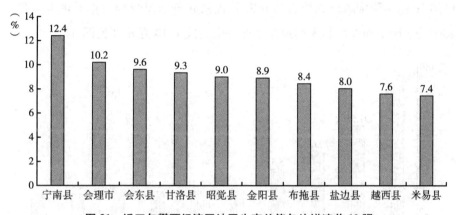

图 31　近五年攀西经济区地区生产总值年均增速前 10 强

资料来源：2019~2023 年四川各县（市、区）主要经济指标（四川省统计局提供）。

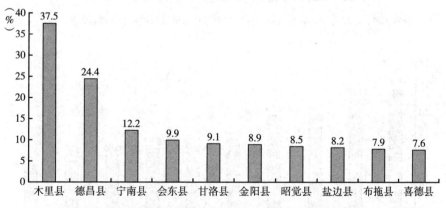

图 32　近五年攀西经济区人均地区生产总值年均增速前 10 强

资料来源：2019~2023 年四川各县（市、区）主要经济指标（四川省统计局提供）。

（五）川西北生态示范区

2023 年川西北生态示范区地区生产总值前 10 强中阿坝藏族羌族自治州和甘孜藏族自治州分别占据 6 席和 4 席（见图 33）。其中，第 1 位的康定市是唯一突破了 100 亿元生产总值的地区。川西北生态示范区人均地区生产总值前 10 强中阿坝藏族羌族自治州和甘孜藏族自治州分别占据 6 席和 4 席。其中马尔康市和汶川县人均地区生产总值突破了 10 万元（见图 34）。

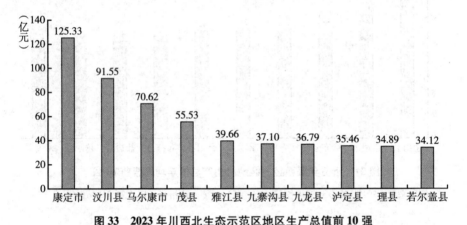

图 33　2023 年川西北生态示范区地区生产总值前 10 强

资料来源：2023 年四川各县（市、区）主要经济指标（四川省统计局提供）。

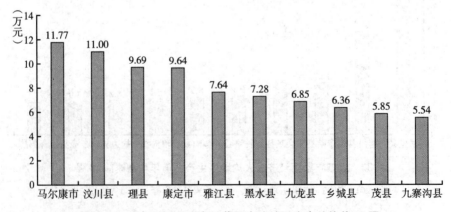

图 34　2023 年川西北生态示范区人均地区生产总值前 10 强

资料来源：2023 年四川各县（市、区）主要经济指标（四川省统计局提供）。

川西北生态示范区 2023 年地区生产总值增速前 10 强中阿坝藏族羌族自治州和甘孜藏族自治州分别占据 7 个席位和 3 个席位，甘孜藏族自治州包揽了前三强（见图 35）。

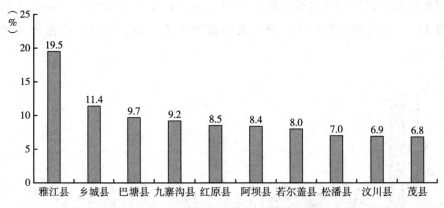

图 35　2023 年川西北生态示范区地区生产总值增速前 10 强

资料来源：2023 年四川各县（市、区）主要经济指标（四川省统计局提供）。

　　川西北生态示范区 2023 年人均地区生产总值增速前 10 强中阿坝藏族羌族自治州和甘孜藏族自治州分别占据半数席位（见图 36）。在这项指标上，雅江县获得了第一名，且年均增速突破了 25%。

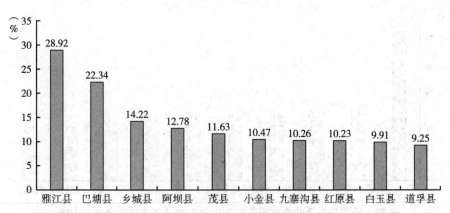

图 36　2023 年川西北生态示范区人均地区生产总值增速前 10 强

资料来源：2023 年四川各县（市、区）主要经济指标（四川省统计局提供）。

　　川西北生态示范区近五年地区生产总值年均增速前 10 强中阿坝藏族羌族自治州和甘孜藏族自治州分别占据 4 个席位和 6 个席位（见图 37）。此外，川西北生态示范区近五年人均地区生产总值年均增速前 10 强中阿坝藏族羌族自治州和甘孜藏族自治州分别占据 4 个席位和 6 个席位（见图 38）。在这两项指标上，雅江县均取得了第 1 位，其两项增速均突破了 25%。

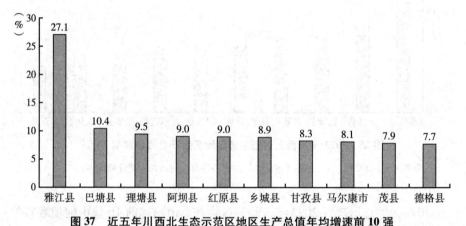

图 37　近五年川西北生态示范区地区生产总值年均增速前 10 强

资料来源：2019~2023 年四川各县（市、区）主要经济指标（四川省统计局提供）。

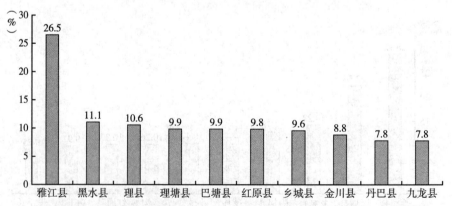

图 38　近五年川西北生态示范区人均地区生产总值年均增速前 10 强

资料来源：2019~2023 年四川各县（市、区）主要经济指标（四川省统计局提供）。

六 基于主体功能区视角的经济总量前10强

（一）城市主城区

2023 年城市主城区地区生产总值前 10 强中成都市独占 8 席，剩余 2 席分别由宜宾市和绵阳市占据（见图 39）。另外，城市主城区人均地区生产总值前 10 强中成都市占据了其中 6 个位置，乐山市占据了 2 席，另 2 席分别由宜宾市和攀枝花市占据（见图 40）。在地区生产总值以及人均地区生产总值前 10 强这两项指标上，武侯区均取得了第一名。

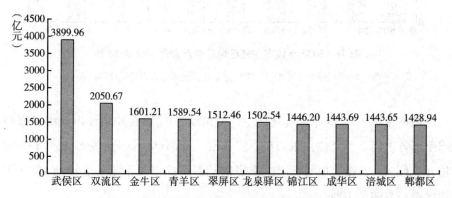

图 39　2023 年城市主城区地区生产总值前 10 强

资料来源：2023 年四川各县（市、区）主要经济指标（四川省统计局提供）。

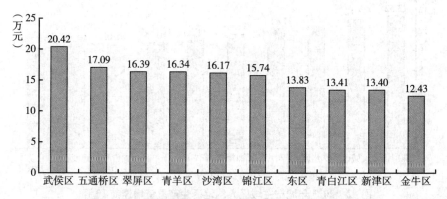

图 40　2023 年城市主城区人均地区生产总值前 10 强

资料来源：2023 年四川各县（市、区）主要经济指标（四川省统计局提供）。

城市主城区2023年地区生产总值增速前10强中南充市揽下3个席位，绵阳市手握2个席位，而乐山市、宜宾市、眉山市、遂宁市、成都市则分别占据了1个席位。在这项指标上，乐山市的五通桥区取得了第一名，且增速突破了10%。

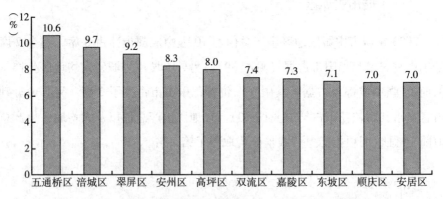

图41　2023年城市主城区地区生产总值增速前10强

资料来源：2023年四川各县（市、区）主要经济指标（四川省统计局提供）。

城市主城区2023年人均地区生产总值增速前10强中内江市、雅安市和绵阳市各占据2个席位，乐山市、宜宾市、成都市和自贡市分别取得1个席位（见图42）。在这项指标上，宜宾市的翠屏区取得了第一名；前10强年均增速都突破了10%。

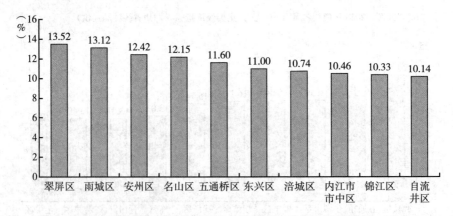

图42　2023年城市主城区人均地区生产总值增速前10强

资料来源：2023年四川各县（市、区）主要经济指标（四川省统计局提供）。

城市主城区近五年地区生产总值年均增速前 10 强中绵阳市、雅安市各占据了 2 个席位，而乐山市、泸州市、宜宾市、遂宁市、成都市和德阳市分别占据了 1 个席位（见图 43）。此外，城市主城区近五年人均地区生产总值年均增速前 10 强中乐山市、雅安市分别占据了 2 个席位，而遂宁市、宜宾市、绵阳市、广元市、内江市和自贡市分别占据了 1 个席位（见图 44）。在这两项指标上，五通桥区均取得了第 1 位，其两项增速均突破了 15%。

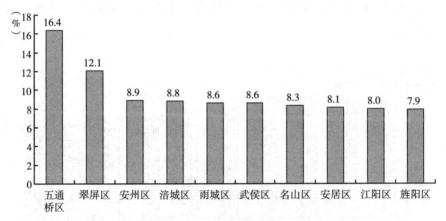

图 43　近五年城市主城区地区生产总值年均增速前 10 强

资料来源：2019~2023 年四川各县（市、区）主要经济指标（四川省统计局提供）。

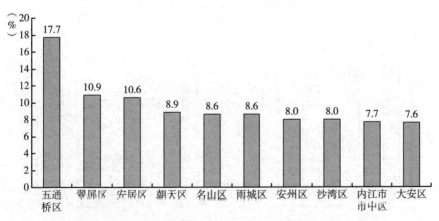

图 44　近五年城市主城区人均地区生产总值年均增速前 10 强

资料来源：2019~2023 年四川各县（市、区）主要经济指标（四川省统计局提供）。

（二）重点开发区

2023 年重点开发区地区生产总值前 10 强中 5 个席位属于成都市，凉山彝族自治州、绵阳市、遂宁市、眉山市、德阳市分别取得 1 个席位（见图45）；其中，前 6 强的地区生产总值均突破了 600 亿元。另外，重点开发区人均地区生产总值前 10 强中德阳市占据了 3 个席位，成都市占据了 2 个席位，遂宁市、内江市、攀枝花市、绵阳市、乐山市分别占据了 1 个席位（见图46）。

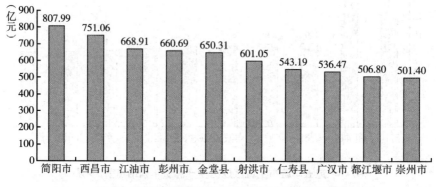

图 45　2023 年重点开发区地区生产总值前 10 强

资料来源：2023 年四川各县（市、区）主要经济指标（四川省统计局提供）。

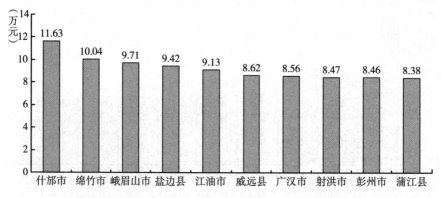

图 46　2023 年重点开发区人均地区生产总值前 10 强

资料来源：2023 年四川各县（市、区）主要经济指标（四川省统计局提供）。

重点开发区 2023 年地区生产总值增速前 10 强中德阳市、成都市、内江市各占据了 2 个席位，遂宁市、凉山彝族自治州、眉山市、乐山市分别占据了 1 个席位（见图 47）。在这项指标上，简阳市取得了第一名。

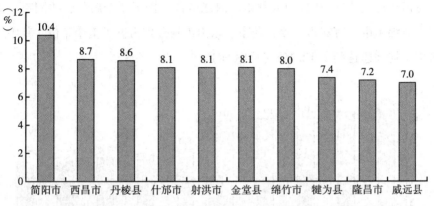

图 47　2023 年重点开发区地区生产总值增速前 10 强

资料来源：2023 年四川各县（市、区）主要经济指标（四川省统计局提供）。

重点开发区 2023 年人均地区生产总值增速前 10 强中内江市占据了 2 个席位。成都市、遂宁市、凉山彝族自治州、绵阳市、眉山市、德阳市、攀枝花市、宜宾市分别取得 1 个席位（见图 48）。在这项指标上，简阳市取得了第 1 名，其增速超过了 20%。

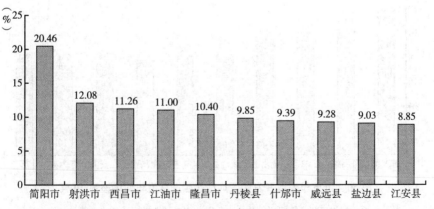

图 48　2023 年重点开发区人均地区生产总值增速前 10 强

资料来源：2023 年四川各县（市、区）主要经济指标（四川省统计局提供）。

　　重点开发区近五年地区生产总值年均增速前 10 强中成都市占据了 3 个席位，凉山彝族自治州占据了 2 个席位，遂宁市、绵阳市、宜宾市、攀枝花市、泸州市分别占据了 1 个席位（见图 49）。重点开发区近五年人均地区生产总值年均增速前 10 强中成都市、内江市各占据了 2 个席位，德阳市、遂宁市、绵阳市、宜宾市、攀枝花市、乐山市则分别占据了 1 个席位，其中射洪市年均增速达到了 12.1%（见图 50）。

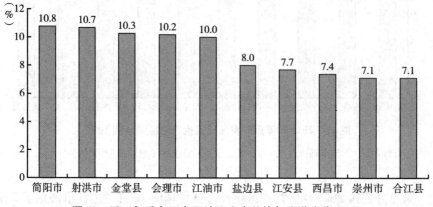

图 49　近五年重点开发区地区生产总值年均增速前 10 强

资料来源：2019~2023 年四川各县（市、区）主要经济指标（四川省统计局提供）。

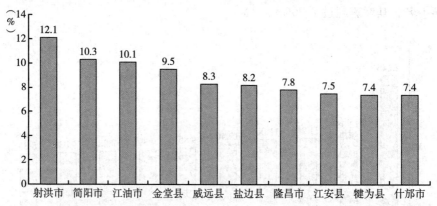

图 50　近五年重点开发区人均地区生产总值年均增速前 10 强

资料来源：2019~2023 年四川各县（市、区）主要经济指标（四川省统计局提供）。

四川省县域人口发展评价与分析报告

梁甄桥　赵建浩*

摘　要：　本报告分析了 2023 年四川省各县域在人口规模、增速、净流入和人口密度等指标，发现成都市作为四川省经济发展的核心区域，其人口规模和人口密度均位列前茅，占据了全省多个重要排名的首位。特别是在成都平原经济区，成都市的各区在人口规模、人口增速和人口密度方面均有显著优势。而在人口增速方面，甘孜藏族自治州表现突出，占据了 2023 年人口增速前 10 强中的多数席位。各区域在"五区共兴"的背景下，人口呈现不同的分布特征，如川东北、川南、攀西经济区的人口净流入表现出显著区域性差异，尤其是达州市和凉山彝族自治州的人口增长较为明显。川西北生态示范区的人口密度整体偏低，但人口增速和净流入依然保持正增长，显示出一定的发展潜力。

关键词：　人口规模　人口增速　人口密度　五区共兴　县域差距　四川省

一　县域人口规模前10强

2023 年四川省各县域常住人口前 10 强中成都市占 8 个席位，剩下 2 个席位分别属于绵阳市和眉山市，可见成都市作为四川省第一大城市人口规模庞大。其中，第一名的双流区常住人口更是达到了 279.4 万人。此外，2023 年四川省各县域常住人口前 10 强全部归属成都平原经济区，可见人口于此区域聚集程度较高（见图 1）。

---

*　梁甄桥，博士，重庆工商大学经济学院讲师，主要研究方向为发展经济学、城市经济、文化经济学；赵建浩，重庆工商大学硕士研究生，主要研究方向为发展经济学、数量经济学。

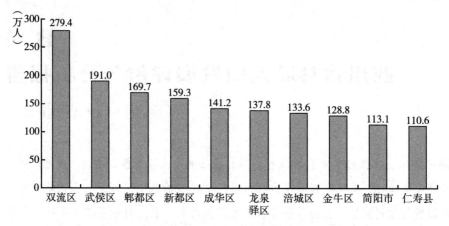

图 1　2023 年四川省各县域常住人口前 10 强

资料来源：2023 年四川各县（市、区）主要经济指标（四川省统计局提供）。

二　县域人口增速前10强

从人口增速的视角来看，2023 年四川省各县域常住人口增速前 10 强中，甘孜藏族自治州占据了 7 个席位，阿坝藏族羌族自治州、成都市、广元市各自占据了 1 个席位。甘孜藏族自治州的稻城县位居常住人口增速第一，增速达到了 3.34%（见图 2）。

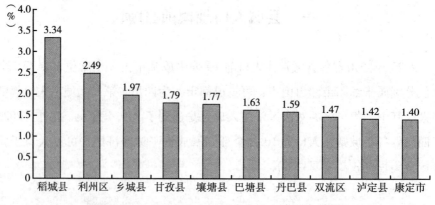

图 2　2023 年四川省各县域常住人口增速前 10 强

资料来源：2023 年四川各县（市、区）主要经济指标（四川省统计局提供）。

四川省各县域近五年常住人口增速前 10 强中（见图 3），成都市占据了 4 个席位，凉山彝族自治州和阿坝藏族羌族自治州分别占据了 2 个席位和 3 个席位，剩余 1 个席位则属于绵阳市。其中，会理市的近五年常住人口增速突破了 30%，位居第 1，第 2 名是常住人口增速为 12.08% 的盐源县。

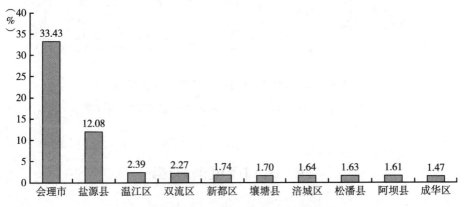

图 3　近五年四川省各县域常住人口增速前 10 强

资料来源：2019~2023 年四川各县（市、区）主要经济指标（四川省统计局提供）。

三　人口净流入前10强

人口净流入是指一个地区在一定时间内人口的净增加量。本报告通过将第七次全国人口普查数减去第六次全国人口普查数得出该数据。

2023 年四川省各县域人口净流入前 10 强中（见图 4），成都市占到 6 个席位，达州市则占据了 2 个席位且其所管辖达川区取得第 1 位，绵阳市、凉山彝族自治州则占据其他 2 个席位。

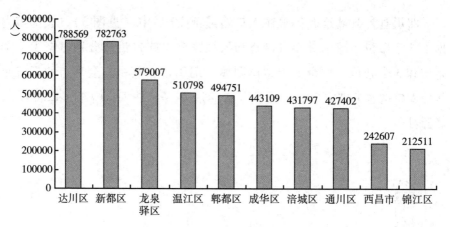

图4　2023年四川省各县域人口净流入前10强

资料来源：2023年四川各县（市、区）主要经济指标（四川省统计局提供）。

四　人口密度前10强

人口密度是指在特定地区内的人口数量与该地区的面积之比。它通常用来衡量一个地区的人口分布情况以及人口拥挤程度。

2023年四川省各县域人口密度前10强中（见图5），成都市独占9席，

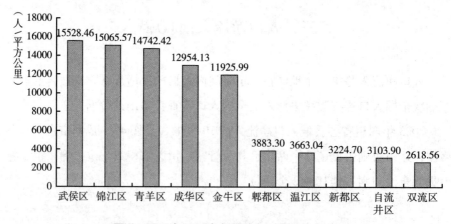

图5　2023年四川省各县域人口密度前10强

资料来源：2023年四川各县（市、区）主要经济指标（四川省统计局提供）。

自贡市占据1席。其中，成都市五个主城区武侯区、锦江区、青羊区、成华区、金牛区的人口密度均突破每平方公里上万人。

五 基于五区共兴视角的人口发展前10强

（一）川东北经济区

2023年川东北经济区常住人口前10强中（见图6），达州市占据前5个席位，且宣汉县、达川区、通川区的常住人口均在90万人以上，南充市占据了3个席位，剩下2个席位由广安市占据。

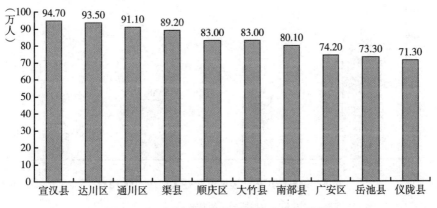

图6　2023年川东北经济区常住人口前10强

资料来源：2023年四川各县（市、区）主要经济指标（四川省统计局提供）。

2023年川东北经济区常住人口增速前10强中利州区成为川东北地区2023年唯一常住人口增速为正的县域，其增速为2.49%（见图7）。此外，川东北经济区近五年常住人口增速前10强中有4个县域为正（见图8），广安市、南充市、广元市和达州市各占1个席位。

2023年川东北经济区人口净流入前10强中前6位为正数，达州市、南充市、广安市各占据2席，其中达川区人口净流入数最高，达788569人（见图9）。此外，川东北经济区人口密度前10强中广安市占据了半数席位，而南充市和达州市分别占据了2席，最后1席由巴中市占据（见图10）。

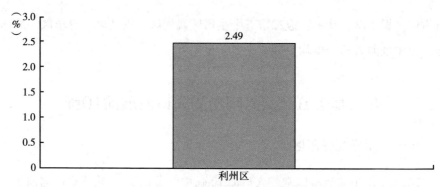

图7 2023年川东北经济区常住人口增速前10强

注：此处仅保留常住人口增速为正的县域。

资料来源：2023年四川各县（市、区）主要经济指标（四川省统计局提供）。

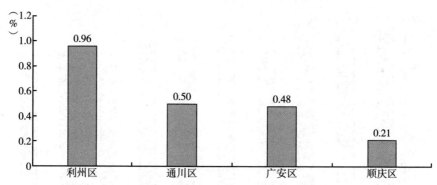

图8 近五年川东北经济区常住人口增速前10强

注：此处仅保留近五年常住人口增速为正的县域。

资料来源：2023年四川各县（市、区）主要经济指标（四川省统计局提供）。

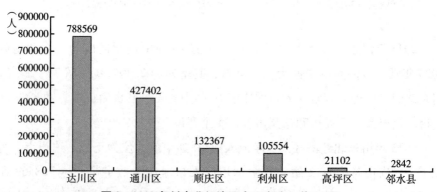

图9 2023年川东北经济区人口净流入前10强

注：此处仅保留人口净流入为正的县域。

资料来源：2023年四川各县（市、区）主要经济指标（四川省统计局提供）。

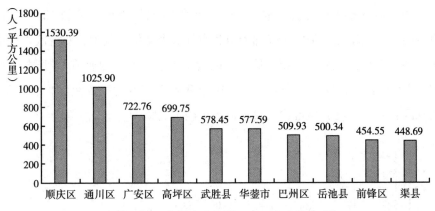

图 10 2023 年川东北经济区人口密度前 10 强

资料来源：2023 年四川各县（市、区）主要经济指标（四川省统计局提供）。

（二）成都平原经济区

2023 年成都平原经济区常住人口前 10 强中（见图 11），成都市占据其中 8 个席位，剩余 2 个席位分别由绵阳市和眉山市占据。其中，第一名的双流区常住人口更是达到了 279.4 万人，且前 10 强 2023 年常住人口均在百万人以上。

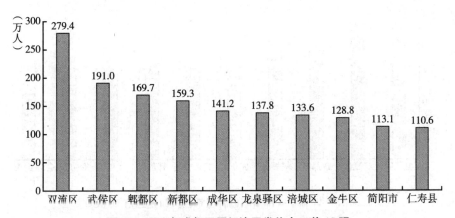

图 11 2023 年成都平原经济区常住人口前 10 强

资料来源：2023 年四川各县（市、区）主要经济指标（四川省统计局提供）。

2023年成都平原经济区常住人口增速前10强均为正（见图12），成都市占据了8个席位，乐山市和绵阳市各占据1个席位。其中，双流区人口增速达到1.47%。此外，成都平原经济区近五年常住人口增速前10强中（见图13）；成都市占据了8个席位，绵阳市和乐山市各占据1个席位。其中，温江区和双流区近五年常住人口增速都突破了2%。

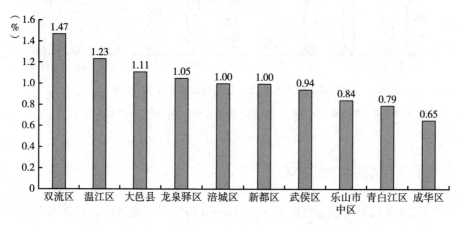

图12　2023年成都平原经济区常住人口增速前10强

资料来源：2023年四川各县（市、区）主要经济指标（四川省统计局提供）。

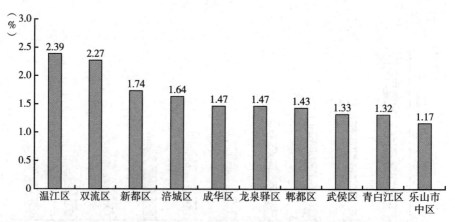

图13　近五年成都平原经济区常住人口增速前10强

资料来源：2019~2023年四川各县（市、区）主要经济指标（四川省统计局提供）。

2023 年成都平原经济区人口净流入前 10 强中成都市占据了 7 个席位，绵阳市、遂宁市、乐山市分别占据了 1 个席位；其中新都区人口净流入量最高，突破了 78 万人（见图 14）。此外，2023 年成都平原经济区人口密度前 10 强全部由成都市包揽，其中五个主城区武侯区、锦江区、青羊区、成华区、金牛区的人口密度均突破每平方公里 1 万人（见图 15）。

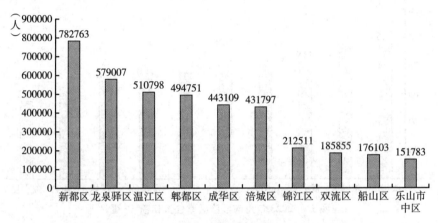

图 14　2023 年成都平原经济区人口净流入前 10 强

资料来源：2023 年四川各县（市、区）主要经济指标（四川省统计局提供）。

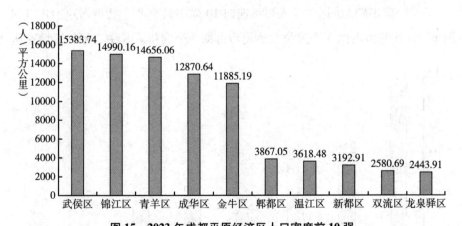

图 15　2023 年成都平原经济区人口密度前 10 强

资料来源：2023 年四川各县（市、区）主要经济指标（四川省统计局提供）。

（三）川南经济区

2023 年川南经济区常住人口前 10 强中泸州市占据了 4 席，宜宾市和内江市分别占据了 2 席，最后 2 席由自贡市占据；其中，叙州区、翠屏区常住人口突破 90 万人，资中县突破 80 万人（见图 16）。

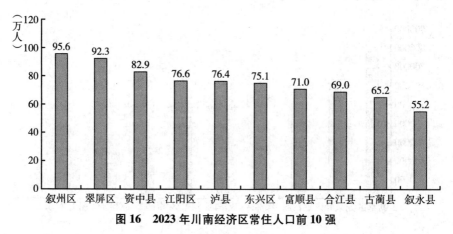

图 16　2023 年川南经济区常住人口前 10 强

资料来源：2023 年四川各县（市、区）主要经济指标（四川省统计局提供）。

2023 年川南经济区常住人口增速前 10 强中只有 8 个县域增速为正（见图 17），宜宾市占据 5 个席位，泸州市占据 3 个席位。其中，翠屏区增速达

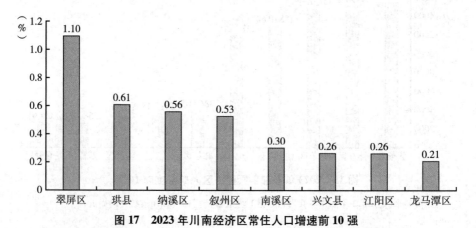

图 17　2023 年川南经济区常住人口增速前 10 强

注：此处仅保留常住人口增速为正的县域。

资料来源：2023 年四川各县（市、区）主要经济指标（四川省统计局提供）。

到 1.10%。此外, 川南经济区近五年常住人口增速前 10 强中只有 8 个县域为正, 泸州市占据了 2 个席位, 其余 6 席则由宜宾市占据。前 2 强的近五年常住人口增速均超过了 1%（见图 18）。

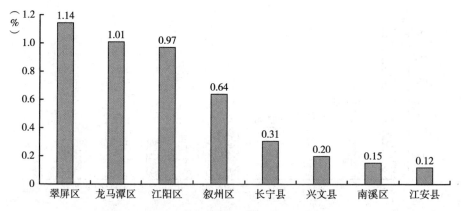

图 18　近五年川南经济区常住人口增速前 10 强

注：此处仅保留近五年常住人口增速为正的县域。
资料来源：2019~2023 年四川各县（市、区）主要经济指标（四川省统计局提供）。

　　2023 年川南经济区人口净流入前 10 强中只有 9 个县域数量为正（见图 19）, 宜宾市占据 5 席, 泸州市和自贡市各占据 2 席。其中, 江阳区人口净

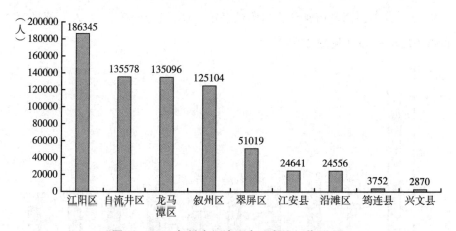

图 19　2023 年川南经济区人口净流入前 10 强

注：此处仅保留人口净流入为正的县域。
资料来源：2023 年四川各县（市、区）主要经济指标（四川省统计局提供）。

流入数量最高，突破了 18 万人。此外，川南经济区人口密度前 10 强中（见图 20），自贡市、内江市、泸州市、宜宾市分别占据 4 席、3 席、2 席、1 席。其中，自流井区人口密度突破每平方公里 3000 人，为第 2 位龙马潭的 2 倍多。

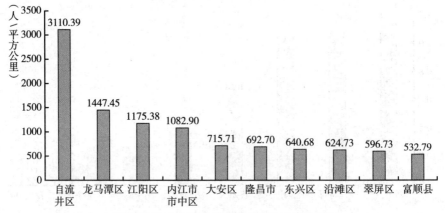

图 20　2023 年川南经济区人口密度前 10 强

资料来源：2023 年四川各县（市、区）主要经济指标（四川省统计局提供）。

（四）攀西经济区

2023 年攀西经济区常住人口前 10 强中凉山彝族自治州和攀枝花市占比为 9∶1。其中，西昌市常住人口为该区第 1 位，达到 97.00 万人，超过第 2 和第 3 位的总和（见图 21）。

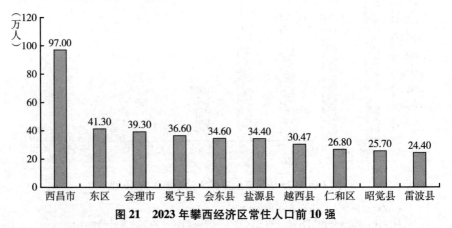

图 21　2023 年攀西经济区常住人口前 10 强

资料来源：2023 年四川各县（市、区）主要经济指标（四川省统计局提供）。

2023年攀西经济区常住人口增速前10强均为正（见图22），凉山彝族自治州占据8个席位，前四强增速突破0.5%。此外，攀西经济区近五年常住人口增速前10强中（见图23），凉山彝族自治州和攀枝花市分别占据9席和1席，其中会理市近五年常住人口增速达到了33.43%，超过第2位至第10位的增速总和。

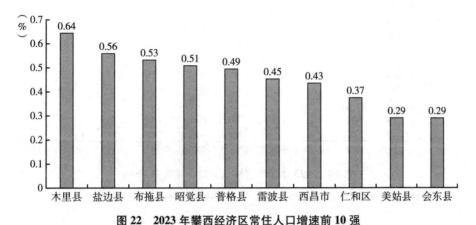

图22　2023年攀西经济区常住人口增速前10强

资料来源：2023年四川各县（市、区）主要经济指标（四川省统计局提供）。

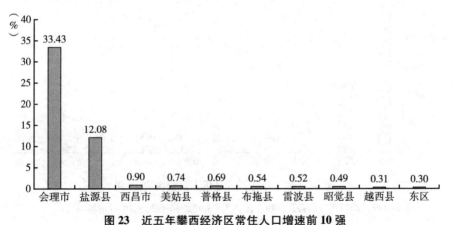

图23　近五年攀西经济区常住人口增速前10强

资料来源：2019～2023年四川各县（市、区）主要经济指标（四川省统计局提供）。

2023年攀西经济区人口净流入前10强均为正（见图24），凉山彝族自治州和攀枝花市分别占据9席和1席。其中，西昌市人口净流入数最高，突破了 24 万人。此外，攀西经济区人口密度前 10 强中（见图 25），凉山彝族自治州和攀枝花市分别占据 6 席和 4 席。其中，东区人口密度突破每平方公里 2400 人，西区人口密度突破每平方公里 1000 人。

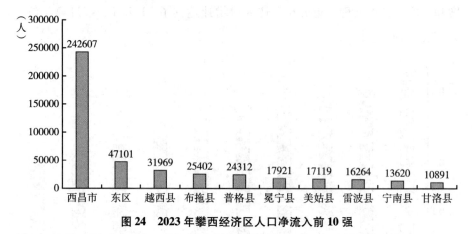

图 24　2023 年攀西经济区人口净流入前 10 强

资料来源：2023 年四川各县（市、区）主要经济指标（四川省统计局提供）。

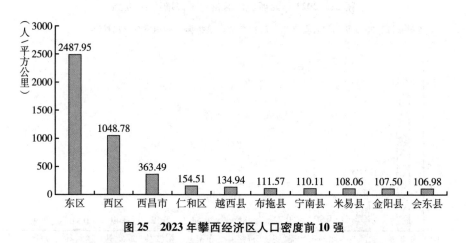

图 25　2023 年攀西经济区人口密度前 10 强

资料来源：2023 年四川各县（市、区）主要经济指标（四川省统计局提供）。

（五）川西北生态示范区

2023 年川西北生态示范区常住人口前 10 强中（见图 26），阿坝藏族羌族自治州和甘孜藏族自治州各占半数席位。其中，康定市常住人口为该区第 1 位，达到 13.00 万人，石渠县也突破了 10 万人。

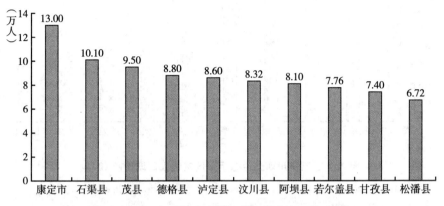

图 26　2023 年川西北生态示范区常住人口前 10 强

资料来源：2023 年四川各县（市、区）主要经济指标（四川省统计局提供）。

2023 年川西北生态示范区常住人口增速前 10 强均为正（见图 27），阿坝藏族羌族自治州和甘孜藏族自治州分别占 2 席和 8 席；其中，前 10 强增速皆突破 1%，甚至稻城县的增速突破了 3%。此外，川西北生态示范区近五年常住人口增速前 10 强中（见图 28），阿坝藏族羌族自治州和甘孜藏族自治州分别占据 7 席和 3 席。

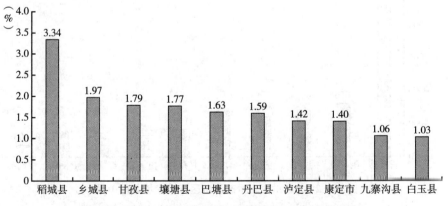

图 27　2023 年川西北生态示范区常住人口增速前 10 强

资料来源：2023 年四川各县（市、区）主要经济指标（四川省统计局提供）。

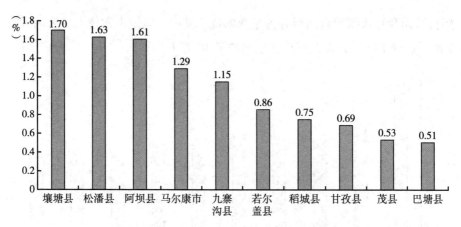

图 28　近五年川西北生态示范区常住人口增速前 10 强

资料来源：2019～2023 年四川各县（市、区）主要经济指标（四川省统计局提供）。

2023 年川西北生态示范区人口净流入数前 10 强该数均为正（见图 29），阿坝藏族羌族自治州和甘孜藏族自治州分别占据 4 席和 6 席。其中，石渠县人口净流入最高，突破了 2 万人。此外，川西北生态示范区人口密度前 10 强中（见图 30），阿坝藏族羌族自治州和甘孜藏族自治州分别占据 6 席和 4 席。总体来说，该区域人口密度小，其中，人口密度最高的为泸定县，也仅每平方公里 39.17 人。

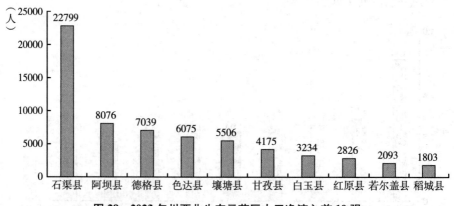

图 29　2023 年川西北生态示范区人口净流入前 10 强

资料来源：2023 年四川各县（市、区）主要经济指标（四川省统计局提供）。

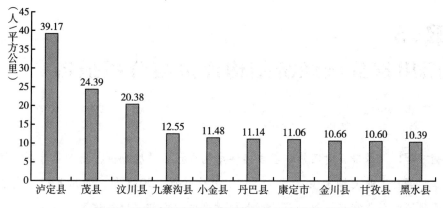

图30　2023 年川西北生态示范区人口密度前 10 强

资料来源：2023 年四川各县（市、区）主要经济指标（四川省统计局提供）。

B.5
四川省县域经济结构评价与分析报告

黄 潇 赵建浩*

摘 要： 本报告对四川省县域经济结构进行了详尽分析，涵盖了第一、第二和第三产业的增加值、增速及排名变化情况。2023 年，四川省经济发展呈现区域分化特征。第一产业增加值排名中，成都平原经济区和川东北经济区表现突出；阿坝州则在第一产业增速上占据主导地位。第二产业方面，成都市经济规模继续领跑全省，尤其是在成都平原经济区，表现尤为突出。第三产业则以成都市的绝对优势领衔，体现了其作为全省经济中心的地位。此外，各区域的产业增速显示出多样性，如攀西经济区和川西北生态示范区的增速在各自领域内表现优异。总体来看，四川省各区域经济发展在不同产业领域展现了各自的优势和潜力。

关键词： 经济结构 五区共兴 产业增加值 县域竞争 四川省

一 第一产业前10强

2023 年四川省县域第一产业增加值前 10 强中（见图 1），达州市占 2 席，眉山市、绵阳市、德阳市、内江市、南充市、资阳市、自贡市和遂宁市各占 1 席。其中宣汉县、三台县、仁寿县和中江县第一产业增加值突破 100 亿元。第一产业增加值前 10 强中 5 个县域位于成都平原经济区，3 个县域位于川东北经济区，2 个县域位于川南经济区。

---

* 黄潇，博士，重庆工商大学教授，主要研究方向为区域经济学、数量经济学；赵建浩，重庆工商大学硕士研究生，主要研究方向为发展经济学、数量经济学。

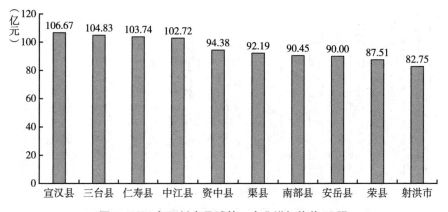

图1 2023年四川省县域第一产业增加值前10强

资料来源：2023年四川各县（市、区）主要经济指标（四川省统计局提供）。

2023年四川省县域第一产业增加值增速前10强中阿坝州占据9个席位，内江市占据1个席位。其中阿坝县和红原县并列第一，增速达12.4%，前6名增速均超过10%（见图2）。

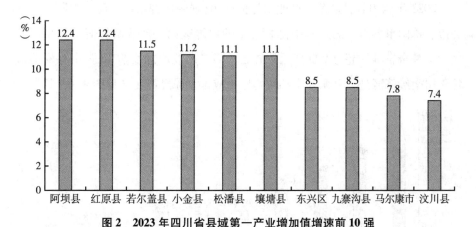

图2 2023年四川省县域第一产业增加值增速前10强

资料来源：2023年四川各县（市、区）主要经济指标（四川省统计局提供）。

四川省县域近五年第一产业增加值年均增速前10强中阿坝州占据3席，成都市和甘孜州各占2席，凉山州、巴中市和乐山市各占1席。前十强的县域近五年第一产业增加值年均增速都超过了12%，第一名更是达到了18.9%（见图3）。

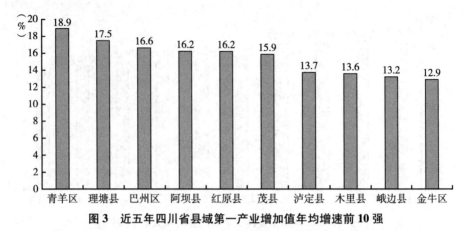

图3　近五年四川省县域第一产业增加值年均增速前10强

资料来源：2019~2023年四川各县（市、区）主要经济指标（四川省统计局提供）。

二　第二产业前10强

2023年四川省县域第二产业增加值前10强中成都市占7席，绵阳市、宜宾市、德阳市各占1席。其中排名第1的翠屏区第二产业增加值达到976.32亿元，是全省唯一超过900亿元的县域。第二产业增加值前10强中除翠屏区位于川南经济区外，其余9个县域均位于成都平原经济区（见图4）。

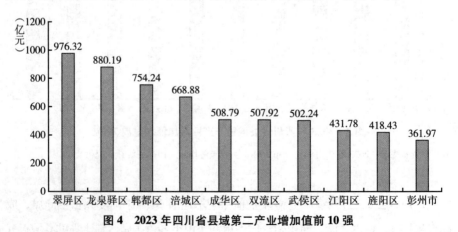

图4　2023年四川省县域第二产业增加值前10强

资料来源：2023年四川各县（市、区）主要经济指标（四川省统计局提供）。

2023 年四川省县域第二产业增加值增速前 10 强中甘孜州占 3 席，泸州市、巴中市、凉山州各占 2 席，乐山市占 1 席。其中排名第 1 的巴塘县增速高达 47.7%。第二产业增加值增速前 10 强中川西北生态示范区有 3 个县域入围，川南经济区、川东北经济区、攀西经济区各有 2 个县域入围，成都平原经济区有 1 个县域入围（见图 5）。

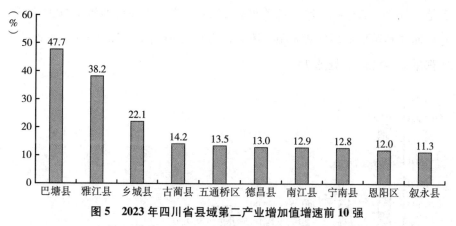

图 5　2023 年四川省县域第二产业增加值增速前 10 强

资料来源：2023 年四川各县（市、区）主要经济指标（四川省统计局提供）。

四川省县域近五年第一产业增加值年均增速前 10 强中甘孜州占 3 席，达州市、凉山州、乐山市、阿坝州、甘孜州、成都市和宜宾市各占 1 席。雅江县在近五年第二产业增加值年均增速中位列第一（见图 6）。

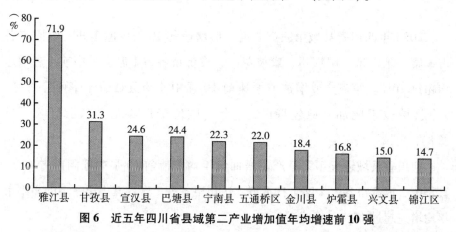

图 6　近五年四川省县域第二产业增加值年均增速前 10 强

资料来源：2019~2023 年四川各县（市、区）主要经济指标（四川省统计局提供）。

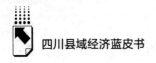

三 第三产业前10强

2023 年四川省县域第三产业增加值前 10 强中成都市占 9 席，绵阳市占
1 席，由此可见，成都市作为四川省的经济中心，其第三产业规模在全省具
有绝对优势。其中排名第一的武侯区 2023 年第三产业增加值超 3000 亿元，
与后面的县域形成断层式差距。第三产业增加值前 10 强的所有县域均位于
成都平原经济区（见图 7）。

图 7　2023 年四川省县域第三产业增加值前 10 强

资料来源：2023 年四川各县（市、区）主要经济指标（四川省统计局提供）。

2023 年四川省县域第三产业增加值增速前 10 强中凉山州、绵阳市各
占 3 席，乐山市、阿坝州、攀枝花市、成都市各占 1 席。其中前 4 名增速
均超过 10%。第三产业增加值增速前 10 强中 4 个县域位于攀西经济区，
5 个县域位于成都平原经济区，1 个县域位于川西北生态示范区（见
图 8）。

四川省县域近五年第三产业增加值年均增速前 10 强中绵阳市占 4 席，
宜宾市、成都市各占 2 席，自贡市、达州市各占 1 席。其中第一名的简阳市
年均增速超过 15%（见图 9）。

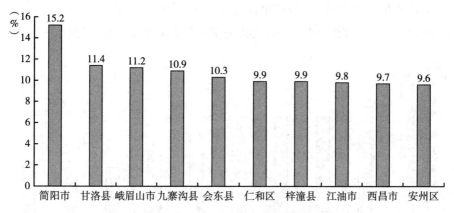

图8　2023年四川省县域第三产业增加值增速前10强

资料来源：2023年四川各县（市、区）主要经济指标（四川省统计局提供）。

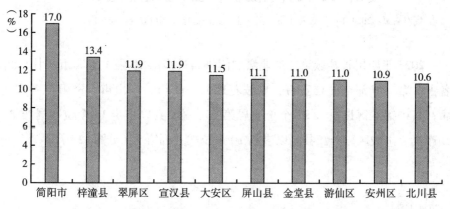

图9　近五年四川省县域第三产业增加值年均增速前10强

资料来源：2019~2023年四川各县（市、区）主要经济指标（四川省统计局提供）。

四　经济结构优化前10强

2023年四川省县域第一产业增加值排名进步前10强共有17个县域入围，其中金堂县、会东县、米易县与冕宁县、峨眉山市、纳溪区、茂县、小金县、金口河区、道孚县等7个县域并列第10名。成都市占4席，凉山州占

3 席，广安市、甘孜州、攀枝花市各占据 1 席。布拖县进步 9 个位次，位居第 1，随后岳池县、都江堰市、蒲江县以进步 7 个位次并列第 2（见图 10）。

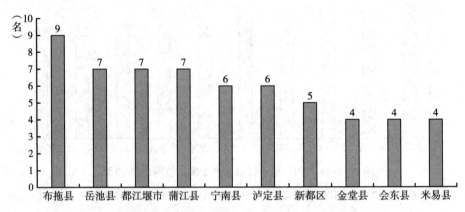

图10　2023年四川省县域第一产业增加值排名进步前10强

资料来源：2023 年四川各县（市、区）主要经济指标（四川省统计局提供）。

2023 年四川省县域第二产业增加值排名进步前 10 强中宜宾市、甘孜州各占 2 席，成都市、雅安市、攀枝花市、泸州市、乐山市、资阳市各占 1 席；其中锦江区以进步 22 个位次居第一，兴文县以进步 13 个位次居第 2，筠连县、雨城区、雅江县均以进步 10 个位次并列第 3（见图 11）。

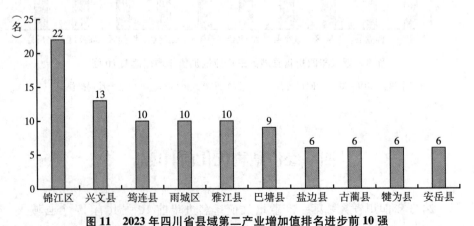

图11　2023年四川省县域第二产业增加值排名进步前10强

资料来源：2023 年四川各县（市、区）主要经济指标（四川省统计局提供）。

2023 年四川省县域第三产业增加值排名进步前 10 强中自贡市占 3 席，内江市、绵阳市各占 2 席，泸州市、达州市、遂宁市各占 1 席。梓潼县进步 19 名位居第一，大安区进步 11 名位居第二，随后是东兴区进步 6 名位居第三（见图 12）。

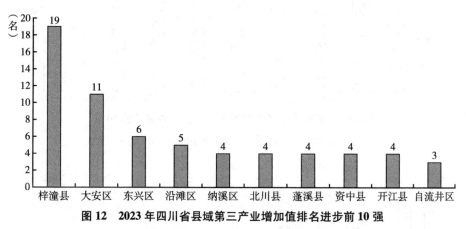

图 12　2023 年四川省县域第三产业增加值排名进步前 10 强

资料来源：2023 年四川各县（市、区）主要经济指标（四川省统计局提供）。

五　基于五区共兴视角的经济结构前10强

（一）成都平原经济区

成都平原经济区 2023 年第一产业增加值前 10 强中成都市占 3 席，眉山市和资阳市各占 2 席，绵阳市、德阳市和遂宁市各占 1 席（见图 13）。成都平原经济区 2023 年第一产业增加值增速前 10 强中乐山市占 6 席，成都市、德阳市、眉山市、雅安市各占 1 席（见图 14）。成都平原经济区近五年第一产业增加值年均增速前 10 强中雅安市占 4 席，成都市占 3 席，乐山市占 2 席，资阳市占 1 席（见图 15）。

成都平原经济区 2023 年第二产业增加值前 10 强中成都市占 7 席，绵阳市、德阳市和遂宁市各占 1 席（见图 16）。成都平原经济区 2023 年第二产业增加值增速前 10 强中绵阳市占 4 席，乐山市、眉山市各占 2 席，遂宁市、德阳市各占 1 席（见图 17）。成都平原经济区近五年第二产业增加值年均增速前 10 强中雅安市、成都市各占 3 席，绵阳市占 2 席，遂宁市、乐山市各占 1 席（见图 18）。

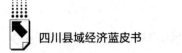

四川县域经济蓝皮书

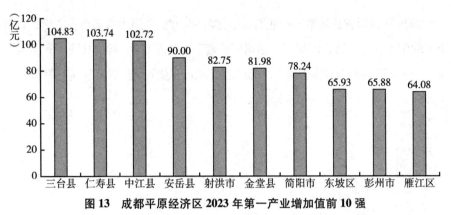

图 13 成都平原经济区 2023 年第一产业增加值前 10 强

资料来源：2023 年四川各县（市、区）主要经济指标（四川省统计局提供）。

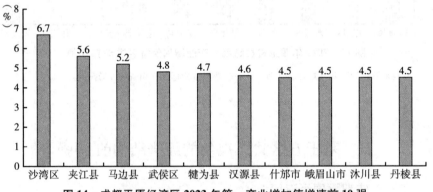

图 14 成都平原经济区 2023 年第一产业增加值增速前 10 强

资料来源：2023 年四川各县（市、区）主要经济指标（四川省统计局提供）。

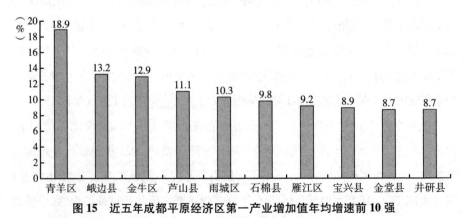

图 15 近五年成都平原经济区第一产业增加值年均增速前 10 强

资料来源：2019~2023 年四川各县（市、区）主要经济指标（四川省统计局提供）。

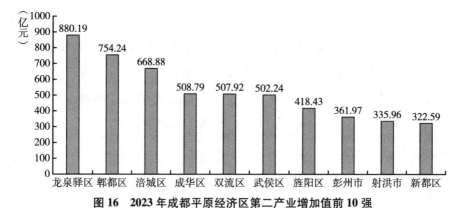

图 16　2023 年成都平原经济区第二产业增加值前 10 强

资料来源：2023 年四川各县（市、区）主要经济指标（四川省统计局提供）。

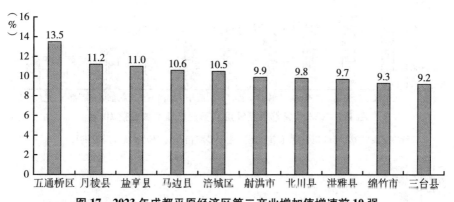

图 17　2023 年成都平原经济区第二产业增加值增速前 10 强

资料来源：2023 年四川各县（市、区）主要经济指标（四川省统计局提供）。

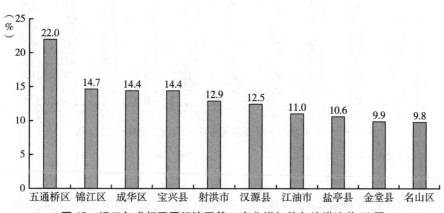

图 18　近五年成都平原经济区第二产业增加值年均增速前 10 强

资料来源：2019~2023 年四川各县（市、区）主要经济指标（四川省统计局提供）。

成都平原经济区 2023 年第三产业增加值前 10 强中成都市占 9 席，绵阳市占 1 席（见图 19）。成都平原经济区 2023 年第三产业增加值增速前 10 强中绵阳市占 6 席，成都市占 2 席，德阳市、乐山市各占 1 席（见图 20）。成都平原经济区近五年第三产业增加值年均增速前 10 强中绵阳市占 4 席，雅安市占 3 席，成都市占 2 席，遂宁市占 1 席（见图 21）。

图 19　2023 年成都平原经济区第三产业增加值前 10 强

资料来源：2023 年四川各县（市、区）主要经济指标（四川省统计局提供）。

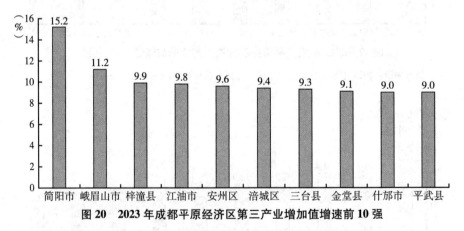

图 20　2023 年成都平原经济区第三产业增加值增速前 10 强

资料来源：2023 年四川各县（市、区）主要经济指标（四川省统计局提供）。

成都平原经济区 2023 年第一产业增加值排名进步前 10 强中成都市占 4 席，乐山市占 3 席，遂宁市、德阳市、绵阳市各占 1 席（见图 22）。成都平

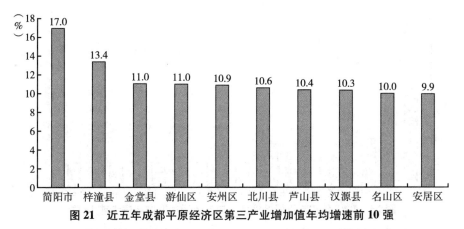

图 21　近五年成都平原经济区第三产业增加值年均增速前 10 强

资料来源：2019~2023 年四川各县（市、区）主要经济指标（四川省统计局提供）。

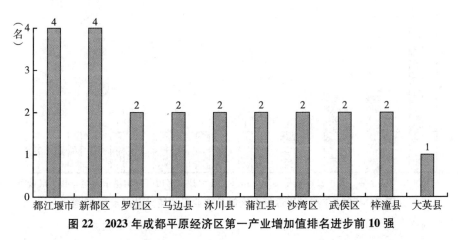

图 22　2023 年成都平原经济区第一产业增加值排名进步前 10 强

资料来源：2019~2023 年四川各县（市、区）主要经济指标（四川省统计局提供）。

原经济区 2023 年第二产业增加值排名进步前 10 强中绵阳市占 3 席，成都市、乐山市、雅安市各占 2 席，资阳市占 1 席（见图 23）。成都平原经济区 2023 年第三产业增加值排名进步前 10 强中绵阳市占 5 个席位，遂宁市占 2 个席位，资阳市、雅安市、成都市各占 1 个席位（见图 24）。

（二）川南经济区

川南经济区 2023 年第一产业增加值前 10 强中内江市占 4 席，自贡市、泸州市和宜宾市各占 2 席（见图 25）。川南经济区 2023 年第一产业增加值增速前 10

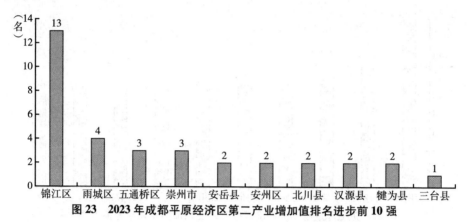

图 23　2023 年成都平原经济区第二产业增加值排名进步前 10 强

资料来源：2023 年四川各县（市、区）主要经济指标（四川省统计局提供）。

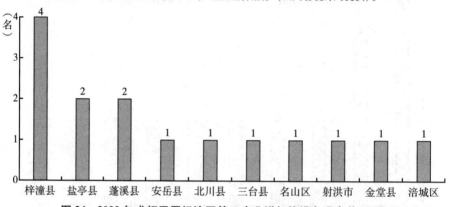

图 24　2023 年成都平原经济区第三产业增加值排名进步前 10 强

资料来源：2023 年四川各县（市、区）主要经济指标（四川省统计局提供）。

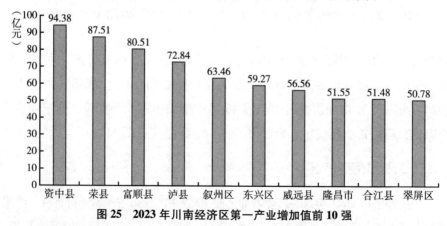

图 25　2023 年川南经济区第一产业增加值前 10 强

资料来源：2023 年四川各县（市、区）主要经济指标（四川省统计局提供）。

强中宜宾市占 6 席，内江市占 3 席，泸州市占 1 席（见图 26）。川南经济区近五年第一产业增加值年均增速前 10 强全部位于宜宾市（见图 27）。

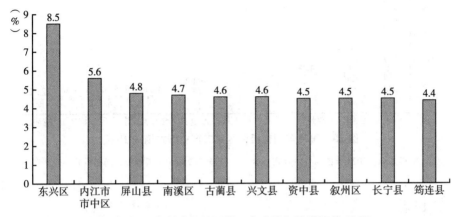

图 26　2023 年川南经济区第一产业增加值增速前 10 强

资料来源：2023 年四川各县（市、区）主要经济指标（四川省统计局提供）。

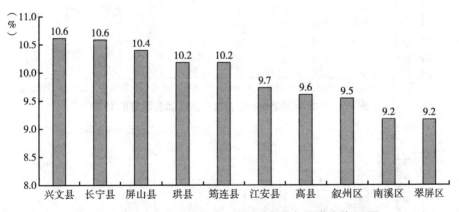

图 27　近五年川南经济区第一产业增加值年均增速前 10 强

资料来源：2019~2023 年四川各县（市、区）主要经济指标（四川省统计局提供）。

川南经济区 2023 年第二产业增加值前 10 强中泸州市占 5 席，宜宾市和自贡市各占 2 席，内江市占 1 席（见图 28）。川南经济区 2023 年第二产业增加值增速前 10 强中泸州市、宜宾市各占 4 席，内江市占 2 席（见图 29）。川南经济区近五年第二产业增加值年均增速前 10 强中宜宾市、泸州市各占 5 席（见图 30）。

四川县域经济蓝皮书

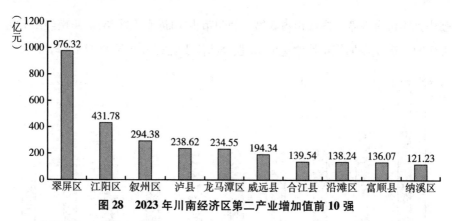

图28　2023年川南经济区第二产业增加值前10强

资料来源：2023年四川各县（市、区）主要经济指标（四川省统计局提供）。

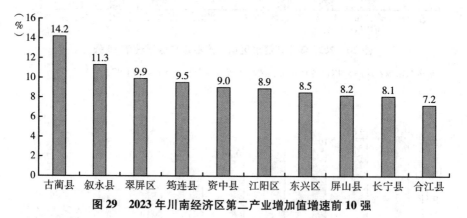

图29　2023年川南经济区第二产业增加值增速前10强

资料来源：2023年四川各县（市、区）主要经济指标（四川省统计局提供）。

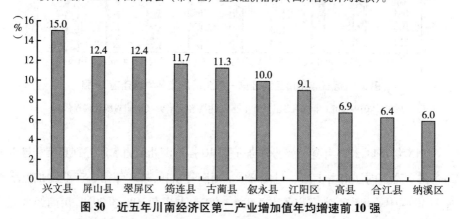

图30　近五年川南经济区第二产业增加值年均增速前10强

资料来源：2019~2023年四川各县（市、区）主要经济指标（四川省统计局提供）。

川南经济区 2023 年第三产业增加值前 10 强中内江市占 4 席,宜宾市、自贡市和泸州市各占 2 席(见图 31)。川南经济区 2023 年第三产业增加值增速前 10 强中宜宾市占 5 席,内江市占 3 席,泸州市占 2 席(见图 32)。川南经济区近五年第三产业增加值年均增速前 10 强中宜宾市占 7 席,自贡市占 3 席(见图 33)。

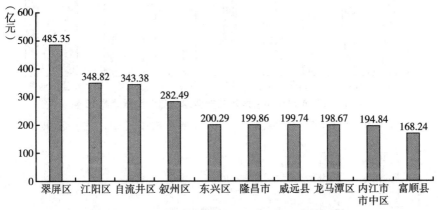

图 31   2023 年川南经济区第三产业增加值前 10 强

资料来源:2023 年四川各县(市、区)主要经济指标(四川省统计局提供)。

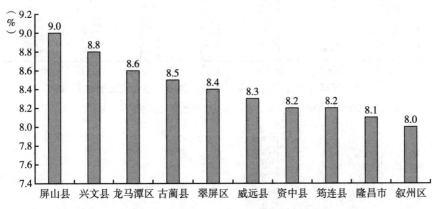

图 32   2023 年川南经济区第三产业增加值增速前 10 强

资料来源:2023 年四川各县(市、区)主要经济指标(四川省统计局提供)。

2023 年川南经济区第二产业增加值排名取得进步的有 7 个县域,其中宜宾 2 席,泸州 4 席,内江市 1 席(见图 34)。2023 年川南经济区第三产业增加值排名取得进步的有 4 个县域,其中自贡市和内江市各占 2 席(见图 35)。

四川县域经济蓝皮书

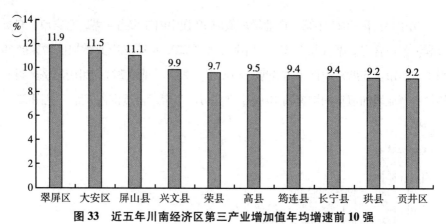

图33 近五年川南经济区第三产业增加值年均增速前10强

资料来源：2019~2023年四川各县（市、区）主要经济指标（四川省统计局提供）。

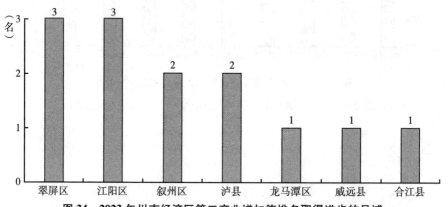

图34 2023年川南经济区第二产业增加值排名取得进步的县域

资料来源：2023年四川各县（市、区）主要经济指标（四川省统计局提供）。

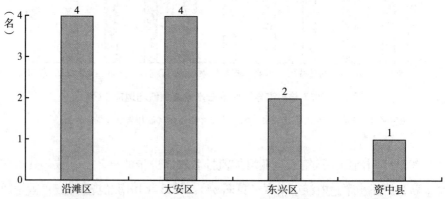

图35 2023年川南经济区第三产业增加值排名取得进步的县域

资料来源：2023年四川各县（市、区）主要经济指标（四川省统计局提供）。

（三）川东北经济区

川东北经济区 2023 年第一产业增加值前 10 强中南充市占 4 席，达州市占 3 席，广安市占 2 席，广元市占 1 席（见图 36）。川东北经济区 2023 年第一产业增加值增速前 10 强中南充市占 5 席，广安市、巴中市各占 2 席，广元市占 1 席（见图 37）。川东北经济区近五年第一产业增加值年均增速前 10 强中巴中市占 5 席，广元市占 3 席，达州市和南充市各占 1 席（见图 38）。

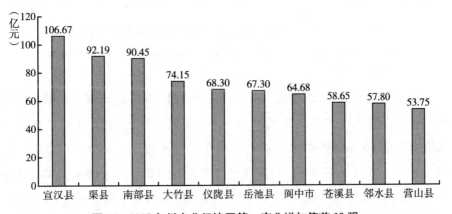

图 36　2023 年川东北经济区第一产业增加值前 10 强

资料来源：2023 年四川各县（市、区）主要经济指标（四川省统计局提供）。

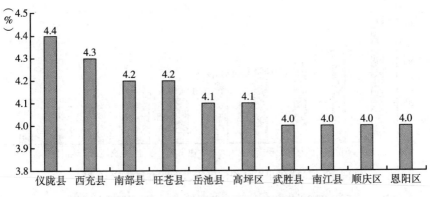

图 37　2023 年川东北经济区第一产业增加值增速前 10 强

资料来源：2023 年四川各县（市、区）主要经济指标（四川省统计局提供）。

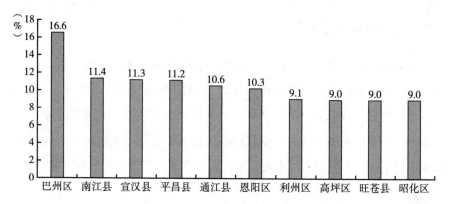

图38 近五年川东北经济区第一产业增加值年均增速前10强

资料来源：2019~2023年四川各县（市、区）主要经济指标（四川省统计局提供）。

川东北经济区2023年第二产业增加值前10强中达州市占5席，南充市占4席，广元市占1席（见图39）。川东北经济区2023年第二产业增加值增速前10强中巴中市占4席，南充市占3席，广元市、广安市、达州市各占1席（见图40）。川东北经济区近五年第二产业增加值年均增速前10强中广元市占4席，广安市占3席，达州市占2席，南充市占1席（见图41）。

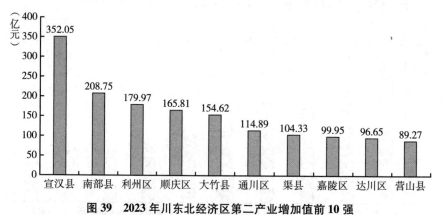

图39 2023年川东北经济区第二产业增加值前10强

资料来源：2023年四川各县（市、区）主要经济指标（四川省统计局提供）。

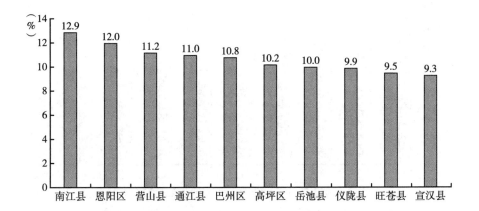

图 40　2023 年川东北经济区第二产业增加值增速前 10 强

资料来源：2023 年四川各县（市、区）主要经济指标（四川省统计局提供）。

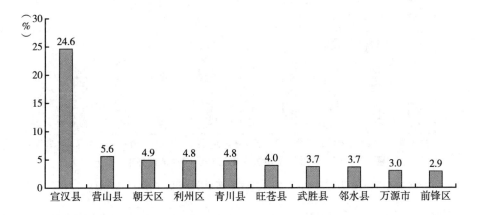

图 41　近五年川东北经济区第二产业增加值年均增速前 10 强

资料来源：2019~2023 年四川各县（市、区）主要经济指标（四川省统计局提供）。

　　川东北经济区 2023 年第三产业增加值前 10 强中达州市占 5 席，南充市和广安市各占 2 席，广元市占 1 席（见图 42）。川东北经济区 2023 年第三产业增加值增速前 10 强中南充市、达州市各占 4 席，广元市、广安市各占 1 席（见图 43）。川东北经济区近五年第三产业增加值年均增速前 10 强中达州市占 6 席，南充市占 3 席，广元市占 1 席（见图 44）。

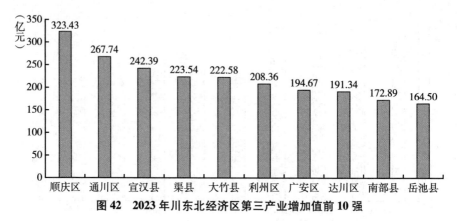

图 42 2023 年川东北经济区第三产业增加值前 10 强

资料来源：2023 年四川各县（市、区）主要经济指标（四川省统计局提供）。

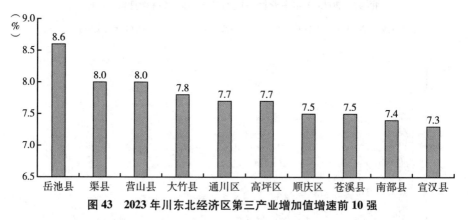

图 43 2023 年川东北经济区第三产业增加值增速前 10 强

资料来源：2023 年四川各县（市、区）主要经济指标（四川省统计局提供）。

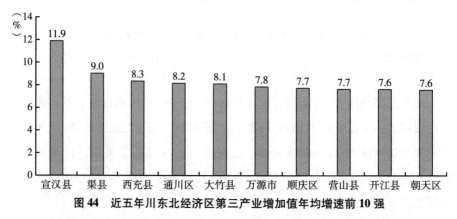

图 44 近五年川东北经济区第三产业增加值年均增速前 10 强

资料来源：2019~2023 年四川各县（市、区）主要经济指标（四川省统计局提供）。

2023 年川东北经济区第一产业增加值排名取得进步的县域有 9 个，南充市占 3 席，达州市、广元市各占 2 席，广安市、巴中市各占 1 席（见图 45）。2023 年川东北经济区第二产业增加值排名取得进步的县域有 10 个，广安市、南充市、广元市各占 3 席，达州市占 1 席（见图 46）。2023 年川东北经济区第三产业增加值排名取得进步的县域有 6 个，巴中市占 2 席，南充市、广安市、广元市、达州市各占 1 席（见图 47）。

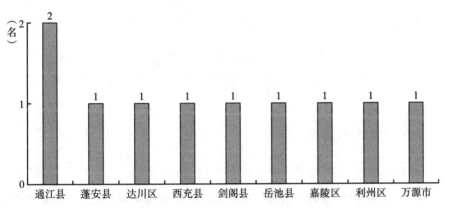

图 45 2023 年川东北经济区第一产业增加值排名取得进步的县域

资料来源：2023 年四川各县（市、区）主要经济指标（四川省统计局提供）。

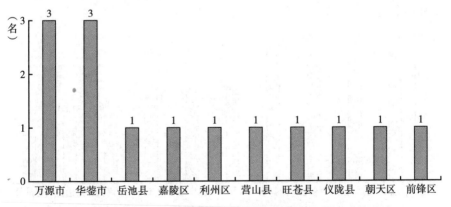

图 46 2023 年川东北经济区第二产业增加值排名取得进步的县域

资料来源：2023 年四川各县（市、区）主要经济指标（四川省统计局提供）。

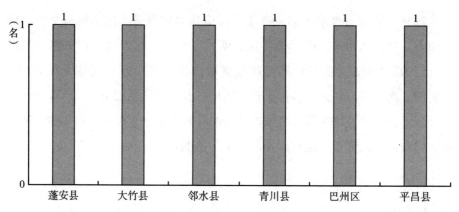

图 47　2023 年川东北经济区第三产业增加值排名取得进步的县域

资料来源：2023 年四川各县（市、区）主要经济指标（四川省统计局提供）。

（四）攀西经济区

攀西经济区 2023 年第一产业增加值前 10 强中凉山州占 7 席，攀枝花市占 3 席（见图 48）。攀西经济区 2023 年第一产业增加值增速前 10 强中攀枝花市和凉山州分别占 2 席和 8 席（见图 49）。攀西经济区近五年第一产业增加值年均增速前 10 强全部属于凉山州（见图 50）。

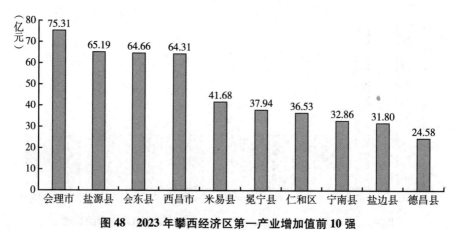

图 48　2023 年攀西经济区第一产业增加值前 10 强

资料来源：2023 年四川各县（市、区）主要经济指标（四川省统计局提供）。

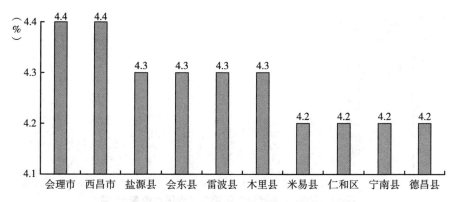

图 49　2023 年攀西经济区第一产业增加值增速前 10 强

资料来源：2023 年四川各县（市、区）主要经济指标（四川省统计局提供）。

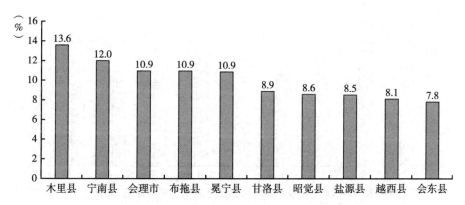

图 50　近五年攀西经济区第一产业增加值年均增速前 10 强

资料来源：2019～2023 年四川各县（市、区）主要经济指标（四川省统计局提供）。

攀西经济区 2023 年第二产业增加值前 10 强中攀枝花市和凉山州各占 5 席（见图 51）。攀西经济区 2023 年第二产业增加值增速前 10 强中凉山州和攀枝花市分别占 7 席和 3 席（见图 52）。攀西经济区近五年第二产业增加值年均增速前 10 强中凉山州占 9 席，攀枝花市占 1 席（见图 53）。

攀西经济区 2023 年第三产业增加值前 10 强中凉山州占 6 席，攀枝花市占 4 席（见图 54）。攀西经济区 2023 年第三产业增加值增速前 10 强中凉山州和攀枝花市分别占 8 席和 2 席（见图 55）。攀西经济区近五年第三产业增加值年均增速前 10 强中凉山州占 8 席，攀枝花市占 2 席（见图 56）。

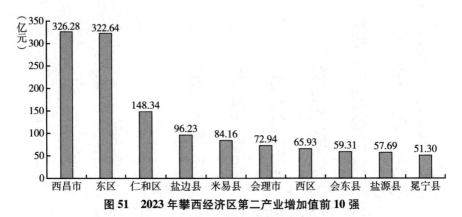

图 51　2023 年攀西经济区第二产业增加值前 10 强

资料来源：2023 年四川各县（市、区）主要经济指标（四川省统计局提供）。

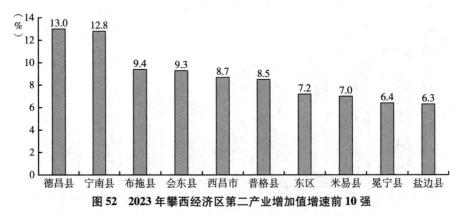

图 52　2023 年攀西经济区第二产业增加值增速前 10 强

资料来源：2023 年四川各县（市、区）主要经济指标（四川省统计局提供）。

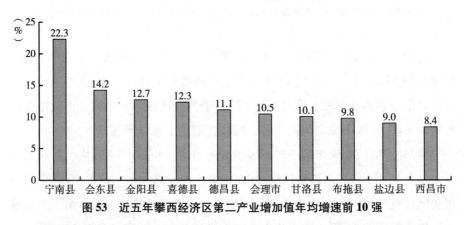

图 53　近五年攀西经济区第二产业增加值年均增速前 10 强

资料来源：2019~2023 年四川各县（市、区）主要经济指标（四川省统计局提供）。

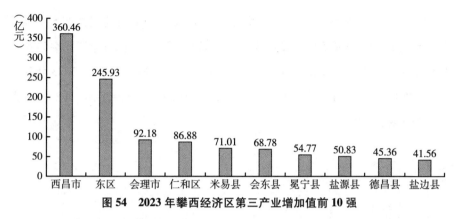

图54　2023年攀西经济区第三产业增加值前10强

资料来源：2023年四川各县（市、区）主要经济指标（四川省统计局提供）。

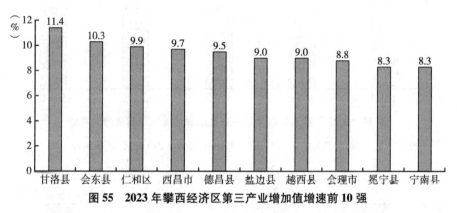

图55　2023年攀西经济区第三产业增加值增速前10强

资料来源：2023年四川各县（市、区）主要经济指标（四川省统计局提供）。

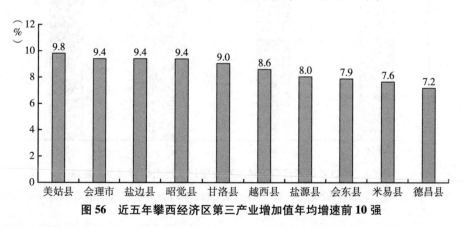

图56　近五年攀西经济区第三产业增加值年均增速前10强

资料来源：2019~2023年四川各县（市、区）主要经济指标（四川省统计局提供）。

攀西经济区 2023 年第一产业增加值排名取得进步的县域共有 5 个且全部位于凉山州（见图 57）。攀西经济区 2023 年第二产业增加值排名取得进步的县域共有 4 个且全部位于凉山州（见图 58）。攀西经济区 2023 年第三产业增加值排名取得进步的县域有 3 个，其中 2 个位于凉山州，1 个位于攀枝花市（见图 59）。

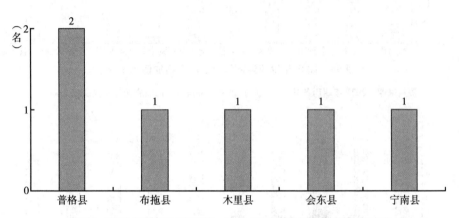

图 57　2023 年攀西经济区第一产业增加值排名取得进步的县域

资料来源：2023 年四川各县（市、区）主要经济指标（四川省统计局提供）。

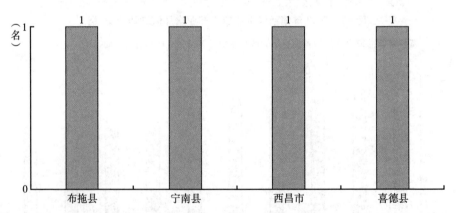

图 58　2023 年攀西经济区第二产业增加值排名取得进步的县域

资料来源：2023 年四川各县（市、区）主要经济指标（四川省统计局提供）。

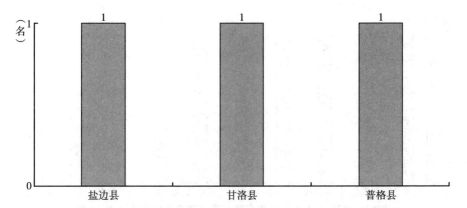

图 59　2023 年攀西经济区第三产业增加值排名取得进步的县域

资料来源：2023 年四川各县（市、区）主要经济指标（四川省统计局提供）。

（五）川西北生态示范区

川西北生态示范区 2023 年第一产业增加值前 10 强中阿坝州占 6 席，甘孜州占 4 席（见图 60）。川西北生态示范区 2023 年第一产业增加值增速前 10 强全部属于阿坝州（见图 61）。川西北生态示范区近五年第一产业增加值年均增速前 10 强中阿坝州占 8 席，甘孜州占 2 席（见图 62）。

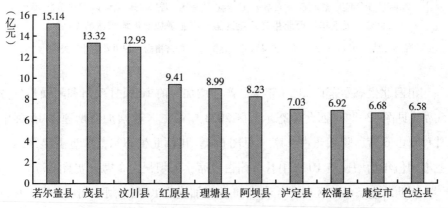

图 60　2023 年川西北生态示范区第一产业增加值前 10 强

资料来源：2023 年四川各县（市、区）主要经济指标（四川省统计局提供）。

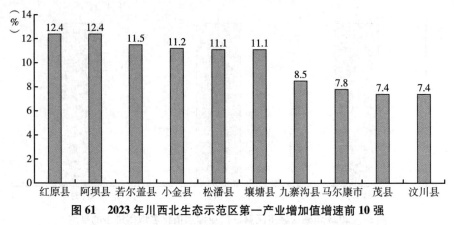

图61 2023年川西北生态示范区第一产业增加值增速前10强

资料来源：2023年四川各县（市、区）主要经济指标（四川省统计局提供）。

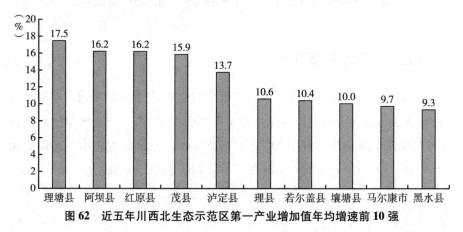

图62 近五年川西北生态示范区第一产业增加值年均增速前10强

资料来源：2019~2023年四川各县（市、区）主要经济指标（四川省统计局提供）。

川西北生态示范区2023年第二产业增加值前10强甘孜州和阿坝州各占5席（见图63）。川西北生态示范区2023年第二产业增加值增速前10强中甘孜州占6席，阿坝州占4席（见图64）。川西北生态示范区近五年第二产业增加值年均增速前10强中甘孜州占8席，阿坝州占2席（见图65）。

川西北生态示范区2023年第三产业增加值前10强中阿坝州占9席，甘孜州占1席（见图66）。川西北生态示范区2023年第三产业增加值增速前10强中甘孜州占4席，阿坝州占6席（见图67）。川西北生态示范区近五年第三产业增加值年均增速前10强中甘孜州占9个席位，阿坝州占1个席位（见图68）。

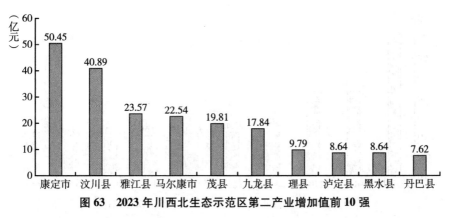

图63 2023年川西北生态示范区第二产业增加值前10强

资料来源：2023年四川各县（市、区）主要经济指标（四川省统计局提供）。

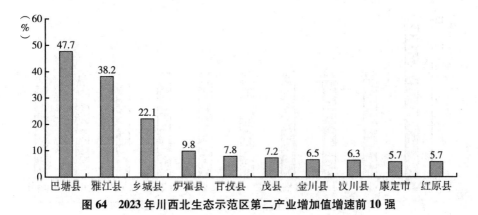

图64 2023年川西北生态示范区第二产业增加值增速前10强

资料来源：2023年四川各县（市、区）主要经济指标（四川省统计局提供）。

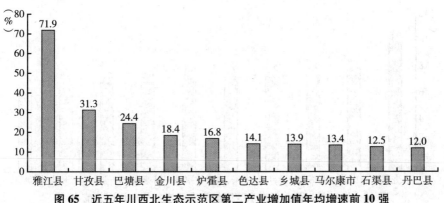

图65 近五年川西北生态示范区第二产业增加值年均增速前10强

资料来源：2019~2023年四川各县（市、区）主要经济指标（四川省统计局提供）。

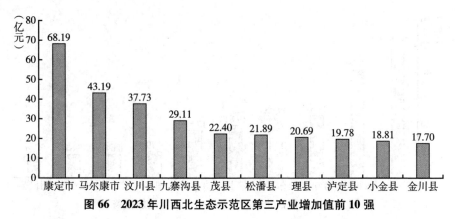

图 66　2023 年川西北生态示范区第三产业增加值前 10 强

资料来源：2023 年四川各县（市、区）主要经济指标（四川省统计局提供）。

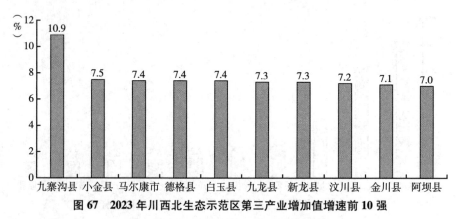

图 67　2023 年川西北生态示范区第三产业增加值增速前 10 强

资料来源：2023 年四川各县（市、区）主要经济指标（四川省统计局提供）。

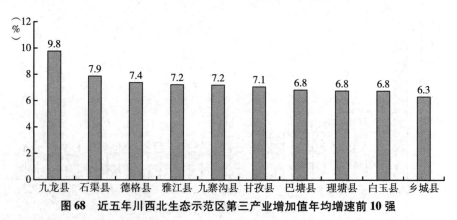

图 68　近五年川西北生态示范区第三产业增加值年均增速前 10 强

资料来源：2019~2023 年四川各县（市、区）主要经济指标（四川省统计局提供）。

2023 年川西北生态示范区第一产业增加值排名取得进步的县域共有 10 个，甘孜州占 6 席，阿坝州占 4 席（见图 69）。2023 年川西北生态示范区第二产业增加值取得进步的县域共有 8 个，其中甘孜州占 5 席，阿坝州占 3 席（见图 70）。2023 年川西北生态示范区第三产业增加值排名取得进步的县域共有 8 个，其中甘孜州占 5 席，阿坝州占 3 席（见图 71）。

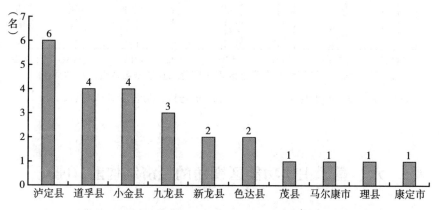

图 69　2023 年川西北生态示范区第一产业增加值排名取得进步的县域

资料来源：2023 年四川各县（市、区）主要经济指标（四川省统计局提供）。

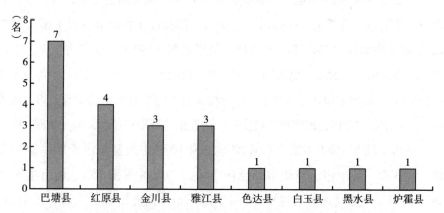

图 70　2023 年川西北生态示范区第二产业增加值排名取得进步的县域

资料来源：2023 年四川各县（市、区）主要经济指标（四川省统计局提供）。

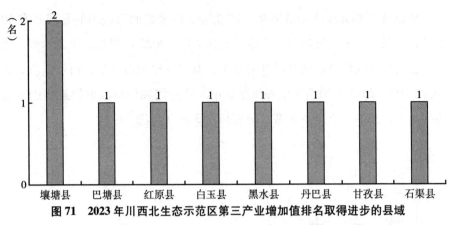

图 71 2023 年川西北生态示范区第三产业增加值排名取得进步的县域

资料来源：2023 年四川各县（市、区）主要经济指标（四川省统计局提供）。

六　基于主体功能区视角的经济结构前10强

（一）城市主城区

城市主城区 2023 年第一产业增加值前 10 强中南充市占 2 席，宜宾市、眉山市、资阳市、内江市、达州市、遂宁市、德阳市和绵阳市各占 1 席（见图72）。城市主城区 2023 年第一产业增加值增速前 10 强中内江市占 2 席，乐山市、攀枝花市、成都市、宜宾市、遂宁市、眉山市、泸州市、德阳市各占 1 席（见图 73）。城市主城区近五年第一产业增加值年均增速前 10 强中宜宾市、成都市、广元市各占 2 席，巴中市、雅安市、南充市、资阳市各占 1 席（见图 74）。

城市主城区 2023 年第二产业增加值前 10 强中成都市占 5 席，攀枝花市、宜宾市、绵阳市、泸州市和德阳市各占 1 席（见图 75）。城市主城区 2023 年第二产业增加值增速前 10 强中绵阳市、南充市各占 2 席，乐山市、宜宾市、雅安市、巴中市、泸州市和内江市各占 1 席，排名第 1 的五通桥区增速明显高于其他县域（见图 76）。城市主城区近五年第二产业增加值年均增速前 10 强中雅安市、成都市各占 2 席，乐山市、宜宾市、泸州市、遂宁市、绵阳市和攀枝花市各占 1 席（见图 77）。

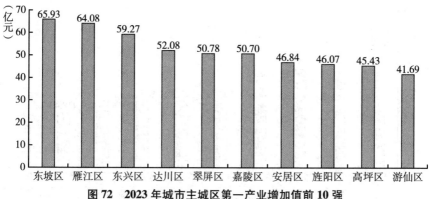

图 72　2023 年城市主城区第一产业增加值前 10 强

资料来源：2023 年四川各县（市、区）主要经济指标（四川省统计局提供）。

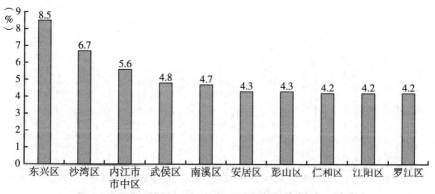

图 73　2023 年城市主城区第一产业增加值增速前 10 强

资料来源：2023 年四川各县（市、区）主要经济指标（四川省统计局提供）。

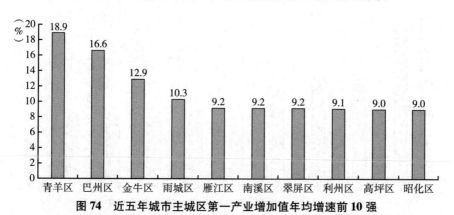

图 74　近五年城市主城区第一产业增加值年均增速前 10 强

资料来源：2019~2023 年四川各县（市、区）主要经济指标（四川省统计局提供）。

图 75　2023 年城市主城区第二产业增加值前 10 强

资料来源：2023 年四川各县（市、区）主要经济指标（四川省统计局提供）。

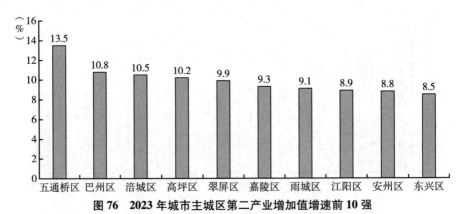

图 76　2023 年城市主城区第二产业增加值增速前 10 强

资料来源：2023 年四川各县（市、区）主要经济指标（四川省统计局提供）。

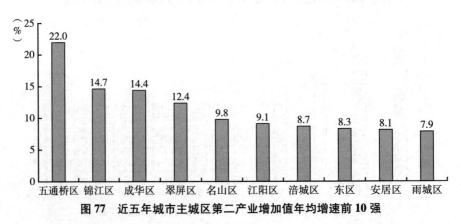

图 77　近五年城市主城区第二产业增加值年均增速前 10 强

资料来源：2019~2023 年四川各县（市、区）主要经济指标（四川省统计局提供）。

城市主城区 2023 年第三产业增加值前 10 强中成都市占 9 席，绵阳市占
1 席（见图 78）。城市主城区 2023 年第三产业增加值增速前 10 强中绵阳市、
成都市各占 3 席，泸州市占 2 席，攀枝花市和宜宾市各占 1 席（见图 79）。
城市主城区近五年第三产业增加值年均增速前 10 强中绵阳市、自贡市、宜
宾市和成都市各占 2 席，遂宁市、雅安市各占 1 席（见图 80）。

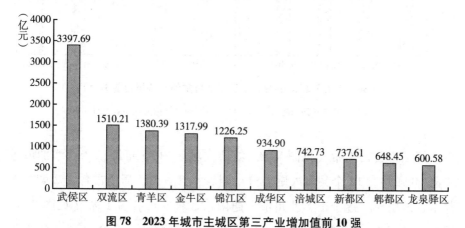

图 78　2023 年城市主城区第三产业增加值前 10 强

资料来源：2023 年四川各县（市、区）主要经济指标（四川省统计局提供）。

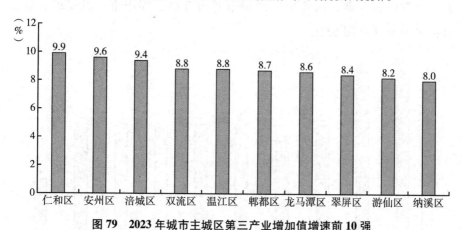

图 79　2023 年城市主城区第三产业增加值增速前 10 强

资料来源：2023 年四川各县（市、区）主要经济指标（四川省统计局提供）。

城市主城区 2023 年第一产业增加值排名进步前 10 强共有 16 个县域
入围。成都市占 3 席，乐山市占 2 席，自贡市、广元市、德阳市、泸州

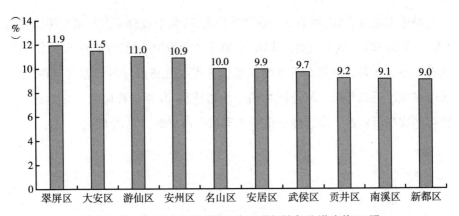

图80 近五年城市主城区第三产业增加值年均增速前10强

资料来源：2019~2023年四川各县（市、区）主要经济指标（四川省统计局提供）。

市、绵阳市各占1席（见图81）。城市主城区2023年第二产业增加值进步前10强共有14个县域入围。分市州看，宜宾市、眉山市各占2席，成都市、乐山市、遂宁市、泸州市、德阳市、雅安市各占1席（见图82）。城市主城区2023年第三产业增加值排名进步的共有10个县域，分市州看，自贡市占3席，内江市、泸州市各占2席，绵阳市、雅安市、宜宾市各占1席（见图83）。

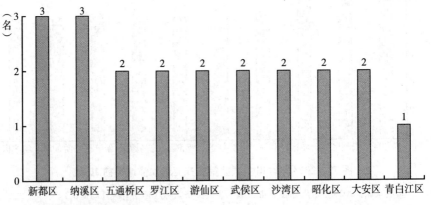

图81 2023年城市主城区第一产业增加值排名取得进步的县域

资料来源：2023年四川各县（市、区）主要经济指标（四川省统计局提供）。

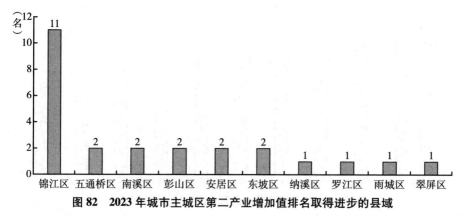

图 82   2023 年城市主城区第二产业增加值排名取得进步的县域

资料来源：2023 年四川各县（市、区）主要经济指标（四川省统计局提供）。

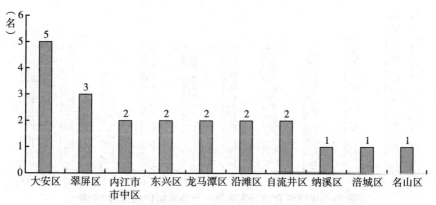

图 83   2023 年城市主城区第三产业增加值排名取得进步的县域

资料来源：2023 年四川各县（市、区）主要经济指标（四川省统计局提供）。

（二）重点开发区

重点开发区 2023 年第一产业增加值前 10 强中成都市占 3 席，眉山市、南充市、遂宁市、自贡市、达州市、泸州市和凉山州各占 1 席（见图 84）。重点开发区 2023 年第一产业增加值增速前 10 强中乐山市占 3 席，德阳市、凉山州各占 2 席，眉山市、雅安市、南充市各占 1 席（见图 85）。重点开发区近五年第一产业增加值年均增速前 10 强中凉山州占 2 席，乐山市、宜宾市、成都市、南充市、德阳市、遂宁市、广安市、泸州市各占 1 席（见图 86）。

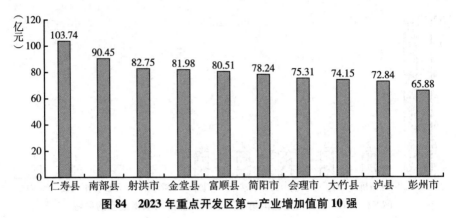

图 84　2023 年重点开发区第一产业增加值前 10 强

资料来源：2023 年四川各县（市、区）主要经济指标（四川省统计局提供）。

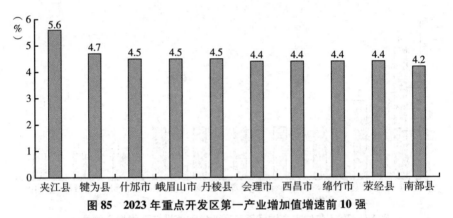

图 85　2023 年重点开发区第一产业增加值增速前 10 强

资料来源：2023 年四川各县（市、区）主要经济指标（四川省统计局提供）。

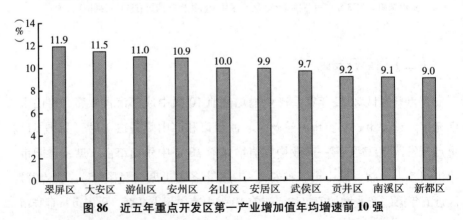

图 86　近五年重点开发区第一产业增加值年均增速前 10 强

资料来源：2019~2023 年四川各县（市、区）主要经济指标（四川省统计局提供）。

重点开发区 2023 年第二产业增加值前 10 强中成都市、德阳市各占 3 席，遂宁市、凉山州、绵阳市、泸州市各占 1 席（见图 87）。重点开发区 2023 年第二产业增加值增速前 10 强中眉山市、德阳市各占 2 席，成都市、凉山州、泸州市、乐山市、达州市、遂宁市各占 1 席（见图 88）。重点开发区近五年第二产业增加值年均增速前 10 强中，成都市占 3 席，眉山市占 2 席，凉山州占 2 席，遂宁市、绵阳市、攀枝花市各占 1 席（见图 89）。

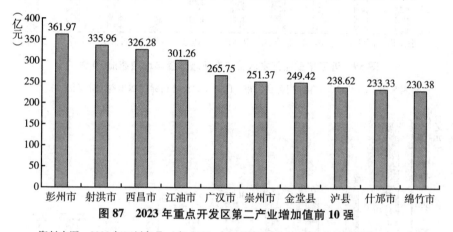

图 87　2023 年重点开发区第二产业增加值前 10 强

资料来源：2023 年四川各县（市、区）主要经济指标（四川省统计局提供）。

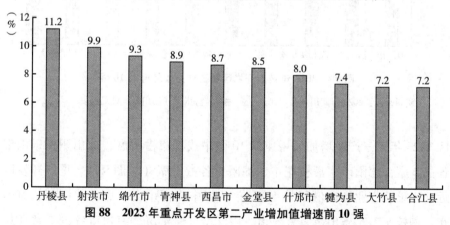

图 88　2023 年重点开发区第二产业增加值增速前 10 强

资料来源：2023 年四川各县（市、区）主要经济指标（四川省统计局提供）。

重点开发区 2023 年第三产业增加值前 10 强中成都市占 4 席，凉山州、绵阳市、乐山市、眉山市、德阳市和达州市各占 1 席（见图 90）。重点开发

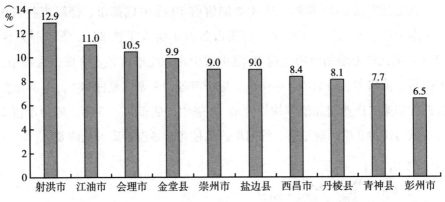

图89 近五年重点开发区第二产业增加值年均增速前10强

资料来源：2019~2023年四川各县（市、区）主要经济指标（四川省统计局提供）。

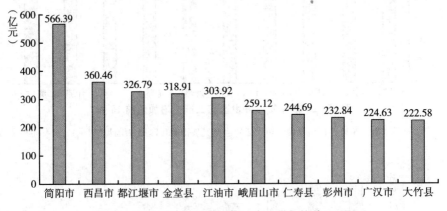

图90 2023年重点开发区第三产业增加值前10强

资料来源：2023年四川各县（市、区）主要经济指标（四川省统计局提供）。

区2023年第三产业增加值增速前10强中成都市占3席，凉山州、乐山市各占2席，德阳市、攀枝花市、绵阳市各占1席（见图91）。重点开发区近五年第三产业增加值年均增速前10强中成都市占2席，绵阳市、凉山州、攀枝花市、乐山市、宜宾市、内江市、遂宁市、泸州市各占1席（见图92）。

重点开发区2023年第一产业增加值排名取得进步的县域共有10个。分市州看，凉山州占3席，成都市占2席，德阳市、泸州市、眉山市、乐山

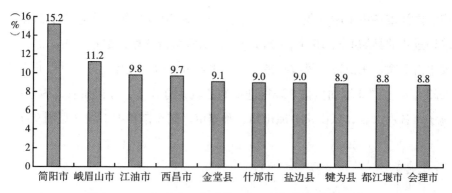

图91 2023年重点开发区第三产业增加值增速前10强

资料来源：2023年四川各县（市、区）主要经济指标（四川省统计局提供）。

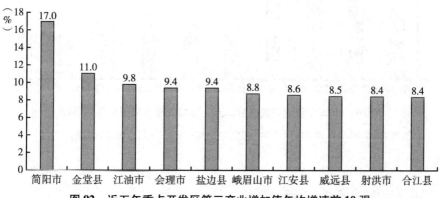

图92 近五年重点开发区第三产业增加值年均增速前10强

资料来源：2019~2023年四川各县（市、区）主要经济指标（四川省统计局提供）。

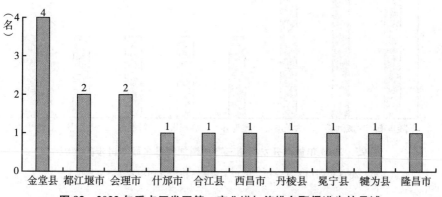

图93 2023年重点开发区第一产业增加值排名取得进步的县域

资料来源：2023年四川各县（市、区）主要经济指标（四川省统计局提供）。

市、内江市各占 1 席（见图 93）。重点开发区 2023 年第二产业增加值排名取得进步的县域共有 10 个，分市州看，德阳市占 3 席，成都市占 2 席，广安市占 2 席，乐山市、攀枝花市、凉山州各占 1 席（见图 94）。重点开发区 2023 年第三产业增加值排名取得进步的县域共有 8 个，分市州看，内江市、遂宁市各占 2 席，乐山市、凉山州、雅安市、南充市各占 1 席（见图 95）。

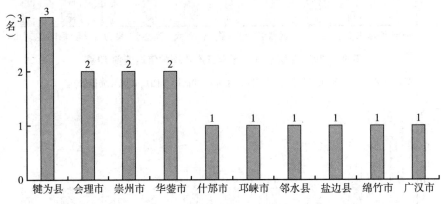

图 94　2023 年重点开发区第二产业增加值排名取得进步的县域

资料来源：2023 年四川各县（市、区）主要经济指标（四川省统计局提供）。

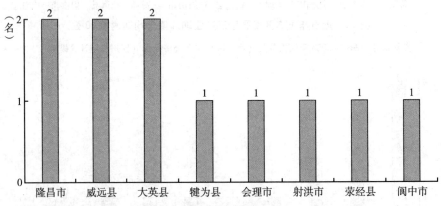

图 95　2023 年重点开发区第三产业增加值排名取得进步的县域

资料来源：2023 年四川各县（市、区）主要经济指标（四川省统计局提供）。

B.6
四川省县域城镇化水平评价与分析报告

黄 潇 赵建浩*

摘 要： 本报告分析了四川省各县域 2019~2023 年的城镇化水平变化情况，重点关注了城镇化率的排名、进步情况及区域分布特征。从区域视角来看，川东北经济区、成都平原经济区等均有较高的城镇化率，而川西北生态示范区的城镇化水平相对较低，但也在逐步提升。重点开发区的城镇化率整体提升显著，其中西昌市居于榜首。此外，各地区的城镇化率进步幅度不一，以金堂县、岳池县、渠县等县市的进步较为显著。

关键词： 城镇化水平 县域发展 城乡融合 五区共兴 四川省

一 2019~2023年城镇化率前10强

2023 年四川省各县域城镇化率前 10 强中位居榜首的是成都市的锦江区、青羊区、金牛区、武侯区、成华区，皆为100%，前 10 强中成都市占据 6 个席位（见图1）；相对于2022 年，前 10 强中自流井区超越龙泉驿区排第八名，龙泉驿区和顺庆区城镇化率相对较低。

二 2023年快速进步前10强

从位次进步的角度来看，与 2022 年相比，2023 年四川省各县域城镇

---

* 黄潇，博士，重庆工商大学教授，主要研究方向为区域经济学、数量经济学；赵建浩，重庆工商大学硕士研究生，主要研究方向为发展经济学、数量经济学。

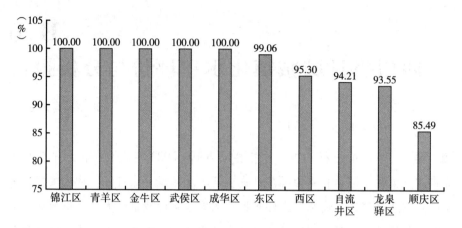

图1 2023年四川省各县域城镇化率前10强

资料来源：2023年四川各县（市、区）主要经济指标（四川省统计局提供）。

化率位次进步前10强中金堂县上升14个位次，岳池县紧随其后上升10个位次，渠县上升8个位次，崇州市、万源市和喜德县均上升了7个位次，名山区上升了6个位次，合江县、安州区、马边县均上升了5个位次（见图2）。

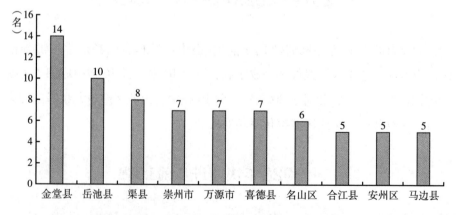

图2 2023年四川省各县域城镇化率位次进步前10强

资料来源：2023年四川各县（市、区）主要经济指标（四川省统计局提供）。

三　基于五区共兴视角的城镇化率前10强

（一）川东北经济区

2023 年川东北经济区城镇化率前 10 强中位居榜首的是南充市的顺庆区，城镇化率在 80% 以上，前 10 强中南充市占到 6 个席位（见图 3）。与2022 年相比，2023 年川东北经济区城镇化率前 10 强位次基本保持不变，前10 强地区城镇化率持续提高。

图 3　2023 年川东北经济区城镇化率前 10 强

资料来源：2023 年四川各县（市、区）主要经济指标（四川省统计局提供）。

从位次进步的角度来看，与 2022 年相比，2023 年川东北经济区城镇化率位次进步前 10 强中武胜县、渠县和万源市都上升了 2 个位次，岳池县、恩阳区和通江县各上升了 1 个位次（见图 4）。

（二）成都平原经济区

2023 年成都平原经济区城镇化率前 10 强中位居榜首的是成都市的五个区，城镇化率皆为 100%，前 10 强中成都市占据 8 个席位（见图 5）。与2022 年相比，2023 年成都平原经济区城镇化率前 10 强位次基本保持不变，涪城区超越船山区排第七名，前 10 强地区城镇化率整体提升。

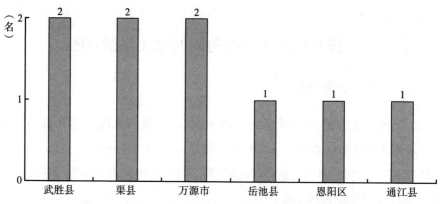

图4 2023年川东北经济区城镇化率位次进步前10强

注：由于位次进步的不足十个县域，因此仅留取进步位次为正的地区。
资料来源：2023年四川各县（市、区）主要经济指标（四川省统计局提供）。

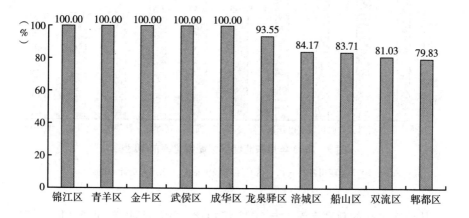

图5 2023年成都平原经济区城镇化率前10强

资料来源：2023年四川各县（市、区）主要经济指标（四川省统计局提供）。

从位次进步的角度来看，与2022年相比，2023年成都平原经济区城镇化率位次进步前10强中金堂县上升了8个位次，崇州市和蒲江县各上升了3个位次，游仙区和江油市各上升了2个位次，涪城区等5个县域都上升了1个位次（见图6）。

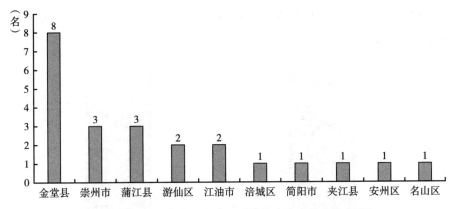

图6　2023年成都平原经济区城镇化率位次进步前10强

资料来源：2023年四川各县（市、区）主要经济指标（四川省统计局提供）；并列的地区还包括丹棱县、仁寿县和马边县（图中未显示）。

（三）川南经济区

2023年川南经济区城镇化率前10强中位居榜首的是自贡市的自流井区，城镇化率在90%以上，前10强中泸州市、内江市分别占据3个席位，自贡市和宜宾市则分别占据2个席位（见图7）。与2022年相比，2023年川南经济区城镇化率前10强位次全部保持不变，前10强地区城镇化率持续提高。

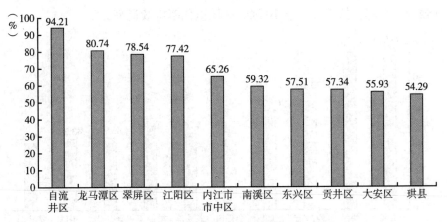

图7　2023年川南经济区城镇化率前10强

资料来源：2023年四川各县（市、区）主要经济指标（四川省统计局提供）。

2023 年仅有两个县域位次进步且各进步 1 个位次,分别是纳溪区和兴文县(见图 8)。

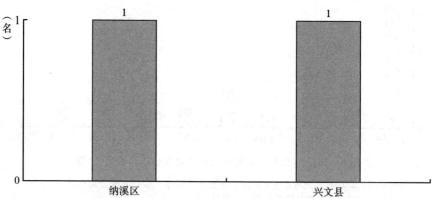

图 8 2023 年川南经济区城镇化率位次进步前 10 强

资料来源:2023 年四川各县(市、区)主要经济指标(四川省统计局提供)。

(四)攀西经济区

2023 年攀西经济区城镇化率前 10 强中位居榜首的是攀枝花市的东区,城镇化率在 99%以上,前 10 强中攀枝花市占据 4 个席位,其余席位由凉山彝族自治州占据(见图 9)。与 2022 年相比,2023 年攀西经济区城镇化率前 10 强位次全部保持不变,前 10 强地区城镇化率持续提高。

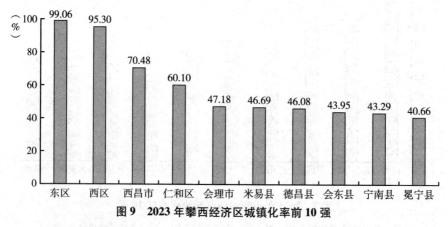

图 9 2023 年攀西经济区城镇化率前 10 强

资料来源:2023 年四川各县(市、区)主要经济指标(四川省统计局提供)。

从位次进步的角度来看，与 2022 年相比，2023 年攀西经济区城镇化率位次进步前 10 强中布拖县进步 2 个位次，盐源县、喜德县和昭觉县分别上升了 1 个位次（见图 10）。

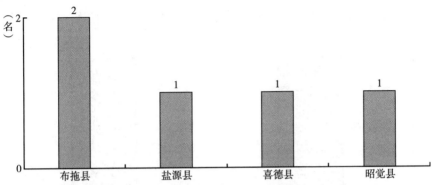

图 10　2023 年攀西经济区城镇化率位次进步前 10 强

注：由于位次进步的县域不足十个，因此仅留取进步位次为正的地区。
资料来源：2023 年四川各县（市、区）主要经济指标（四川省统计局提供）。

（五）川西北生态示范区

2023 年川西北生态示范区城镇化率前 10 强中城镇化率在 50% 以上的有 5 个城市，分别是九寨沟县、康定市、马尔康市、汶川县和茂县。前 10 强中阿坝藏族羌族自治州占据 7 个席位，甘孜藏族自治州占据 3 个席位（见图 11）。与 2022 年相比，2023 年川西北生态示范区城镇化率前 10 强位次出

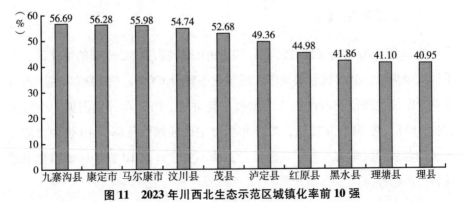

图 11　2023 年川西北生态示范区城镇化率前 10 强

资料来源：2023 年四川各县（市、区）主要经济指标（四川省统计局提供）。

现了一些变化，九寨沟县超越康定市排第一名，黑水县超越理塘县排第八名，且前 10 强地区城镇化率继续保持提高。

从位次进步的角度来看，与 2022 年相比，2023 年川西北生态示范区城镇化率位次进步的只有九寨沟县和黑水县，均上升了 1 个位次（见图 12）。

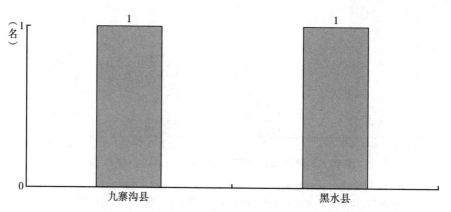

图 12　2023 年川西北生态示范区城镇化率位次进步前 10 强

注：由于位次进步的县域不足十个，因此仅留取进步位次为正的地区。
资料来源：2023 年四川各县（市、区）主要经济指标（四川省统计局提供）。

四　基于主体功能区视角的城镇化率前 10 强

（一）城市主城区

2023 年城市主城区城镇化率前 10 强中位居榜首的是成都的锦江区、青羊区、金牛区、武侯区和成华区，城镇化率皆为 100%，前 10 强中成都市占据 6 个席位，攀枝花市占据 2 个席位，自贡市、南充市分别占据 1 个席位（见图 13）。与 2022 年相比，2023 年城市主城区城镇化率前 10 强中自流井区超越龙泉驿区排第八名，其余排名保持不变，且前 10 强地区城镇化率都保持提高趋势。

从位次进步的角度来看，与 2022 年相比，2023 年城市主城区城镇化率

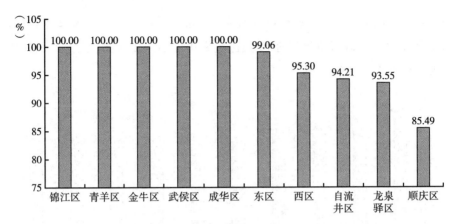

图 13　2023 年城市主城区城镇化率前 10 强

资料来源：2023 年四川各县（市、区）主要经济指标（四川省统计局提供）。

位次进步前 10 强中自流井区、涪城区、翠屏区、游仙区、罗江区和纳溪区均上升了 1 个位次（见图 14）。

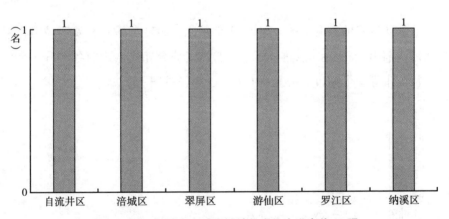

图 14　2023 年城市主城区城镇化率位次进步前 10 强

注：由于位次进步的县域不足十个，因此此仅留取进步位次为正的地区。
资料来源：2023 年四川各县（市、区）主要经济指标（四川省统计局提供）。

（二）重点开发区

2023 年重点开发区城镇化率前 10 强中位居榜首的是西昌市，前 10 强

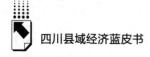

中德阳市占据 2 个席位, 成都市占据 4 个席位 (见图 15)。与 2022 年相比, 2023 年重点开发区城镇化率前 10 强位次变化很小, 金堂县、崇州市取代邛崃市和绵竹市进入前 10 强。

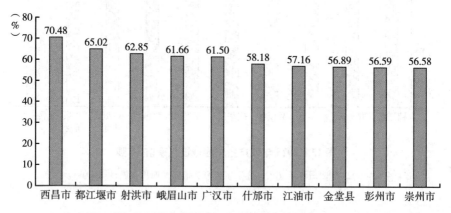

图 15　2023 年重点开发区城镇化率前 10 强

资料来源: 2023 年四川各县 (市、区) 主要经济指标 (四川省统计局提供)。

从位次进步的角度来看, 与 2022 年相比, 2023 年重点开发区城镇化率位次进步前 10 强中金堂县进步了 5 个位次, 崇州市和会理市各上升 2 个位次, 江油市等 7 个城市分别上升了 1 个位次 (见图 16)。

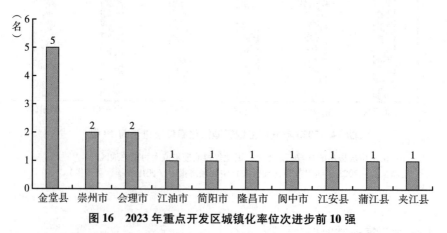

图 16　2023 年重点开发区城镇化率位次进步前 10 强

资料来源: 2023 年四川各县 (市、区) 主要经济指标 (四川省统计局提供); 并列的地区还包括合江县和富顺县 (图中未显示)。

B.7

四川省县域投资水平评价与分析报告

梁甄桥　王　健*

摘　要： 本报告对四川省各县域 2023 年的固定资产投资增速进行了深入分析。康定市在全省范围内的固定资产投资增速表现最为突出，达到 167.5%，远超其他地区。成都市及其周边区域依然是投资增长的重点区域，彭山区在成都平原经济区中表现突出，增速超过 40%。同时，本报告也指出了各区域的显著差距，川西北经济区的固定资产投资增速差异较大，康定市的增速远超其他县域。此外，重点开发区中的大英县在投资增速方面取得了显著进步，较 2022 年有了显著提升。总体而言，四川省县域投资水平在 2023 年呈现显著的区域性发展态势，部分县域的投资增速表现优异，但各区域内部县域间的差距依然较大。

关键词： 投资增速　固定资产投资　区域经济　五区共兴　四川省

一　固定资产投资增速前10强

2023 年固定资产投资增速前 10 强（见图 5）增速均超过了 25%。其中，康定市增速最大，为 167.5%，是排名第 10 的泸定县（增速 25.7%）的 6.52 倍；固定资产投资增速超过 40% 的县（市、区）有 6 个，分别是康定市、黑水县、盐源县、彭山区、普格县和五通桥区（见图 1）。

---

* 梁甄桥，博士，重庆工商大学经济学院讲师，主要研究方向为发展经济学、城市经济学、文化经济学；王健，重庆工商大学硕士研究生，主要研究方向为发展经济学、数量经济学。

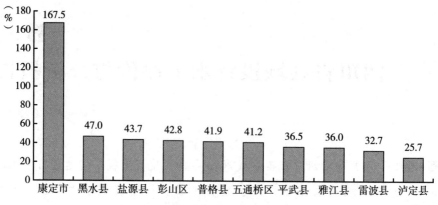

图1　2023年固定资产投资增速前10强

资料来源：2023年四川各县（市、区）主要经济指标（四川省统计局提供）。

二　2023年固定资产投资进步前10强

在四川省内183个县域经济体固定资产投资增速2023年快速进步排行榜中（见图2），康定市以进步172名的好成绩获得榜单第一名。前10强进步位次均超过100名。榜单中共有3个地区的进步超过了150个位次，有6个地区的进步超过了130个位次。

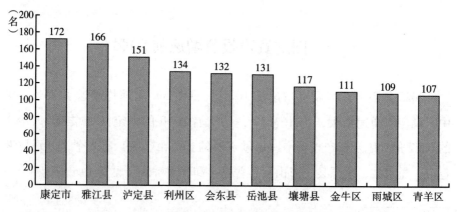

图2　2023年位次快速进步前10强

资料来源：2022~2023年四川各县（市、区）主要经济指标（四川省统计局提供）。

三　五区视角下的固定资产投资增速前10强

（一）成都平原经济区

2023年成都平原经济区固定资产投资增速前10强中增速均超过了16%（见图3）。其中，彭山区增速最大，为42.8%，是排名第10的梓潼县（增速16.5%）的2.6倍。固定资产投资增速超过20%的区（县）有4个，分别是彭山区、五通桥区、平武县和峨边县。

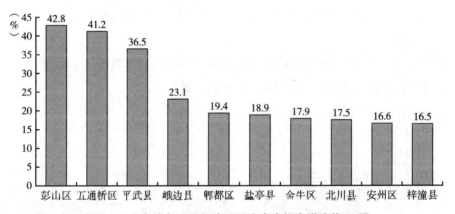

图3　2023年成都平原经济区固定资产投资增速前10强

资料来源：2023年四川各县（市、区）主要经济指标（四川省统计局提供）。

成都平原经济区固定资产投资增速在2023年快速进步排行榜中（见图4），金牛区以进步111名的好成绩居榜单第一名。榜单中共有4个地区的进步超过了100个位次，共7个地区的进步超过了90个位次。前10强的地区进步均为80个位次及以上，其中彭山区和北川区都是进步了80个位次，并列第九名。

（二）川南经济区

2023年川南经济区固定资产投资增速前10强的增速均超过了7%，其中，沿滩区增速最大（15.0%），是排名第10的威远县（增速7.3%）的

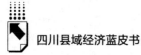

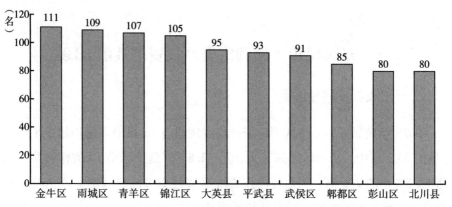

图4　2023年成都平原经济区固定资产投资增速位次快速进步前10强

资料来源：2022~2023年四川各县（市、区）主要经济指标（四川省统计局提供）。

2.06倍（见图5）。固定资产投资增速等于或超过8%的区（县）有5个，分别是沿滩区、叙州区、屏山县、资中县和翠屏区。

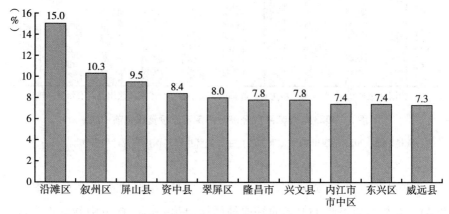

图5　2023年川南经济区固定资产投资增速前10强

资料来源：2023年四川各县（市、区）主要经济指标（四川省统计局提供）。

川南经济区固定资产投资增速在2023年快速进入排行榜中（见图6），叙州区以进步82名的好成绩高居榜单第一名。榜单中共有5个地区的进步超过了50个位次，共有8个地区的进步超过了40个位次，前10强所有地区的进步均超过了25个位次。第一名叙州区的进步位次是第十名东兴区的3倍多。

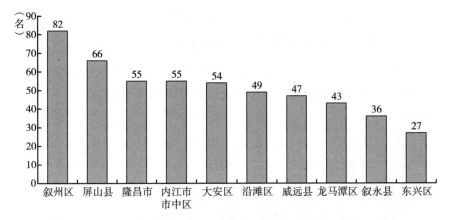

图6 2023年川南经济区固定资产投资增速位次快速进步前10强

资料来源：2022~2023年四川各县（市、区）主要经济指标（四川省统计局提供）。

（三）川东北经济区

2023年川东北经济区固定资产投资增速前10强增速均超过了9%。其中，营山县增速最大（20.9%），是排名第10的岳池县（增速9.2%）的2.28倍（见图7）。固定资产投资增速超过15%的县域有6个，分别是营山县、嘉陵区、高坪区、阆中市、顺庆区和前锋区。

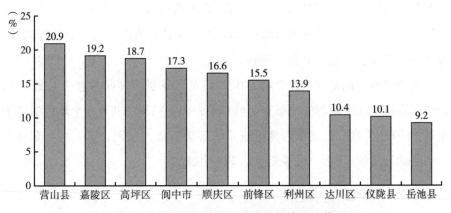

图7 2023年川东北经济区固定资产投资增速前10强

资料来源：2023年四川各县（市、区）主要经济指标（四川省统计局提供）。

川东北经济区固定资产投资增速在 2023 年快速进步排行榜中（见图 8），利州区以进步 134 名的好成绩获得榜单第一名。榜单中共有 2 个地区的进步超过了 130 个位次。但是川东北地区进步的态势仍有较大差距，第一名利州区是第十名渠县的 3 倍多，进步差异达 92 个位次。

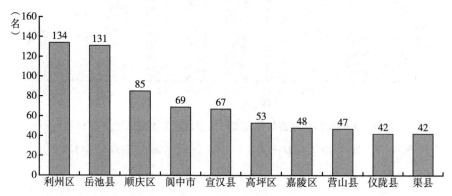

图 8　2023 年川东北经济区固定资产投资增速位次快速进步前 10 强

资料来源：2022~2023 年四川各县（市、区）主要经济指标（四川省统计局提供）。

（四）攀西经济区

2023 年攀西经济区固定资产投资增速前 10 强增速均超过了 5%。其中，盐源县增速最大（43.7%），是排名第 10 的西区（增速 6.0%）的 7.29 倍（见图 9）。固定资产投资增速超过 10%的区（县）有 5 个，分别是盐源县、普格县、雷波县、会东县和喜德县。

攀西经济区固定资产投资增速在 2023 年快速进步排行榜中（见图 10），会东县以进步 132 名的好成绩获得榜单第一名。榜单中共有 5 个地区的进步超过了 40 个位次。但是攀西地区进步的态势有较大差距，第一名会东县是第十名盐边县的 33 倍，进步差异达 128 个位次。

（五）川西北经济区

2023 年川西北经济区固定资产投资增速前 10 强增速均超过了 15%。其中，康定市增速最大（167.5%），是排名第 2 的黑水县（增速 47.0%）的

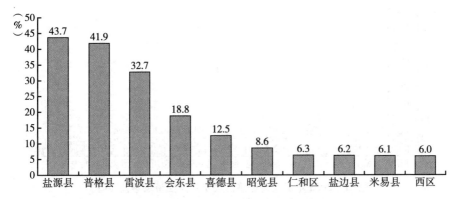

图9　2023年攀西经济区固定资产投资增速前10强

资料来源：2023年四川各县（市、区）主要经济指标（四川省统计局提供）。

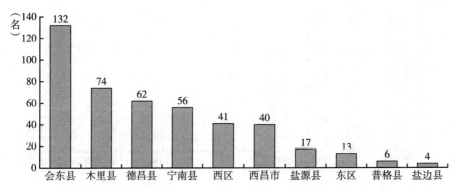

图10　2023年攀西经济区固定资产投资增速位次快速进步前10强

资料来源：2022~2023年四川各县（市、区）主要经济指标（四川省统计局提供）。

3.57倍，是排名第10的甘孜县（增速15.7%）的10.7倍（见图11）。固定资产投资增速超过30%的区（县）有3个，分别是康定市、黑水县和雅江县。

川西北经济区固定资产投资增速在2023年快速进步排行榜中（见图12），康定市以进步172名的好成绩获得榜单第一名。榜单中共有4个地区的进步超过了110个位次。川西北地区各县域之间进步的情况有较大差距，第一名康定市是第十名黑水县的5倍多，进步差异达140个位次。

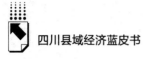

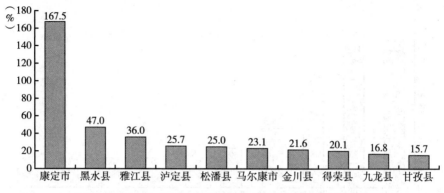

图11 2023年川西北经济区固定资产投资增速前10强

资料来源：2023年四川各县（市、区）主要经济指标（四川省统计局提供）。

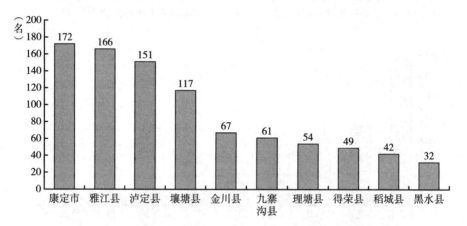

图12 2023年川西北经济区固定资产投资增速位次快速进步前10强

资料来源：2022~2023年四川各县（市、区）主要经济指标（四川省统计局提供）。

四 基于主体功能区视角的固定资产投资增速前10强

（一）城市主城区

在城市主城区范围2023年固定资产投资增速前10强的排行榜中（见图13），彭山区以42.8%的增速位列榜首，其增速是第三名郫都区的2.2倍，是第十名乐山市中区的2.6倍。值得说明的是，前十强的投资增速均超过了16%，其中，安州区和顺庆区的投资增速均为16.6%，锦江区和乐山市中区投资增速均为16.4%。

146

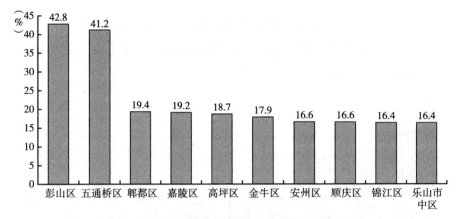

图 13　2023 年城市主城区固定资产投资增速前 10 强

资料来源：2023 年四川各县（市、区）主要经济指标（四川省统计局提供）。

城市主城区固定资产投资增速在 2023 年快速进步排行榜中（见图 14），利州区以进步 134 名的好成绩居榜单第一名。榜单中共有 5 个地区的进步超过了 100 个位次。榜单中所有地区的进步均超过了 75 个位次。第一名利州区与第十名彭山区的进步差异达 54 个位次。

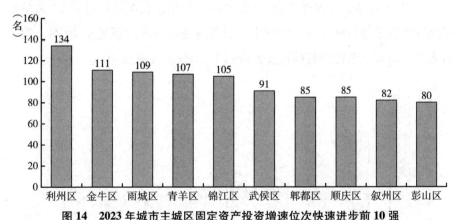

图 14　2023 年城市主城区固定资产投资增速位次快速进步前 10 强

资料来源：2022~2023 年四川各县（市、区）主要经济指标（四川省统计局提供）。

（二）重点开发区

在 2023 年重点开发固定资产投资增速前 10 强中，阆中市以增速

17.3%夺得排行榜的第一名，超过第十名射洪市的投资增速10.5个百分点（见图15）。值得说明的是，有3个县域的增速均超过了10%，分别为阆中市、青神县和犍为县。

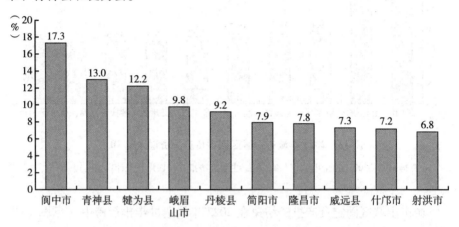

图15　2023年重点开发区固定资产投资增速前10强

资料来源：2023年四川各县（市、区）主要经济指标（四川省统计局提供）。

在2023年增速快速进步前10强的排行榜中，大英县以进步95名的好成绩夺得整个排行榜首位，榜单中所有县域进步位次均超过了20名。第一名大英县与第十名犍为县的进步差异达70个位次（见图16）。

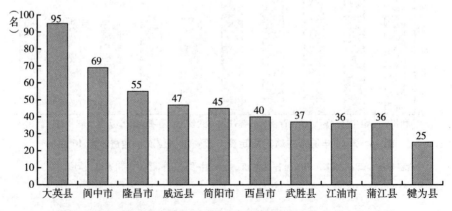

图16　2023年重点开发区固定资产投资增速位次快速进步前10强

资料来源：2022~2023年四川各县（市、区）主要经济指标（四川省统计局提供）。

B.8

四川省县域工业发展评价与分析报告

梁甄桥　王健*

摘　要： 本报告对四川省县域工业发展的现状和趋势进行了详细分析。2023 年，成都平原经济区内各县域继续引领全省县域工业发展，占据了多个工业产出强度和增速前 10 强的席位。甘孜州在工业增加值增速方面表现出色，巴塘县以 85.8% 的增速遥遥领先。总体来看，川西北生态示范区和攀西经济区的县域在工业增速和年均增速上表现优异，但各县域之间的增长幅度差异较大。此外，城市主城区和重点开发区在工业产出强度和增加值增速上均表现出较为稳定的增长态势，尤其是成都市及其周边区域，继续展现出较强的工业发展实力。本报告显示，四川省各县域工业发展的不均衡性依然存在，但部分县域的进步明显。

关键词： 工业发展　工业增加值　产出强度　区域经济　四川省

一　工业增加值前10强

四川省县域 2023 年工业增加值前 10 强中（见图 1）成都市占 5 席，宜宾市、绵阳市、德阳市、泸州市和遂宁市各占一席。排名前 10 的县域工业增加值总额占全省工业增加值总额的 30.6%。工业增加值前 10 强中 8 个县域位于成都平原经济区，其余 2 个县域位于川南经济区。

四川省县域 2023 年工业增加值增速前 10 强中（见图 2），甘孜州占 5

---

* 梁甄桥，博士，重庆工商大学经济学院讲师，主要研究方向为发展经济学、城市经济学、文化经济学；王健，重庆工商大学硕士研究生，主要研究方向为发展经济学、数量经济学。

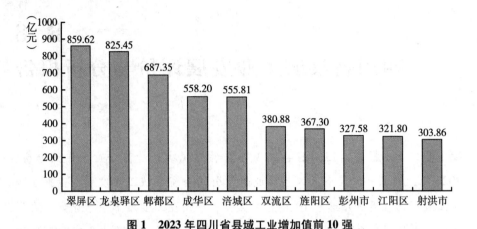

图 1　2023 年四川省县域工业增加值前 10 强

资料来源：2023 年四川各县（市、区）主要经济指标（四川省统计局提供）。

席，凉山州占 2 席，乐山市、宜宾市和泸州市各占 1 席。排名前 10 的县域平均增速 26.71%，比全省平均水平高。其中排名第 1 的巴塘县增速高达85.80%，与后面的县域形成断层式差距。分区域看，工业增加值增速前 10强中 5 个县域位于川西北生态示范区，2 个县域位于攀西经济区，2 个县域位于川南经济区，1 个县域位于成都平原经济区。

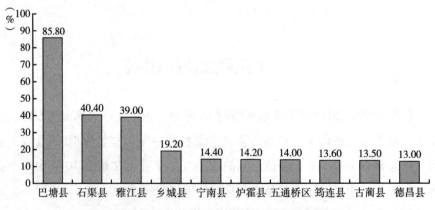

图 2　2023 年四川省县域工业增加值增速前 10 强

资料来源：2023 年四川各县（市、区）主要经济指标（四川省统计局提供）。

四川省县域近五年工业增加值年均增速前10强中（见图3），甘孜州占6席，凉山州占2席，成都市和乐山市各占1席。前10强的平均增速达24.54%。分区域看，近五年年均增速前10强中6个县域位于川西北生态示范区，成都平原经济区和攀西经济区各有2个县域入围。

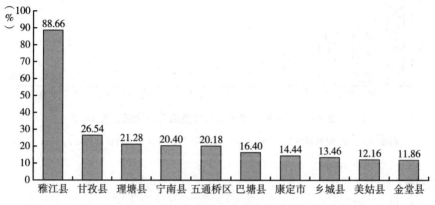

图3　近五年四川省县域工业增加值年均增速前10强

资料来源：2019~2023年四川各县（市、区）主要经济指标（四川省统计局提供）。

二　工业发展进步前10强

四川省县域2023年工业增加值增速进步前10强中共有12个县域入围（见图4），其中巴塘县、雨城区、会东县并列排名，汉源县、芦山县、安岳县并列排名。分市州看，雅安市占3席，宜宾市、甘孜州、凉山州各占2席，成都市、攀枝花市、资阳市各占1席。分区域看，5个县域位于成都平原经济区，3个县域位于攀西经济区，2个县域位于川南经济区，2个县域位于川西北生态示范区。

四川省县域2023年工业产出强度进步前10强中共有12个县域入围（见图5），其中泸县和平昌县，乐山市中区、高坪区、昭化区、大英县、南部县、达川区、开江县、顺庆区分别并列入围。分市州看，达州市和南充市各占3席，巴中市占2席，泸州市、乐山市、广元市、遂宁市各占1席。分区域看，9个县域位于川东北经济区，2个县域位于成都平原经济区，1个县域位于川南经济区。

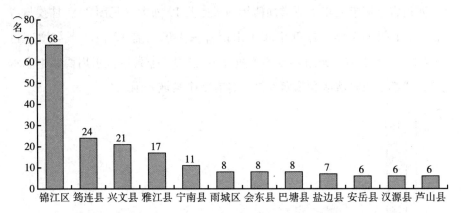

图4　2023年四川省县域工业增加值增速位次进步前10强

资料来源：2023年四川各县（市、区）主要经济指标（四川省统计局提供）。

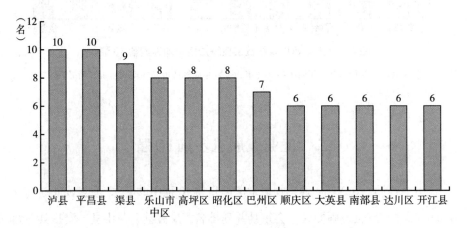

图5　2023年四川省县域工业产出强度位次进步前10强

资料来源：2023年四川各县（市、区）主要经济指标（四川省统计局提供）。

四川省县域2023年规上工业增加值增速前10强中（见图6），甘孜州占3席，凉山州占2席，雅安市、乐山市、成都市、宜宾市和眉山市各占1席。前10强的平均增速达32.9%，比全省平均水平高。分区域看，规上工业增加值增速前10强中4个县域位于成都平原经济区，3个县域位于川西北生态示范区，2个县域位于攀西经济区，1个县域位于川南经济区。

四川省县域近五年规上工业增加值年均增速前10强中（见图7），甘孜

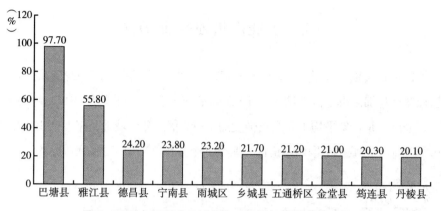

图 6　2023 年四川省县域规上工业增加值增速前 10 强

资料来源：2023 年四川各县（市、区）主要经济指标（四川省统计局提供）。

州占 4 席，凉山州占 3 席，阿坝州、乐山市和成都市各占 1 席。前 10 强的平均增速为 37.28%，比全省平均水平高（道孚县、新龙县、德格县、石渠县、色达县、稻城县缺少数据，未计算入内）。分区域看，近五年规上工业增加值年均增速前 10 强有 5 个县域位于川西北生态示范区，3 个县域位于攀西经济区，2 个县域位于成都平原经济区。

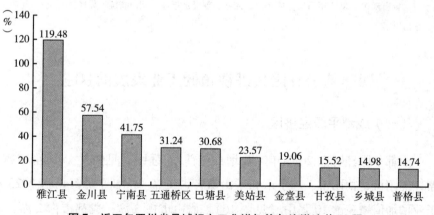

图 7　近五年四川省县域规上工业增加值年均增速前 10 强

资料来源：2019~2023 年四川各县（市、区）主要经济指标（四川省统计局提供）。

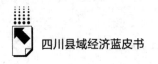

三 工业产出强度前10强

四川省县域 2023 年工业产出强度前 10 强中（见图 8），成都市占 8 席，攀枝花市和绵阳市各占 1 席。前 10 强的平均工业产出强度为 19173.95 万元/平方公里，是全省平均工业产出强度的 10.66 倍。分区域看，工业产出强度前 10 强中 1 个县域位于攀西经济区，其余 9 个县域全部位于成都平原经济区。

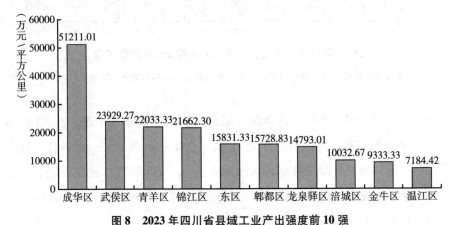

图 8　2023 年四川省县域工业产出强度前 10 强

资料来源：2023 年四川各县（市、区）主要经济指标（四川省统计局提供）。

四 基于五区共兴视角的工业发展前10强

（一）成都平原经济区

成都平原经济区 2023 年工业增加值前 10 强中（见图 9），成都市占 6 席，绵阳市、德阳市、遂宁市和乐山市各占 1 席。成都平原经济区 2023 年工业增加值增速前 10 强中（见图 10），眉山市占 3 席，成都市占 2 席，乐山市、绵阳市、德阳市、遂宁市和雅安市各占 1 席。成都平原经济区近五年工业增加值年均增速前 10 强中（见图 11），成都市占 5 席，眉山市占 2 席，乐山市、绵阳市和遂宁市各占 1 席。

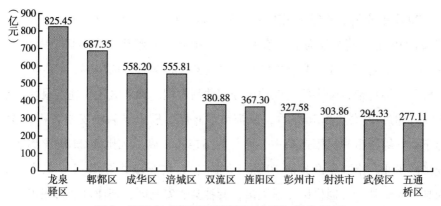

图9 2023年成都平原经济区工业增加值前10强

资料来源：2023年四川各县（市、区）主要经济指标（四川省统计局提供）。

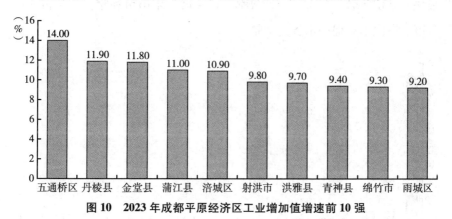

图10 2023年成都平原经济区工业增加值增速前10强

资料来源：2023年四川各县（市、区）主要经济指标（四川省统计局提供）。

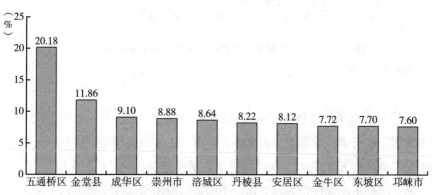

图11 近五年成都平原经济区工业增加值年均增速前10强

资料来源：2019～2023年四川各县（市、区）主要经济指标（四川省统计局提供）。

2023 年成都平原经济区工业产值进步前 10 强（见图 12）中，入围的县域共有 19 个，其中汉源县、宝兴县，芦山县、简阳市、青羊区、崇州市，沙湾区、安居区、北川县、中江县、犍为县、丹棱县、成华区、射洪市、五通桥区、绵竹市、金牛区、江油市分别并列入围。锦江区进步速度最快，排名前进超过 20 位。分市州看，成都市占 6 席，乐山市和雅安市各占 3 席，遂宁市、绵阳市和德阳市各占 2 席，眉山市占 1 席。入围 2023 年成都平原经济区工业产出强度进步前 10 强（见图 13）的县域共有 16 个，其中，犍为县、汉源县，五通桥区、射洪市、青神县、安州区，新津区、彭州市、江油市、安居区、简阳市、洪雅县、峨边县、天全县分别并列入围。锦江区进步最快，进位 5 名。分市州看，成都市占 4 席，乐山市和雅安市各占 3 席，遂宁市、眉山市和绵阳市各占 2 席。

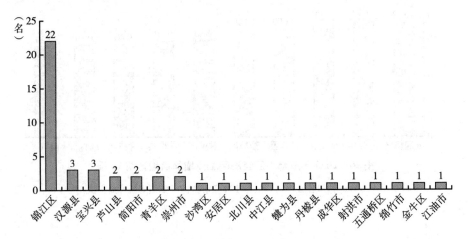

图 12　2023 年成都平原经济区工业产值排名进步前 10 强

资料来源：2023 年四川各县（市、区）主要经济指标（四川省统计局提供）。

2023 年成都平原经济区规上工业增加值增速前 10 强中（见图 14），眉山市占 3 席，雅安市和绵阳市各占 2 席，成都市、乐山市和遂宁市各占 1 席。成都平原经济区近五年规上工业增加值年均增速前 10 强中（见图 15），雅安市占 3 席，成都市和绵阳市各占 2 席，乐山市、眉山市和遂宁市各占 1 席。

2023 年成都平原经济区工业产出强度前 10 强中（见图 16），成都市占 8

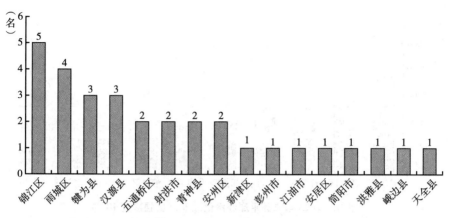

图13 2023年成都平原经济区工业产出强度排名进步前10强

资料来源：2023年四川各县（市、区）主要经济指标（四川省统计局提供）。

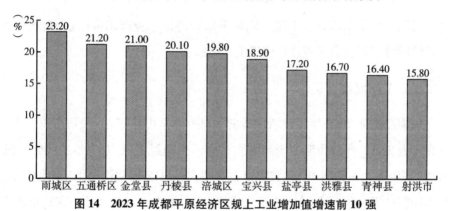

图14 2023年成都平原经济区规上工业增加值增速前10强

资料来源：2023年四川各县（市、区）主要经济指标（四川省统计局提供）。

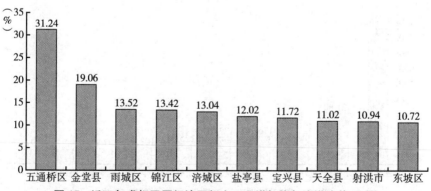

图15 近五年成都平原经济区规上工业增加值年均增速前10强

资料来源：2019~2023年四川各县（市、区）主要经济指标（四川省统计局提供）。

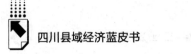

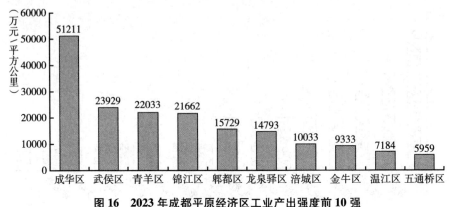

图16　2023年成都平原经济区工业产出强度前10强

资料来源：2023年四川各县（市、区）主要经济指标（四川省统计局提供）。

席，绵阳市和乐山市各占1席。成都平原经济区工业产出强度前10强中8个县域同时位列全省工业产出强度前10强。

（二）川南经济区

川南经济区2023年工业增加值前10强中（见图17），泸州市占6席，宜宾市占2席，内江市和自贡市各占1席。川南经济区2023年工业增加值增速前10强中（见图18），宜宾市占5席，泸州市占3席，内江市占2席。川南经济区近五年工业增加值年均增速前10强中（见图19），宜宾市占5席，泸州市占4席，自贡市占1席。

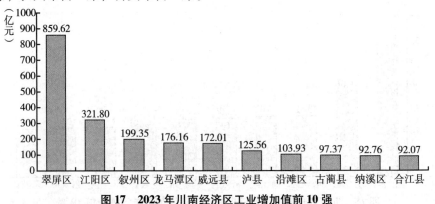

图17　2023年川南经济区工业增加值前10强

资料来源：2023年四川各县（市、区）主要经济指标（四川省统计局提供）。

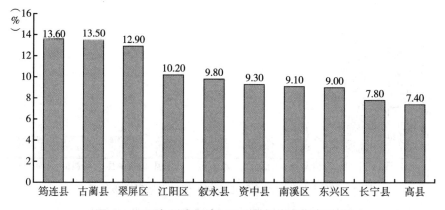

图 18　2023 年川南经济区工业增加值增速前 10 强

资料来源：2023 年四川各县（市、区）主要经济指标（四川省统计局提供）。

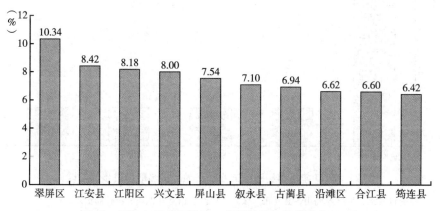

图 19　近五年川南经济区工业增加值年均增速前 10 强

资料来源：2019~2023 年四川各县（市、区）主要经济指标（四川省统计局提供）。

川南经济区中有 9 个县域在 2023 工业增加值排名中得到进步（见图 20），从市州看，泸州市占 4 席，宜宾市占 3 席，内江市占 2 席。川南经济区 2023 年有 5 个县域工业产出强度排名得到进步（见图 21），其中 3 个位于宜宾市，2 个位于内江市。

川南经济区 2023 年规上工业增加值增速前 10 强中（见图 22），宜宾市和内江市分别占 4 席，泸州市和自贡市分别占 1 席。川南经济区近五年规上工业增加值年均增速前 10 强中（见图 23），宜宾市占 5 席，泸州市占 4 席，内江市占 1 席。

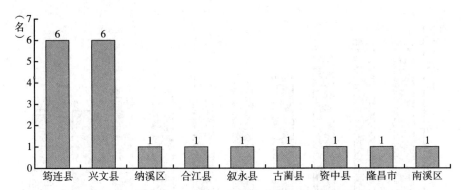

图 20　2023 年川南经济区工业增加值排名取得进步的县域

资料来源：2023 年四川各县（市、区）主要经济指标（四川省统计局提供）。

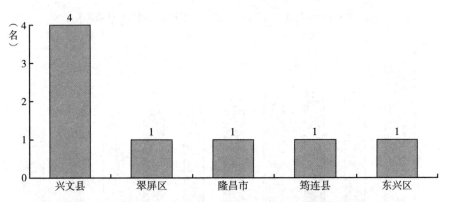

图 21　2023 年川南经济区工业产出强度排名取得进步的县域

资料来源：2023 年四川各县（市、区）主要经济指标（四川省统计局提供）。

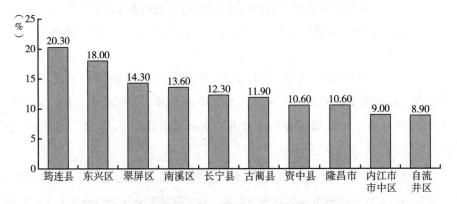

图 22　2023 年川南经济区规上工业增加值增速前 10 强

资料来源：2023 年四川各县（市、区）主要经济指标（四川省统计局提供）。

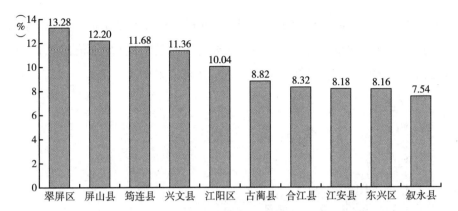

图23　近五年川南经济区规上工业增加值年均增速前10强

资料来源：2019~2023年四川各县（市、区）主要经济指标（四川省统计局提供）。

2023年川南经济区工业产出强度前10强中（见图24），自贡市占4席，内江市占3席，泸州市占2席，宜宾市占1席。

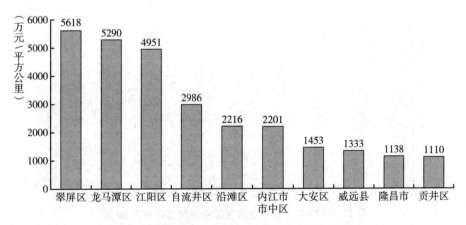

图24　2023年川南经济区工业产出强度前10强

资料来源：2023年四川各县（市、区）主要经济指标（四川省统计局提供）。

（三）川东北经济区

川东北经济区2023年工业增加值前10强中（见图25），达州市占5席，南充市占3席，广元市和广安市各占1席。川东北经济区2023年工业增加值增速前 10 强中（见图 26），巴中市和广元市各占 3 席，南充市占 2 席，广安市和达州市各占 1 席。川东北经济区近五年工业增加值年均增速前 10 强中（见图 27），达州市占 4 席，广元市和广安市各占 3 席。

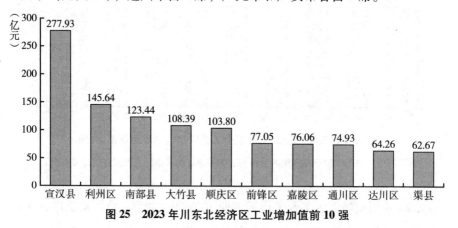

图 25　2023 年川东北经济区工业增加值前 10 强

资料来源：2023 年四川各县（市、区）主要经济指标（四川省统计局提供）。

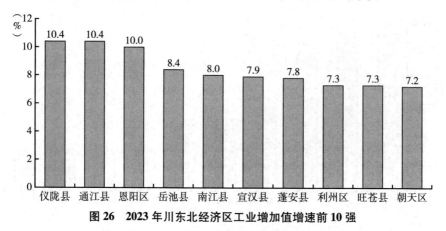

图 26　2023 年川东北经济区工业增加值增速前 10 强

资料来源：2023 年四川各县（市、区）主要经济指标（四川省统计局提供）。

共有 11 个县域入围川东北经济区 2023 年工业增加值进步前 10 强（见图 28），其中广元市和广安市各占 3 席，南充市和达州市各占 2 席，巴中市占 1 席。川东北经济区 2023 年共有 9 个县域在工业产出强度排名上取得进步（见图 29），其中广安市占 4 席，南充市和广元市各有 2 个县域入围，达州市有 1 个县域入围。

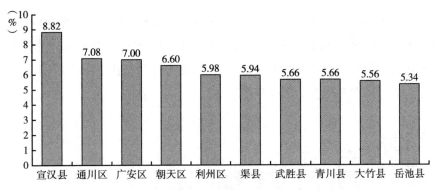

图 27 近五年川东北经济区工业增加值年均增速前 10 强

资料来源：2019~2023 年四川各县（市、区）主要经济指标（四川省统计局提供）。

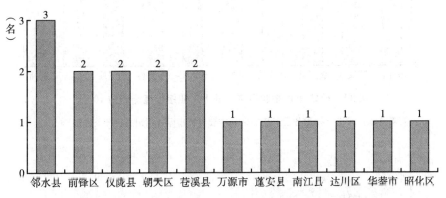

图 28 2023 年川东北经济区工业增加值排名进步前 10 强

资料来源：2023 年四川各县（市、区）主要经济指标（四川省统计局提供）。

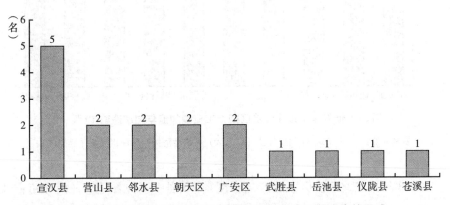

图 29 2023 年川东北经济区工业产出强度排名取得进步的县域

资料来源：2023 年四川各县（市、区）主要经济指标（四川省统计局提供）。

川东北经济区 2023 年规上工业增加值增速前 10 强中（见图 30），广元市占 4 席，广安市和南充市各占 2 席，达州市和巴中市各占 1 席。川东北经济区近五年规上工业增加值年均增速前 10 强中达州市占 5 席，广安市和南充各占 2 席，广元市占 1 席（见图 31）。

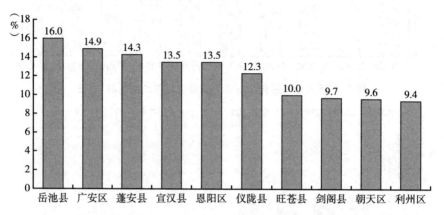

图 30 2023 年川东北经济区规上工业增加值增速前 10 强

资料来源：2023 年四川各县（市、区）主要经济指标（四川省统计局提供）。

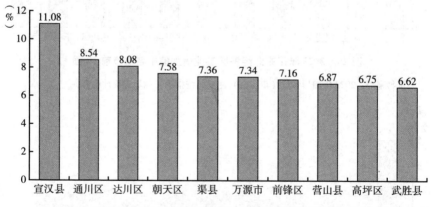

图 31 近五年川东北经济区规上工业增加值年均增速前 10 强

资料来源：2019~2023 年四川各县（市、区）主要经济指标（四川省统计局提供）。

2023 年川东北经济区工业产出强度前 10 强中（见图 32），南充市占 4 席，广安市占 3 席，达州市占 2 席，广元市占 1 席。

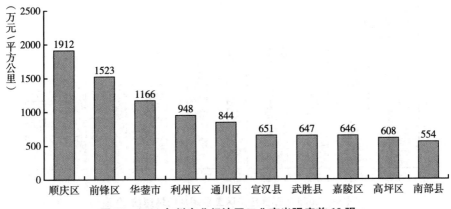

图32　2023年川东北经济区工业产出强度前10强

资料来源：2023年四川各县（市、区）主要经济指标（四川省统计局提供）。

（四）攀西经济区

攀西经济区2023年工业增加值前10强中（见图33），攀枝花市和凉山州各占5席。攀西经济区2023年工业增加值增速前10强中（见图34），有7个县域位于凉山州；3个县域位于攀枝花市。攀西经济区近五年工业增加值年均增速前10强中（见图35），凉山州占8席，攀枝花市占2席。

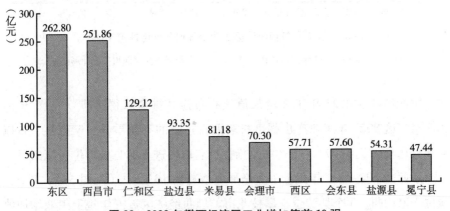

图33　2023年攀西经济区工业增加值前10强

资料来源：2023年四川各县（市、区）主要经济指标（四川省统计局提供）。

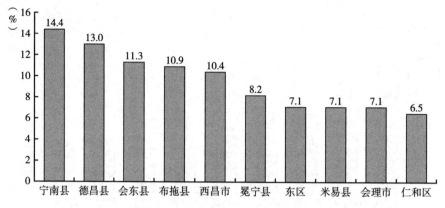

图34 2023年攀西经济区工业增加值增速前10强

资料来源：2023年四川各县（市、区）主要经济指标（四川省统计局提供）。

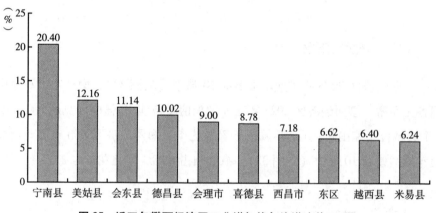

图35 近五年攀西经济区工业增加值年均增速前10强

资料来源：2019~2023年四川各县（市、区）主要经济指标（四川省统计局提供）。

攀西经济区2023年工业增加值只有布拖县排名取得进步（见图36），攀西经济区2023年工业产出强度排名取得进步的有德昌县、宁南县、布拖县和喜德县（见图37）。上述两个指标排名取得进步的县域均位于凉山州。

攀西经济区2023年规上工业增加值增速前10强中（见图38），7个县域位于凉山州，3个县域位于攀枝花市。攀西经济区近五年规上工业增加值年均增速前10强（见图39）全部位于凉山州。

攀西经济区2023年工业产出强度前10强中（见图40），攀枝花市和凉

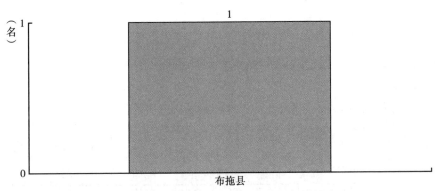

图36　2023年攀西经济区工业增加值排名取得进步的县域

资料来源：2023年四川各县（市、区）主要经济指标（四川省统计局提供）。

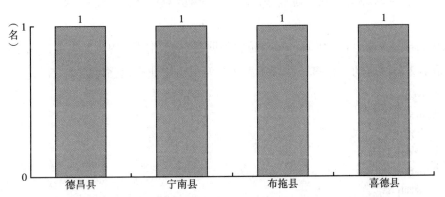

图37　2023年攀西经济区工业产出强度排名取得进步的县域

资料来源：2023年四川各县（市、区）主要经济指标（四川省统计局提供）。

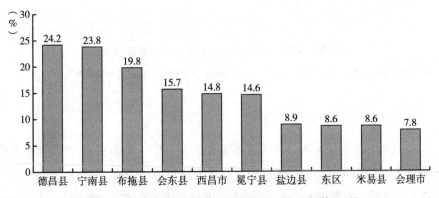

图38　2023年攀西经济区规上工业增加值增速前10强

资料来源：2023年四川各县（市、区）主要经济指标（四川省统计局提供）。

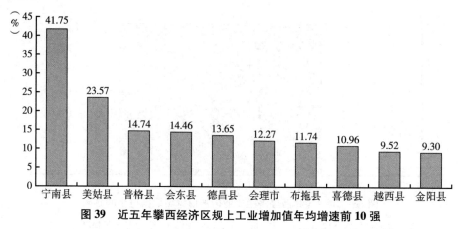

图 39　近五年攀西经济区规上工业增加值年均增速前 10 强

资料来源：2019~2023 年四川各县（市、区）主要经济指标（四川省统计局提供）。

山州各占 5 席。前 10 强之间差距较为明显，排名第 1 的东区工业产出强度是第 2 名西区的三倍多，西区是第 3 名西昌市工业产出强度的 4.95 倍。

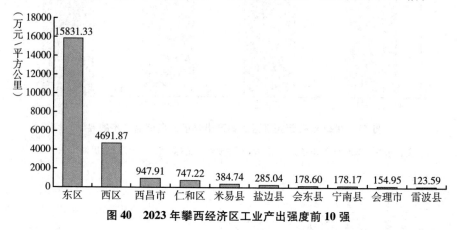

图 40　2023 年攀西经济区工业产出强度前 10 强

资料来源：2023 年四川各县（市、区）主要经济指标（四川省统计局提供）。

（五）川西北生态示范区

川西北生态示范区 2023 年工业增加值前 10 强中（见图 41），阿坝州和甘孜州各占 5 席。川西北生态示范区 2023 年工业增加值增速前 10 强中（见图 42），甘孜州占 9 席，阿坝州占 1 席。川西北生态示范区近五年工业增加值年均增速前 10 强（见图 43）皆来自甘孜州。

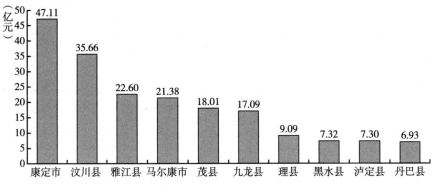

图 41　2023 年川西北生态示范区工业增加值前 10 强

资料来源：2023 年四川各县（市、区）主要经济指标（四川省统计局提供）。

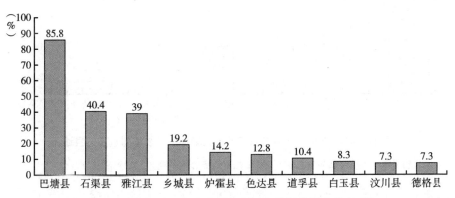

图 42　2023 年川西北生态示范区工业增加值增速前 10 强

资料来源：2023 年四川各县（市、区）主要经济指标（四川省统计局提供）。

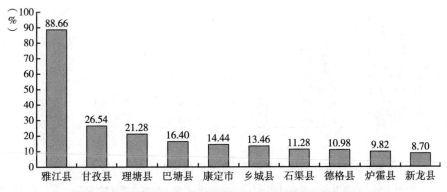

图 43　近五年川西北生态示范区工业增加值年均增速前 10 强

资料来源：2019~2023 年四川各县（市、区）主要经济指标（四川省统计局提供）。

川西北生态示范区 2023 年有 7 个县域工业增加值排名取得进步（见图 44），其中巴塘县进步位次最多。分市州看，甘孜州占 4 席，阿坝州占 3 席。川西北生态示范区工业产出强度排名有 6 个县域取得进步，同样是巴塘县进步位次最多（见图 45）。分市州看，甘孜州占 3 席，阿坝州占 3 席。

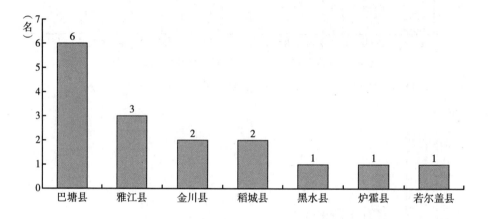

图 44　2023 年川西北生态示范区工业增加值排名取得进步的县域

资料来源：2023 年四川各县（市、区）主要经济指标（四川省统计局提供）。

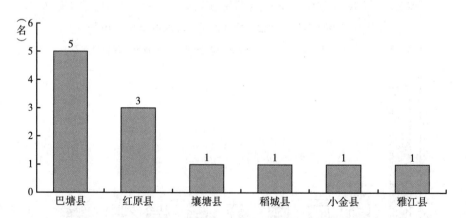

图 45　2023 年川西北生态示范区工业产出强度排名取得进步的县域

资料来源：2023 年四川各县（市、区）主要经济指标（四川省统计局提供）。

川西北生态示范区 2023 年规上工业增加值增速前 10 强中（见图 46），甘孜州占 4 席，阿坝州占 6 席，位列前 2 的巴塘县和雅江县与后面的县域形成了断层差距。川西北生态示范区近五年规上工业增加值年均增速前 10 强中（见图 47），甘孜州占 7 席，阿坝州占 3 席。

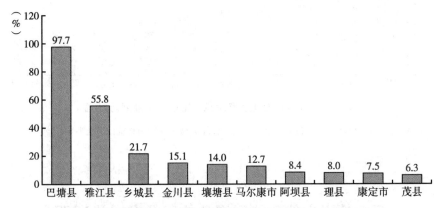

图 46 2023 年川西北生态示范区规上工业增加值增速前 10 强

资料来源：2023 年四川各县（市、区）主要经济指标（四川省统计局提供）。

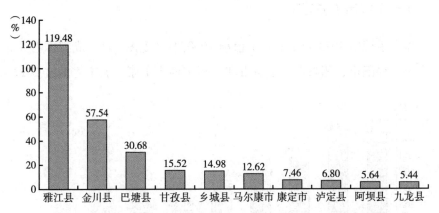

图 47 近五年川西北生态示范区规上工业增加值年均增速前 10 强

资料来源：2019~2023 年四川各县（市、区）主要经济指标（四川省统计局提供）。

川西北生态示范区 2023 年工业产出强度前 10 强中（见图 48），甘孜州和阿坝州各占 5 席。

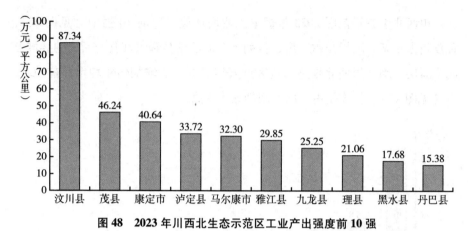

图48　2023年川西北生态示范区工业产出强度前10强

资料来源：2023年四川各县（市、区）主要经济指标（四川省统计局提供）。

五　基于主体功能区视角的工业发展前10强

（一）城市主城区

城市主城区2023年工业增加值前10强中（见图49），成都市占5席，宜宾市、绵阳市、德阳市、乐山市和泸州市各占1席。城市主城区2023年

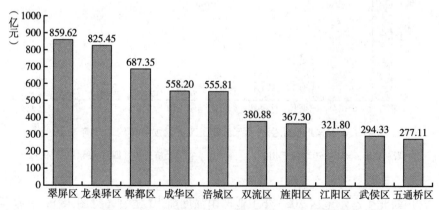

图49　2023年城市主城区工业增加值前10强

资料来源：2023年四川各县（市、区）主要经济指标（四川省统计局提供）。

工业增加值增速前 10 强中（见图 50），乐山市和宜宾市各占 2 席，雅安市、绵阳市、泸州市、内江市、眉山市和成都市各占 1 席。城市主城区近五年工业增加值年均增速前 10 强中（见图 51），成都市占 4 席，绵阳市、乐山市、泸州市、宜宾市、遂宁市、眉山市各占 1 席。

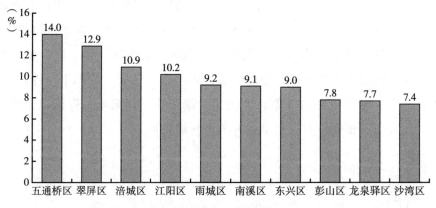

图 50　2023 年城市主城区工业增加值增速前 10 强

资料来源：2023 年四川各县（市、区）主要经济指标（四川省统计局提供）。

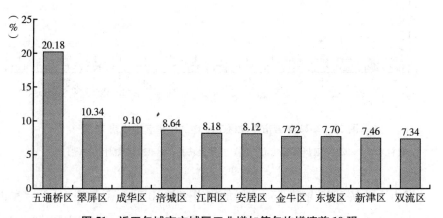

图 51　近五年城市主城区工业增加值年均增速前 10 强

资料来源：2019~2023 年四川各县（市、区）主要经济指标（四川省统计局提供）。

共有 16 个县域入围 2023 年四川省城市主城区工业增加值排名进步前 10 强（见图 52），其中，五通桥区、沙湾区、青羊区，翠屏区、成华区、江阳区、叙州区、东坡区、利州区、雁江区、安居区、西区、朝天区、昭化区分别并列入围。分市州看，成都市和广安市各有3个县域入围，乐山市、宜宾市各有2个县域入围，泸州市、宜宾市、资阳市、攀枝花市、遂宁市和雅安市各有1个县域入围。共有19个县域入围城市主城区2023年工业产出强度排名进步前10强（见图53），其中，五通桥区、翠屏、东兴区，东区、新津区、江阳区、船山区、内江市市中区、沙湾区、罗江区、彭山区、安居区、仁和区、安州区、雁江区、金口河区、朝天区分别并列入围。分市州看，乐山市占3席，成都市、内江市、攀枝花市、遂宁市各占2席，泸州市、绵阳市、德阳市、资阳市、眉山市、广元市、雅安市和宜宾市各有1个县域入围。

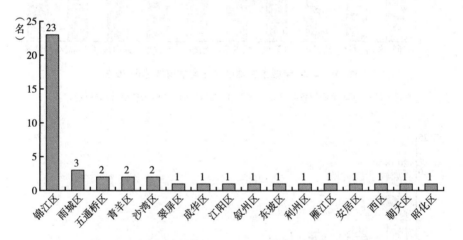

图52 2023年城市主城区工业增加值排名进步前10强

资料来源：2023年四川各县（市、区）主要经济指标（四川省统计局提供）。

城市主城区2023年规上工业增加值增速前10强中（见图54），宜宾市和眉山市各占2席，乐山市、雅安市、绵阳市、内江市、广安市和广元市各占1席。城市主城区近五年规上工业增加值年均增速前10强中（见图55），成都市占3席，乐山市、宜宾市、绵阳市、遂宁市、泸州市、雅安市和眉山市各占1席。

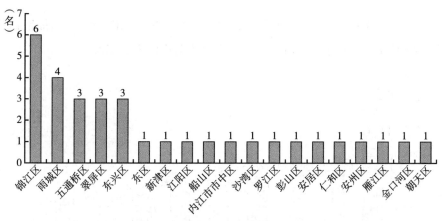

图 53　2023 年城市主城区工业产出强度排名进步前 10 强

资料来源：2023 年四川各县（市、区）主要经济指标（四川省统计局提供）。

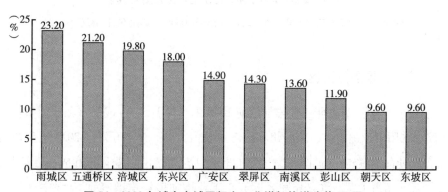

图 54　2023 年城市主城区规上工业增加值增速前 10 强

资料来源：2023 年四川各县（市、区）主要经济指标（四川省统计局提供）。

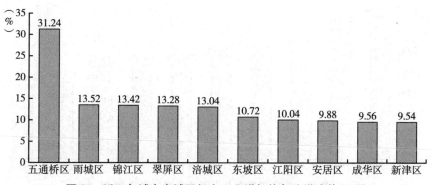

图 55　近五年城市主城区规上工业增加值年均增速前 10 强

资料来源：2019~2023 年四川各县（市、区）主要经济指标（四川省统计局提供）。

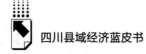

城市主城区 2023 年工业产出强度前 10 强中（见图 56），成都市占 8 席，绵阳市和攀枝花市各占 1 席。其中前 4 名均位于成都市。

图 56　2023 年城市主城区工业产出强度前 10 强

资料来源：2023 年四川各县（市、区）主要经济指标（四川省统计局提供）。

（二）重点开发区

重点开发区 2023 年工业增加值前 10 强中（见图 57），成都市和德阳市各占 3 席，绵阳市、遂宁市、凉山州和内江市各占 1 席。重点开发区 2023 年工业增加值增速前 10 强中（见图 58），凉山州占 3 席，眉山市、德阳市和成都市各占 2 席，遂宁市占 1 席。重点开发区近五年工业增加值年均增速前 10 强中（见图 59），成都市占 4 席，凉山州占 2 席，遂宁市、宜宾市、眉山市和德阳市各占 1 席。

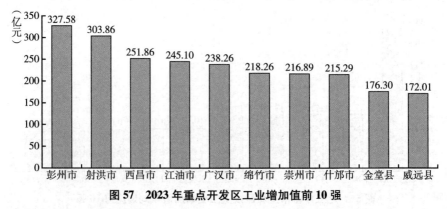

图 57　2023 年重点开发区工业增加值前 10 强

资料来源：2023 年四川各县（市、区）主要经济指标（四川省统计局提供）。

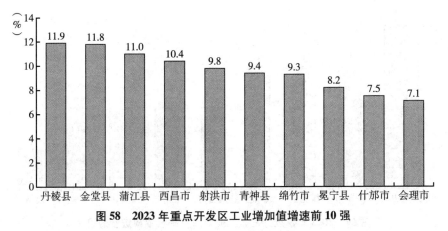

图58　2023年重点开发区工业增加值增速前10强

资料来源：2023年四川各县（市、区）主要经济指标（四川省统计局提供）。

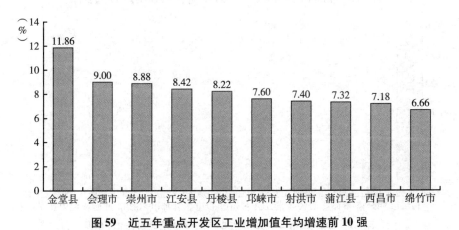

图59　近五年重点开发区工业增加值年均增速前10强

资料来源：2019~2023年四川各县（市、区）主要经济指标（四川省统计局提供）。

　　共有9个县域入围重点开发区2023年工业增加值排名进步前10强（见图60），简阳市、犍为县、江安县，西昌市、仁寿县、邛崃市、邻水县分别并列入围。分市州看，成都市占3席，宜宾市、攀枝花市、乐山市、广安市、眉山市和凉山州各占1席。共有12个县域入围重点开发区2023年工业产出强度排名进步前10强（见图61），蒲江县、彭州市、盐边县、什邡市、江油市、威远县、犍为县和邻水县并列入围。分市州看，成都市和眉山市各占2席，遂宁市、凉山州、乐山市、内江市、绵阳市、攀枝花市、广安市和德阳市各占1席。

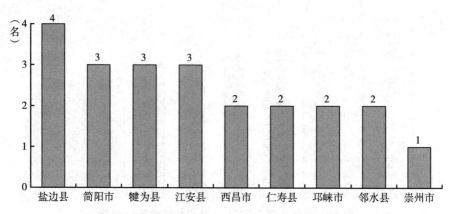

图60　2023年重点开发区工业增加值排名取得进步的县域

资料来源：2023年四川各县（市、区）主要经济指标（四川省统计局提供）。

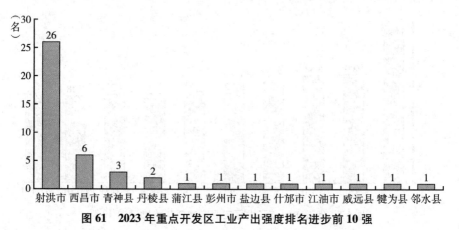

图61　2023年重点开发区工业产出强度排名进步前10强

资料来源：2023年四川各县（市、区）主要经济指标（四川省统计局提供）。

重点开发区2023年规上工业增加值增速前10强中（见图62），成都市占3席，眉山市和凉山州各占2席，遂宁市、德阳市和内江市各占1席。重点开发区近五年规上工业增加值年均增速前10强中（见图63），成都市占3席，眉山市占2席，凉山州、遂宁市、德阳市、宜宾市和泸州市各占1席。

重点开发区2023年工业产出强度前10强中（见图64），德阳市和成都市各占3席，遂宁市、乐山市、内江市和广安市各占1席。

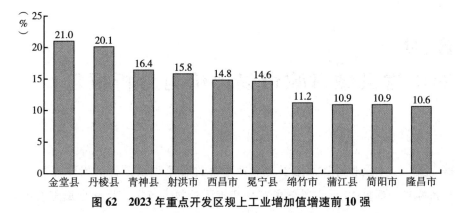

图 62　2023 年重点开发区规上工业增加值增速前 10 强

资料来源：2023 年四川各县（市、区）主要经济指标（四川省统计局提供）。

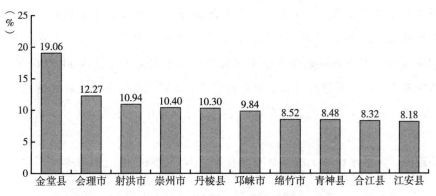

图 63　近五年重点开发区规上工业增加值年均增速前 10 强

资料来源：2019~2023 年四川各县（市、区）主要经济指标（四川省统计局提供）。

图 64　2023 年重点开发区工业产出强度前 10 强

资料来源：2023 年四川各县（市、区）主要经济指标（四川省统计局提供）。

B.9
四川省县域财政贸易评价与分析报告

杜思远　王健*

摘　要：　本报告对四川省县域财政贸易进行了详细分析。2023年社会消费品零售总额前10强主要集中在成都市下辖的各市区，反映出成都在消费市场中的主导地位。广安区在社零总额增速方面表现突出，年均增速达23.13%，为全省最高。人均社零总额前10强中，锦江区遥遥领先。一般公共预算收入前10强以成都市为主，显示了其强大的财政能力。宏观税负前10强显示，部分县域的税负水平相对较高，特别是道孚县以11.19%居首。总体来看，成都平原经济区、川南经济区和攀西经济区表现出较高的经济活力，而川西北生态示范区也在快速追赶，特别是在公共预算收入方面。

关键词：　县域经济　社零总额　预算收入　宏观税负　四川省

一　社零总额前10强

社会消费品零售总额是反映宏观经济运行状况的重要指标，主要用于反映全社会实物商品的消费情况。它是从商品流通的最终环节入手，观察进入城乡居民生活消费和社会集团公共消费的商品销售变化情况。从2023年四川省县域来看，183个县域经济体中，社零总额前10强中有7个来自成都市，绵阳市、泸州市和南充市分别占据1席（见图1）。

从2023年社会消费品零售（简称社零）总额增速来分析（见图2），四

---

* 杜思远，博士，四川旅游学院副教授，主要研究方向为区域经济学、产业经济学；王健，重庆工商大学硕士研究生，主要研究方向为发展经济学、数量经济学。

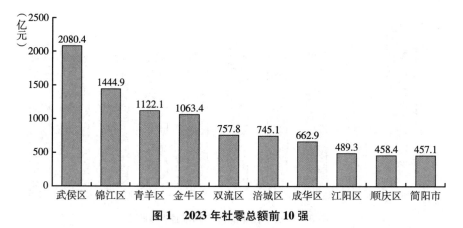

图1　2023年社零总额前10强

资料来源：2023年四川各县（市、区）主要经济指标（四川省统计局提供）。

川省183个县域经济体中，广安区表现十分抢眼，力压其余县域，以23.13%的增速遥遥领先，是四川省内唯一社零总额增速超过20%的县域。

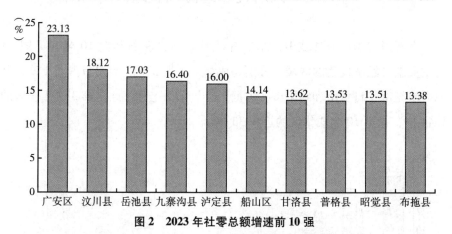

图2　2023年社零总额增速前10强

资料来源：2023年四川各县（市、区）主要经济指标（四川省统计局提供）。

从近五年社零总额年均增速可以看出一个县域经济体的增长态势。从近五年社零总额年均增速来分析（见图3），四川省183个县域，来自成都市的郫都区从2019年到2023年以11.28%的年均增速占据榜首。分地区来看，前10强中，达州市占4席，南充市占2席，成都市、甘孜州、遂宁市和泸州市各占1席。

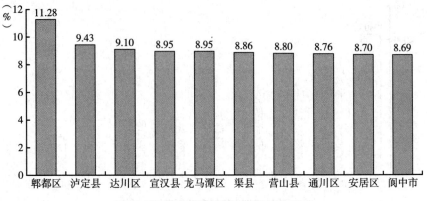

图3　近五年社零总额年均增速前10强

资料来源：2019~2023年四川各县（市、区）主要经济指标（四川省统计局提供）。

二　人均社零总额前10强

在四川省183个县域中，2023年人均社零总额排行前10名（见图4）的主要来自经济发达的区域，分别是成都市占据5席，泸州市占据2席，其他为南充市、自贡市和绵阳市各占据1席。第1名锦江区是第3名武侯区的1.44倍，是第10名成华区的近3.35倍。

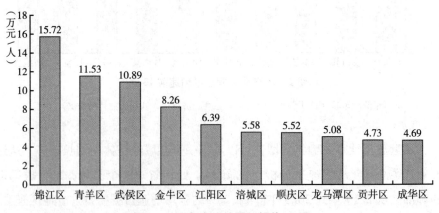

图4　2023年人均社零总额前10强

资料来源：2023年四川各县（市、区）主要经济指标（四川省统计局提供）。

而从近五年人均社零总额年均增速的排名来看（见图5），前10名发生巨大变化，来自凉山州的木里县以34.07%的年均增速摘得桂冠，凉山州的德昌县近五年人均社零总额年均增速也超过了20%。在前10名中，南充市占3席，凉山州和达州市各占2席，甘孜州、遂宁市和广元市各占1席。

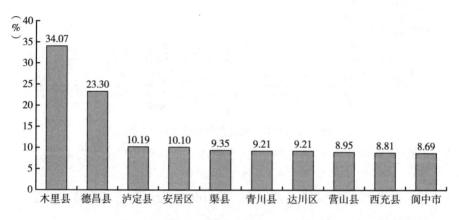

图5　近五年人均社零总额年均增速前10强

资料来源：2019～2023年四川各县（市、区）主要经济指标（四川省统计局提供）。

三　一般公共预算收入前10强

一般公共预算收入是以税收为主体的财政收入，被安排用于保障和改善民生、推动经济社会发展、维护国家安全、维持国家机构正常运转等方面的预算。一般公共预算收入高的地区都具有比较高的经济发展水平，市政等相关设施的建设比较完善，人民的生活水平也比较高，因此比较高的财政收入可以带来更丰富的文化成果和更完善的社会事业建设。从四川省2023年183个县域经济体来看（见图6），一般公共预算收入前10强主要还是来自经济发达的地区，成都市就已然占据8席，其余2席分别来自绵阳市和凉山州。

2023年一般公共预算收入增速前10强中（见图7），阿坝州和甘孜州各

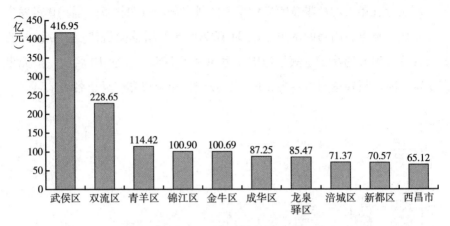

图 6　2023 年一般公共预算收入前 10 强

资料来源：2023 年四川各县（市、区）主要经济指标（四川省统计局提供）。

占 2 席，阿坝州、攀枝花市、绵阳市、乐山市、成都市、雅安市各占 1 席。前 3 强的增速均超过了 3%。

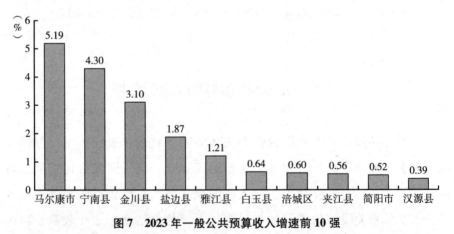

图 7　2023 年一般公共预算收入增速前 10 强

资料来源：2023 年四川各县（市、区）主要经济指标（四川省统计局提供）。

近五年一般公共预算收入年均增速前 10 强中（见图 8），分经济区看，有 5 席来自成都平原经济区域，4 席来自川西北生态示范区，1 席来自攀西经济区。从前 10 强的五年年均增速来看，均超过了 25%。

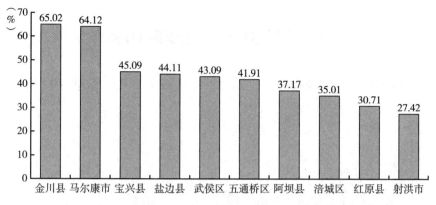

图 8　近五年一般公共预算收入年均增速前 10 强

资料来源：2019~2023 年四川各县（市、区）主要经济指标（四川省统计局提供）。

四　宏观税负前10强

　　由于一般公共预算收入主要包括税收收入、行政事业性收费收入、国有资源（资产）有偿使用收入、转移性收入和其他收入。该指标采用 2023 年各县域的一般公共预算收入除以各县域的 GDP 来衡量其宏观税负水平。前 10 强（见图 9）宏观税负的平均值约为 8.76%，前 5 名均超过了该平均值。

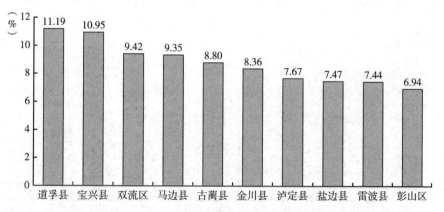

图 9　2023 年宏观税负前 10 强

资料来源：2023 年四川各县（市、区）主要经济指标（四川省统计局提供）。

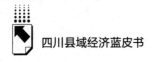

五 2023年快速进步前10强

四川省社零总额排名2023年快速进步前10强县域（见图10），排名进步均超过2名，提速明显。

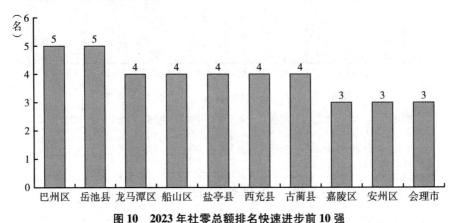

图10 2023年社零总额排名快速进步前10强

资料来源：2023年四川各县（市、区）主要经济指标（四川省统计局提供）。

社零强度排名2023年快速进步前10强进步均超过7名（见图11），进步12名的有两个，分别是船山区和九寨沟县，汶川县社零强度排名进步最大，进步16名。

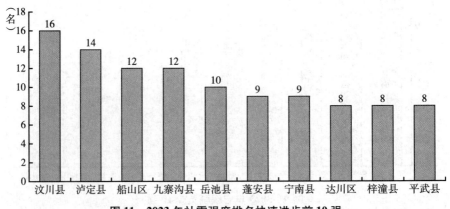

图11 2023年社零强度排名快速进步前10强

资料来源：2023年四川各县（市、区）主要经济指标（四川省统计局提供）。

一般公共预算收入排名 2023 年快速进步前 10 强，进步均超过 11 名（见图 12），超过 33 名的有 3 个县域，分别是马尔康市、盐边县和宁南县，其中，马尔康市进步最大，进步 102 名。

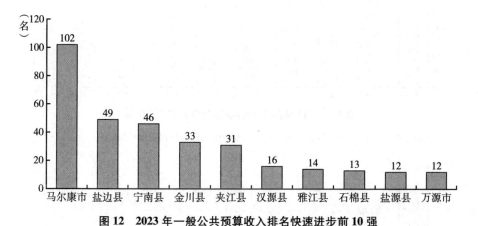

图 12　2023 年一般公共预算收入排名快速进步前 10 强

资料来源：2023 年四川各县（市、区）主要经济指标（四川省统计局提供）。

六　基于五区共兴视角的财政贸易前10强

（一）川东北经济区

属于川东北经济区的有达州、南充、广安、广元和巴中五个城市。顺庆区在其中拔得头筹，以 458.4 亿元的社零总额遥遥领先（见图 13）。前 10 强中达州市占据 5 席，分别位于前 10 强的第 2、3、4、6 和 7 名，除此之外，南充市占 3 席，广元市和广安市各占 1 席。

在川东北经济区的 2023 年社零总额单年增速排行榜中（见图 14），广安市的广安区位列榜首，领先其他地区。前 10 强中南充占 6 席，广安市和达州市各占 2 席。

以近五年川东北经济区的社零总额年均增速来看（见图 15），达州市达川区领先于其余地区。前 10 强中达州市占据 4 席，南充市占据 6 席。

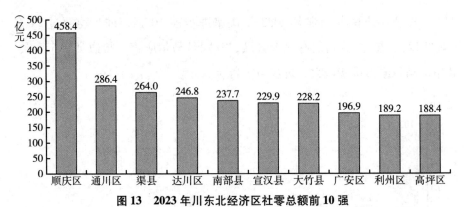

图 13　2023 年川东北经济区社零总额前 10 强

资料来源：2023 年四川各县（市、区）主要经济指标（四川省统计局提供）。

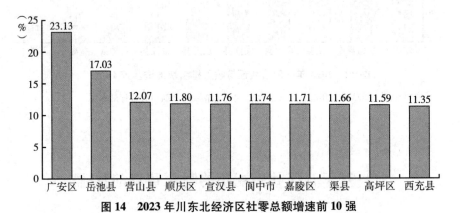

图 14　2023 年川东北经济区社零总额增速前 10 强

资料来源：2023 年四川各县（市、区）主要经济指标（四川省统计局提供）。

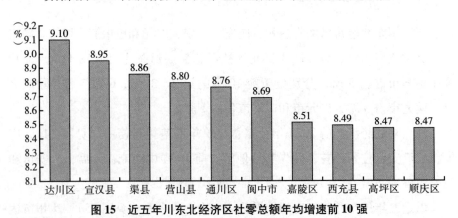

图 15　近五年川东北经济区社零总额年均增速前 10 强

资料来源：2019~2023 年四川各县（市、区）主要经济指标（四川省统计局提供）。

川东北经济区 2023 年人均社零总额前 10 强中（见图 16），南充市的顺庆区以人均超过 5 万元高居榜首，超过第 2 名 2.16 万元，是第 10 名的 2 倍多。此外，前 10 强中有 4 席来自南充市，有 4 席来自达州市，广元市和广安市各占 1 席。

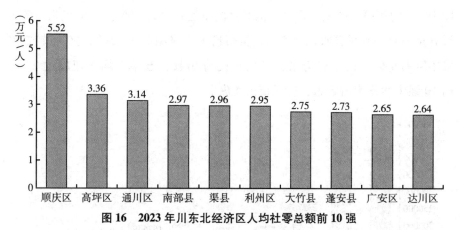

图 16　2023 年川东北经济区人均社零总额前 10 强

资料来源：2023 年四川各县（市、区）主要经济指标（四川省统计局提供）。

放眼川东北经济区在近五年人均社零总额年均增速前 10 强中（见图 17），第一名为达州市渠县，五年年均增速为 9.35%。前 10 强其余地区年均增速均超过 8.4%，其中青川县和达川区的年均增速相同，皆为 9.21%。前 10 强中南充市占据 6 席，达州市占据 3 席，广元市占据 1 席。

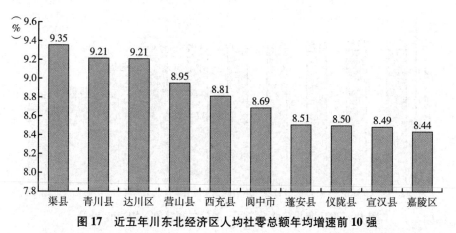

图 17　近五年川东北经济区人均社零总额年均增速前 10 强

资料来源：2019~2023 年四川各县（市、区）主要经济指标（四川省统计局提供）。

从川东北经济区的 2023 年一般公共预算收入来看（见图 18），宣汉县以超过 43 亿元的成绩位列榜首，是第 10 名华蓥市的 3 倍多，远超前 10 名的平均值。在川东北经济区 2023 年一般公共预算收入单年增速上（见图 19），增速第 1 的是通川区，前 8 强的增速均超过 20%。在川东北经济区近五年一般公共预算收入年均增速排行榜中（见图 20），入围的地区较之前发生巨大变化，第一名为来自广元市的青川县，五年年均增速超过 23%。前 10 强中达州市占 5 席，广元市占 5 席。

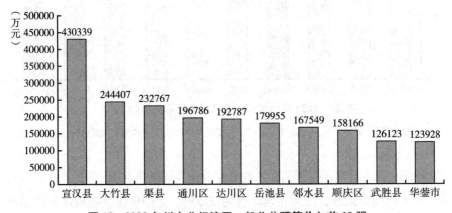

图 18　2023 年川东北经济区一般公共预算收入前 10 强

资料来源：2023 年四川各县（市、区）主要经济指标（四川省统计局提供）。

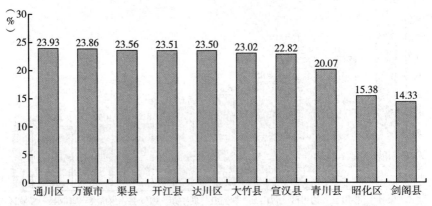

图 19　2023 年川东北经济区一般公共预算收入增速前 10 强

资料来源：2022~2023 年四川各县（市、区）主要经济指标（四川省统计局提供）。

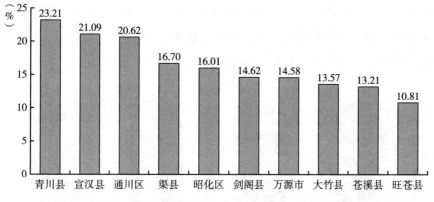

图20 近五年川东北经济区一般公共预算收入年均增速前10强

资料来源：2019~2023年四川各县（市、区）主要经济指标（四川省统计局提供）。

属于川东北经济区的有达州、南充、广安、广元和巴中五个城市。该地区县域的宏观税负前10强中（见图21），广安市占据6席，广元市占据2席，达州市和巴中市各占据1席。

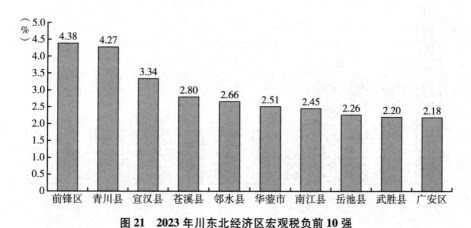

图21 2023年川东北经济区宏观税负前10强

资料来源：2023年四川各县（市、区）主要经济指标（四川省统计局提供）。

川东北经济区社零总额排名2023年快速进步的有4个县（区）（见图22），广安市和南充市各占2席。川东北经济区社零强度排名2023年快速进步的有13个县（市、区）（见图23），达州市和南充市各占5席，广元市占2席，广安市占1席。其中，岳池县社零强度排名进步最大，进步3名。川东北经济区一般公共预算收入排名2023年快速进步的有14个县域（见图24）。其中，广安市和达州市各占4席，广安市占3席，南充市占2席，巴中市占1席。

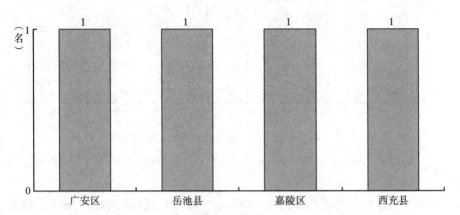

图22　2023年川东北经济区社零总额排名快速进步前10强

资料来源：2022~2023年四川各县（市、区）主要经济指标（四川省统计局提供）。

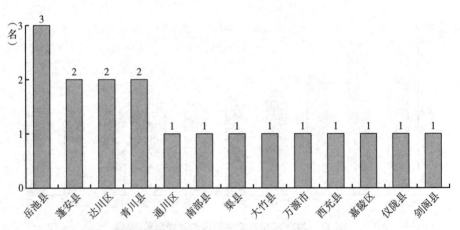

图23　2023年川东北经济区社零强度排名快速进步前10强

资料来源：2022~2023年四川各县（市、区）主要经济指标（四川省统计局提供）。

（二）成都平原经济区

在成都平原经济区2023年社零总额前10强中（见图25），武侯区以

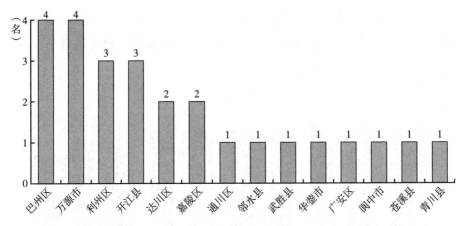

图24 2023年川东北经济区一般公共预算收入排名快速进步前10强

资料来源：2023年四川各县（市、区）主要经济指标（四川省统计局提供）。

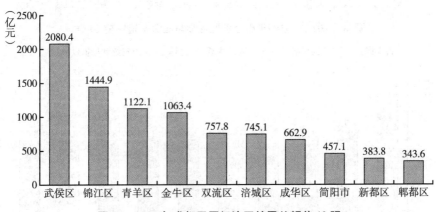

图25 2023年成都平原经济区社零总额前10强

资料来源：2023年四川各县（市、区）主要经济指标（四川省统计局提供）。

2080.4亿元的社零总额位居榜首，是第10名郫都区的6倍，远超榜单前10强的平均值。前10强的武侯区、锦江区、青羊区、金牛区均超过1000亿元。前10强中，绵阳的涪城区进入榜单，以745.1亿元的社零总额，力压成都市的成华区、简阳市、新都区和郫都区。入围成都平原经济区2023年社零总额单年增速榜单前10强的地区（见图26），较之前发生变化，有7席来自绵阳市，其余3席中2席来自遂宁市，1席来自成都市。成都平原经济区近五年社零总额年均增速榜单中（见图27），成都市郫都区以11.28%的年均增速夺得第一。上榜的10强中成都市占据4席，此外还有乐山市、遂宁市、绵阳市各占据2席。

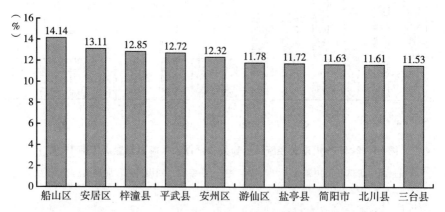

图26　2023年成都平原经济区社零总额单年增速前10强

资料来源：2023年四川各县（市、区）主要经济指标（四川省统计局提供）。

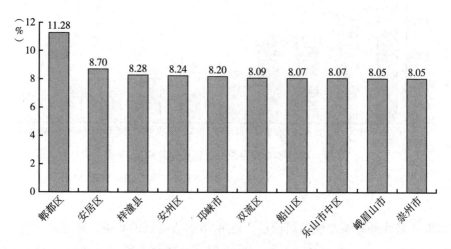

图27　近五年成都平原经济区社零总额年均增速前10强

资料来源：2019~2023年四川各县（市、区）主要经济指标（四川省统计局提供）。

成都平原经济区2023年人均社零总额前10强中（见图28），锦江区以人均15.72万元的社零总额位列榜首，远超前10强的平均值，是第10名的近 4 倍。前 10 强中有 6 席来自成都市，此外乐山市占据 2 席，绵阳和德阳各占 1 席。以成都平原经济区近五年人均社零总额年均增速来分析（见图 29），安居区以 10.10% 的年均增速超过其余地区夺得第一。分地级市来看，前 10 强中，乐山市占 5 席，遂宁市占 3 席，绵阳市占 2 席。

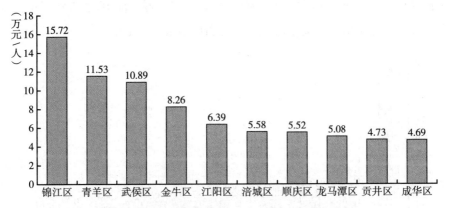

图 28 2023 年成都平原经济区人均社零总额前 10 强

资料来源：2023 年四川各县（市、区）主要经济指标（四川省统计局提供）。

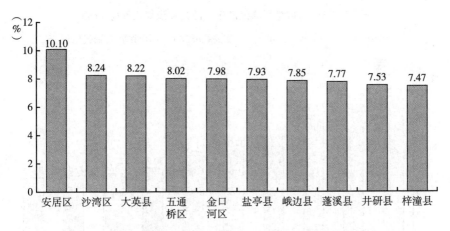

图 29 近五年成都平原经济区人均社零总额年均增速前 10 强

资料来源：2019~2023 年四川各县（市、区）主要经济指标（四川省统计局提供）。

成都平原经济区 2023 年一般公共预算收入前 10 强中（见图 30），依旧是武侯区以 416.95 亿元的预算收入夺得第一，远超前 10 强的平均值，是第

10 名郫都区的近 7 倍,在整个成都市也起着举足轻重的作用。值得说明的是前 10 强榜单中 9 个来自成都市,这说明即使是在成都平原经济区,仍然存在较大的差异性。2023 年一般公共预算收入增速前 10 强的增速均高于25%(见图 31)。从近五年一般公共预算收入年均增速来看(见图 32),宝兴县以高达 45.09%的增速位列榜首。分地级市来看,前 10 强中雅安市占 5 席,成都市、乐山市、绵阳市、遂宁市和德阳市各占 1 席。

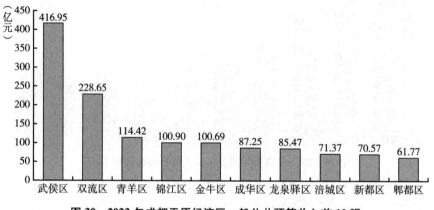

图 30　2023 年成都平原经济区一般公共预算收入前 10 强

资料来源:2023 年四川各县(市、区)主要经济指标(四川省统计局提供)。

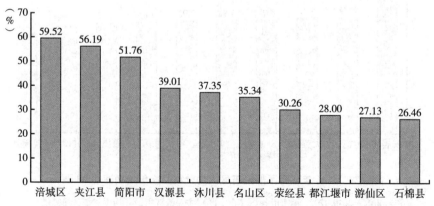

图 31　2023 年成都平原经济区一般公共预算收入增速前 10 强

资料来源:2023 年四川各县(市、区)主要经济指标(四川省统计局提供)。

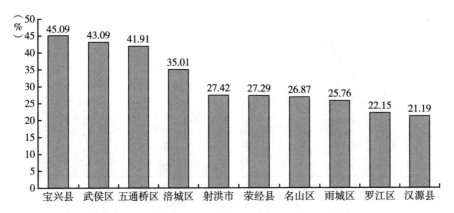

图 32　近五年成都平原经济区一般公共预算收入年均增速前 10 强

资料来源：2019~2023 年四川各县（市、区）主要经济指标（四川省统计局提供）。

　　在成都平原经济区 2023 年宏观税负前 10 强中（见图 33），处于雅安市的宝兴县以高达 10.95% 的宏观税负位列第一，该指标采用 2023 年各县域的一般公共预算收入除以对应县域的 GDP 来计算。前 10 强宏观税负均值为 7.53%。

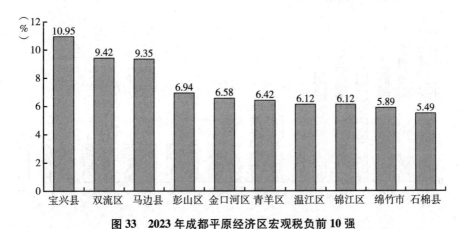

图 33　2023 年成都平原经济区宏观税负前 10 强

资料来源：2023 年四川各县（市、区）主要经济指标（四川省统计局提供）。

　　成都平原经济区社零总额排名 2023 年快速进步的有 15 个县域（见图 34），其中，乐山市占 5 席，绵阳市占 4 席，雅安市占 3 席，遂宁市占 2 席，德阳市占 1 席。

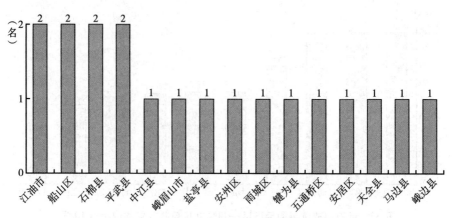

图34　2023年成都平原经济区社零总额排名快速进步前10强

资料来源：2023年四川各县（市、区）主要经济指标（四川省统计局提供）。

　　20个县域入围成都平原经济区社零强度排名2023年快速进步前10强（见图35），其中，绵阳市占5席，成都市、雅安市、乐山市各占4席，遂宁市、德阳市、资阳市各占1席。

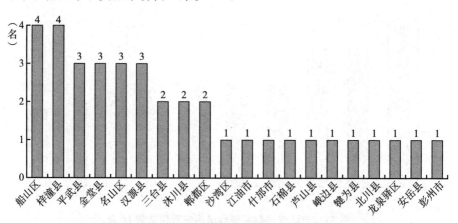

图35　2023年成都平原经济区社零强度排名快速进步前10强

资料来源：2023年四川各县（市、区）主要经济指标（四川省统计局提供）。

　　17个县域入围成都平原经济区一般公共预算收入排名2023年快速进步前10强（见图36），进步超过3名的有5个县域，分别是夹江县、简阳市、涪城区、安州区、名山区，其中，夹江县排名进步最大，为6名。

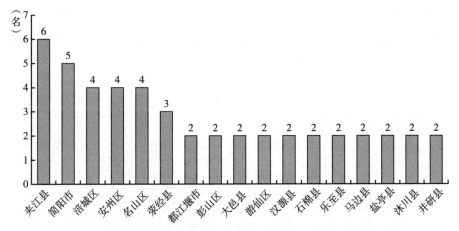

图36　2023年成都平原经济区一般公共预算收入排名快速进步前10强

资料来源：2023年四川各县（市、区）主要经济指标（四川省统计局提供）。

（三）川南经济区

在川南经济区2023年社零总额前10强中（见图37），泸州市的江阳区以接近500亿元的总额位列第1，高出第2名163.2亿元，是第10名的近4倍。此外，宜宾市的翠屏区和叙州区，泸州市的龙马潭区和自贡市的自流井区的社零总额均超过200亿元。

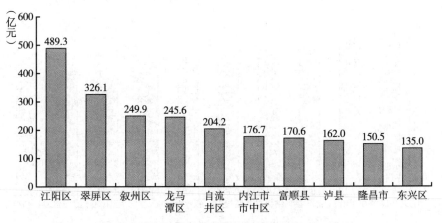

图37　2023年川南经济区社零总额前10强

资料来源：2023年四川各县（市、区）主要经济指标（四川省统计局提供）。

川南经济区 2023 年社零总额增速前 10 强（见图 38）总体相差较小，竞争尤为激烈。来自泸州市的古蔺县以 12.53% 的增速问鼎排行榜第 1，第 1 名与第 10 名仅相差 3.32 个百分点。

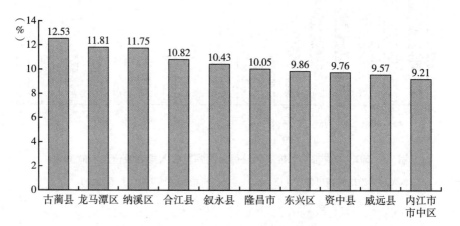

图 38　2023 年川南经济区社零总额增速前 10 强

资料来源：2023 年四川各县（市、区）主要经济指标（四川省统计局提供）。

川南经济区近五年社零总额年均增速前 10 强中（见图 39），泸州市的龙马潭区以 8.95% 的年均增速排行第 1，值得说明的是，近五年年均增速前 10 强中就有 6 席来自泸州市，另外 4 席来自自贡市。

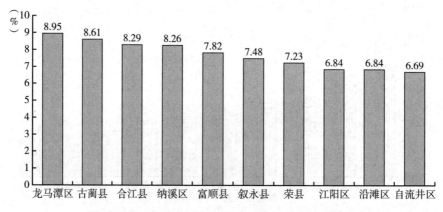

图 39　近五年川南经济区社零总额年均增速前 10 强

资料来源：2019~2023 年四川各县（市、区）主要经济指标（四川省统计局提供）。

在川南经济区 2023 年人均社零总额前 10 强中（见图 40），泸州市的江阳区以人均 6.39 万元的社零总额位列川南经济区第 1 名，力压其余县域，高出泸州市的龙马潭区 1.31 万元，是第 10 名大安区的 2.25 倍。从第 2 名到第 5 名相差较小，且人均社零总额均超过了 4 万元的大关。

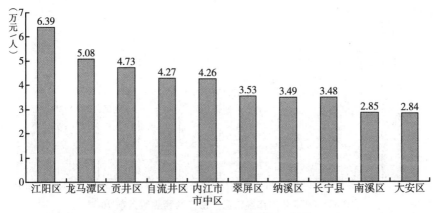

图 40　2023 年川南经济区人均社零总额前 10 强

资料来源：2023 年四川各县（市、区）主要经济指标（四川省统计局提供）。

川南经济区近五年人均社零总额年均增速前 10 强中（见图 41），泸州市的古蔺县以 7.87% 的增速位列第 1 名。分地级市来看，前 10 强中有 5 席出自泸州市，有 4 席来自自贡市，有 1 席来自内江市。

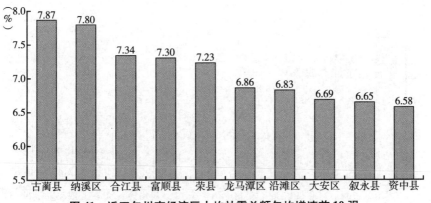

图 41　近五年川南经济区人均社零总额年均增速前 10 强

资料来源：2019~2023 年四川各县（市、区）主要经济指标（四川省统计局提供）。

在川南经济区 2023 年一般公共预算收入前 10 强中（见图 42），此前在多个排行榜中居第 1 的古蔺县位列第 2 名，第 1 名为宜宾市的翠屏区，二者相差超过 7 亿元。整个榜单中，有 6 席来自宜宾市，有 3 席来自泸州市，其余的 1 席来自自贡市。

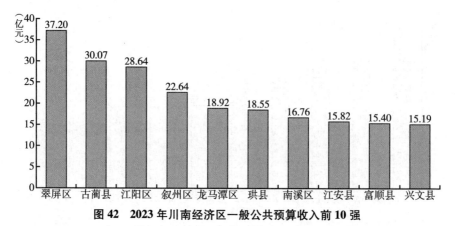

图 42　2023 年川南经济区一般公共预算收入前 10 强

资料来源：2023 年四川各县（市、区）主要经济指标（四川省统计局提供）。

在川南经济区 2023 年一般公共预算收入增速前 10 强中（见图 43），大安区以 26.82% 的增速位列整个排行榜第 1 名，是第 10 名叙州区的 2 倍多。此外，内江市的威远县也出现于前 10 强中，位列第 9 名，单年增速达 12.01%，实力不容小觑。

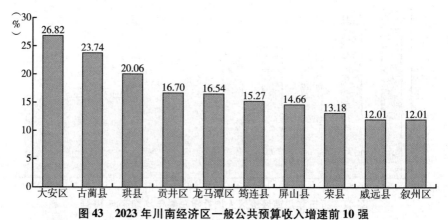

图 43　2023 年川南经济区一般公共预算收入增速前 10 强

资料来源：2023 年四川各县（市、区）主要经济指标（四川省统计局提供）。

在川南经济区近五年一般公共预算收入年均增速前 10 强中（见图 44），宜宾市的屏山县以 17.37% 的年均增速问鼎川南经济区的第 1 名。分地级市来看，前 10 强中，宜宾市占 5 席，泸州市和自贡市各占 2 席，内江市占 1 席。

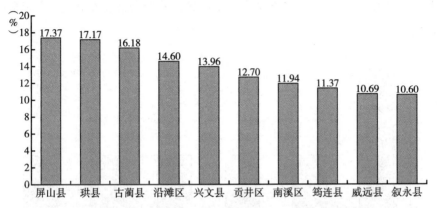

图 44　近五年川南经济区一般公共预算收入年均增速前 10 强

资料来源：2019~2023 年四川各县（市、区）主要经济指标（四川省统计局提供）。

从川南经济区宏观税负视角来分析（见图 45），整个川南地区中，泸州市的古蔺县是第 10 名纳溪区近 3 倍。前 10 强中，有 6 席来自泸州市，其余 4 席均来自宜宾市。

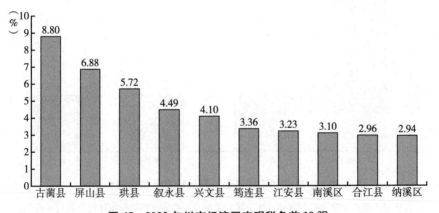

图 45　2023 年川南经济区宏观税负前 10 强

资料来源：2023 年四川各县（市、区）主要经济指标（四川省统计局提供）。

　　川南经济区社零总额排名 2023 年快速进步的有 6 个县域（见图 46）。社零强度排名 2023 年快速进步的有 4 个县域（见图 47）。其中，隆昌市排名进步最大，为 3 名。一般公共预算收入排名 2023 年快速进步的有 6 个县域（见图 48）。排名进步 2 名的有 3 个县域，两个来自宜宾市，一个来自内江市。

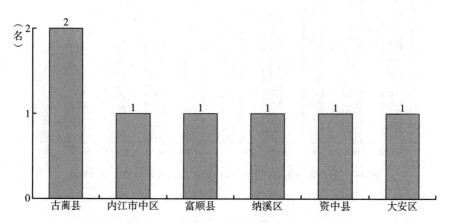

图 46　2023 年川南经济区社零总额排名快速进步县域

资料来源：2023 年四川各县（市、区）主要经济指标（四川省统计局提供）。

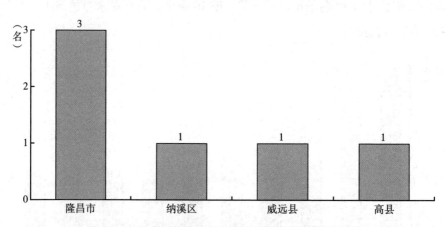

图 47　2023 年川南经济区社零强度排名快速进步县域

资料来源：2023 年四川各县（市、区）主要经济指标（四川省统计局提供）。

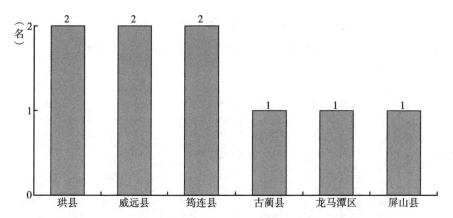

图 48　2023 年川南经济区一般公共预算收入排名快速进步县域

资料来源：2023 年四川各县（市、区）主要经济指标（四川省统计局提供）。

（四）攀西经济区

在攀西经济区 2023 年社零总额前 10 强中（见图 49），来自凉山州的西昌市以 380.2 亿元的社零总额位列榜单第 1 名，力压其余地区，超过第 2 名攀枝花市东区 200 多亿元，是第 10 名宁南县的 10 倍多。整个榜单中，前两名均超过了 100 亿元大关，会理市也接近 100 亿元。

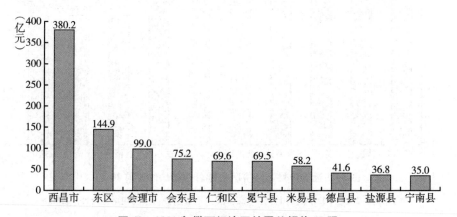

图 49　2023 年攀西经济区社零总额前 10 强

资料来源：2023 年四川各县（市、区）主要经济指标（四川省统计局提供）。

攀西经济区 2023 年社零总额增速前 10 强中（见图 50），增速差距不大，第 1 名的甘洛县与第 10 名的雷波县仅相差 2.12 个百分点。

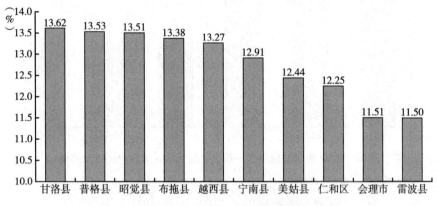

图 50　2023 年攀西经济区社零总额增速前 10 强

资料来源：2023 年四川各县（市、区）主要经济指标（四川省统计局提供）。

攀西经济区近五年社零总额年均增速前 10 强年均增速均超过 6%（见图 51）。分地级市来看，有 5 席来自攀枝花市，其余 5 席来自凉山州。

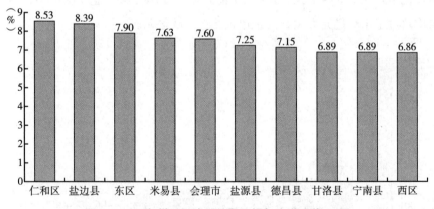

图 51　近五年攀西经济区社零总额年均增速前 10 强

资料来源：2019～2023 年四川各县（市、区）主要经济指标（四川省统计局提供）。

攀西经济区 2023 年人均社零总额前 10 强中（见图 52），西昌市以超过 3.9 万元的人均社零总额超越其他县域，位列榜单第 1 名，超过第 3 名 1.3

万多元，是第 10 名的两倍多。其中，有 6 席来自凉山州，其余的 4 席来自攀枝花市。

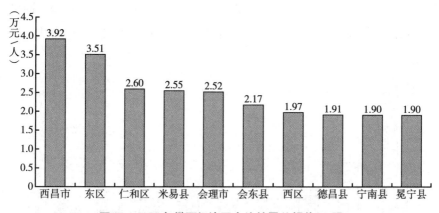

图 52　2023 年攀西经济区人均社零总额前 10 强

资料来源：2023 年四川各县（市、区）主要经济指标（四川省统计局提供）。

攀西经济区近五年人均社零总额年均增速前 10 强中（见图 53），凉山州的木里县以 34.07% 的增速居榜单第一名。值得说明的是，前 10 强的年均增速均超过了 5%，其中，凉山州和攀枝花市均占 5 席。

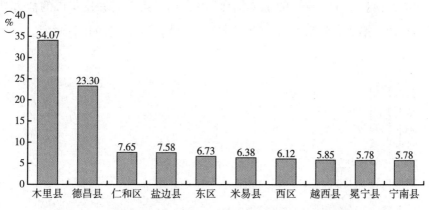

图 53　近五年攀西经济区人均社零总额年均增速前 10 强

资料来源：2019~2023 年四川各县（市、区）主要经济指标（四川省统计局提供）。

在攀西经济区 2023 年一般公共预算收入前 10 中（见图 54），凉山州的西昌市以超过 65 亿元的一般公共预算收入夺得攀西经济区的桂冠，力压剩余的区县，是第 2 名盐边县的 2 倍多，是第 10 名仁和区的近 8 倍。西昌市是同属于凉山州的会理市的近 4 倍，尽管同属一个地区，但地区内的差异仍然较大。

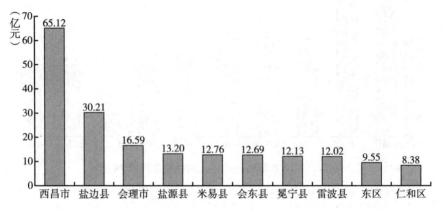

图 54　2023 年攀西经济区一般公共预算收入前 10 强

资料来源：2023 年四川各县（市、区）主要经济指标（四川省统计局提供）。

在攀西经济区 2023 年一般公共预算收入增速前 10 强中（见图 55），凉山州的宁南以 429.66% 的增速位列第 1，远超第 2 名攀枝花市的盐边县。总体来说，第 3 名到第 10 名增速皆较小，差别不大，竞争比较激烈。

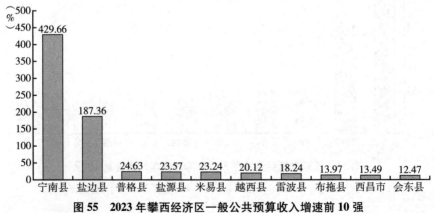

图 55　2023 年攀西经济区一般公共预算收入增速前 10 强

资料来源：2023 年四川各县（市、区）主要经济指标（四川省统计局提供）。

在攀西经济区近五年一般公共预算收入年均增速前 10 强中（见图 56），攀枝花市的盐边县以 44.11% 的年均增速位列攀西经济区的第 1 名。前 10 强的年均增速均超过 11%。第 1 名与第 10 名之间相差 33.02 个百分点。

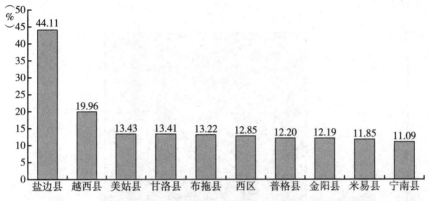

图 56 近五年攀西经济区一般公共预算收入年均增速前 10 强

资料来源：2019~2023 年四川各县（市、区）主要经济指标（四川省统计局提供）。

从宏观税负的视角来分析攀西经济区，整个榜单前 10 强中（见图 57），盐边县以 7.47% 的税负夺得第 1 名。榜单前两名的宏观税负均超过了 7%，第 10 名的宁南县宏观税负仅为 4.57%。

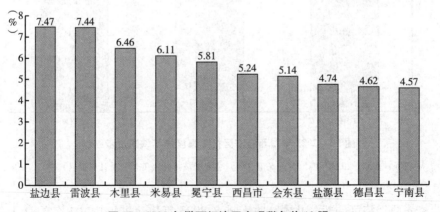

图 57 2023 年攀西经济区宏观税负前 10 强

资料来源：2023 年四川各县（市、区）主要经济指标（四川省统计局提供）。

攀西经济区社零总额排名2023年快速进步的有1个县域（见图58），即攀枝花市的仁和区。

攀西经济区社零强度排名2023年快速进步的有3个县域（见图59），皆来自凉山州。

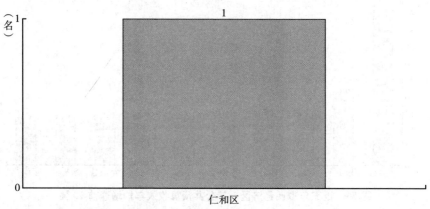

图58　2023年攀西经济区社零总额排名快速进步县域

资料来源：2023年四川各县（市、区）主要经济指标（四川省统计局提供）。

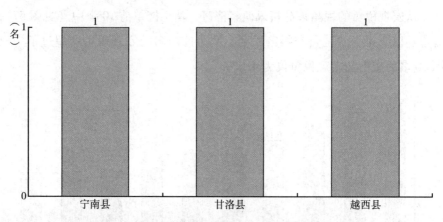

图59　2023年攀西经济区社零强度排名快速进步县域

资料来源：2023年四川各县（市、区）主要经济指标（四川省统计局提供）。

攀西经济区一般公共预算收入排名2023年快速进步超过1名的有3个县域（见图60）。来自凉山州的宁南县排名进步最大，进步9名，超过排名第2的攀枝花市盐边县5个名次。

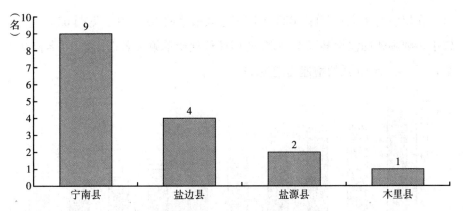

图 60   2023 年攀西经济区一般公共预算收入排名快速进步县域

资料来源：2023 年四川各县（市、区）主要经济指标（四川省统计局提供）。

（五）川西北生态示范区

在川西北生态示范区 2023 年社零总额前 10 强中（见图 61），甘孜州的康定市以 29.9 亿元的社零总额位列榜单第 1 名，比第 2 名的泸定县多了 6.8 亿元，是第 10 名丹巴县的 3 倍多。在整个榜单中，总额超过 10 亿元的有 8 个县域。

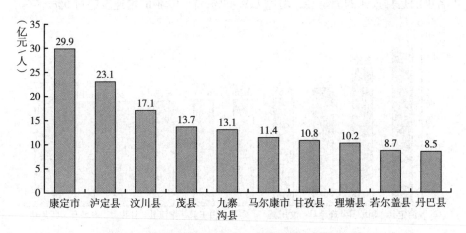

图 61   2023 年川西北生态示范区社零总额前 10 强

资料来源：2023 年四川各县（市、区）主要经济指标（四川省统计局提供）。

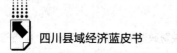
在川西北生态示范区 2023 年社零总额增速前 10 强中（见图 62），差异较小。阿坝州的汶川县以 18.12% 的增速位列榜单第 1 名，比第 10 名高 7.1 个百分点。前 10 强的增速均超过 11%。

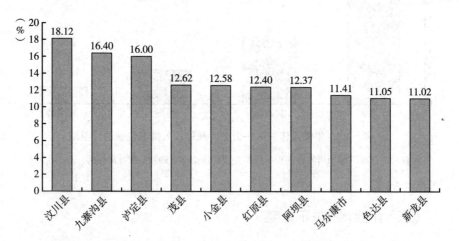

图 62　2023 年川西北生态示范区社零总额增速前 10 强

资料来源：2023 年四川各县（市、区）主要经济指标（四川省统计局提供）。

在川西北生态示范区近五年社零总额年均增速前 10 强中（见图 63），第 1 名仍旧是甘孜州的泸定县，增速为 9.43%，前 10 强的增速皆超过 5%。

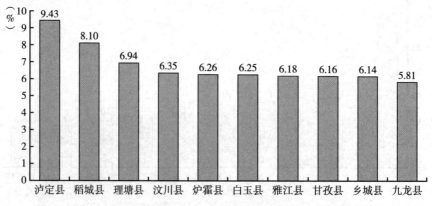

图 63　近五年川西北生态示范区社零总额年均增速前 10 强

资料来源：2019~2023 年四川各县（市、区）主要经济指标（四川省统计局提供）。

在川西北生态示范区 2023 年人均社零总额前 10 强中（见图 64），前两名均来自甘孜州。第 1 名泸定县的人均社零总额是第 10 名甘孜县的 1.84 倍，尽管二者均来自甘孜州，但差距仍然较大，相差超过 1 万元。

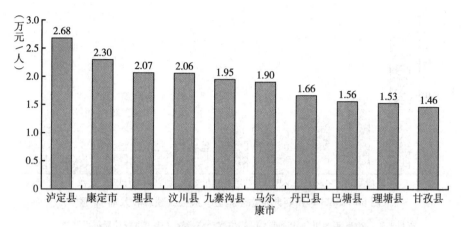

图 64　2023 年川西北生态示范区人均社零总额前 10 强

资料来源：2023 年四川各县（市、区）主要经济指标（四川省统计局提供）。

在川西北生态示范区近五年人均社零总额年均增速前 10 强中（见图 65），泸定县以较大的优势领先理县居榜单第 1 名。在榜单上的县域年均增速均超过 4%。

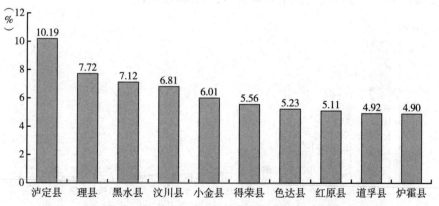

图 65　近五年川西北生态示范区人均社零总额年均增速前 10 强

资料来源：2019~2023 年四川各县（市、区）主要经济指标（四川省统计局提供）。

在川西北生态示范区 2023 年一般公共预算收入前 10 强中（见图 66），阿坝州的马尔康市以 17.34 亿元的一般公共预算收入夺得榜单第 1 名，是第 2 名的康定市 2 倍多，接近榜单后 6 名所有县域之和，是第 10 名白玉县 7 倍多。

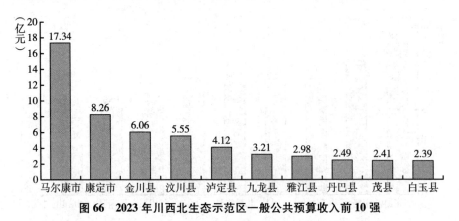

图 66　2023 年川西北生态示范区一般公共预算收入前 10 强

资料来源：2023 年四川各县（市、区）主要经济指标（四川省统计局提供）。

在川西北生态示范区 2023 年一般公共预算收入增速前 10 强中（见图 67），马尔康市以 518.80% 的增速夺得第 1 名，领先第 2 名金川县 208.34 个百分点，领先第 3 名雅江县 398.06 个百分点，前三名差距巨大。另外，第 4 名到第 10 名的增速差距不大。值得一提的是，即便是第 10 名的道孚县增速也超过 20%，基本上超过了四川省内其他县域的增速。

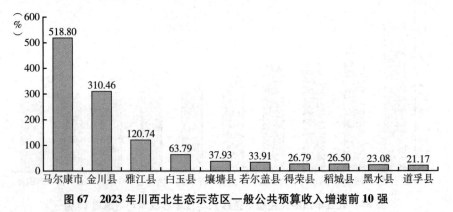

图 67　2023 年川西北生态示范区一般公共预算收入增速前 10 强

资料来源：2023 年四川各县（市、区）主要经济指标（四川省统计局提供）。

在川西北生态示范区近五年一般公共预算收入年均增速前 10 强中（见图 68），前两名年均增速均超过了 60%，前 6 位的年均增速均超过了 20%，前 10 位的年均增速均超过了 13%。第 1 名金川县的年均增速比第 10 名巴塘县高了 51.89 个百分点。

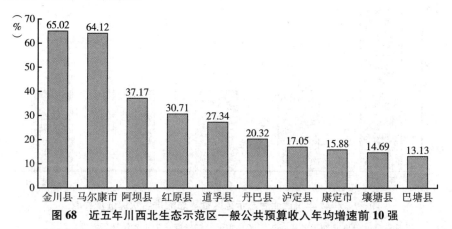

图 68　近五年川西北生态示范区一般公共预算收入年均增速前 10 强

资料来源：2019~2023 年四川各县（市、区）主要经济指标（四川省统计局提供）。

在川西北生态示范区 2023 年宏观税负前 10 强中（见图 69），来自甘孜州的道孚县以 11.19% 的宏观税负位列榜单的第 1。随后是阿坝州的金川县，两者相差 2.83 个百分点。排行榜前 10 名当中，第 1 名的道孚县是第 10 名得荣县的近 3 倍。该榜单中有 9 席来自甘孜藏族自治州，仅 1 席来自阿坝藏族羌族自治州。

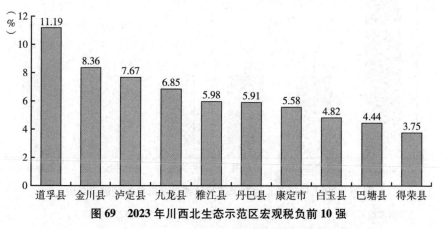

图 69　2023 年川西北生态示范区宏观税负前 10 强

资料来源：2023 年四川各县（市、区）主要经济指标（四川省统计局提供）。

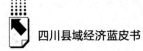

川西北生态示范区社零总额排名 2023 年快速进步 2 名的有 1 个县域（见图 70），来自阿坝州；进步 1 名的有 4 个县域，其中阿坝州占 2 席、甘孜州占 3 席。

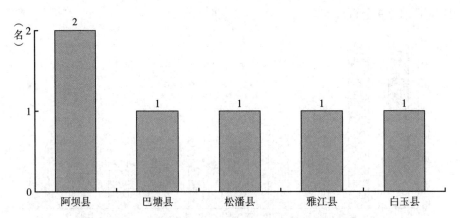

图 70　2023 年川西北生态示范区社零总额排名快速进步县域

资料来源：2023 年四川各县（市、区）主要经济指标（四川省统计局提供）。

川西北生态示范区社零强度排名 2023 年快速进步 2 名的有 1 个县域（见图 71），是来自阿坝州的松潘县；进步 1 名的有 5 个县域，其中阿坝县占 4 席，甘孜州占 1 席。

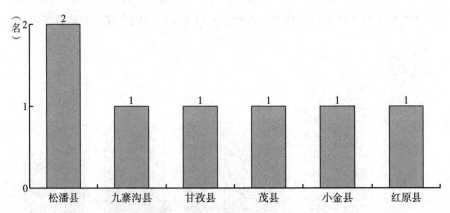

图 71　2023 年川西北生态示范区社零强度排名快速进步县域

资料来源：2023 年四川各县（市、区）主要经济指标（四川省统计局提供）。

川西北生态示范区一般公共预算收入排名 2023 年快速进步前 10 强中（见图 72），前两名进步较大，进步 11 名，均来自阿坝州。前 10 强中甘孜州和阿坝州分别占 5 席。

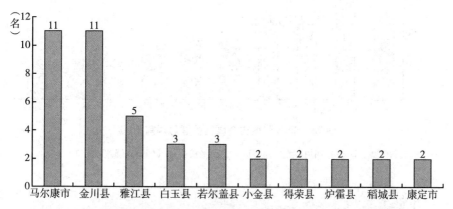

图 72　2023 年川西北生态示范区一般公共预算收入排名快速进步前 10 强

资料来源：2023 年四川各县（市、区）主要经济指标（四川省统计局提供）。

七　基于主体功能区视角的财政贸易前10强

（一）城市主城区

在城市主城区 2023 年社零总额前 10 强中（见图 73），武侯区以 2080.4 亿元的社零总额位列榜单的第 1 名，超过第 2 名锦江区 635.5 亿元，是第 10 名新都区的 5.42 倍。整个榜单中，有 4 席均超过了 1000 亿元大关，依次是武侯区、锦江区、青羊区和金牛区，均来自成都市。前 10 强中有 7 席来自成都市，另外，绵阳市、泸州市和南充市各占 1 席。

在城市主城区 2023 年社零总额增速前 10 强中（见图 74），第一名广安市的广安区增速为 23.13%，以较大幅度领先第 2 名遂宁市的船山区。而第 2 名到第 10 名增速差距并不大，第 2 名船山区与第 10 名南充市的嘉陵区之间的差距不到 3 个百分点。

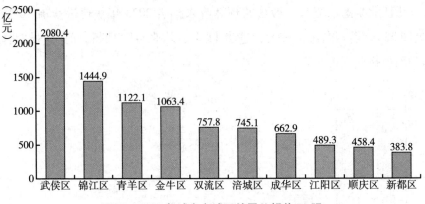

图73　2023年城市主城区社零总额前10强

资料来源：2023年四川各县（市、区）主要经济指标（四川省统计局提供）。

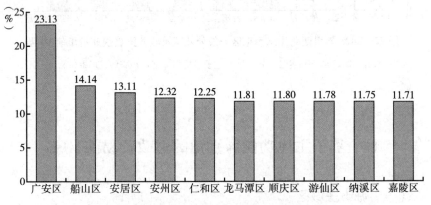

图74　2023年城市主城区社零总额增速前10强

资料来源：2023年四川各县（市、区）主要经济指标（四川省统计局提供）。

在城市主城区近五年社零总额年均增速前10强中（见图75），入围者较以前变化较小，第1名为来自成都市的郫都区，五年年均增速为11.28%，超过第2名达川区2.18个百分点，超过第10名纳溪区3.02个百分点。前10强榜单中3席来自南充市，达州市和遂宁市分别占2席，成都市、泸州市和攀枝花市各占1席。

在城市主城区2023年人均社零总额前10强中，旌阳区以3.78万元的成绩力压其余各个城区（见图76），夺得榜单第1名，超过第2名（乐山市

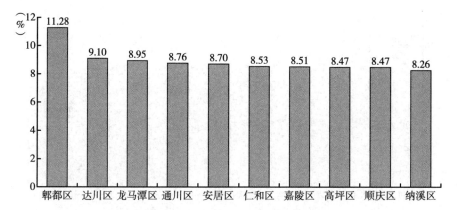

图 75　近五年城市主城区社零总额年均增速前 10 强

资料来源：2019~2023 年四川各县（市、区）主要经济指标（四川省统计局提供）。

中区）0.22 万元。需要指出的是，榜单前 3 名的人均社零总额均超过了 3 万元。在整个前 10 强的榜单中，达州市有 2 席，乐山市有 2 席，其余的分别是遂宁市、广安市、绵阳市、攀枝花市、南充市和德阳市各占 1 席。

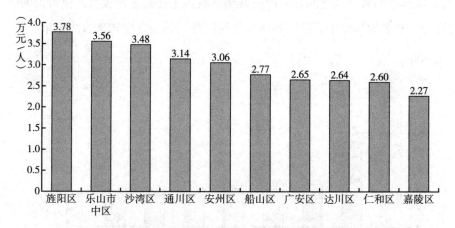

图 76　2023 年城市主城区人均社零总额前 10 强

资料来源：2023 年四川各县（市、区）主要经济指标（四川省统计局提供）。

在城市主城区近五年人均社零总额年均增速前 10 强中（见图 77），绵阳市的安州区以 10.10% 的年均增速位列第 1。此外，第 3 名到第 10 名之间差异不到 1 个百分点，竞争相当激烈。

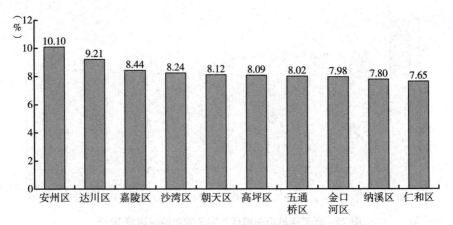

图77 近五年城市主城区人均社零总额年均增速前10强

资料来源：2019~2023年四川各县（市、区）主要经济指标（四川省统计局提供）。

在城市主城区2023年一般公共预算收入前10强中（见图78），武侯区以较大的优势夺得第1名，比第2名的双流区多了188.30亿元。即使是同属于成都市的各个区之间在一般公共预算收入上还是差距较大。值得说明的是，前10名的榜单中，除了绵阳市涪城区外，其余9席均来自成都市。

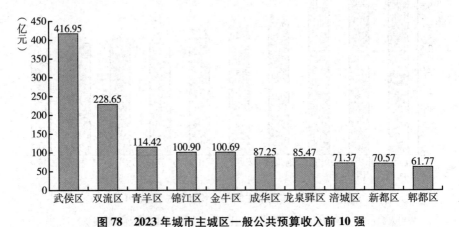

图78 2023年城市主城区一般公共预算收入前10强

资料来源：2023年四川各县（市、区）主要经济指标（四川省统计局提供）。

在城市主城区2023年一般公共预算收入增速前10强中（见图79），来自绵阳市的涪城区以惊人的59.52%的增速夺得桂冠。整个榜单中仅有涪城区的增速超过了 40%，紧随其后的是来自雅安市的名山区，增速高达 35.34%。前 10 强中，有 3 席来自绵阳市，自贡市和达州市各占 2 席，其余的为雅安市、乐山市和德阳市各 1 席。

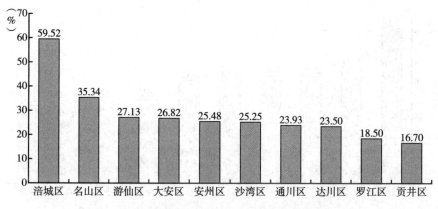

图 79　2023 年城市主城区一般公共预算收入增速前 10 强

资料来源：2023 年四川各县（市、区）主要经济指标（四川省统计局提供）。

在城市主城区近五年一般公共预算收入年均增速前 10 强中（见图 80），成都市的武侯区以 43.09% 的年均增速夺得榜首。前 10 强中，绵阳市、雅安市各占据 2 席，成都市、乐山市、德阳市、达州市、广元市、自贡市各占据 1 席。

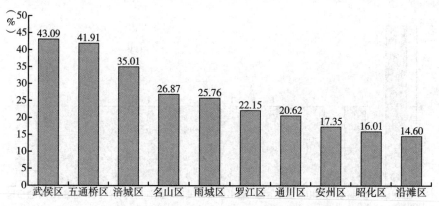

图 80　近五年城市主城区一般公共预算收入年均增速前 10 强

资料来源：2019~2023 年四川各县（市、区）主要经济指标（四川省统计局提供）。

在城市主城区 2023 年宏观税负前 10 强中（见图 81），成都市的双流区以 9.42% 的增速位居第 1，第 2 名到第 10 名的宏观税负均低于 7%。同一榜单内，差异较小。

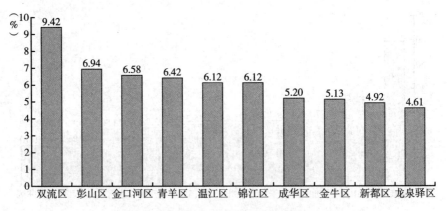

图 81　2023 年城市主城区宏观税负前 10 强

资料来源：2023 年四川各县（市、区）主要经济指标（四川省统计局提供）。

城市主城区社零总额排名 2023 年快速进步前 10 强中（见图 82），巴州区排名进步了 2 个位次，居排行榜首位，其余 9 个县域都进步了 1 个位次。

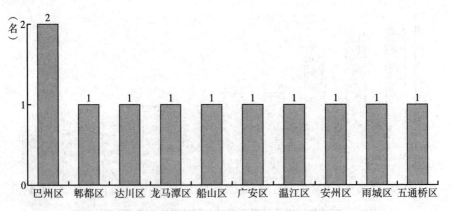

图 82　2023 年城市主城区社零总额排名快速进步前 10 强

资料来源：2023 年四川各县（市、区）主要经济指标（四川省统计局提供）。

城市主城区社零强度排名 2023 年快速进步前 10 强中（见图 83），船山区排名进步了 7 个位次，居排行榜首位。达川区和广安区排名分别进步了 4 个和 3 个位次。另有 4 个地区的排名进步了 2 个位次，剩余 8 个地区均进步了 1 个位次。

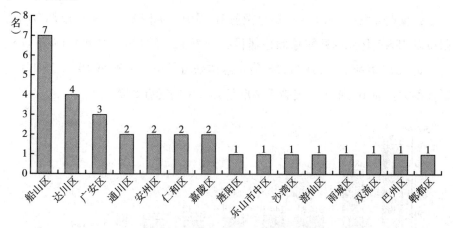

图 83　2023 年城市主城区社零强度排名快速进步前 10 强

资料来源：2023 年四川各县（市、区）主要经济指标（四川省统计局提供）。

城市主城区一般公共预算收入排名 2023 年快速进步前 10 强中（见图 84），罗江区以进步 4 个位次的好成绩居第 1 名，涪城区和游仙区以进步了

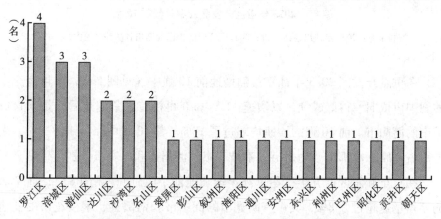

图 84　2023 年城市主城区一般公共预算收入排名快速进步前 10 强

资料来源：2023 年四川各县（市、区）主要经济指标（四川省统计局提供）。

3 个位次并列第 2 名。达川区、沙湾区和名山区以进步了 2 个位次并列第 3 名，剩余 12 个地区较上年进步 1 个位次。

（二）重点开发区

在重点开发区 2023 年社零总额前 10 强中（见图 85），来自成都市的简阳市以 457.1 亿元的社零总额稳居排行榜第 1，超过第 2 名西昌市 76.9 亿元，是第 10 名峨眉山市的 2.58 倍。总体来看，第 3 名至第 10 名之间的差距并不大。前 10 强中，突破了 200 亿元大关的就有 8 席。

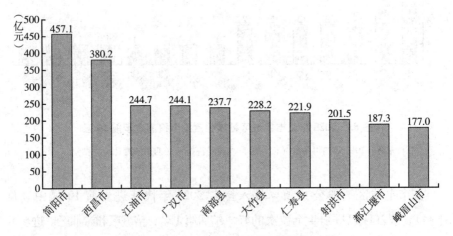

图 85　2023 年重点开发区社零总额前 10 强

资料来源：2023 年四川各县（市、区）主要经济指标（四川省统计局提供）。

在重点开发区 2023 年社零总额增速前 10 强中（见图 86），来自南充市的阆中市依旧取得好成绩，以增速 11.74% 夺得榜首。紧随其后的是来自成都市的简阳市。前 10 强的增速均超过了 10%。前 10 强中凉山州占 3 席，南充市占 2 席，成都市、达州市、攀枝花市、泸州市和广安市分别占 1 席。

在重点开发区近五年社零总额年均增速前 10 强中（见图 87），前 7 名的年均增速超过了 8%，其中有南充市的阆中市和南部县、攀枝花市的盐边县、泸州市的合江县。前 10 强之间的年均增速差异并不大，仅有 1 个百分点之内的差距。前 10 强近 5 年年均增速都超过了 7%。

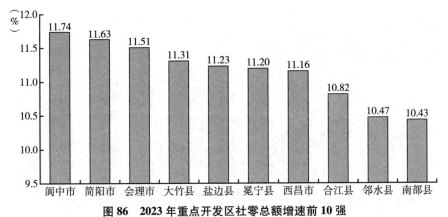

图86　2023年重点开发区社零总额增速前10强

资料来源：2023年四川各县（市、区）主要经济指标（四川省统计局提供）。

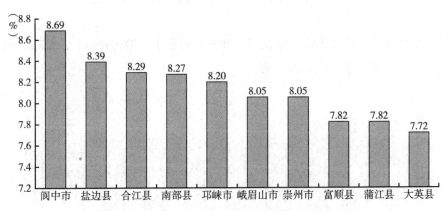

图87　近五年重点开发区社零总额年均增速前10强

资料来源：2019~2023年四川各县（市、区）主要经济指标（四川省统计局提供）。

在重点开发区2023年人均社零总额前10强中（见图88），来自乐山市的峨眉山市以4.26万元的人均社零总额夺得榜首，与第10名的射洪市之间差距达到1.42万元/人。值得指出的是，前10强中的前7位均超越了人均3万元的大关。该榜单中，有3席来自德阳市，有2席来自乐山市，成都市、绵阳市、凉山州、南充市和遂宁市各占据1席。

在重点开发区近五年人均社零总额年均增速前10强中（见图89），来自南充市的阆中市以8.69%的增速位居第1。分地级市来看，前10强中有2

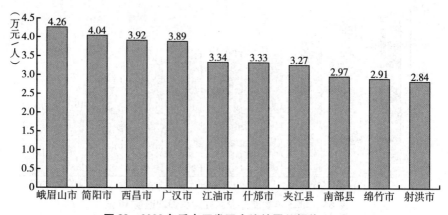

图88　2023年重点开发区人均社零总额前10强

资料来源：2023年四川各县（市、区）主要经济指标（四川省统计局提供）。

席来自南充市，有2席来自乐山市，此外，遂宁市、攀枝花市、泸州市、自贡市、成都市、达州市各占1席。

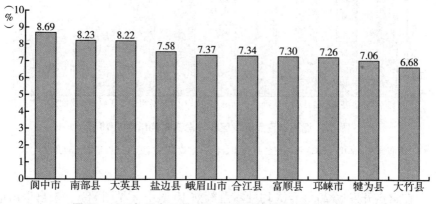

图89　近五年重点开发区人均社零总额年均增速前10强

资料来源：2019~2023年四川各县（市、区）主要经济指标（四川省统计局提供）。

在重点开发区2023年一般公共预算收入前10强中（见图90），第1名是来自凉山州的西昌市，2023年的一般公共预算收入为65.12亿元。值得说明的是，榜单中另一位来自眉山的仁寿县一般公共预算收入也突破了50亿元的大关。该榜单中第1名是第10名的近两倍。

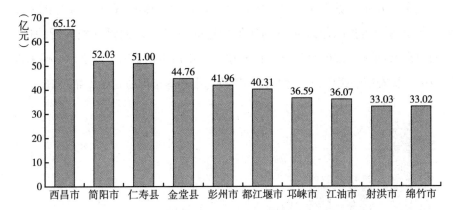

图90　2023年重点开发区一般公共预算收入前10强

资料来源：2023年四川各县（市、区）主要经济指标（四川省统计局提供）。

在重点开发区2023年一般公共预算收入增速前10强中（见图91），攀枝花市的盐边县以187.36%的增速稳居排行榜第1名，是第2名夹江县增速的3倍多。该榜单呈现三级趋势，盐边县处于绝对优势。第二级包含夹江县和简阳市，二者增速皆超过了50%。处于第三级的后7位增速均超过了14%。

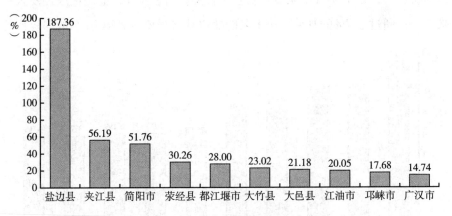

图91　2023年重点开发区一般公共预算收入增速前10强

资料来源：2023年四川各县（市、区）主要经济指标（四川省统计局提供）。

在重点开发区近五年一般公共预算收入年均增速前 10 强中（见图 92），攀枝花市的盐边县以超过 44% 的年均增速夺得榜首，大幅领先其后的遂宁市的射洪市和雅安市的荥经县。该榜单中乐山市占据 2 席，成都市、德阳市、眉山市、雅安市、绵阳市、达州市、攀枝花市和遂宁市各占据 1 席。

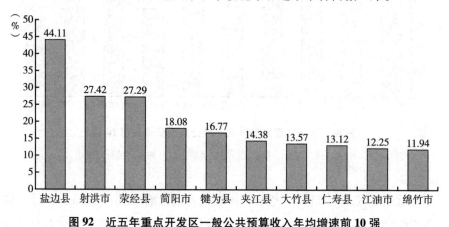

图 92 近五年重点开发区一般公共预算收入年均增速前 10 强

资料来源：2019~2023 年四川各县（市、区）主要经济指标（四川省统计局提供）。

在重点开发区 2023 年宏观税负前 10 强中（见图 93），第 1 名为攀枝花市的盐边县，以 7.47% 的宏观税负水平位列排行榜第 1，也是重点开发区中唯一一位超过了 7% 的县域。第 1 名的盐边县宏观税负是第 10 名的邛崃市的

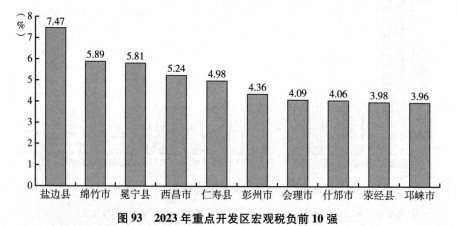

图 93 2023 年重点开发区宏观税负前 10 强

资料来源：2023 年四川各县（市、区）主要经济指标（四川省统计局提供）。

近2倍。榜单前10中，有3席来自凉山州，有2席来自德阳市，2席来自成都市，另外，眉山市、雅安市、攀枝花市各占据1席。

重点开发区在社零总额排名2023年快速进步排行榜中（见图94），共有10个县域上榜，皆是较上一年进步1个位次，并列榜单第一名。

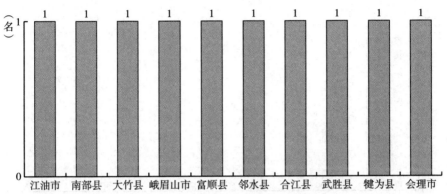

图94　2023年重点开发区社零总额排名快速进步前10强

资料来源：2023年四川各县（市、区）主要经济指标（四川省统计局提供）。

在重点开发区社零强度排名2023年快速进步排行榜中（见图95），共有17个县域上榜。冕宁县较上一年进步了3名。第2名是武胜县，较上一年进步了2名，其余入榜的15个县域皆是较上一年进步1个位次，并列第3名。

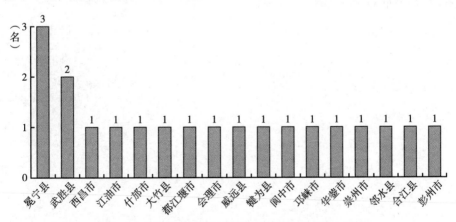

图95　2023年重点开发区社零强度排名快速进步县域

资料来源：2023年四川各县（市、区）主要经济指标（四川省统计局提供）。

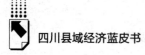

在重点开发区一般公共预算收入排名 2023 年快速进步排行榜中（见图 96），盐边县较上一年进步了 18 名，夺得第 1 名，第 2 名是夹江县，较上一年进步了 8 名，进步也很大。第 3 名是简阳市，较上一年进步了 3 名。并列第 4 名的地区有 3 个，分别为华蓥市、武胜县和荥经县。

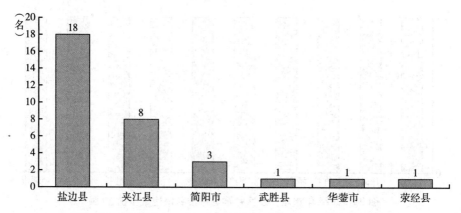

图 96　2023 年重点开发区一般公共预算收入排名快速进步县域

资料来源：2023 年四川各县（市、区）主要经济指标（四川省统计局提供）。

B.10

四川省县域人民生活评价与分析报告

杜思远 王健*

摘 要： 本报告对四川省县域人民生活水平进行了分析，重点关注城镇和农村居民的可支配收入以及城乡收入差距。2023年城镇居民人均可支配收入前10强全部来自成都市，但市内各区之间的差异仍然存在。在增速方面，2023年川西北生态示范区和攀西经济区的县域表现突出。城乡收入差距方面，成都平原经济区和攀西经济区表现较好，部分县域城乡收入差距显著缩小。可支配收入快速增长的县域大多分布在川西北生态示范区和成都平原经济区，显示出这些区域有较强的经济发展活力。

关键词： 城镇居民收入 农村居民收入 城乡收入差距 可支配收入 四川省

一 城镇居民人均可支配收入前10强

四川省有183个县域经济体，城镇居民人均可支配收入前10强县域（见图1）无一例外全部来自成都市，尽管均来自同一城市，但是也存在差异，前3名均超过57000元，第1名与第10名相差3000多元。在四川省内，第1名武侯区是最后1名的1.06倍，数字相差很大。

从2023年城镇居民人均可支配收入增速来分析（见图2），前10强中5席来自川南经济区，5席来自成都平原经济区。

---

* 杜思远，博士，四川旅游学院副教授，主要研究方向为区域经济学、产业经济学；王健，重庆工商大学硕士研究生，主要研究方向为发展经济学、数量经济学。

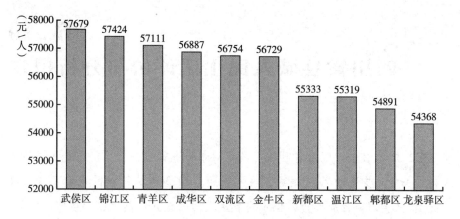

图1　2023年城镇居民人均可支配收入前10强

资料来源：2023年四川各县（市、区）主要经济指标（四川省统计局提供）。

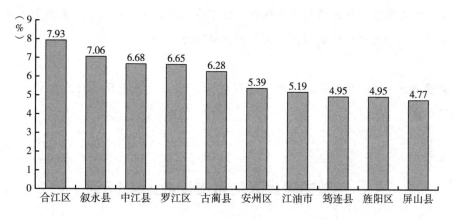

图2　2023年城镇居民人均可支配收入增速前10强

资料来源：2023年四川各县（市、区）主要经济指标（四川省统计局提供）。

近五年城镇居民人均可支配收入年均增速前10强（见图3），都来自川东北经济区和川南经济区，其中川东北地区占据6席，前6名均来自川东北经济区，川南经济区占据4席。前10强的年均增速为7.72%，远高于四川省的平均增速。

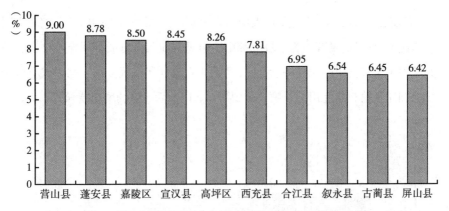

图3　近五年城镇居民人均可支配收入年均增速前10强

资料来源：2019～2023年四川各县（市、区）主要经济指标（四川省统计局提供）。

二　农村居民人均可支配收入前10强

农村居民人均可支配收入指农村居民调查户可用于最终消费支出和储蓄的综合，即调查户可以用来自由支配的收入。可支配收入包括现金，也包括实物收入。与城镇居民人均可支配收入前10强类似，农村居民人均可支配收入前10强也都来自成都市（见图4），农村居民人均可支配收入的差异较小，第1名比第10名多6179元，后五名均在同一量级上。

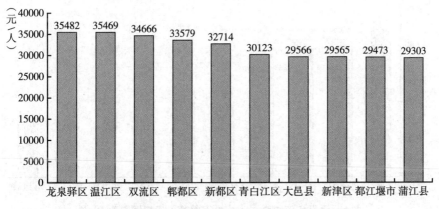

图4　2023年农村居民人均可支配收入前10强

资料来源：2023年四川各县（市、区）主要经济指标（四川省统计局提供）。

但从农村居民人均可支配收入增速来分析（见图5），前10名变化较为明显，增速前10名中仅有一名来自成都市，但仍有5名来自成都平原经济区，其余5席中4席来自川西北经济示范区，1席来自攀西经济区。第1名平武县以较大优势领先于第2名北川县。第3名到第6名以及后3强的增速差异并不大。

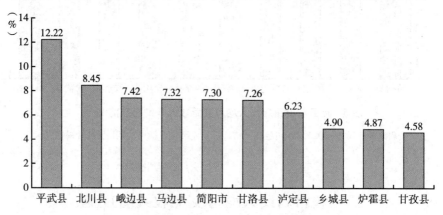

图5 2023年农村居民人均可支配收入增速前10强

资料来源：2023年四川各县（市、区）主要经济指标（四川省统计局提供）。

近五年农村居民人均可支配收入年均增速差异不大（见图6），第1名的宣汉县比第10名的马边县领先了1个百分点。前7名年均增速均超过7%，北川县、峨边县和马边县已接近7%。

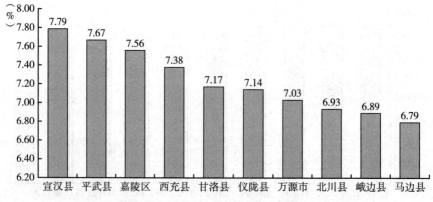

图6 近五年农村居民人均可支配收入年均增速前10强

资料来源：2019~2023年四川各县（市、区）主要经济指标（四川省统计局提供）。

三 城乡收入差距前10强

城乡收入比可以衡量城乡收入差距进而可以反映共同富裕程度。城乡收入比越低，说明该地区的城镇居民与农村居民收入的差距越小，共同富裕程度越高。从四川省内183个县域来看，前10强中8席来自成都平原经济区（见图7），其余2席会东县和德昌县来自凉山彝族自治州。

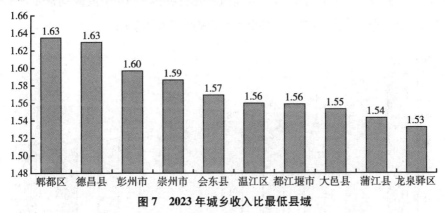

图7 2023年城乡收入比最低县域

资料来源：2023年四川各县（市、区）主要经济指标（四川省统计局提供）。

从近五年城乡收入比降幅来看（见图8），降幅最大的为凉山州的布拖县，降幅为74.09%。降幅最大的前10强降幅均超过40%，其中，川西北生态示范区占据5席，攀西经济区占据3席，川东北经济区和成都平原经济区各占据1席。

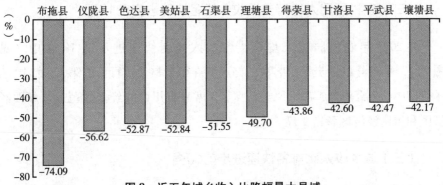

图8 近五年城乡收入比降幅最大县域

资料来源：2019~2023年四川各县（市、区）主要经济指标（四川省统计局提供）。

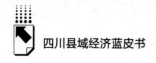
四　2023年快速进步前10强

（一）城镇居民人均可支配收入排名快速进步前10强

在2023年城镇居民人均可支配收入排名快速进步前10强中（见图9），中江县以进步55名的好成绩夺得桂冠。排行榜的前10位成绩均进步了30名或以上。第1名与第10名之间的进步幅度相差超20名。

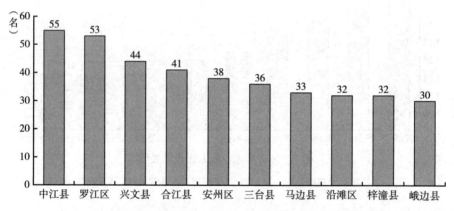

图9　2023年城镇居民人均可支配收入排名快速进步前10强

资料来源：2023年四川各县（市、区）主要经济指标（四川省统计局提供）。

（二）农村居民人均可支配收入排名快速进步前10强

在2023年农村居民人均可支配收入排名快速进步前10强中（见图10），平武县以进步5个名次的好成绩夺得了整个排行榜的第1。前10名排行榜中，5席来自成都平原经济区，3席来自川西北经济示范区，攀西经济区和川南经济区各占1席。

（三）城乡收入比排名快速进步前10强

在2023年城乡收入比排名快速进步前10强中（见图11），平武县以进

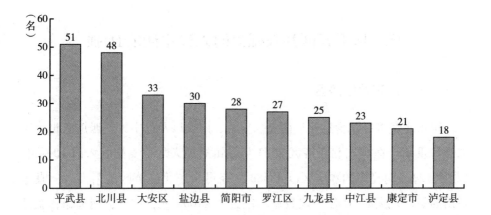

图10　2023年农村居民人均可支配收入排名快速进步前10强

资料来源：2023年四川各县（市、区）主要经济指标（四川省统计局提供）。

步81名的傲人成绩登顶第一名。另外值得说明的是，前10强排名进步均超过40名，其中川西北生态示范区占4席，成都平原经济区占3席，川东北经济区、川南经济区、攀西经济区各占1席。

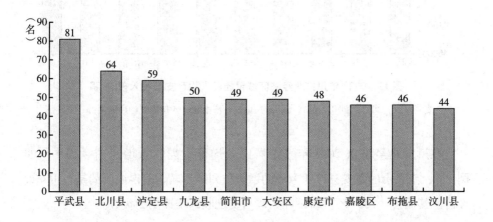

图11　2023年城乡收入比排名快速进步前10强

资料来源：2023年四川各县（市、区）主要经济指标（四川省统计局提供）。

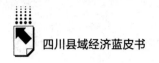

五 基于五区共兴视角的人民生活前10强

（一）川东北经济区

川东北经济区包含达州、南充、广元、广安以及巴中，是四川东北地区的经济重镇。在川东北经济区 2023 年城镇居民人均可支配收入前 10 强中（见图 12），南充市的顺庆区以 45586 元夺得川东北经济区的第 1 名。值得指出的是，入围前 10 强的该数据均超过了 41000 元，此外，南充市占据 2 席，广安市占据 6 席，达州市占据 2 席。

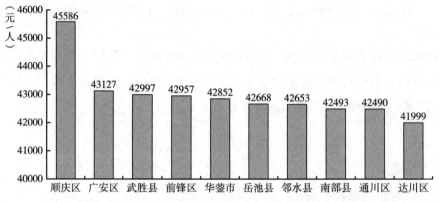

图 12 2023 年川东北经济区城镇居民人均可支配收入前 10 强

资料来源：2023 年四川各县（市、区）主要经济指标（四川省统计局提供）。

在川东北经济区 2023 年城镇居民人均可支配收入增速前 4 强中（见图 13），南充市的蓬安县以 4.16% 的增速位列第 1 名。值得说明的是，川东北经济区其他县（市、区）2023 年人均可支配收入增速均为负数。

在川东北经济区近五年城镇居民人均可支配收入年均增速前 10 强中（见图 14），南充市的营山县以 9.00% 的年均增速夺得川东北经济区的第 1 名。此外，值得说明的是，前 10 强中前 5 强年均增速超过了 8%，后 4 名年均增速超过 4%。

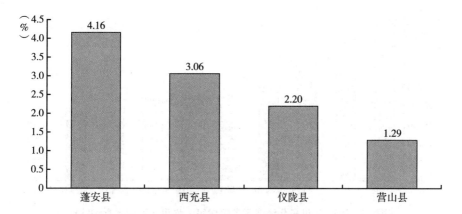

图 13　2023 年川东北经济区城镇居民人均可支配收入增速前 10 强

注：此处仅保留人均可支配收入增速为正的县（市、区）。

资料来源：2023 年四川各县（市、区）主要经济指标（四川省统计局提供）。

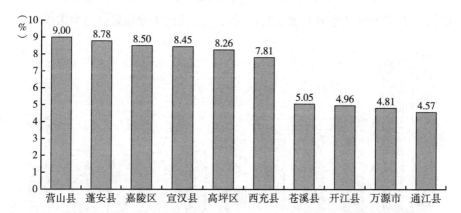

图 14　近五年川东北经济区城镇居民人均可支配收入年均增速前 10 强

资料来源：2019~2023 年四川各县（市、区）主要经济指标（四川省统计局提供）。

川东北经济区 2023 年农村居民人均可支配收入前 10 强该数据均超过 19500 元（见图 15）。其中超过 21000 元的有顺庆区、通川区。第 1 名顺庆区比第 10 名的邻水县多了 2612 元。此外，在该榜单中广安市占据 5 席，达州市占据 4 席，南充市占据 1 席。

在川东北经济区 2023 年农村居民人均可支配收入增速前 10 强中（见

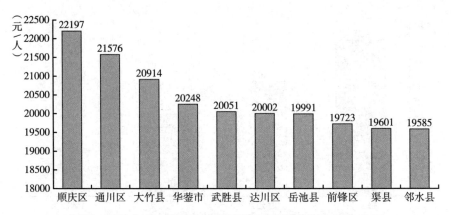

图15　2023年川东北经济区农村居民人均可支配收入前10强

资料来源：2023年四川各县（市、区）主要经济指标（四川省统计局提供）。

图16），昭化区以3.60%的增速居榜单的第1名，且前4名均来自广元市。整个前10名的榜单中有6席来自广元市，另外的4席均来自巴中市。

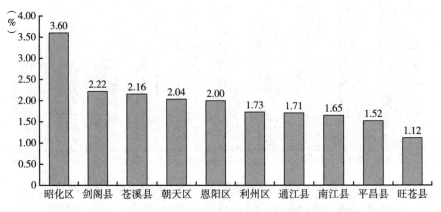

图16　2023年川东北经济区农村居民人均可支配收入增速前10强

资料来源：2023年四川各县（市、区）主要经济指标（四川省统计局提供）。

在川东北经济区近五年农村居民人均可支配收入年均增速前10强中（见图17），达州市的宣汉县以7.79%的年均增速问鼎榜单第1名。值得说明的是，榜单第1名到第5名的年均增速均在7%以上。此外，第6名到第10名的年均增速均在5.5%以上。

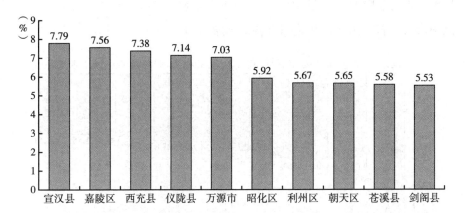

图17　近五年川东北经济区农村居民人均可支配收入年均增速前10强

资料来源：2019~2023年四川各县（市、区）主要经济指标（四川省统计局提供）。

在川东北经济区2023年城乡收入比最低前10强中（见图18），南充市的西充县以1.94夺得整个地区城乡收入比最低的榜首。前10强地区该比值基本保持在1.9~2.06，差异较小。

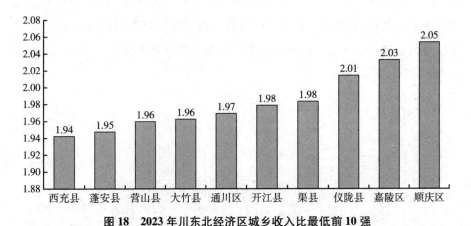

图18　2023年川东北经济区城乡收入比最低前10强

资料来源：2023年四川各县（市、区）主要经济指标（四川省统计局提供）。

在川东北经济区近五年城乡收入比降幅最大前10强中（见图19），南充市的仪陇县表现最为突出，在近五年间，降幅达到56.62%。另外，整个榜单上近五年降幅均超过 20%。按地级市来看，前 10 强中广元市占 5 席，巴中市占 3 席，南充市和达州市各占 1 席。

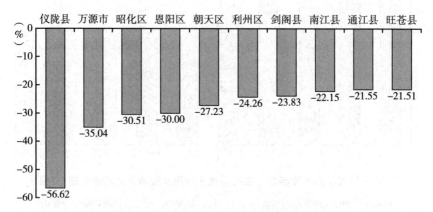

图 19　近五年川东北经济区城乡收入比降幅最大前 10 强

资料来源：2019~2023 年四川各县（市、区）主要经济指标（四川省统计局提供）。

在 2023 年城镇居民人均可支配收入排名快速进步前 10 强中（见图 20），岳池县进步了 6 名，获得榜单的第 1 名。紧随其后的是苍溪县，进步了 4 名，获得榜单的第 2 名。广安区、前锋区、武胜县、邻水县、华蓥市、平昌县进步了 3 名，并列第 3 名，仪陇县和巴州区均进步了 2 个席位。

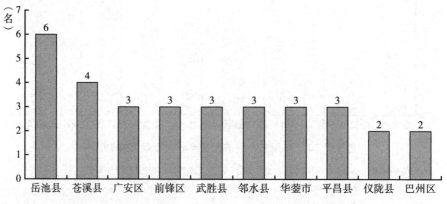

图 20　2023 年城镇居民人均可支配收入排名快速进步前 10 强

资料来源：2023 年四川各县（市、区）主要经济指标（四川省统计局提供）。

在 2023 年农村居民人均可支配收入排名快速进步排行榜中，广元市的昭化区以进步 5 名居榜单的第 1 名（见图 21）。紧随其后的是南充市的西充县和营山县，广安市的广安区，均进步 4 个名次，并列第 2 名。前 10 强中，5 席来自广安市，南充市占据 3 席，达州市和广元市各占据 1 席。

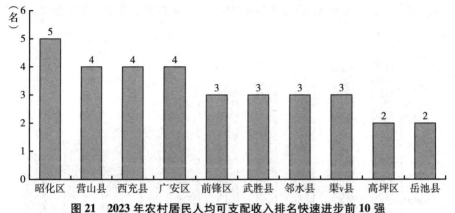

图 21 2023 年农村居民人均可支配收入排名快速进步前 10 强

资料来源：2023 年四川各县（市、区）主要经济指标（四川省统计局提供）。

川东北经济区内，城乡收入比排名 2023 年快速进步前 10 强中（见图 22），南充市的嘉陵区以进步了 9 名的好成绩夺得榜单第 1 名，第 2 名是巴中市的恩阳区，进步 8 名，第 3 名是达州市的万源市，进步 6 名。前 10 强中南充市占据 5 席，达州市和广元市各占据 2 席，巴中市占据 1 席。

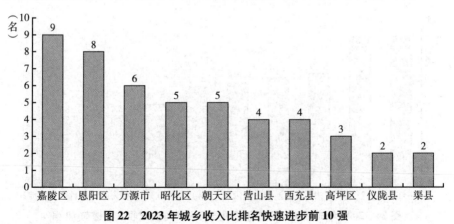

图 22 2023 年城乡收入比排名快速进步前 10 强

资料来源：2023 年四川各县（市、区）主要经济指标（四川省统计局提供）。

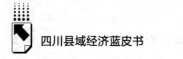

（二）成都平原经济区

在成都平原经济区 2023 年城镇居民人均可支配收入前 10 强中（见图 23），第 1 名武侯区与第 2 名锦江区、第 3 名青羊区均超过人均 57000 元。需要说明的是，前 10 强的整个榜单中均来自成都市，但前 10 强在 2023 年的差异并不大。

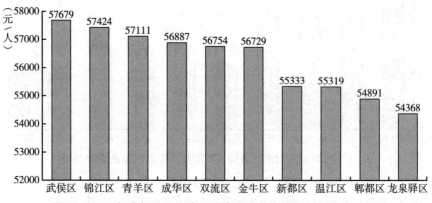

图 23 2023 年成都平原经济区城镇居民人均可支配收入前 10 强

资料来源：2023 年四川各县（市、区）主要经济指标（四川省统计局提供）。

在成都平原经济区 2023 年城镇居民人均可支配收入增速前 10 强中（见图 24），德阳市的中江县、罗江区和绵阳市的安州区、江油市的增速均超过

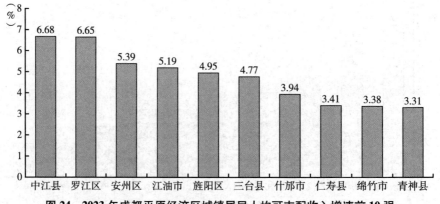

图 24 2023 年成都平原经济区城镇居民人均可支配收入增速前 10 强

资料来源：2023 年四川各县（市、区）主要经济指标（四川省统计局提供）。

了 5%。此外，德阳市的旌阳区的增速也接近 5%。总体来分析，成都平原经济区的前 10 强的人均增速方面差异并不大。

成都平原经济区近五年城镇居民人均可支配收入年均增速前 10 强均超过了 5.6% 的增速（见图 25）。前 10 强中有 4 席来自德阳市，有 3 席来自绵阳市，2 席来自乐山市，另外 1 席来自成都市。

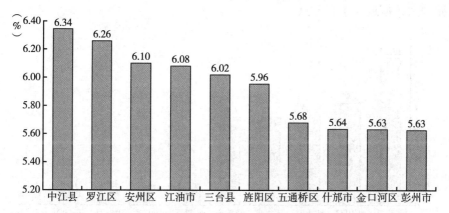

图 25　近五年成都平原经济区城镇居民人均可支配收入年均增速前 10 强

资料来源：2019~2023 年四川各县（市、区）主要经济指标（四川省统计局提供）。

在成都平原经济区 2023 年农村居民人均可支配收入前 10 强中龙泉驿区、温江区和双流区依次位于排行榜的前 3 名（见图 26）。第 1 名与第 10

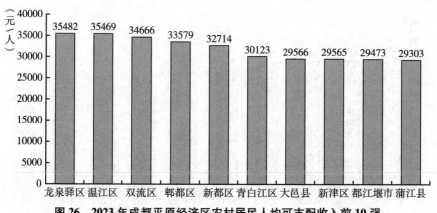

图 26　2023 年成都平原经济区农村居民人均可支配收入前 10 强

资料来源：2023 年四川各县（市、区）主要经济指标（四川省统计局提供）。

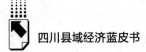

名的差距大于 6000 元，但值得说明的是，前 10 强的农村居民人均可支配收入均在 29000 元之上。另外，上榜的前 10 强均来自成都市。

在成都平原经济区 2023 年农村居民人均可支配收入增速前 10 强中（见图 27），绵阳市包揽前两强。前两强中平武县领先第二名北川县接近 4 个百分点，差距较大。前 5 强增速均超过 7%，第五名简阳市与第六名汉源县差距很大，接近 5 个百分点。

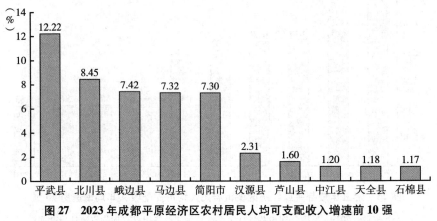

图 27 2023 年成都平原经济区农村居民人均可支配收入增速前 10 强

资料来源：2023 年四川各县（市、区）主要经济指标（四川省统计局提供）。

在成都平原经济区近五年农村居民人均可支配收入年均增速前 10 强中（见图 28），第一名依然是绵阳市的平武县，以 7.67% 的增速领跑整个地区。

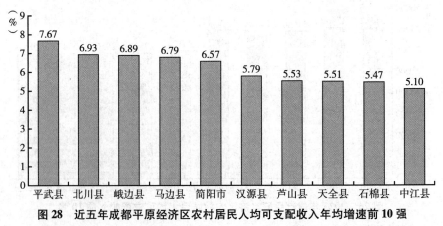

图 28 近五年成都平原经济区农村居民人均可支配收入年均增速前 10 强

资料来源：2019~2023 年四川各县（市、区）主要经济指标（四川省统计局提供）。

246

从总体上看，前 10 强的年均增速均超过了 5.0%。前 10 强中 4 席来自雅安市，绵阳市和乐山市各占据 2 席，成都市和德阳市各占据 1 席。

在成都平原经济区 2023 年城乡收入比最低前 10 强中（见图 29），成都市的龙泉驿区以 1.53 夺得整个地区城乡收入比最低的榜首。另外，其余地区基本保持在 1.54~1.64，第 2 名到第 10 名的差异较小。

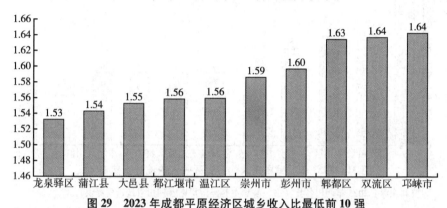

图 29　2023 年成都平原经济区城乡收入比最低前 10 强

资料来源：2023 年四川各县（市、区）主要经济指标（四川省统计局提供）。

在成都平原经济区近五年城乡收入比降幅最大前 10 强中（见图 30），依然是绵阳市的平武县表现最为突出，在近五年间，降幅达到 42.47%。此外，居第 2 名的马边县和第 3 名的峨边县降幅也均超过了 29%，这两名之间差异特别小。另外，整个榜单中近五年前 10 强降幅均超过 16%。

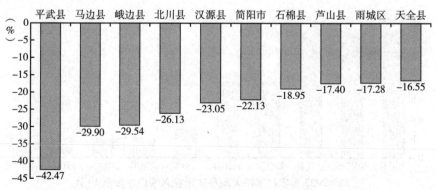

图 30　近五年成都平原经济区城乡收入比降幅最大前 10 强

资料来源：2019~2023 年四川各县（市、区）主要经济指标（四川省统计局提供）。

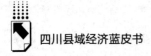

2023 年城镇居民人均可支配收入快速进步前 10 强中（见图 31），中江县处于成都平原经济区内，进步了 13 名，获得榜单的第 1 名。前 10 强在 2023 年进步均超过 4 个位次。

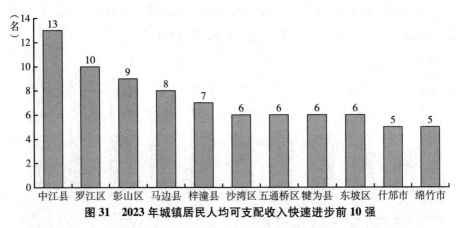

图 31　2023 年城镇居民人均可支配收入快速进步前 10 强

资料来源：2023 年四川各县（市、区）主要经济指标（四川省统计局提供）。

在 2023 年农村居民人均可支配收入快速进步前 10 强中（见图 32），在成都平原经济区内，北川县、简阳市和平武县分别以进步 16 名、15 名、14 名获得榜单前 3 名。罗江区和中江县均进步 8 名，并列第 4 名，三台县进步 3 个名次，其余四个县域均进步了 2 个名次。

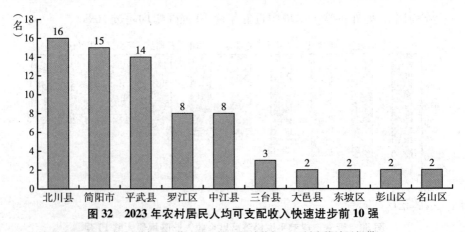

图 32　2023 年农村居民人均可支配收入快速进步前 10 强

资料来源：2023 年四川各县（市、区）主要经济指标（四川省统计局提供）。

成都平原经济区内，2023 年城乡收入比快速进步前 10 强中（见图 33），依然是绵阳市平武县以进步了 29 个位次的好成绩夺得榜单第 1 名，超过第 5 名 18 个位次，约为第 6 名的 3 倍。除平武县外，还有简阳市和北川县相比于上一年进步超过 20 名。

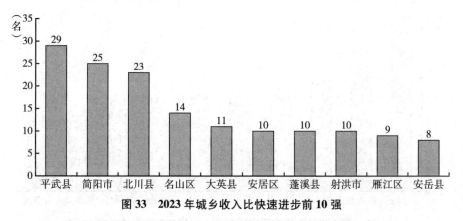

图 33　2023 年城乡收入比快速进步前 10 强

资料来源：2023 年四川各县（市、区）主要经济指标（四川省统计局提供）。

（三）川南经济区

在川南经济区 2023 年城镇居民人均可支配收入前 10 强中（见图 34），第 1 名泸州市的龙马潭区与第二名江阳区均超过 51000 元，超过第 10 名威远县 6000 多元。前 10 强该数据均超过了 45000 元。前 10 强在 2023 年的差异并不大。

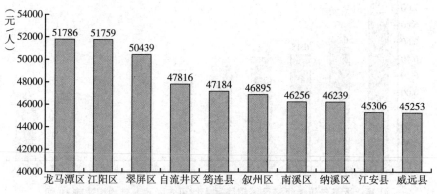

图 34　2023 年川南经济区城镇居民人均可支配收入前 10 强

资料来源：2023 年四川各县（市、区）主要经济指标（四川省统计局提供）。

在川南经济区 2023 年城镇居民人均可支配收入增速前 10 强中（见图 35），前 2 名分别是泸州市的合江县和叙永县，增速均超过了 7%，泸州市的古蔺县增速超过了 6%，位列第 3 名。紧随其后的是宜宾市下辖的筠连县，位列第 4 名，增速达到 4.95%。总体而言，前 10 强增速均超过了 3%。

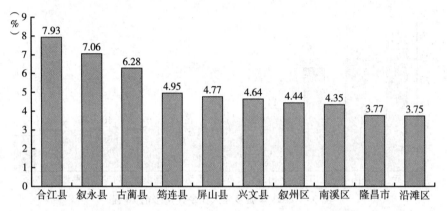

图 35　2023 年川南经济区城镇居民人均可支配收入增速前 10 强

资料来源：2023 年四川各县（市、区）主要经济指标（四川省统计局提供）。

在川南经济区近五年城镇居民人均可支配收入年均增速前 10 强中年均增速均超过了 5.8%（见图 36）。前 10 强中的合江县以 6.95% 的年均增速夺冠。分地级市来看，前 10 强中宜宾市占 6 席，泸州市占 3 席，内江市占 1 席。

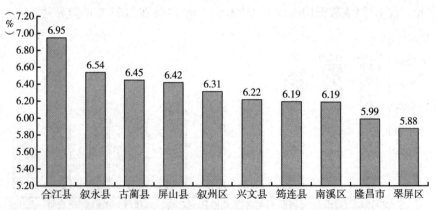

图 36　近五年川南经济区城镇居民人均可支配收入年均增速前 10 强

资料来源：2019~2023 年四川各县（市、区）主要经济指标（四川省统计局提供）。

在川南经济区 2023 年农村居民人均可支配收入前 10 强中，龙马潭区、江阳区和自流井区依次位于排行榜的前 3 名（见图 37）。第 1 名与第 10 名的差距接近 5000 元，但值得说明的是，前 10 强的农村居民人均可支配收入均在 20000 元之上。在前 10 强中，有 4 席来自泸州市，有 3 席来自宜宾市、3 席来自自贡市。

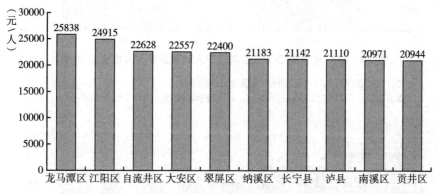

图 37　2023 年川南经济区农村居民人均可支配收入前 10 强

资料来源：2023 年四川各县（市、区）主要经济指标（四川省统计局提供）。

在川南经济区 2023 年农村居民人均可支配收入增速前 10 强中（见图 38），自贡市的大安区以 3.91% 的增速荣获第 1，第 2 是宜宾市的屏山县，增速为 2.09%。值得说明的是，川南经济区其他县市区 2023 年人均可支配收入增速均为负数。

在川南经济区近五年农村居民人均可支配收入年均增速前 10 强中（见图 39），自贡市的大安区以 5.75% 的年均增速，以 0.1 个百分点的微弱优势领先于宜宾市的屏山县而摘得桂冠。从总体上看，前 10 强的年均增速均超过了 4%。

在川南经济区 2023 年城乡收入比最低前 10 强中，宜宾市的屏山县以 1.90 居整个地区城乡收入比最低的榜首（见图 40）。城乡收入比低于 2.0 的还有位列第 2 名的自贡市的大安区。另外，其余地区基本保持在 2.0~2.2，第 2 名到第 10 名的差异较小。

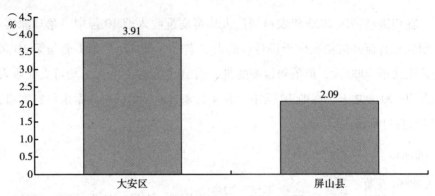

图 38　2023 年川南经济区农村居民人均可支配收入增速前 10 强

注：此处仅保留人均可支配收入增速为正的县（市、区）。

资料来源：2023 年四川各县（市、区）主要经济指标（四川省统计局提供）。

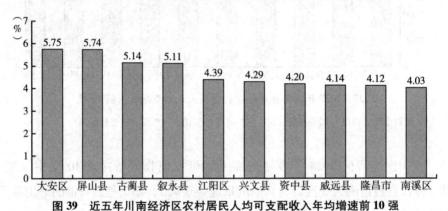

图 39　近五年川南经济区农村居民人均可支配收入年均增速前 10 强

资料来源：2019~2023 年四川各县（市、区）主要经济指标（四川省统计局提供）。

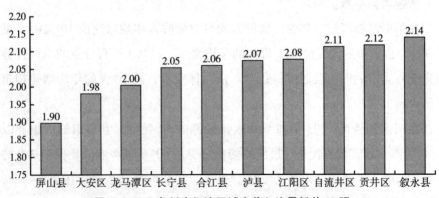

图 40　2023 年川南经济区城乡收入比最低前 10 强

资料来源：2023 年四川各县（市、区）主要经济指标（四川省统计局提供）。

在川南经济区近五年城乡收入比降幅最大前 10 强中（见图 41），自贡市的大安区表现最为突出，在近五年间，降幅达到 19.53%。遥遥领先第 2 名的江阳区，其降幅为 6.48%，第 2 名与第 3 名之间差异较小。另外，榜单中第 7 名到第 10 名的近五年城乡收入比降幅转为正数。

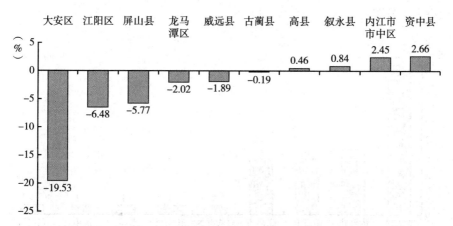

图 41　近五年川南经济区城乡收入比降幅最大前 10 强

资料来源：2019~2023 年四川各县（市、区）主要经济指标（四川省统计局提供）。

在 2023 年城镇居民人均可支配收入快速进步前 10 强排行榜中，有 12 个地区入围（见图 42），其中宜宾市的南溪区在短短一年中进步了 5 名，夺得了

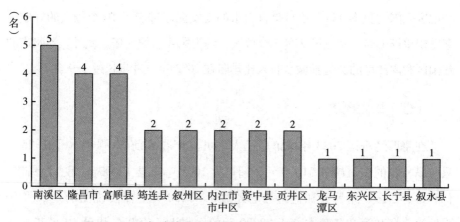

图 42　2023 年城镇居民人均可支配收入快速进步前 10 强

资料来源：2023 年四川各县（市、区）主要经济指标（四川省统计局提供）。

第 1 名。内江市的隆昌市和自贡市的富顺县均进步了 4 名，并列第 2 名。

在 2023 年川南经济区农村居民人均可支配收入排名快速进步排行榜中有 9 个地区入围（见图 43）。自贡市的大安区以进步了 16 名夺得第 1 名，另外，内江市的市中区、威远县和隆昌市进步也都超过了 5 名。后 5 名皆为进步 1 个名次。

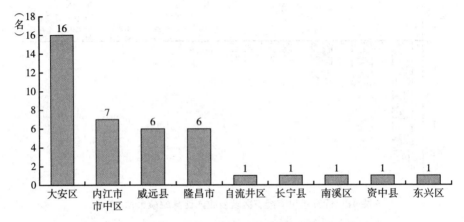

图 43　2023 年农村居民人均可支配收入排名快速进步县域

资料来源：2023 年四川各县（市、区）主要经济指标（四川省统计局提供）。

在 2023 年川南经济区城乡收入比排名快速进步前 10 强排行榜中，有 12 个地区入围（见图 44），依然是自贡市的大安区以进步了 19 个位次的好成绩夺得榜单第 1 名，超过第 2 名 7 个位次，约为第 4 名的 3 倍。此外，泸州市的江阳区和内江市的威远县城乡收入比排名在 2023 年也进步超过了 9 名。

（四）攀西经济区

在攀西经济区 2023 年城镇居民人均可支配收入前 10 强中（见图 45），只有攀枝花的东区超过 51000 元，超过第 10 名宁南县 15000 多元。西昌市、仁和区、西区、米易县和盐边县均超过了 43000 元。需要说明的是，前 10 强的第 7 名和第 8 名基本处于 38000 元的水平上，第 9 名和第 10 名基本处于 35000 元的水平上。

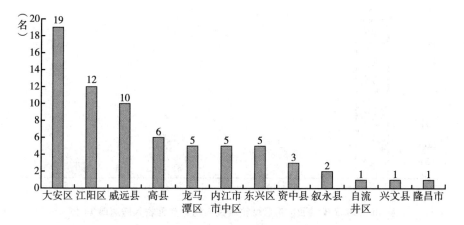

图 44　2023 年城乡收入比排名快速进步前 10 强

资料来源：2023 年四川各县（市、区）主要经济指标（四川省统计局提供）。

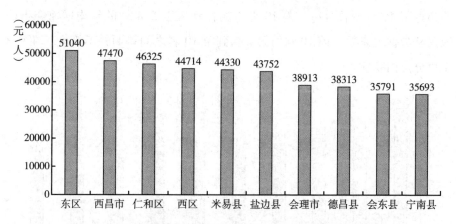

图 45　2023 年攀西经济区城镇居民人均可支配收入前 10 强

资料来源：2023 年四川各县（市、区）主要经济指标（四川省统计局提供）。

在攀西经济区 2023 年城镇居民人均可支配收入增速前 10 强中（见图 46），仁和区以 4.71% 的增速位居第 1，遥遥领先攀西经济区其他县区。第 2 到第 4 名分别是甘洛县、越西县和喜德县。值得说明的是，攀西经济区其他县市区 2023 年人均可支配收入增速均为负数。

攀西经济区近五年城镇居民人均可支配收入年均增速前 10 强的该数据

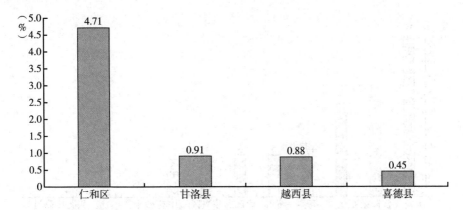

图46　2023年攀西经济区城镇居民人均可支配收入增速前10强

注：此处仅保留人均可支配收入增速为正的县（市、区）。

资料来源：2023年四川各县（市、区）主要经济指标（四川省统计局提供）。

均超过了4%（见图47）。前10强中的仁和区以5.88%的年均增速夺得桂冠。从数据上来看，前10强的第2名到第10名之间差距并不算大，在0.8个百分点内变化。

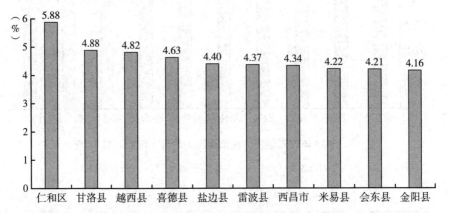

图47　近五年攀西经济区城镇居民人均可支配收入年均增速前10强

资料来源：2019~2023年四川各县（市、区）主要经济指标（四川省统计局提供）。

在攀西经济区2023年农村居民人均可支配收入前10强中，西昌市、仁和区和德昌县依次位于排行榜的前3名（见图48）。第1名与第10名的差距约在 7000 元，值得说明的是，前 10 强的农村居民人均可支配收入均在 17500 元之上。在前 10 强中，仁和区、米易县和盐边县均来自攀枝花市，其余的 7 席来自凉山州。

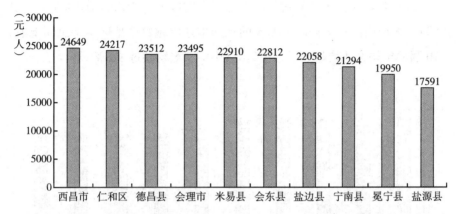

图 48　2023 年攀西经济区农村居民人均可支配收入前 10 强

资料来源：2023 年四川各县（市、区）主要经济指标（四川省统计局提供）。

在攀西经济区 2023 年农村居民人均可支配收入增速前 10 强中（见图 49），前 5 名均来自凉山州。甘洛县以增速 7.26% 夺得第 1。榜单中除了盐

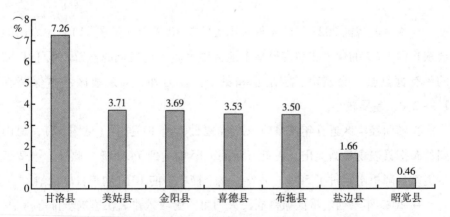

图 49　2023 年攀西经济区农村居民人均可支配收入增速前 10 强

注：此处仅保留人均可支配收入增速为正的县（市、区）。

资料来源：2023 年四川各县（市、区）主要经济指标（四川省统计局提供）。

边县来自攀枝花市，其余均来自凉山州。第 2 名与第 5 名之间相差约 0.2 个百分点。值得说明的是，攀西经济区其他县市区 2023 年人均可支配收入增速均为负数。

在攀西经济区近五年农村居民人均可支配收入年均增速前 10 强中（见图 50），大凉山的甘洛县以 7.17% 的年均增速领跑整个地区。从总体上看，前 10 强的年均增速均超过了 5.4%。其中前 5 名均超过了 6%。

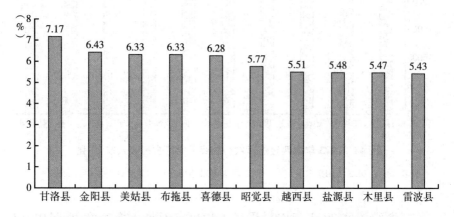

图 50　近五年攀西经济区农村居民人均可支配收入年均增速前 10 强

资料来源：2019～2023 年四川各县（市、区）主要经济指标（四川省统计局提供）。

在攀西经济区 2023 年城乡收入比最低前 10 强中（见图 51），大凉山的会东县以 1.57 的优异成绩夺得整个地区城乡收入比最低的榜首。低于 1.80 的还有德昌县、会理市、宁南县和冕宁县。另外，其余地区基本保持在 1.9～2.0，差异较小。

在攀西经济区近五年城乡收入比降幅最大前 10 强中（见图 52），凉山州的布拖县表现最为突出，在近五年间，降幅达到 74.09%。此外，第 2 名的美姑县降幅也超过了 50%。另外，整个榜单中前 10 强均来自凉山州。

在 2023 年攀西经济区城镇居民人均可支配收入排名快速进步排行榜中，有 6 个地区入围（见图 53），甘洛县进步了 4 名，居第 1 名，越西县进步了 3 名，居第 2 名，仁和区、喜德县、雷波县均进步了 2 名，并列第 3 名，昭觉县进步 1 名，居第 6 名。

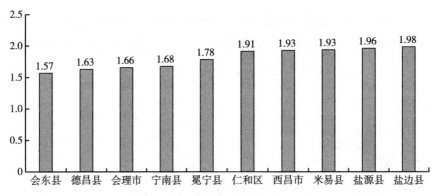

图 51　2023 年攀西经济区城乡收入比最低前 10 强

资料来源：2023 年四川各县（市、区）主要经济指标（四川省统计局提供）。

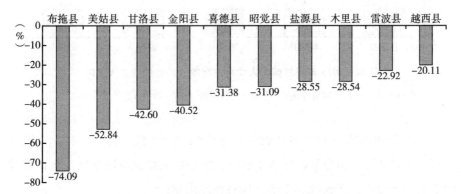

图 52　近五年攀西经济区城乡收入比降幅最大前 10 强

资料来源：2019~2023 年四川各县（市、区）主要经济指标（四川省统计局提供）。

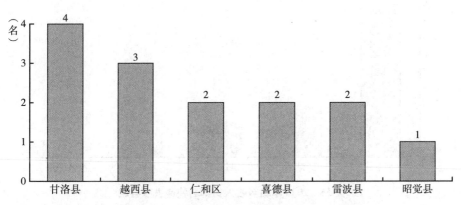

图 53　2023 年城镇居民人均可支配收入排名快速进步县域

资料来源：2023 年四川各县（市、区）主要经济指标（四川省统计局提供）。

在 2023 年攀西经济区农村居民人均可支配收入排名快速进步排行榜中，有 5 个地区入围（见图 54）。甘洛县在 1 年内进步了 5 个名次，成为第 1 名；剩下 4 个地区皆进步 1 个名次，并列第 2 名。

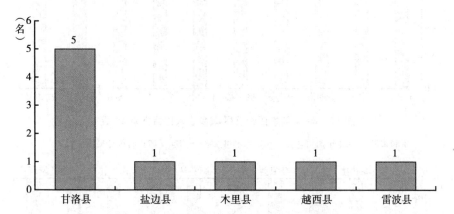

图 54　2023 年农村居民人均可支配收入排名快速进步县域

资料来源：2023 年四川各县（市、区）主要经济指标（四川省统计局提供）。

在 2023 年攀西经济区城乡收入比排名快速进步排行榜中，有 5 个地区入围（见图 55），布拖县以进步了 9 个位次的好成绩夺得榜单第 1 名，超过第 2 名 6 个位次。入榜的 5 个地区均来自凉山州。

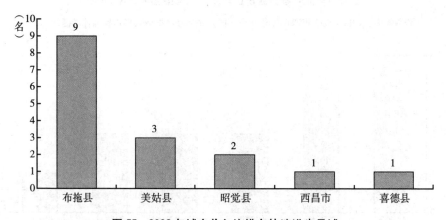

图 55　2023 年城乡收入比排名快速进步县域

资料来源：2023 年四川各县（市、区）主要经济指标（四川省统计局提供）。

（五）川西北生态示范区

在 2023 年川西北生态示范区城镇居民人均可支配收入前 10 强中（见图 56），甘孜州的色达县以超过 43000 元的可支配收入夺得川西北生态示范区的第 1 名。值得指出的是，入围的前 10 强均超过了 41000 元，2022 年均超过了 42000 元。此外，第 1 名色达县城镇居民人均可支配收入超过第 10 名阿坝县 2673 元，2022 年的该差距超过 3000 元。

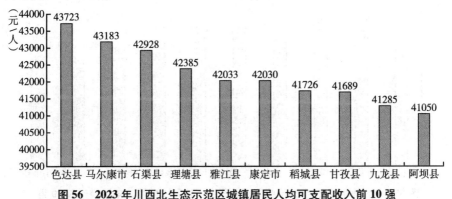

图 56　2023 年川西北生态示范区城镇居民人均可支配收入前 10 强

资料来源：2023 年四川各县（市、区）主要经济指标（四川省统计局提供）。

在川西北生态示范区 2023 年城镇居民人均可支配收入增速前 10 强中（见图 57），德格县以 1.85% 的增速位列第 1 名，2022 年该县的增速是 4.85%。

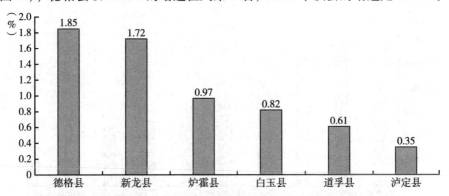

图 57　2023 年川西北生态示范区城镇居民人均可支配收入增速前 10 强

注：此处仅保留人均可支配收入增速为正的县（市、区）。

资料来源：2023 年四川各县（市、区）主要经济指标（四川省统计局提供）。

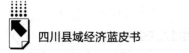

值得说明的是，在此榜单外，川西北生态示范区其他县市区 2023 年人均可
支配收入增速均为负数。

在川西北生态示范区近五年城镇居民人均可支配收入年均增速前 10 强
中（见图 58），甘孜州的德格县以 5.10% 的年均增速夺得川西北生态示范区
的第 1 名。此外，值得说明的是，前 10 强中有 6 强年均增速均超过了 4.5%。
前 10 强中前 9 名来自甘孜州，第 10 名来自阿坝州。

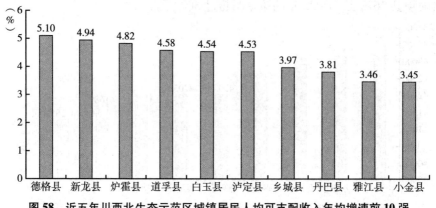

图 58　近五年川西北生态示范区城镇居民人均可支配收入年均增速前 10 强

资料来源：2019~2023 年四川各县（市、区）主要经济指标（四川省统计局提供）。

川西北生态示范区 2023 年农村居民人均可支配收入前 10 强（见图 59），
该数据均超过 18000 元。其中超过 19000 元的有汶川县、康定市和九龙县。

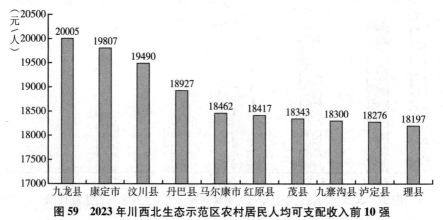

图 59　2023 年川西北生态示范区农村居民人均可支配收入前 10 强

资料来源：2023 年四川各县（市、区）主要经济指标（四川省统计局提供）。

第 1 名的九龙县比第 10 名的理县多了 1808 元，2022 年这个数据为 1300 元。

在 2023 年川西北生态示范区农村居民人均可支配收入增速前 10 强中（见图 60），甘孜州的泸定县增速超过了 6.2%，位列第 1。前 10 名的榜单中，第 2 名至第 10 名的差距在 0.66 个百分点及以内，竞争较为激烈，前 10 名均来自甘孜州。

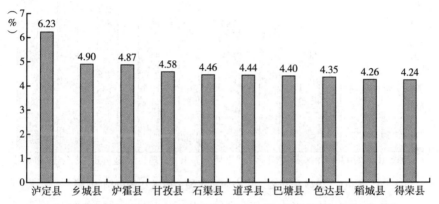

图 60　2023 年川西北生态示范区农村居民人均可支配收入增速前 10 强

资料来源：2023 年四川各县（市、区）主要经济指标（四川省统计局提供）。

在近五年川西北生态示范区农村居民人均可支配收入年均增速前 10 强中（见图 61），甘孜州的泸定县以 6.15%的年均增速问鼎榜单第 1。值得说

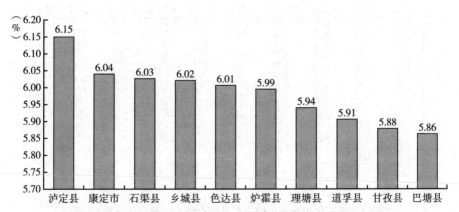

图 61　近五年川西北生态示范区农村居民人均可支配收入年均增速前 10 强

资料来源：2019~2023 年四川各县（市、区）主要经济指标（四川省统计局提供）。

明的是，榜单中区县的年均增速均超过5.8%，均来自甘孜州。

在2023年川西北生态示范区城乡收入比最低前10强中（见图62），甘孜州的泸定县以1.99的成绩位列榜单第1名。除泸定县外，其余地区这个数据均超过2。小金县和红原县的城乡收入比势均力敌，皆为2.21。

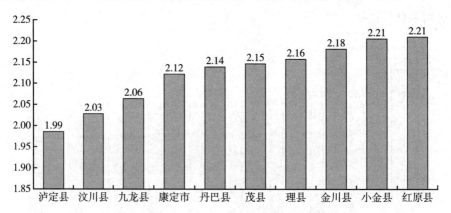

图62 2023年川西北生态示范区城乡收入比最低前10强

资料来源：2023年四川各县（市、区）主要经济指标（四川省统计局提供）。

在近五年川西北生态示范区城乡收入比降幅最大前10强中（见图63），前4名均来自甘孜州，并且前4名的降幅均超过43%。此外，后6名五年间降幅也超过了38%。前10强中除了壤塘县来自阿坝州，其余均来自甘孜州。

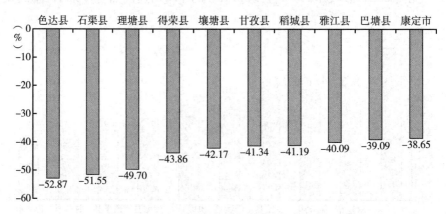

图63 近五年川西北生态示范区城乡收入比降幅最大前10强

资料来源：2019~2023年四川各县（市、区）主要经济指标（四川省统计局提供）。

在 2023 年川西北经济区城镇居民人均可支配收入快速进步的排行榜中入围了 8 个区县（见图 64），雅江县和九寨沟县进步了 2 名，并列获得榜单的第 1 名。入围的县域除了雅江县来自阿坝州，其余县域均来自甘孜州。

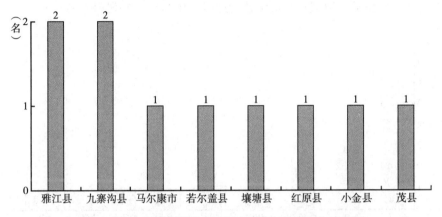

图 64 2023 年城镇居民人均可支配收入快速进步排行榜

在 2023 年川西北经济区农村居民人均可支配收入快速进步排行榜中（见图 65），总共有八个县域上榜，甘孜州的泸定县以进步 7 个位次居第 1 名，丹巴县和色达县以进步 2 个名次并列第 2 名，九龙县、康定市、茂县、乡城县、道孚县以进步 1 个名次并列第 4 名。

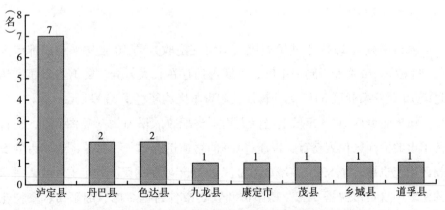

图 65 2023 年农村居民人均可支配收入快速进步排行榜

川西北经济区内，在2023年城乡收入比快速进步排行榜中入围了9个县域（见图66），康定市以进步7个位次的好成绩夺得榜单第1名，超过第2名乡城县4个位次，稻城县进步2个位次，居第3名。丹巴县、金川县、小金县、炉霍县、阿坝县、得荣县均进步1个名次，并列第4名。

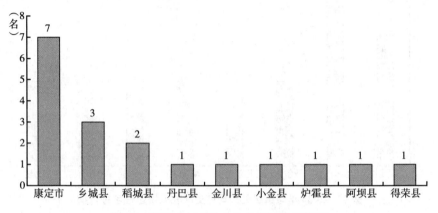

图66　2023年城乡收入比快速进步排行榜

六　基于主体功能区视角的人民生活前10强

（一）城市主城区

城市主城区2023年城镇居民人均可支配收入前10强均来自成都市区（见图67）。虽然处于同一市区，市区内仍存在较大差异，第1名武侯区超过第10名龙泉驿区3311元。锦江区和青羊区均超过了57000元。

城市主城区2023年城镇居民人均可支配收入增速中（见图68），来自德阳市的罗江区位列榜首，以超过6%的增速迅速增长，另外，绵阳市的安州区增速也超过了5%，在城市主城区2023年城镇居民人均可支配收入增速的榜单中自贡市占据3席，德阳市和宜宾市各占据2席，绵阳市、攀枝花市、眉山市各占据1席。前10强的差距较大，第1名是第10名的两倍多。

在城市主城区近五年城镇居民人均可支配收入年均增速前10强中（见

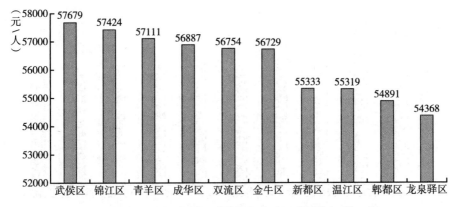

图67 2023年城市主城区城镇居民人均可支配收入前10强

资料来源：2023年四川各县（市、区）主要经济指标（四川省统计局提供）。

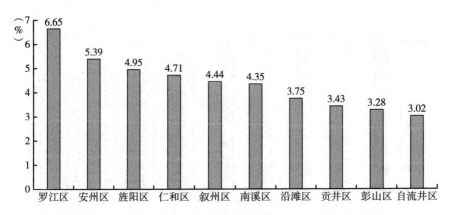

图68 2023年城市主城区城镇居民人均可支配收入增速前10强

资料来源：2023年四川各县（市、区）主要经济指标（四川省统计局提供）。

图69)，来自南充市的嘉陵区、高坪区和来自宜宾市的叙州区占据了前3名，第3名至第10名的差距不大，其中第8名仁和区和第9名翠屏区的年均增速相等，都为5.88%。

在城市主城区2023年农村居民人均可支配收入前10强中前7席均来自成都市区（见图70）。虽然处于同一市区，市区内仍存在较大差异，第1名比第7名多了近6000元。除了成都地区的，其余的为来自绵阳市的涪城区，泸州市的龙马潭区、江阳区。

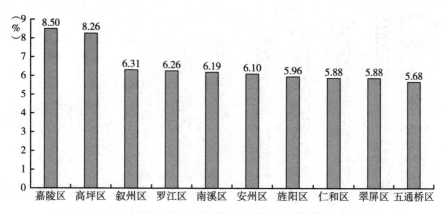

图69 近五年城市主城区城镇居民人均可支配收入年均增速前10强

资料来源：2019~2023年四川各县（市、区）主要经济指标（四川省统计局提供）。

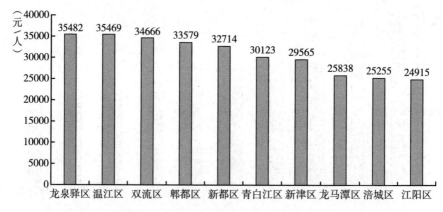

图70 2023年城市主城区农村居民人均可支配收入前10强

资料来源：2023年四川各县（市、区）主要经济指标（四川省统计局提供）。

城市主城区2023年农村居民人均可支配收入增速排行榜中（见图71），来自自贡市的大安区位列榜首，以超过3.9%的增速增长，另外，广元市的昭化区也超过了3%。第8名罗江区的增速为0.01%，几乎与上年持平。值得说明的是，城市主城区其他县市区2023年人均可支配收入增速均为负数。

在城市主城区近五年农村居民人均可支配收入年均增速前10强中，南充市的嘉陵区以年均增速7.56%登顶第一，力压其余地区（见图72）。前

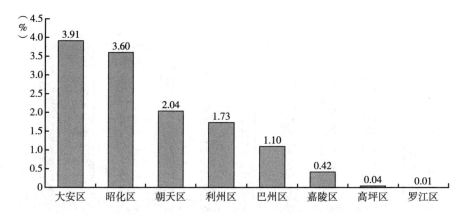

图 71　2023 年城市主城区农村居民人均可支配收入增速排行榜

注：此处仅保留人均可支配收入增速为正的县（市、区）。

资料来源：2023 年四川各县（市、区）主要经济指标（四川省统计局提供）。

10 强中，广元市占 3 席，南充市占 2 席，自贡市、巴中市、德阳市、雅安市和攀枝花市各占 1 席。

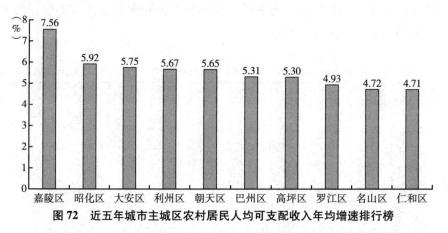

图 72　近五年城市主城区农村居民人均可支配收入年均增速排行榜

资料来源：2019~2023 年四川各县（市、区）主要经济指标（四川省统计局提供）。

从城市主城区 2023 年城乡收入比最低前 10 强来看（见图 73），可以从某种程度上了解该地区的共同富裕情况。城市主城区城乡收入比最低前 10 强的前 7 名来自成都市，龙泉驿区以 1.53 的城乡收入比位居第一。剩余 3 席由遂宁市、攀枝花市和眉山市各占据 1 席。

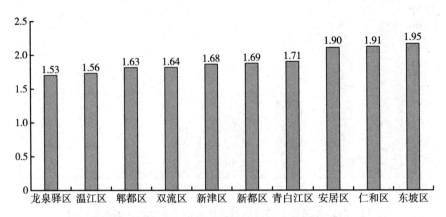

图73 2023年城市主城区城乡收入比最低前10强

资料来源：2023年四川各县（市、区）主要经济指标（四川省统计局提供）。

城市主城区近五年城乡收入比降幅最大前10强中（见图74），前3名均来自广元市，降幅最大的为广元市的昭化区，降幅高达30.51%。第2名朝天区降幅也达27%以上。排名后7位中雅安市和南充市各占2席，巴中市、自贡市和遂宁市各占1席。

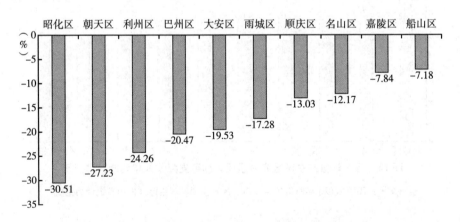

图74 近五年城市主城区城乡收入比降幅最大前10强

资料来源：2019~2023年四川各县（市、区）主要经济指标（四川省统计局提供）。

（二）重点开发区

在重点开发区 2023 年城镇居民人均可支配收入前 10 强中存在较大差异（见图 75），前四名广汉市、什邡市、西昌市和绵竹市城镇居民人均可支配收入均超过 47000 元，第 1 名广汉市超过第 10 名犍为县接近 2000 元。前 10 强县域的城镇居民人均可支配收入均超过 45000 元。

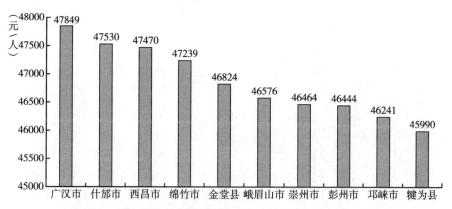

图 75　2023 年重点开发区城镇居民人均可支配收入前 10 强

资料来源：2023 年四川各县（市、区）主要经济指标（四川省统计局提供）。

在重点开发区 2023 年城镇居民人均可支配收入增速前 10 强中（见图 76），来自泸州市的合江县位列榜首，以超过 7.9% 的增速迅速增长，另外，绵阳市的

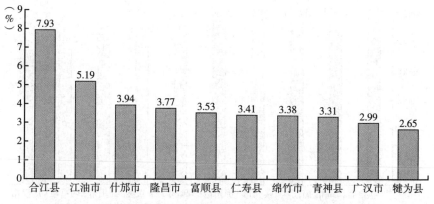

图 76　2023 年重点开发区城镇居民人均可支配收入增速前 10 强

资料来源：2023 年四川各县（市、区）主要经济指标（四川省统计局提供）。

江油市也超过了 5%，后 8 位的城镇居民人均可支配收入增速均低于 4%，第 1 名与第 10 名的差距达到 5.28 个百分点，差距较大。

在重点开发区近五年城镇居民人均可支配收入年均增速前 10 强中（见图 77），依然是来自泸州市的合江县位列榜首，以超过 6.9% 的增速增长。前 10 强的年均增速均超过了 5%，其中，德阳市和乐山市各占 2 席，泸州市、绵阳市、内江市、成都市、眉山市和自贡市各占 1 席。

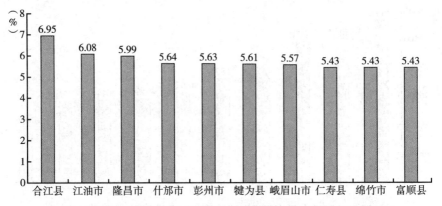

图 77　近五年重点开发区城镇居民人均可支配收入年均增速前 10 强

资料来源：2019~2023 年四川各县（市、区）主要经济指标（四川省统计局提供）。

在重点开发区 2023 年农村居民人均可支配收入前 10 强中前 8 名均来自成都市区（见图 78）。虽然处于同一市区，市区内仍存在较大差异，第 1 名

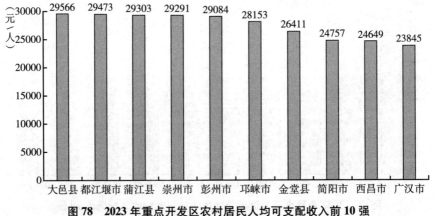

图 78　2023 年重点开发区农村居民人均可支配收入前 10 强

资料来源：2023 年四川各县（市、区）主要经济指标（四川省统计局提供）。

比第 8 名人均可支配收入多了 4800 多元。除了成都地区的，其余的为来自凉山州的西昌市和德阳市的广汉市。

在重点开发区 2023 年农村居民人均可支配收入增速前 10 强中（见图 79），来自成都市的简阳市位列榜首，以 7.30% 的增速快速增长。另外，来自攀枝花市的盐边县增速为 1.66%，位居第 2。值得说明的是，重点开发区其他县市区 2023 年农村居民人均可支配收入增速均为负数。

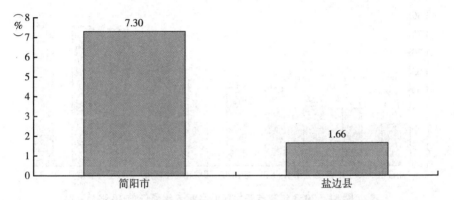

图 79 2023 年重点开发区农村居民人均可支配收入增速前 10 强

注：此处仅保留人均可支配收入增速为正的县（市、区）。

资料来源：2023 年四川各县（市、区）主要经济指标（四川省统计局提供）。

在重点开发区近五年农村居民人均可支配收入年均增速前 10 强中（见图 80），成都市的简阳市以年均增速 6.57% 的速度登顶第 1，力压其余地区。

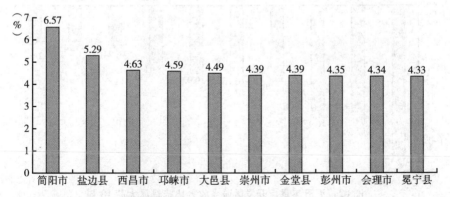

图 80 近五年重点开发区农村居民人均可支配收入年均增速前 10 强

资料来源：2019~2023 年四川各县（市、区）主要经济指标（四川省统计局提供）。

另外，来自攀枝花市的盐边县增速也超过 5%，位居第 2。第 3 名至第 10 名之间的差距不超过 0.3 个百分点，差异不明显。

在重点开发区 2023 年城乡收入比最低前 10 强中（见图 81），来自成都市的蒲江县以 1.54 的好成绩获得第 1 名，比第 10 名凉山州的冕宁县低出 0.24。该榜单中有 7 席来自成都市，其余凉山州占据 2 席，眉山市占据 1 席。

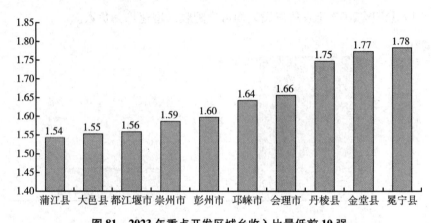

图 81　2023 年重点开发区城乡收入比最低前 10 强

资料来源：2023 年四川各县（市、区）主要经济指标（四川省统计局提供）。

在重点开发区近五年城乡收入比降幅最大前 10 强中（见图 82），成都市的简阳市以 22.13% 的降幅夺得排行榜第 1 名。此外，攀枝花市的盐边县

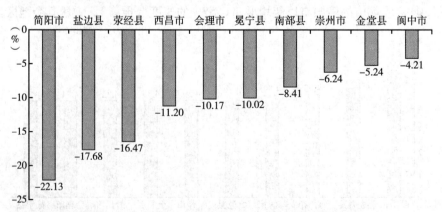

图 82　近五年重点开发区城乡收入比降幅最大前 10 强

资料来源：2019~2023 年四川各县（市、区）主要经济指标（四川省统计局提供）。

在五年间城乡收入比也下降了 17.68%。该榜单中有 3 席来自成都市，3 席来自凉山州，2 席来自南充市，攀枝花市和雅安市各占据 1 席。

（三）农产品生产区

在农产品生产区 2023 年城镇居民人均可支配收入前 10 强中（见图 83），来自宜宾市的筠连县以超过 47000 元的好成绩夺得榜单第 1，超过第 2 名内江市的资中县 2588 元。该榜单第 2 名至第 4 名的差距不大，均在 44000 元以上，第 5 名至第 10 名的差距不大，均在 43000 元以上。

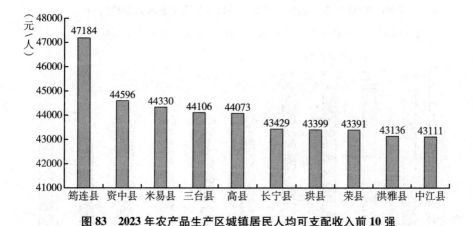

图 83　2023 年农产品生产区城镇居民人均可支配收入前 10 强

资料来源：2023 年四川各县（市、区）主要经济指标（四川省统计局提供）。

在农产品生产区 2023 年城镇居民人均可支配收入增速前 10 强中（见图 84），来自泸州市的叙永县以年均增速 7.06% 的成绩夺得桂冠。紧随其后的中江县和古蔺县增速也在 6% 以上。前 10 强榜单的差距较为明显，第 1 名的城镇居民人均可支配收入增速是第 10 名资中县的 2.4 倍。

在农产品生产区近五年城镇居民人均可支配收入年均增速前 10 强中（见图 85），来自南充市的营山县，以 9.00% 的年均增速夺得榜首。紧随其后的是南充市的蓬安县、达州市的宣汉县，两者年均增速均超过 8%。该榜单中，第 1 名营山县比第 10 名三台县年均增速高出近 3 个百分点。

在农产品生产区 2023 年农村居民人均可支配收入前 10 强中前 3 席均超

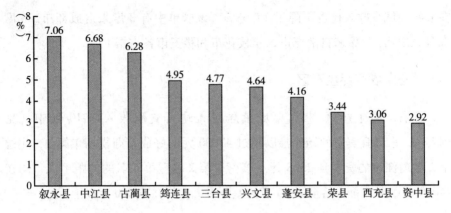

图84　2023年农产品生产区城镇居民人均可支配收入增速前10强

资料来源：2023年四川各县（市、区）主要经济指标（四川省统计局提供）。

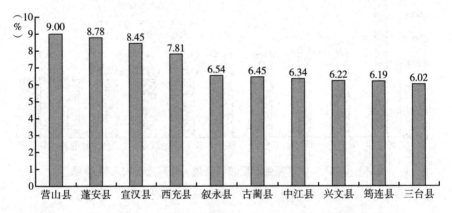

图85　近五年农产品生产区城镇居民人均可支配收入年均增速前10强

资料来源：2019～2023年四川各县（市、区）主要经济指标（四川省统计局提供）。

过了22000元（见图86）。第1名比第4名人均可支配收入多了2278元，第1名比第10名人均可支配收入多了3020元。前10强2023年农村居民人均可支配收入均超过20000元。

在农产品生产区2023年农村居民人均可支配收入增速排行榜中（见图87），来自雅安市的汉源县以增速2.31%的成绩位列榜首，紧随其后的广元市的剑阁县和苍溪县，均以超过2%的增速增长。值得说明的是，除前7强外农产品生产区其他县市区2023年人均可支配收入增速均为负数。

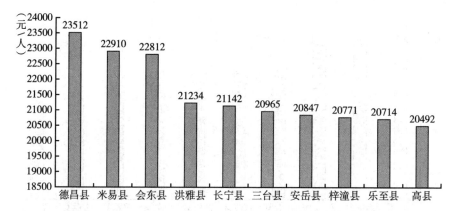

图86　2023年农产品生产区农村居民人均可支配收入前10强

资料来源：2023年四川各县（市、区）主要经济指标（四川省统计局提供）。

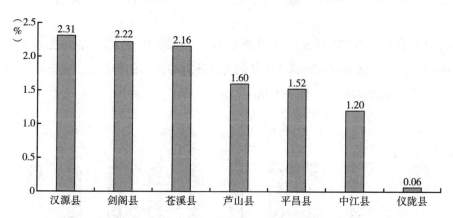

图87　2023年农产品生产区农村居民人均可支配收入增速前10强

注：此处仅保留人均可支配收入增速为正的县（市、区）。

资料来源：2023年四川各县（市、区）主要经济指标（四川省统计局提供）。

在农产品生产区近五年农村居民人均可支配收入年均增速榜单中，达州市的宣汉县以年均增速7.79%的速度登顶第1（见图88）。此外，前3名的后两位分别为来自南充市的西充县和仪陇县，增速都在7%以上。前10强榜单中，南充市占3席，雅安市和广安市各占2席，达州市、泸州市和巴中市各占1席。

在农产品生产区2023年城乡收入比最低前10强中（见图89），凉山州

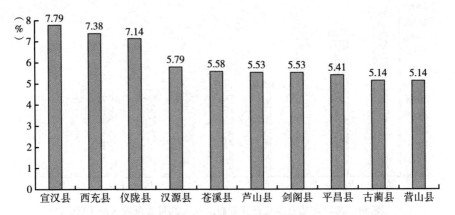

图 88　近五年农产品生产区农村居民人均可支配收入年均增速前 10 强

资料来源：2019～2023 年四川各县（市、区）主要经济指标（四川省统计局提供）。

的会东县以 1.57 的好成绩夺得榜单第 1，与第 10 名的安岳县之间相差 0.42。此外，城乡收入比低于 1.8 的地区还有凉山州的德昌县。第 3 名到第 10 名之间的相差不大，处于 1.90～1.99。

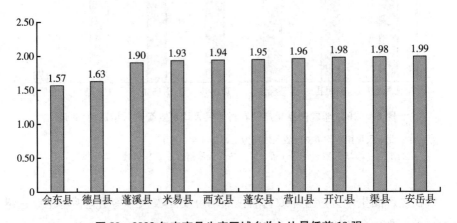

图 89　2023 年农产品生产区城乡收入比最低前 10 强

资料来源：2023 年四川各县（市、区）主要经济指标（四川省统计局提供）。

在农产品生产区近五年城乡收入比降幅最大前 10 强中（见图 90），南充市的仪陇县以 56.62 的降幅夺得榜首，远超第 2 名的剑阁县。剑阁县、汉源县、平昌县近五年城乡收入比降幅均超过了 20%。前 10 强中南充市、广元市、雅安市和凉山州各占 2 席，巴中市和达州市各占 1 席。

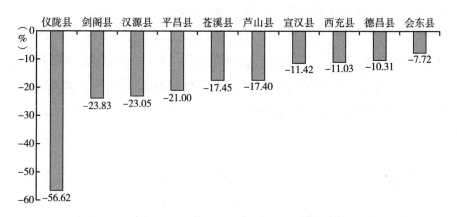

图 90　近五年农产品生产区城乡收入比降幅最大前 10 强

资料来源：2019~2023 年四川各县（市、区）主要经济指标（四川省统计局提供）。

（四）生态功能区

在生态功能区 2023 年城镇居民人均可支配收入前 10 强中（见图 91），色达县以超过 43000 元的好成绩夺得排行榜首位，高出第 5 名雅江县近 1700

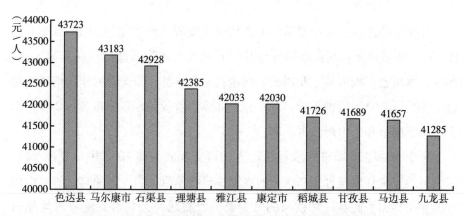

图 91　2023 年生态功能区城镇居民人均可支配收入前 10 强

资料来源：2023 年四川各县（市、区）主要经济指标（四川省统计局提供）。

元。紧随其后的是阿坝州的马尔康市和甘孜州的石渠县，二者均超过了42900元。处于第1名的色达县与第10名的九龙县之间相差了2400多元，总体来说，前10名榜单中差异较2022年大幅减小。

生态功能区2023年城镇居民人均可支配收入增速前10强较2022年发生较大变化（见图92），来自宜宾市的屏山县以4.77%的好成绩夺得排行榜首位。第2名至第4名均来自乐山市，单年增速均超过2%。总体来看，入围榜单前10强较2022年增速放缓。

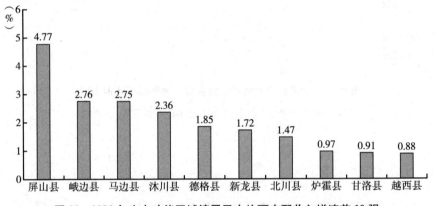

图92　2023年生态功能区城镇居民人均可支配收入增速前10强

资料来源：2023年四川各县（市、区）主要经济指标（四川省统计局提供）。

在生态功能区近五年城镇居民人均可支配收入年均增速前10强中（见图93），依然是来自宜宾市的屏山县以6.42%的年均增速位列榜单第1名。此外，沐川县、峨边县、北川县、马边县、德格县、天全县的年均增速也超过了5%。前10强的榜单中，乐山市占3席，甘孜州和雅安市各占2席，宜宾市、绵阳市和凉山州各占1席。

在生态功能区2023年农村居民人均可支配收入前10强中（见图94），凉山州的宁南县以超过21000元的成绩夺得榜单第1名。紧随其后的是绵阳市的北川县和平武县，甘孜州的九龙县，农村居民人均可支配收入均超过20000元。第1名比第2名人均可支配收入多了1000多元，第1名宁南县比第10名宝兴县多了近2600元。

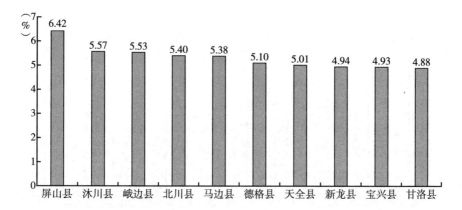

图 93　近五年生态功能区城镇居民人均可支配收入年均增速前 10 强

资料来源：2019~2023 年四川各县（市、区）主要经济指标（四川省统计局提供）。

图 94　2023 年生态功能区农村居民人均可支配收入前 10 强

资料来源：2023 年四川各县（市、区）主要经济指标（四川省统计局提供）。

在生态功能区 2023 年农村居民人均可支配收入增速前 10 强中（见图 95），来自绵阳市的平武县以 12.22% 的增速位列榜首，比第二名北川县的增速高 3.77 个百分点。另外，来自乐山市的峨边县和马边县，凉山州的甘洛县增速均超过了 7.2%。第 1 名与第 10 名的差距达 7.76 个百分点，差异较大。

在生态功能区近五年农村居民人均可支配收入年均增速前 10 强中（见图 96），地处绵阳市的平武县以年均增速 7.67% 的成绩登顶第 1。前 10 强的榜单中，凉山州占 5 席，绵阳市和乐山市各占 2 席，达州市占 1 席。

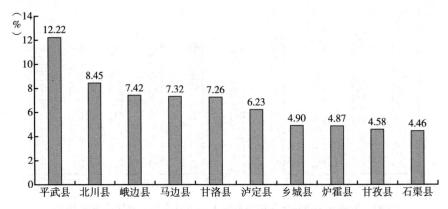

图 95　2023 年生态功能区农村居民人均可支配收入增速前 10 强

资料来源：2023 年四川各县（市、区）主要经济指标（四川省统计局提供）。

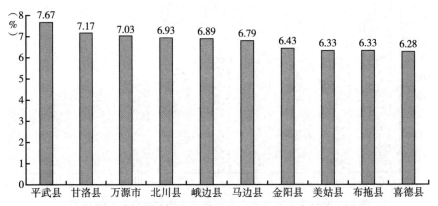

图 96　近五年生态功能区农村居民人均可支配收入年均增速前 10 强

资料来源：2019~2023 年四川各县（市、区）主要经济指标（四川省统计局提供）。

在生态功能区 2023 年城乡收入比最低前 10 强中（见图 97），凉山州的宁南县以 1.68 的好成绩夺得榜单第 1，与第 10 名的康定市之间相差 0.44。此外，城乡收入比低于 2.0 的地区还有屏山县、盐源县、北川县、泸定县。盐源县和北川县的城乡收入比相同，均为 1.96。

在生态功能区近五年城乡收入比降幅最大前 10 强中（见图 98），凉山州的布拖县以降幅 74.09% 的好成绩夺得榜单第 1。紧随其后的甘孜州的色

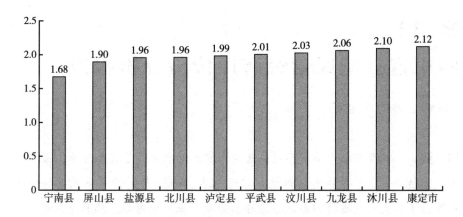

图 97　2023 年生态功能区城乡收入比最低前 10 强

资料来源：2023 年四川各县（市、区）主要经济指标（四川省统计局提供）。

达县、凉山州的美姑县、甘孜州的石渠县的降幅均超过 50%。榜单中的地区降幅均超过 41%。

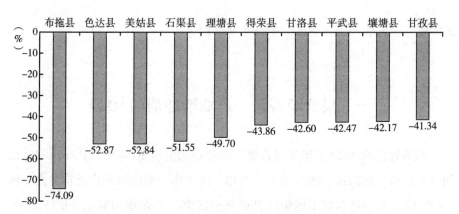

图 98　近五年生态功能区城乡收入比降幅最大的前 10 强

资料来源：2019~2023 年四川各县（市、区）主要经济指标（四川省统计局提供）。

B.11
四川省县域民营经济评价与分析报告

杨奇才　邓舒心　吕朝凤*

摘　要： 本报告对四川省县域民营经济发展情况进行了详细分析，涵盖了第一、第二、第三产业的增加值及增速排名。2022 年，四川省民营经济第一产业增加值表现较好的县域分布在达州市、凉山州等地，成都平原经济区的第二、第三产业表现突出。近五年来，成都市郫都区和壤塘县等地的民营经济在第一、第二、第三产业上的平均增速均表现亮眼，显示出强劲的增长态势。同时，不同经济区各县域的差异显著，展现了四川省各县域的多元经济发展格局。

关键词： 民营经济　县域竞争　产业增加值　五区共兴　四川省

一　民营经济第一产业增加值前10强

四川省县域 2022 年民营经济第一产业增加值前 10 强中，达州市和凉山州各占 2 席，德阳市、内江市、自贡市、南充市、眉山市和广元市各占 1 席（见图 1）。其中排名第 1 的中江县民营经济第一产业增加值达 30.83 亿元，是 2022 年全省唯一该数据超过 30 亿元的县域。民营经济第一产业增加值前 10 强中，4 个县域位于川东北经济区，成都平原经济区、川南经济区和攀西经济区则各占 2 席。

---

* 杨奇才，西南财经大学教授，主要研究方向为区域经济学、发展经济学；邓舒心，西南财经大学博士研究生，主要研究方向为区域经济学；吕朝凤，西南财经大学教授，主要研究方向为宏观经济学、财政学。

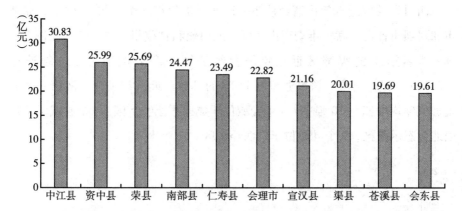

图1　2022年四川省县域民营经济第一产业增加值前10强

资料来源：2022年四川各县（市、区）主要经济指标（四川省统计局提供）。

四川省县域2022年民营经济第一产业增加值增速前10强中，成都市和凉山州各占3席，宜宾市占2席，德阳市和自贡市各占1席（见图2）。其中排名第1的广汉市民营经济第一产业增加值增速达56.95%，是2022年全省唯一该数据超过50%的县域。民营经济第一产业增加值增速前10强中，4个县域位于成都平原经济区，川南经济区和攀西经济区则各占3席。

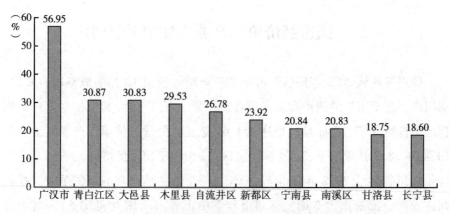

图2　2022年四川省县域民营经济第一产业增加值增速前10强

资料来源：2022年四川各县（市、区）主要经济指标（四川省统计局提供）。

四川省县域近五年民营经济第一产业增加值年均增速前 10 强中，成都市和阿坝州各占 3 席，雅安市占 2 席，凉山州和甘孜州各占 1 席（见图 3）。其中排名第 1 的郫都区近五年民营经济第一产业增加值年均增速达199.46%，是全省唯一该数据超过 150%的县域。近五年民营经济第一产业增加值年均增速前 10 强中，5 个县域位于成都平原经济区，4 个县域位于川西北生态示范区，1 个县域位于攀西经济区。

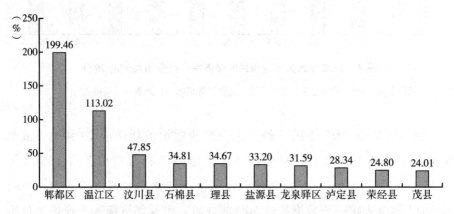

图 3　近五年四川省县域民营经济第一产业增加值年均增速前 10 强

资料来源：2018~2022 年四川各县（市、区）主要经济指标（四川省统计局提供）。

二　民营经济第二产业增加值前10强

四川省县域 2022 年民营经济第二产业增加值前 10 强中成都市占 6 席，绵阳市、遂宁市、泸州市和宜宾市各占 1 席（见图 4）。其中排名第 1 的郫都区民营经济第二产业增加值达 451.61 亿元。民营经济第二产业增加值前10 强中，8 个县域位于成都平原经济区，2 个位于川南经济区。

四川省县域 2022 年民营经济第二产业增加值增速前 10 强中，甘孜州占 6 席，成都市占 2 席，达州市和乐山市各占 1 席（见图 5）。其中排名第 1 的理塘县民营经济第二产业增加值增速达 100.38%，是 2022 年全省唯一该数据超过 100%的县域。民营经济第二产业增加值增速前 10 强

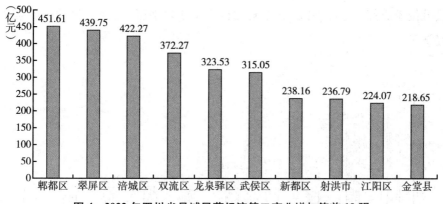

图4　2022年四川省县域民营经济第二产业增加值前10强

资料来源：2022年四川各县（市、区）主要经济指标（四川省统计局提供）。

中，6个县域位于川西北生态示范区，3个县域位于成都平原经济区，1个县域位于川东北经济区。

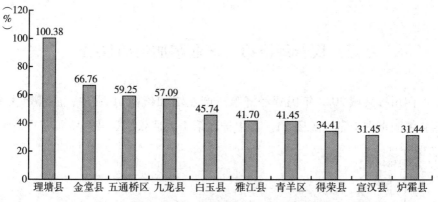

图5　2022年四川省县域民营经济第二产业增加值增速前10强

资料来源：2022年四川各县（市、区）主要经济指标（四川省统计局提供）。

四川省县域近五年民营经济第二产业增加值年均增速前10强中，甘孜州占3席，宜宾市占2席，阿坝州、成都市、绵阳市、乐山市和达州市各占1席（见图6）。其中排名第1的马尔康市近五年民营经济第二产业增加值年均增速达63.20%，是全省唯一该数据超过50%的县域。近五年民营经济第二产业增加值年均增速前10强中，4个县域位于川西北生态示范区，3个县域位于成都平原经济区，2个县域位于川南经济区，1个县域位于川东北经济区。

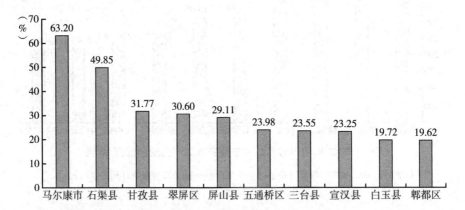

图6　近五年四川省县域民营经济第二产业增加值年均增速前10强

资料来源：2018~2022年四川各县（市、区）主要经济指标（四川省统计局提供）。

三　民营经济第三产业增加值前10强

四川省县域2022年民营经济第三产业增加值前10强中，成都市占9席，绵阳市占1席（见图7）。其中排名第1的武侯区民营经济第三产业增

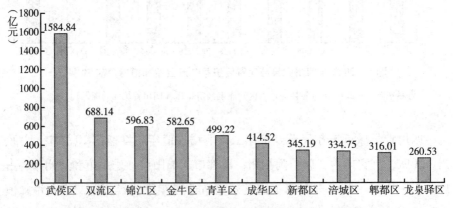

图7　2022年四川省县域民营经济第三产业增加值前10强

资料来源：2022年四川各县（市、区）主要经济指标（四川省统计局提供）。

加值达 1584.84 亿元,是 2022 年全省唯一该数据超过 1000 亿元的县域。民营经济第三产业增加值前 10 强都位于成都平原经济区。

四川省县域 2022 年民营经济第三产业增加值增速前 10 强中,成都市占 4 席,绵阳市占 2 席,德阳市、遂宁市、雅安市和达州市各占 1 席(见图 8)。其中排名第 1 的安居区民营经济第三产业增加值增速达 25.86%。民营经济第三产业增加值增速前 10 强中,9 个县域位于成都平原经济区,1 个县域位于川东北经济区。

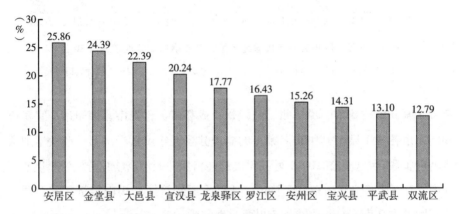

图 8 2022 年四川省县域民营经济第三产业增加值增速前 10 强

资料来源:2022 年四川各县(市、区)主要经济指标(四川省统计局提供)。

四川省县域近五年民营经济第三产业增加值年均增速前 10 强中,阿坝州占 5 席,成都市占 2 席,甘孜州、绵阳市和广元市各占 1 席(见图 9)。其中排名第 1 的壤塘县近五年民营经济第三产业增加值年均增速达 41.21%,是全省唯一该数据超过 40%的县域。近五年民营经济第三产业增加值年均增速前 10 强中,6 个县域位于川西北生态示范区,3 个县域位于成都平原经济区,1 个县域位于川东北经济区。

四 民营经济进步前10强

四川省县域近五年民营经济第一产业增加值排名进步前 10 强中,巴中

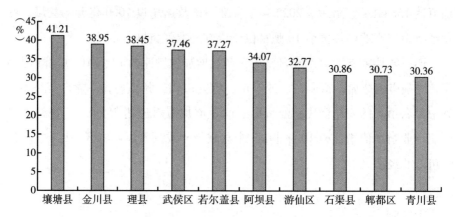

图9 近五年四川省县域民营经济第三产业增加值年均增速前10强

资料来源：2018~2022年四川各县（市、区）主要经济指标（四川省统计局提供）。

市占2席，攀枝花市、凉山州、阿坝州、成都市、雅安市、泸州市、宜宾市和广元市各占1席。其中排名第1的盐源县近五年民营经济第一产业增加值排名进步84名（见图10）。近五年民营经济第一产业增加值排名进步前10强中，3个县域位于川东北经济区，成都平原经济区、川南经济区和攀西经济区则各占2席，1个县域位于川西北生态区。

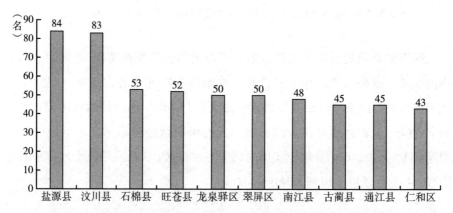

图10 近五年四川省县域民营经济第一产业增加值排名进步前10强

资料来源：2018~2022年四川各县（市、区）主要经济指标（四川省统计局提供）。

　　四川省县域近五年民营经济第二产业增加值排名进步前 10 强中，绵阳市和宜宾市各占 2 席，成都市、德阳市、乐山市、泸州市、南充市和达州市各占 1 席（见图 11）。其中排名第一的三台县近五年民营经济第二产业增加值排名进步 46 名。近五年民营经济第二产业增加值排名进步前 10 强中，5 个县域位于成都平原经济区，3 个县域位于川南经济区，2 个县域位于川东北经济区。

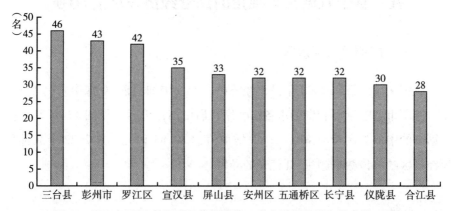

图 11　近五年四川省县域民营经济第二产业增加值排名进步前 10 强

资料来源：2018~2022 年四川各县（市、区）主要经济指标（四川省统计局提供）。

　　四川省县域近五年民营经济第三产业增加值排名进步前 10 强中，绵阳市和宜宾市各占 2 席，成都市、乐山市、眉山市、自贡市、泸州市和南充市各占 1 席（见图 12）。其中排名第 1 的游仙区近五年民营经济第三产业增加

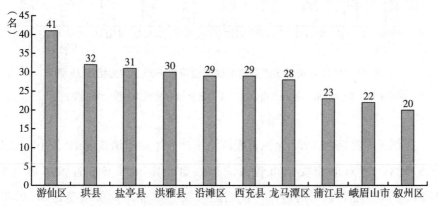

图 12　近五年四川省县域民营经济第三产业增加值排名进步前 10 强

资料来源：2018~2022 年四川各县（市、区）主要经济指标（四川省统计局提供）。

值排名进步 41 名，是全省唯一该数据超过 40 名的县域。近五年民营经济第三产业增加值排名进步前 10 强中，5 个县域位于成都平原经济区，4 个县域位于川南经济区，1 个县域位于川东北经济区。

五 基于五区共兴视角的民营经济发展前10强

（一）成都平原经济区

成都平原经济区 2022 年民营经济第一产业增加值前 10 强中乐山市占 3 席，德阳市、遂宁市和资阳市各占 2 席，眉山市占 1 席（见图 13）。其中排名第 1 的中江县民营经济第一产业增加值达 30.83 亿元，是 2022 年成都平原经济区唯一该数据超过 30 亿元的县域。

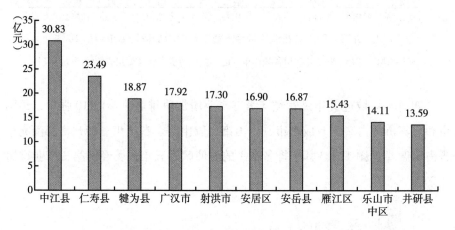

图 13　2022 年成都平原经济区民营经济第一产业增加值前 10 强

资料来源：2022 年四川各县（市、区）主要经济指标（四川省统计局提供）。

成都平原经济区 2022 年民营经济第一产业增加值增速前 10 强中，成都市占 4 席，德阳市和资阳市各占 2 席，眉山市和雅安市各占 1 席（见图 14）。其中排名第 1 的广汉市民营经济第一产业增加值增速达 56.95%，是 2022 年成都平原经济区唯一该数据超过 50% 的县域。

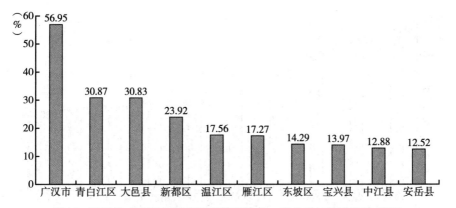

图 14　2022 年成都平原经济区民营经济第一产业增加值增速前 10 强

资料来源：2022 年四川各县（市、区）主要经济指标（四川省统计局提供）。

　　成都平原经济区近五年民营经济第一产业增加值年均增速前 10 强中，雅安市占 5 席，成都市占 3 席，德阳市和乐山市各占 1 席（见图 15）。其中排名第 1 的郫都区近五年民营经济第一产业增加值年均增速达 199.46%，是成都平原经济区唯一该数据超过 150% 的县域。

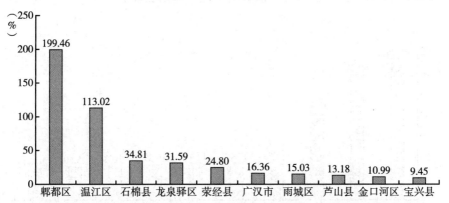

图 15　近五年成都平原经济区民营经济第一产业增加值年均增速前 10 强

资料来源：2018~2022 年四川各县（市、区）主要经济指标（四川省统计局提供）。

　　成都平原经济区 2022 年民营经济第二产业增加值前 10 强中，成都市占 6 席，绵阳市、遂宁市、乐山市和德阳市各占 1 席（见图 16）。其中排名第 1 的郫都区民营经济第二产业增加值达 451.67 亿元。

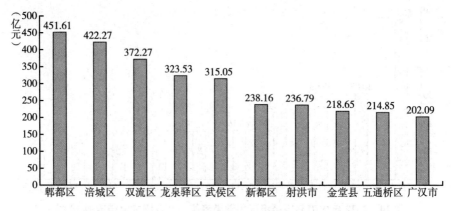

图16　2022年成都平原经济区民营经济第二产业增加值前10强

资料来源：2022年四川各县（市、区）主要经济指标（四川省统计局提供）。

成都平原经济区2022年民营经济第二产业增加值增速前10强中，成都市占4席，雅安市占2席，绵阳市、遂宁市、乐山市和眉山市各占1席（见图17）。其中排名第1的金堂县民营经济第二产业增加值增速达66.76%，是2022年成都平原经济区唯一该数据超过60%的县域。

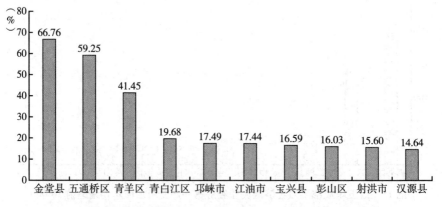

图17　2022年成都平原经济区民营经济第二产业增加值增速前10强

资料来源：2022年四川各县（市、区）主要经济指标（四川省统计局提供）。

成都平原经济区近五年民营经济第二产业增加值年均增速前10强中，绵阳市占4席，成都市占3席，德阳市、遂宁市和乐山市各占1席

（见图18）。其中排名第1的五通桥区近五年民营经济第二产业增加值年均增速达23.98%。

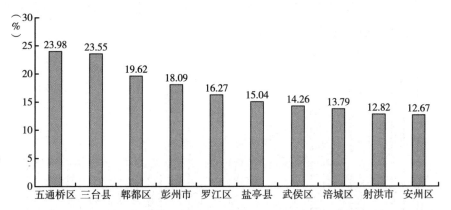

图18　近五年成都平原经济区民营经济第二产业增加值年均增速前10强

资料来源：2018~2022年四川各县（市、区）主要经济指标（四川省统计局提供）。

成都平原经济区2022年民营经济第三产业增加值前10强中，成都市占9席，绵阳市占1席（见图19）。其中排名第1的武侯区民营经济第三产业增加值达1584.84亿元，是2022年成都平原经济区唯一该数据超过1000亿元的县域。

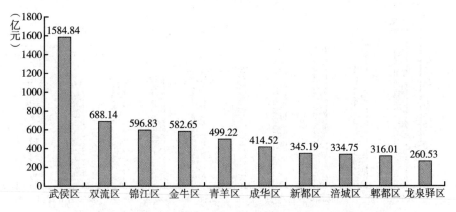

图19　2022年成都平原经济区民营经济第三产业增加值前10强

资料来源：2022年四川各县（市、区）主要经济指标（四川省统计局提供）。

2022 年成都平原经济区民营经济第三产业增加值增速前 10 强中成都市占 4 席，绵阳市和雅安市各占 2 席，德阳市和遂宁市各占 1 席（见图 20）。其中排名第 1 的安居区民营经济第三产业增加值增速达 25.86%，是成都平原经济区唯一该数据超过 25% 的县域。

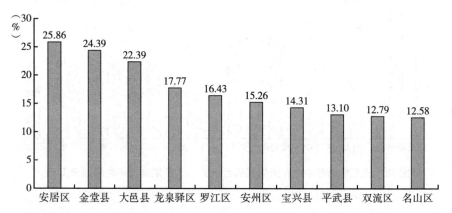

图 20　2022 年成都平原经济区民营经济第三产业增加值增速前 10 强

资料来源：2022 年四川各县（市、区）主要经济指标（四川省统计局提供）。

近五年成都平原经济区民营经济第三产业增加值年均增速前 10 强中成都市占 4 席，绵阳市占 3 席，乐山市占 2 席，眉山市占 1 席（见图 21）。

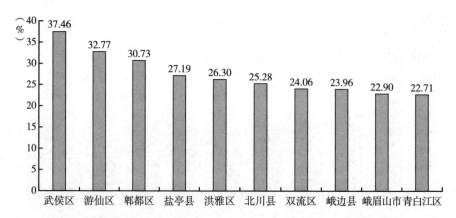

图 21　近五年成都平原经济区民营经济第三产业增加值年均增速前 10 强

资料来源：2018~2022 年四川各县（市、区）主要经济指标（四川省统计局提供）。

其中排名第 1 的武侯区近五年民营经济第三产业增加值年均增速达 37.46%，是成都平原经济区唯一该数据超过 35% 的县域。

（二）川南经济区

2022 年川南经济区民营经济第一产业增加值前 10 强中宜宾市占 4 席，泸州市占 3 席，自贡市占 2 席，内江市占 1 席（见图 22）。其中排名第 1 的资中县民营经济第一产业增加值达 25.99 亿元。

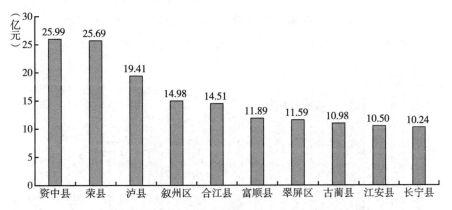

图 22　2022 年川南经济区民营经济第一产业增加值前 10 强

资料来源：2022 年四川各县（市、区）主要经济指标（四川省统计局提供）。

2022 年川南经济区民营经济第一产业增加值增速前 10 强中，宜宾市占 8 席，自贡市和内江市各占 1 席（见图 23）。其中排名第 1 的自流井区民营经济第一产业增加值增速达 26.78%，是 2022 年川南经济区唯一该数据超过 25% 的县域。

近五年川南经济区民营经济第一产业增加值年均增速前 10 强中，泸州市占 5 席，宜宾市占 4 席，自贡市占 1 席（见图 24）。其中排名第 1 的翠屏区近五年民营经济第一产业增加值年均增速达 16.44%，是川南经济区唯一该数据超过 15% 的县域。

2022 年川南经济区民营经济第二产业增加值前 10 强中，泸州市占 4 席，自贡市、内江市和宜宾市各占 2 席（见图 25）。其中排名第 1 的翠屏区民营经济第二产业增加值达 439.75 亿元，是川南经济区唯一该数据超过 300 亿元的县域。

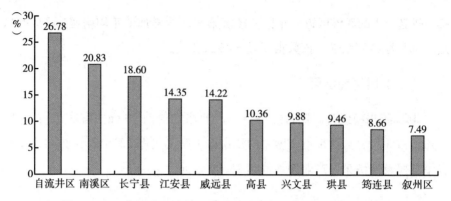

图 23　2022 年川南经济区民营经济第一产业增加值增速前 10 强

资料来源：2022 年四川各县（市、区）主要经济指标（四川省统计局提供）。

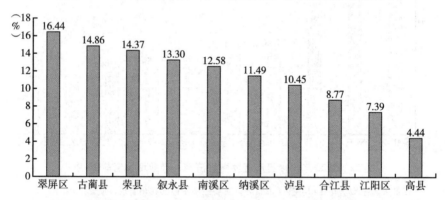

图 24　近五年川南经济区民营经济第一产业增加值年均增速前 10 强

资料来源：2018~2022 年四川各县（市、区）主要经济指标（四川省统计局提供）。

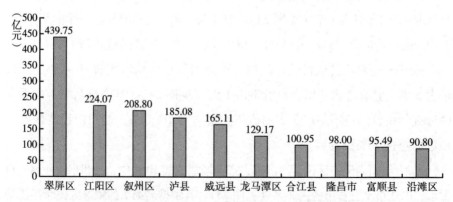

图 25　2022 年川南经济区民营经济第二产业增加值前 10 强

资料来源：2022 年四川各县（市、区）主要经济指标（四川省统计局提供）。

2022 年川南经济区民营经济第二产业增加值增速前 10 强中，泸州市占 5 席，宜宾市占 4 席，自贡市占 1 席（见图 26）。其中排名第 1 的兴文县民营经济第二产业增加值增速达 17.55%。

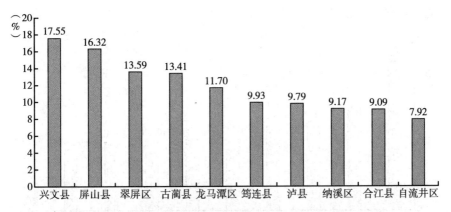

图 26　2022 年川南经济区民营经济第二产业增加值增速前 10 强

资料来源：2022 年四川各县（市、区）主要经济指标（四川省统计局提供）。

近五年川南经济区民营经济第二产业增加值年均增速前 10 强中，宜宾市占 5 席，泸州市占 4 席，内江市占 1 席（见图 27）。其中排名第 1 的翠屏区近五年民营经济第二产业增加值年均增速达 30.60%，是川南经济区唯一该数据超过 30%的县域。

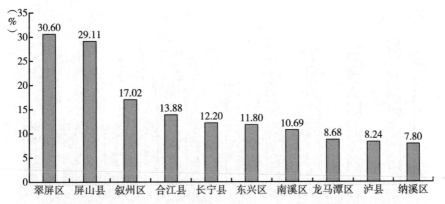

图 27　近五年川南经济区民营经济第二产业增加值年均增速前 10 强

资料来源：2018~2022 年四川各县（市、区）主要经济指标（四川省统计局提供）。

2022 年川南经济区民营经济第三产业增加值前 10 强中，泸州市和内江市各占 3 席，自贡市和宜宾市各占 2 席（见图 28）。其中排名第 1 的翠屏区民营经济第三产业增加值达 227.27 亿元，是 2022 年川南经济区唯一该数据超过 200 亿元的县域。

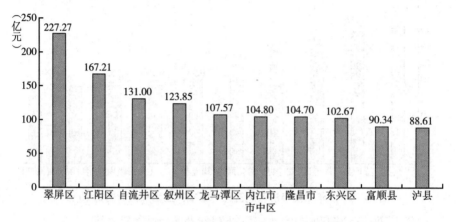

图 28　2022 年川南经济区民营经济第三产业增加值前 10 强

资料来源：2022 年四川各县（市、区）主要经济指标（四川省统计局提供）。

2022 年川南经济区民营经济第三产业增加值增速前 10 强中，宜宾市占 5 席，泸州市占 4 席，自贡市占 1 席（见图 29）。其中排名第 1 的自流井区民营经济第三产业增加值增速达 12.25%。

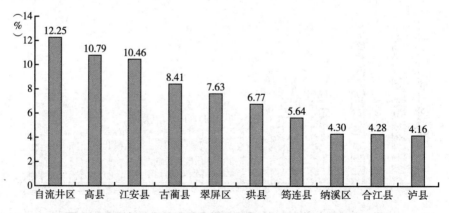

图 29　2022 年川南经济区民营经济第三产业增加值增速前 10 强

资料来源：2022 年四川各县（市、区）主要经济指标（四川省统计局提供）。

近五年川南经济区民营经济第三产业增加值年均增速前 10 强中，宜宾市占 7 席，自贡市占 2 席，泸州市占 1 席（见图 30）。其中排名第 1 的珙县近五年民营经济第三产业增加值年均增速达 27.99%。

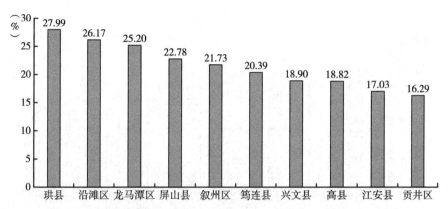

图 30　近五年川南经济区民营经济第三产业增加值年均增速前 10 强

资料来源：2018~2022 年四川各县（市、区）主要经济指标（四川省统计局提供）。

（三）川东北经济区

2022 年川东北经济区民营经济第一产业增加值前 10 强中，南充市和达州市各占 3 席，广元市和广安市各占 2 席（见图 31）。其中排名第 1 的南部县民营经济第一产业增加值达 24.46 亿元。

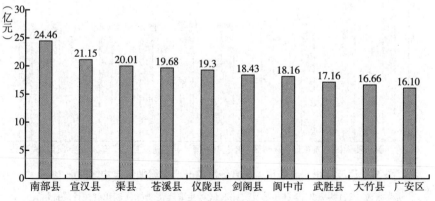

图 31　2022 年川东北经济区民营经济第一产业增加值前 10 强

资料来源：2022 年四川各县（市、区）主要经济指标（四川省统计局提供）。

2022 年川东北经济区民营经济第一产业增加值增速前 10 强中，巴中市占 5 席，广元市和南充市各占 2 席，达州市占 1 席（见图 32）。其中排名第 1 的宣汉县民营经济第一产业增加值增速达 14.13%。

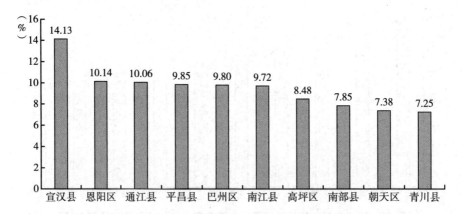

图 32　2022 年川东北经济区民营经济第一产业增加值增速前 10 强

资料来源：2022 年四川各县（市、区）主要经济指标（四川省统计局提供）。

近五年川东北经济区民营经济第一产业增加值年均增速前 10 强中，广元市占 5 席，巴中市占 3 席，广安市占 2 席（见图 33）。其中排名第 1 的青川县近五年民营经济第一产业增加值年均增速达 22.06%。

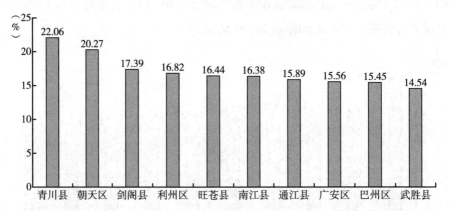

图 33　近五年川东北经济区民营经济第一产业增加值年均增速前 10 强

资料来源：2018~2022 年四川各县（市、区）主要经济指标（四川省统计局提供）。

2022 年川东北经济区民营经济第二产业增加值前 10 强中，达州市占 5 席，南充市占 4 席，广元市占 1 席（见图 34）。其中排名第 1 的宣汉县民营经济第二产业增加值达 195.89 亿元，是川东北经济区唯一该数据超过 180 亿元的县域。

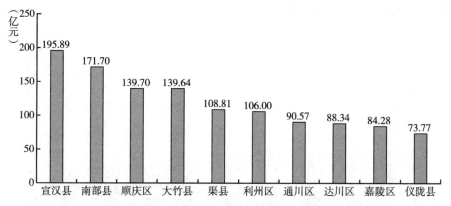

图 34　2022 年川东北经济区民营经济第二产业增加值前 10 强

资料来源：2022 年四川各县（市、区）主要经济指标（四川省统计局提供）。

2022 年川东北经济区民营经济第二产业增加值增速前 10 强中，达州市占 6 席，广元市占 3 席，南充市占 1 席（见图 35）。其中排名第 1 的宣汉县民营经济第二产业增加值增速达 31.45%，是川东北经济区唯一该数据超过 10% 的县域。

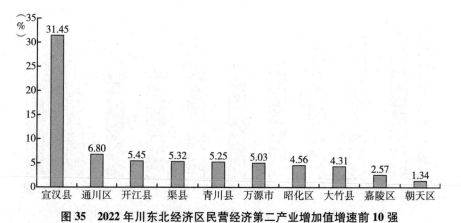

图 35　2022 年川东北经济区民营经济第二产业增加值增速前 10 强

资料来源：2022 年四川各县（市、区）主要经济指标（四川省统计局提供）。

近五年川东北经济区民营经济第二产业增加值年均增速前 10 强中，南充市占 6 席，达州市占 3 席，广元市占 1 席（见图 36）。其中排名第 1 的宣汉县近五年民营经济第二产业增加值年均增速达 23.25%，是川东北经济区唯一该数据超过 20% 的县域。

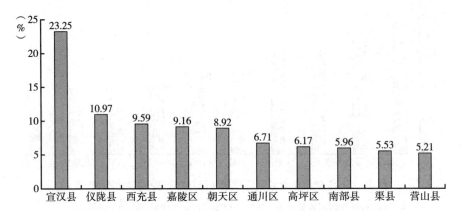

图 36　近五年川东北经济区民营经济第二产业增加值年均增速前 10 强

资料来源：2018~2022 年四川各县（市、区）主要经济指标（四川省统计局提供）。

2022 年川东北经济区民营经济第三产业增加值前 10 强中，达州市占 5 席，南充市占 3 席，广元市和广安市各占 1 席（见图 37）。其中排名第 1 的

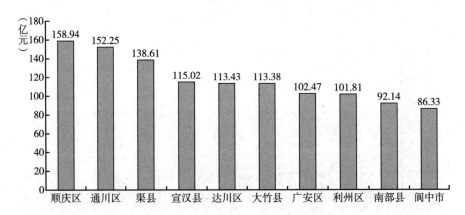

图 37　2022 年川东北经济区民营经济第三产业增加值前 10 强

资料来源：2022 年四川各县（市、区）主要经济指标（四川省统计局提供）。

顺庆区民营经济第三产业增加值达 158.94 亿元。

2022 年川东北经济区民营经济第三产业增加值增速前 10 强中，广元市占 4 席，达州市占 3 席，广安市占 2 席，南充市占 1 席（见图 38）。其中排名第 1 的宣汉县民营经济第三产业增加值增速达 20.24%，是川东北经济区唯一该数据超过 20% 的县域。

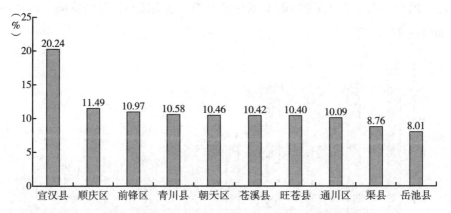

图 38　2022 年川东北经济区民营经济第三产业增加值增速前 10 强

资料来源：2022 年四川各县（市、区）主要经济指标（四川省统计局提供）。

近五年川东北经济区民营经济第三产业增加值年均增速前 10 强中，广元市和南充市各占 4 席，达州市占 2 席（见图 39）。其中排名第 1 的青川县

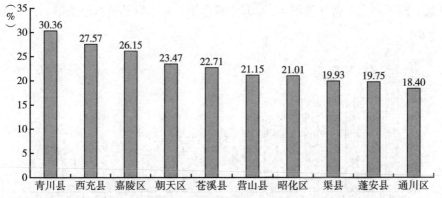

图 39　近五年川东北经济区民营经济第三产业增加值年均增速前 10 强

资料来源：2018~2022 年四川各县（市、区）主要经济指标（四川省统计局提供）。

近五年民营经济第三产业增加值年均增速达 30.36%，是川东北经济区唯一该数据超过 30% 的县域。

（四）攀西经济区

2022 年攀西经济区民营经济第一产业增加值前 10 强中，攀枝花市占 3 席，阿坝州占 7 席（见图 40）。其中排名第 1 的会理市民营经济第一产业增加值达 22.82 亿元。

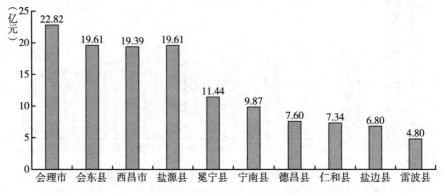

图 40　2022 年攀西经济区民营经济第一产业增加值前 10 强

资料来源：2022 年四川各县（市、区）主要经济指标（四川省统计局提供）。

2022 年攀西经济区民营经济第一产业增加值增速前 10 强中，攀枝花市占 4 席，阿坝州占 6 席（见图 41）。其中排名第 1 的木里县民营经济第一产业增

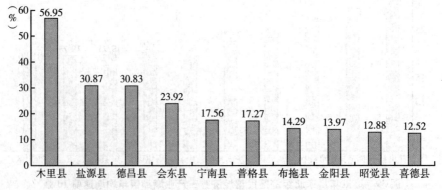

图 41　2022 年攀西经济区民营经济第一产业增加值增速前 10 强

资料来源：2022 年四川各县（市、区）主要经济指标（四川省统计局提供）。

加值增速达 56.95%，是 2022 年攀西经济区唯一该数据超过 50% 的县域。

近五年攀西经济区民营经济第一产业增加值年均增速前 10 强中，攀枝花市占 5 席，阿坝州占 5 席（见图 42）。其中排名第 1 的西昌市近五年民营经济第一产业增加值年均增速达 199.46%，是攀西经济区唯一该数据超过 150% 的县域。

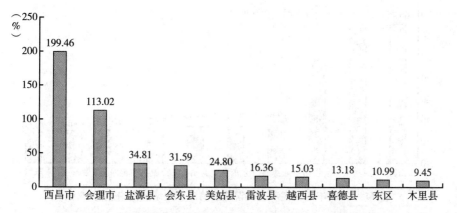

图 42　近五年攀西经济区民营经济第一产业增加值年均增速前 10 强

资料来源：2018~2022 年四川各县（市、区）主要经济指标（四川省统计局提供）。

2022 年攀西经济区民营经济第二产业增加值前 10 强中，攀枝花市占 3 席，阿坝州占 7 席（见图 43）。其中排名第 1 的盐源县民营经济第二产业增加值达 451.61 亿元。

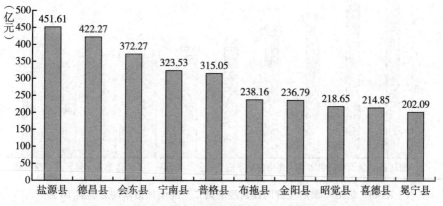

图 43　2022 年攀西经济区民营经济第二产业增加值前 10 强

资料来源：2022 年四川各县（市、区）主要经济指标（四川省统计局提供）。

2022 年攀西经济区民营经济第二产业增加值增速前 10 强中，攀枝花市占 2 席，阿坝州占 8 席（见图 44）。其中排名第 1 的西区民营经济第二产业增加值增速达 66.76%，是 2022 年攀西经济区唯一该数据超过 60%的县域。

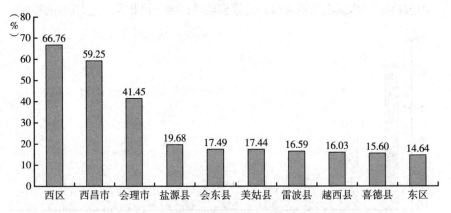

图 44　2022 年攀西经济区民营经济第二产业增加值增速前 10 强

资料来源：2022 年四川各县（市、区）主要经济指标（四川省统计局提供）。

近五年攀西经济区民营经济第二产业增加值年均增速前 10 强均来自凉山州下辖的县域（见图 45）。其中排名第 1 的德昌县近五年民营经济第二产业增加值年均增速达 23.98%。

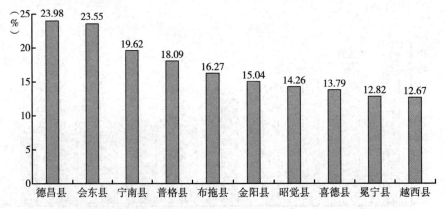

图 45　近五年攀西经济区民营经济第二产业增加值年均增速前 10 强

资料来源：2018~2022 年四川各县（市、区）主要经济指标（四川省统计局提供）。

2022 年攀西经济区民营经济第三产业增加值前 10 强中，攀枝花市占 9 席，凉山州占 1 席（见图 46）。其中排名第 1 的西昌市民营经济第三产业增加值达 1584.84 亿元，是 2022 年攀西经济区唯一该数据超过 1000 亿元的县域。

图 46　2022 年攀西经济区民营经济第三产业增加值前 10 强

资料来源：2022 年四川各县（市、区）主要经济指标（四川省统计局提供）。

2022 年攀西经济区民营经济第三产业增加值增速前 10 强中凉山州占 9 席，攀枝花市占 1 席（见图 47）。其中排名第 1 的西昌市民营经济第三产业增加值增速达 199.46%，排名第 2 的会理市增速达 113.02%，是攀西经济区仅有的两个增速超过 100%的县域。

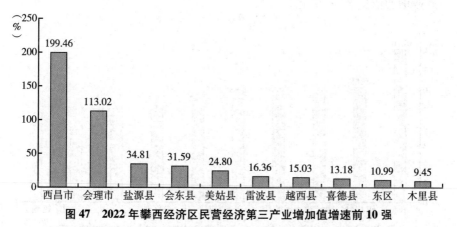

图 47　2022 年攀西经济区民营经济第三产业增加值增速前 10 强

资料来源：2022 年四川各县（市、区）主要经济指标（四川省统计局提供）。

近五年攀西经济区民营经济第三产业增加值年均增速前 10 强中，攀枝花市占 4 席，阿坝州占 6 席（见图 48）。其中排名第 1 的盐源县近五年民营经济第三产业增加值年均增速达 37.46%，是攀西经济区唯一该数据超过 35% 的县域。

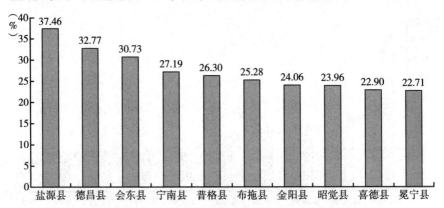

图 48　近五年攀西经济区民营经济第三产业增加值年均增速前 10 强

资料来源：2018~2022 年四川各县（市、区）主要经济指标（四川省统计局提供）。

（五）川西北生态示范区

2022 年川西北生态示范区民营经济第一产业增加值前 10 强中，甘孜州占 7 席，阿坝州占 3 席（见图 49）。其中排名第 1 的中若尔盖县民营经济第一产业增加值达 8.16 亿元。

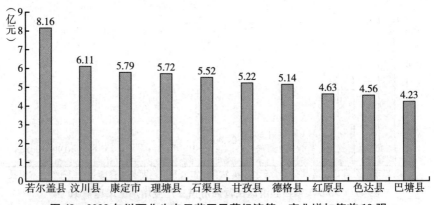

图 49　2022 年川西北生态示范区民营经济第一产业增加值前 10 强

资料来源：2022 年四川各县（市、区）主要经济指标（四川省统计局提供）。

2022 年川西北生态示范区民营经济第一产业增加值增速前 10 强中，甘孜州占 2 席，阿坝州占 8 席（见图 50）。其中排名第 1 的汶川县民营经济第一产业增加值增速达 3.49%，是 2022 年川西北生态示范区唯一该数据超过 3% 的县域。

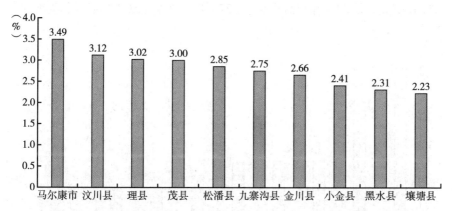

图 50　2022 年川西北生态示范区民营经济第一产业增加值增速前 10 强

资料来源：2022 年四川各县（市、区）主要经济指标（四川省统计局提供）。

近五年川西北生态示范区民营经济第一产业增加值年均增速前 10 强中甘孜州占 3 席，阿坝州占 7 席（见图 51）。其中排名第 1 的汶川县近五年民

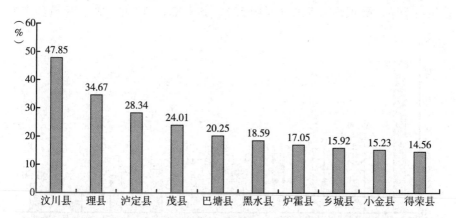

图 51　近五年川西北生态示范区民营经济第一产业增加值年均增速前 10 强

资料来源：2018~2022 年四川各县（市、区）主要经济指标（四川省统计局提供）。

营经济第一产业增加值年均增速达 47.85%，是川西北生态示范区唯一该数据超过 40% 的县域。

2022 年川西北生态示范区民营经济第二产业增加值前 10 强中，甘孜州占 2 席，阿坝州占 8 席（见图 52）。其中排名第 1 的汶川县民营经济第二产业增加值达 20.31 亿元，是 2022 年川西北生态示范区唯一该数据超过 20 亿元的县域。

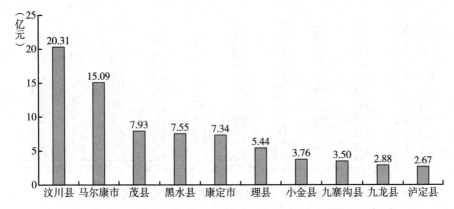

图 52　2022 年川西北生态示范区民营经济第二产业增加值前 10 强

资料来源：2022 年四川各县（市、区）主要经济指标（四川省统计局提供）。

2022 年川西北生态示范区民营经济第二产业增加值增速前 10 强中，甘孜州占 5 席，阿坝州占 5 席（见图 53）。其中排名第 1 的理塘县民营经济第

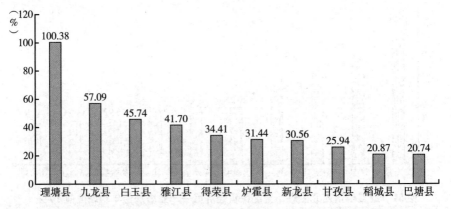

图 53　2022 年川西北生态示范区民营经济第二产业增加值增速前 10 强

资料来源：2022 年四川各县（市、区）主要经济指标（四川省统计局提供）。

二产业增加值增速达 100.38%，是 2022 年川西北生态示范区唯一该数据超过 100% 的县域。

近五年川西北生态示范区民营经济第二产业增加值年均增速前 10 强中，甘孜州占 3 席，阿坝州占 7 席（见图 54）。其中排名第 1 的马尔康市近五年民营经济第二产业增加值年均增速达 63.20%，是川西北生态示范区唯一该数据超过 60% 的县域。

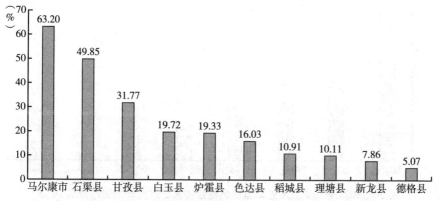

图 54　近五年川西北生态示范区民营经济第二产业增加值年均增速前 10 强

资料来源：2018~2022 年四川各县（市、区）主要经济指标（四川省统计局提供）。

2022 年川西北生态示范区民营经济第三产业增加值前 10 强中，甘孜州占 4 席，阿坝州占 6 席（见图 55）。其中排名第 1 的康定市民营经济第三产业

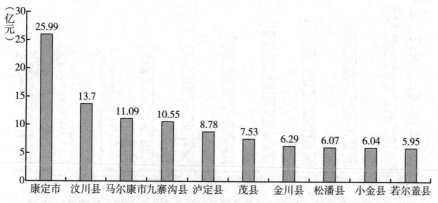

图 55　川西北生态示范区 2022 年民营经济第三产业增加值前 10 强

资料来源：2022 年四川各县（市、区）主要经济指标（四川省统计局提供）。

增加值达 25.99 亿元，是 2022 年川西北生态示范区唯一该数据超过 20 亿元的县域。

2022 年川西北生态示范区民营经济第三产业增加值增速前 10 强中，甘孜州占 6 席，阿坝州占 4 席（见图 56）。其中排名第 1 的汶川县民营经济第三产业增加值增速达 4.96%，是 2022 年川西北生态示范区唯一该数据超过 4% 的县域。

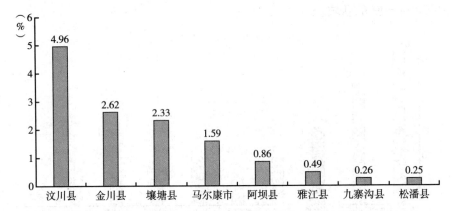

图 56　2022 年川西北生态示范区民营经济第三产业增加值增速前 10 强

资料来源：2022 年四川各县（市、区）主要经济指标（四川省统计局提供）。

近五年川西北生态示范区民营经济第三产业增加值年均增速前 10 强中，甘孜州占 3 席，阿坝州占 7 席（见图 57）。其中排名第 1 的壤塘县近五年民

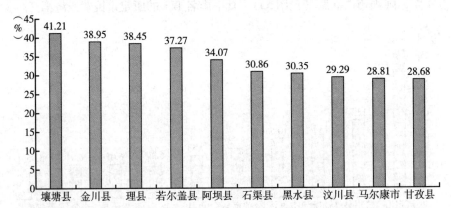

图 57　近五年川西北生态示范区民营经济第三产业增加值年均增速前 10 强

资料来源：2018~2022 年四川各县（市、区）主要经济指标（四川省统计局提供）。

营经济第三产业增加值年均增速达 42.21%，是川西北生态示范区唯一该数据超过 40% 的县域。

六 基于主体功能区视角的民营经济发展前10强

（一）城市主城区

2022 年城市主城区民营经济第一产业增加值前 10 强中，成都平原经济区占 3 席，川南经济区占 2 席，攀西经济区占 4 席，川东北占 1 席（见图 58）。其中排名第 1 的安居区民营经济第一产业增加值达 16.92 亿元。

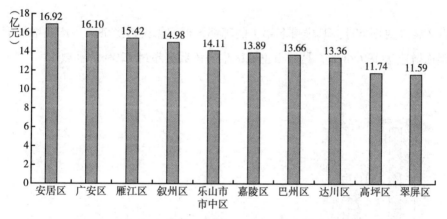

图 58 2022 年城市主城区民营经济第一产业增加值前 10 强

资料来源：2022 年四川各县（市、区）主要经济指标（四川省统计局提供）。

2022 年城市主城区民营经济第一产业增加值增速前 10 强中成都平原经济区占 2 席，川南经济区占 3 席，攀西经济区占 2 席，川东北经济区占 3 席（见图 59）。其中排名第 1 的青白江区民营经济第一产业增加值增速达 30.87%，是 2022 年城市主城区唯一该数据超过 30% 的县域。

近五年城市主城区民营经济第一产业增加值年均增速前 10 强中，成都平原经济区占 3 席，川南经济区占 3 席，攀西经济区占 2 席，川东北经济区

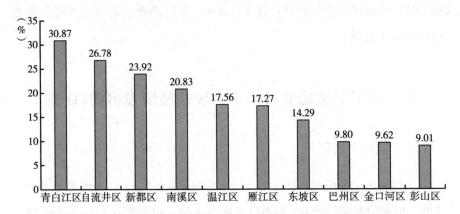

图 59　2022 年城市主城区民营经济第一产业增加值增速前 10 强

资料来源：2022 年四川各县（市、区）主要经济指标（四川省统计局提供）。

占 2 席（见图 60）。其中排名第 1 的郫都区近五年民营经济第一产业增加值年均增速达 199.46%，是城市主城区唯一该数据超过 120% 的县域。

图 60　近五年城市主城区民营经济第一产业增加值年均增速前 10 强

资料来源：2018~2022 年四川各县（市、区）主要经济指标（四川省统计局提供）。

　　2022 年城市主城区民营经济第二产业增加值前 10 强中，成都平原经济区占 7 席，川南经济区占 3 席（见图 61）。其中排名第 1 的郫都区民营经济第二产业增加值达 451.6 亿元。

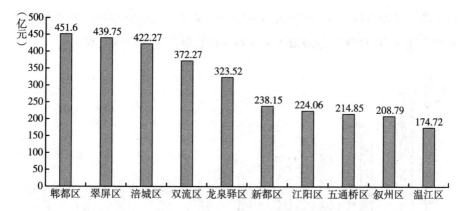

图 61　2022 年城市主城区民营经济第二产业增加值前 10 强

资料来源：2022 年四川各县（市、区）主要经济指标（四川省统计局提供）。

2022 年城市主城区民营经济第二产业增加值增速前 10 强中，成都平原经济区占 2 席，川南经济区占 3 席，攀西经济区占 2 席，川东北经济区占 3 席（见图 62）。其中排名第 1 的五通桥区民营经济第二产业增加值增速达 59.25%，是 2022 年城市主城区唯一该数据超过 50% 的县域。

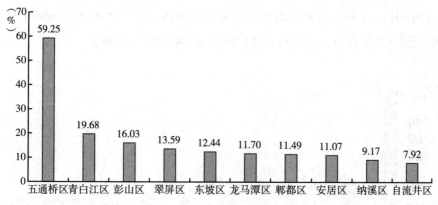

图 62　2022 年城市主城区民营经济第二产业增加值增速前 10 强

资料来源：2022 年四川各县（市、区）主要经济指标（四川省统计局提供）。

近五年城市主城区民营经济第二产业增加值年均增速前 10 强中，成都平原经济区占 3 席，川南经济区占 3 席，攀西经济区占 3 席，川东北经济区占 1 席（见图 63）。其中排名第 1 的翠屏区近五年民营经济第二产业增加值年均增速达 30.60%，是城市主城区唯一该数据超过 30% 的县域。

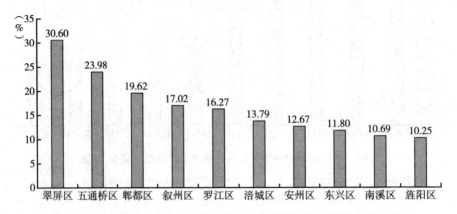

图 63　近五年城市主城区民营经济第二产业增加值年均增速前 10 强

资料来源：2018~2022 年四川各县（市、区）主要经济指标（四川省统计局提供）。

2022 年城市主城区民营经济第三产业增加值前 10 强中，成都平原经济区占 4 席，川南经济区占 1 席，攀西经济区占 4 席，川东北经济区占 1 席（见图 64）。其中排名第 1 的双流区民营经济第三产业增加值达 688.13 亿元，是 2022 年城市主城区唯一该数据超过 600 亿元的区域。

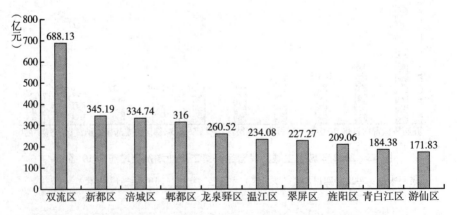

图 64　2022 年城市主城区民营经济第三产业增加值前 10 强

资料来源：2022 年四川各县（市、区）主要经济指标（四川省统计局提供）。

2022 年城市主城区民营经济第三产业增加值增速前 10 强中，成都平原经济区占 4 席，川南经济区占 3 席，攀西经济区占 2 席，川东北经济区占 1 席（见图 65）。其中排名第 1 的安居区民营经济第一产业增加值增速达 25.86%，是 2022 年城市主城区唯一该数据超过 20%的县域。

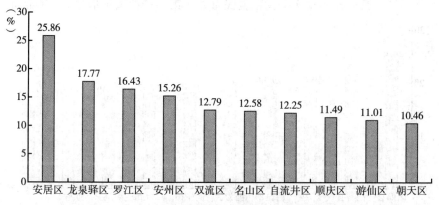

图 65　2022 年城市主城区民营经济第三产业增加值增速前 10 强

资料来源：2022 年四川各县（市、区）主要经济指标（四川省统计局提供）。

近五年城市主城区民营经济第三产业增加值年均增速前 10 强中，成都平原经济区占 3 席，川南经济区占 3 席，攀西经济区占 1 席，川东北经济区占 3 席（见图 66）。其中排名第 1 的游仙区近五年民营经济第三产业增加值年均增速达 32.77%，是城市主城区唯一该数据超过 30%的县域。

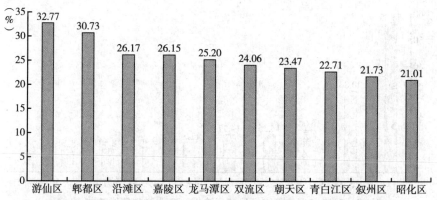

图 66　近五年城市主城区民营经济第三产业增加值年均增速前 10 强

资料来源：2018~2022 年四川各县（市、区）主要经济指标（四川省统计局提供）。

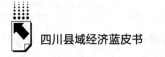

（二）重点开发区

2022 年重点开发区民营经济第一产业增加值前 10 强中，成都平原经济区占 2 席，川南经济区占 2 席，攀西经济区占 3 席，川东北经济区占 3 席（见图 67）。其中排名第 1 的南部县民营经济第一产业增加值达 24.46 亿元。

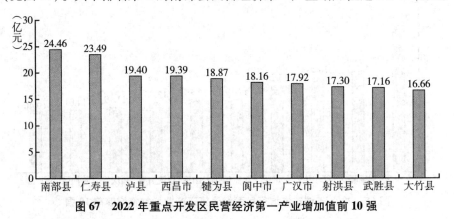

图 67　2022 年重点开发区民营经济第一产业增加值前 10 强

资料来源：2022 年四川各县（市、区）主要经济指标（四川省统计局提供）。

2022 年重点开发区民营经济第一产业增加值增速前 10 强中，成都平原经济区占 4 席，川南经济区占 3 席，攀西经济区占 2 席，川东北经济区占 1 席（见图 68）。其中排名第 1 的广汉市民营经济第一产业增加值增速达 56.95%，是 2022 年重点开发区唯一该数据超过 50% 的县域。

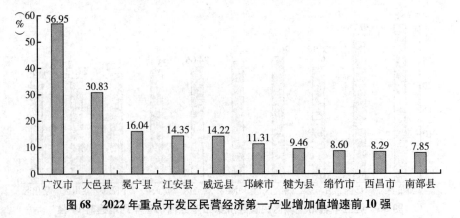

图 68　2022 年重点开发区民营经济第一产业增加值增速前 10 强

资料来源：2022 年四川各县（市、区）主要经济指标（四川省统计局提供）。

近五年重点开发区民营经济第一产业增加值年均增速前 10 强中，成都平原经济区占 1 席，川南经济区占 3 席，攀西经济区占 4 席，川东北经济区占 2 席（见图 69）。其中排名第 1 的荥经县近五年民营经济第一产业增加值年均增速达 24.80%，是重点开发区唯一该数据超过 20% 的县域。

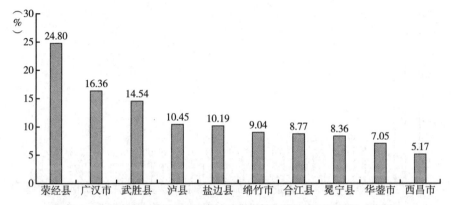

图 69 近五年重点开发区民营经济第一产业增加值年均增速前 10 强

资料来源：2018~2022 年四川各县（市、区）主要经济指标（四川省统计局提供）。

2022 年重点开发区民营经济第二产业增加值前 10 强中，成都平原经济区占 3 席，川南经济区占 2 席，攀西经济区占 4 席，川东北经济区占 1 席（见图 70）。其中排名第 1 的射洪市民营经济第二产业增加值达 236.78 亿元，超过 200 亿元的县域有 4 个。

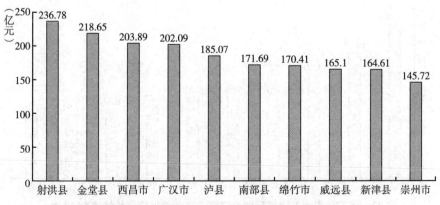

图 70 2022 年重点开发区民营经济第二产业增加值前 10 强

资料来源：2022 年四川各县（市、区）主要经济指标（四川省统计局提供）。

2022 年重点开发区民营经济第二产业增加值增速前 10 强中，成都平原经济区占 2 席，川南经济区占 3 席，攀西经济区占 2 席，川东北经济区占 3 席（见图 71）。其中排名第 1 的金堂县民营经济第二产业增加值增速达 66.76%，是 2022 年重点开发区唯一该数据超过 60% 的县域。

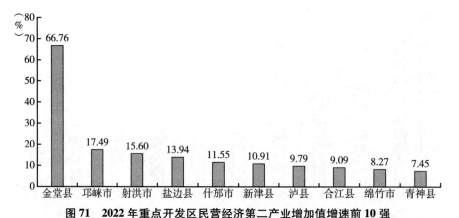

图 71　2022 年重点开发区民营经济第二产业增加值增速前 10 强

资料来源：2022 年四川各县（市、区）主要经济指标（四川省统计局提供）。

近五年重点开发区民营经济第二产业增加值年均增速前 10 强中，成都平原经济区占 1 席，川南经济区占 3 席，攀西经济区占 2 席，川东北经济区占 4 席（见图 72）。其中排名第 1 的彭州市近五年民营经济第二产业增加值年均增速达 18.09%，是重点开发区唯一该数据超过 18% 的县域。

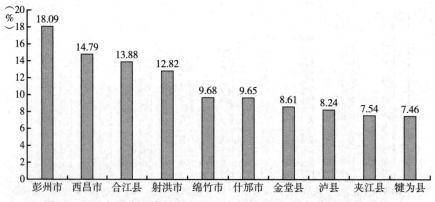

图 72　近五年重点开发区民营经济第二产业增加值年均增速前 10 强

资料来源：2018~2022 年四川各县（市、区）主要经济指标（四川省统计局提供）。

2022 年重点开发区民营经济第三产业增加值前 10 强中，成都平原经济区占 3 席，川南经济区占 1 席，攀西经济区占 4 席，川东北经济区占 2 席（见图 73）。其中排名第 1 的都江堰市民营经济第三产业增加值达 183.27 亿元，超过 150 亿元的县域有 2 个。

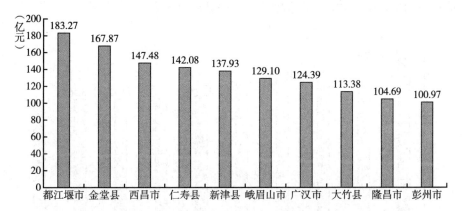

图 73　2022 年重点开发区民营经济第三产业增加值前 10 强

资料来源：2022 年四川各县（市、区）主要经济指标（四川省统计局提供）。

2022 年重点开发区民营经济第三产业增加值增速前 10 强中，成都平原经济区占 2 席，川南经济区占 3 席，攀西经济区占 2 席，川东北经济区占 3 席（见图 74）。其中排名第 1 的金堂县民营经济第三产业增加值增速达 24.39%，

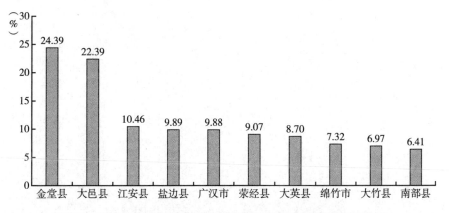

图 74　2022 年重点开发区民营经济第三产业增加值增速前 10 强

资料来源：2022 年四川各县（市、区）主要经济指标（四川省统计局提供）。

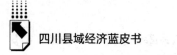

超过20%的县域有2个。

　　近五年重点开发区民营经济第三产业增加值年均增速前10强中，成都平原经济区占3席，川南经济区占3席，攀西经济区占2席，川东北经济区占2席（见图75）。其中排名第1的峨眉山市近五年民营经济第三产业增加值年均增速达22.90%，增速超过20%的县域有3个。

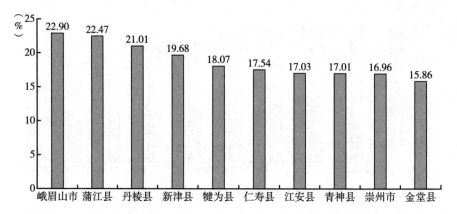

图75　近五年重点开发区民营经济第三产业增加值年均增速前10强

资料来源：2018~2022年四川各县（市、区）主要经济指标（四川省统计局提供）。

县域案例篇

B.12
民族县高质量发展的"汶川县样本"

杨继瑞*

摘 要： 汶川县在推动民族自治县高质量发展中，深入贯彻习近平新时代中国特色社会主义思想，以中国式现代化为引领，探索了一系列发展路径，逐步形成了"汶川样本"。汶川在经济、生态、社会、文化建设等方面取得了显著成效，形成了民族县域高质量发展的新模式。汶川通过强化产业内生动力、深化改革、推进创新、优化资源配置等举措，汶川逐步走出了一条生态优先、绿色发展的道路，为其他民族县域现代化建设和高质量发展树立了样板。

关键词： 民族自治县 县域发展 生态优先 乡村振兴 汶川县

理论就是武器，思想就是力量。党的二十大举旗定向、擘画未来，系统

---

* 杨继瑞，博士，西南财经大学教授，主要研究方向为区域经济、农村经济、国土资源与房地产经济。

阐释了中国式现代化的中国特色、本质要求和必须牢牢把握的重大原则，深刻回答了中国式现代化一系列重大理论和实践问题，为全面建成社会主义现代化强国明确了方向指引。党的二十大报告指出，"高质量发展是全面建设社会主义现代化国家的首要任务。发展是党执政兴国的第一要务"。要推动汶川改革发展，最根本的一条就是以习近平新时代中国特色社会主义思想统领一切工作，深入领会习近平新时代中国特色社会主义思想的深刻内涵，切实用党的创新理论武装头脑、指导实践、推动工作。要坚决按照习近平总书记来川视察的重要指示和要求，以学习贯彻习近平新时代中国特色社会主义思想主题教育为抓手，"学思想、强党性、重实践、建新功"，推动汶川高质量发展，奋力建设中国式现代化民族县域的"汶川样本"。

一 中国式现代化：汶川高质量发展的引领

高质量发展引领区建设是阿坝州委赋予汶川的任务，也是县第十三次党代会确定的核心目标。汶川作为民族县域，建设阿坝州经济高质量发展的引领区，就是要建设中国式现代化民族县域先行区，奋力建设中国式现代化民族县域的"汶川样本"。

四川省委十二届二次全会明确提出，以中国式现代化引领四川现代化建设，以成渝地区双城经济圈建设为总牵引，以"四化同步、城乡融合、五区共兴"为总抓手，坚持"讲政治、抓发展、惠民生、保安全"工作总思路，推动治蜀兴川再上新台阶，在新的征程上奋力谱写四川发展新篇章。

2022年12月，州委十二届二次全会指出，全面建设社会主义现代化新阿坝，是新时代稳州兴州事业的总体目标，强调要以党的政治建设为统领，不等不靠、团结奋斗，高质量推进"一州两区三家园"建设，加快建设人与自然和谐共生、经济赶超跨越、各族群众共同富裕、基层治理科学高效、各民族团结进步的现代化新阿坝。

贯彻党的二十大精神，遵循习近平总书记的嘱托，按照四川省、阿坝州赋予汶川的使命任务，抢抓乡村振兴、东西部协作、成渝地区双城经济圈建设、川西北生态示范区建设、州委支持汶川建设高质量发展引领区等重大机遇，汶川在奋力建设中国式现代化民族县域"汶川样本"的征程中，抓铁有痕、勇毅前行，不断取得县域高质量发展的新成就。

二　汶川高质量发展：已经取得初步成效

汶川坚持以新发展理念为引领，奋力推进"一区两地六示范"和"四型三园两窗口"建设，书写了从悲壮走向豪迈、从豪迈走向美丽、从美丽走向振兴的高质量发展"汶川答卷"。

以建设民族地区高质量发展引领区和建设中国式现代化民族县域"汶川样本"为目标，加快构建北部冰雪休闲胜地、南部避暑康养胜地发展新格局，做优特色农业，做强绿色工业，做好全域旅游，做靓城乡面貌，水磨镇入选全省首批"百强中心镇"，成功创建"四好农村路"省级示范县，六年五次获评全省县域经济发展先进县，经济运行"一季红""二季先""三季稳""全年胜"。2023年汶川实现地区生产总值91.55亿元，同比增长6.9%，高于全州（6.5%）0.4个百分点，地方一般公共预算收入5.55亿元，同比增长8.8%，县域经济发展后劲充足。2023年汶川县人均GDP达10.7万元，连续第二年突破10万元大关，高于全州、全省、全国水平，居全省（183个县市区）县域排名第17位。①

一是创新发展取得新成效。汶川坚持科技创新引领，培育国家级高新技术企业5家、省级创新型企业5家、知识产权试点企业4家、专精特新企业8家。汶川加大创新创业支持力度，县财政每年拨付300万元设立青年创业专项基金，对符合国家、省、州、县产业政策要求，发展前景好，干事创业积极性高的青年创业者进行奖补，为青年创业者享受税费优惠政策提供支持，对符合条件的青年创业项目提供担保贷款等资金扶持。加强创业服务指导、技能培训，支持创业者参加创业大赛、选树青年创业明星、促进企业交

---

① 资料来源：2019~2023年汶川县主要经济指标，由四川省统计局提供，下同。

流合作。强化创业孵化园服务保障，支持创业实体入驻孵化园、支持创业实体发展壮大、实行优质企业奖励、鼓励创业带动就业、鼓励吸纳重点人群就业、鼓励高校毕业生创业。

聚焦"6+3"现代农业产业体系，优化提升汶川果、汶川茶、汶川竹、汶川药发展质效，因地制宜布局休闲农业、林下产业、粮油产业，推进种养循环、农牧结合、农林相融，建成产业基地20.95万亩、标准化果园30个，特色水果产量达9.77万吨；2023年，实现农林牧渔增加值12.93亿元。建成标准化适度规模养殖场92个，畜禽饲养总量达45.85万头（羽、只），数量居全州第一。

聚焦"双碳"目标，大力发展绿色低碳优势产业。持续投入资金并实施技改项目，成功培育国家高新技术企业5户、省级专精特新企业6户。川磨岷机联合数控有限公司专家工作站成功挂牌，新增4家院士（专家）工作站。深入实施工业筑巢引凤计划，新建标准厂房2万平方米。侨源气体成功在深交所创业板上市，阿坝铝厂连续四年登上"四川民营企业100强"榜单，兆迪水泥创建为省级健康企业。2023年，规上工业总产值首次突破100亿元，达到105亿元，规上工业增加值增速达4.3%。①

聚焦"两大胜地"建设，积极培育夜间产品、数字文化、冰雪运动等新业态，羌人谷滑雪场开门试营业，赵公福地和无忧花果山成功创建为国家AAA级旅游景区。成功举办"甜樱桃采摘节""大禹华诞""首届岷江大峡谷赏花音乐节""第二届数字国际熊猫节"等节庆活动，汶创"HUI"亮点纷呈，汶川连续两年上榜"中国县域旅游发展潜力百强县市"，汶川特别旅游区消费者满意度测评排名全省第二。2023年全年旅游接待总人次突破900万大关、收入达到66.8亿元。

聚焦"新市场、新需求、新机遇"，坚持从产业端、供给端、消费端三向发力，打造餐饮汶川味道、服务汶川温度、产品汶川特色，出台支持民营经济健康发展十五条措施，创新市场经营主体恳谈制度，推进减税降费、减

---

① 资料来源：2024年汶川县政府工作报告。

租降息等措施直达基层、直接惠及市场主体，培植规上服务业企业和限额以上商贸企业 23 户，实现服务业增加值 37.73 亿元，完成社会消费品零售总额 17.1 亿元，总量稳居全州第一。

二是协调发展实现新突破。汶川通过做优县城和特色小镇，促进城乡融合、巩固拓展脱贫攻坚成果，深入推进乡村振兴，曾经因为地震成为一片废墟的汶川，经历了涅槃重生，创造了灾后重建的最佳范例。早在 2018 年春节前夕，习近平总书记到汶川视察时感慨地说："我很牵挂这个地方，10 年了，这里的变化我也很欣慰。"这是对汶川灾后转型发展、高质量发展取得初步成效所给予的高度肯定。

近年来，汶川以乡村振兴战略为总抓手，规划先行，着力实施"五美行动"、扎实推进"三家园"工程建设，以产业布局、基础提升、风貌改造等项目建设，将汶川乡村建设成为绿水青山为形、农耕文化为魂、美丽田园为韵、生态农业为基的宜居乡村。2023 年实现农村居民人均可支配收入 21323 元，同比增长 9%，增速高于全国（增长 7.7%）、全省（增长 7%）、全州（增长 7.5%），总额及增速全州"双第一"。一个布局美、产业美、环境美、生活美、风尚美的汶川乡村正展翅翱翔。

三是绿色发展呈现新亮点。绿色本底是汶川最大的财富、最大的优势、最大的潜力、最大的品牌。厚植生态优势，打造绿色汶川，成为汶川的战略抉择。

"筑牢汶川蓝、增添生态绿、护好一江水。"全面贯彻习近平生态文明思想，深入践行绿水青山就是金山银山理念，以"重在保护、要在治理、高质量发展"为主线，以"一江四区"为重点，着力加强生态环境保护，划定大熊猫国家公园面积 27.6 万公顷，大熊猫栖息地面积位列全国第三。同时，县城环境空气质量优良天数比例达 100%，畜禽粪污综合利用率达 97%，生活垃圾无害化处理率达 96.47%，完成人工造林 7.7 万余亩，森林覆盖率达 42.4%，草原综合覆盖度达 85.4%，公众对生态环境综合满意度达 91.5%；岷江流域出境断面水质常年保持在Ⅱ类以上，集中式饮用水水源地水质达标率达 100%，县城污水处理率达 93.7%；成功

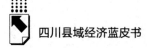

创建全国第六批"绿水青山就是金山银山"实践创新基地和四川省首批"省级生态县"。

四是开放发展形成新格局。汶川以改革开放为动力，全面建成精神高地、生态高地、文化高地，以内外开放为路径，成为"一州两区三家园"坚实支撑轴、川西北生态经济重要增长极、全省民族地区高质量发展新样板、深度融入成渝地区双城经济圈的桥头堡。

以开放思维，建设川青甘高原物流产业园区，着力打造阿坝州电子商务产业园，利用电子商务构筑发展经济、改变生活的创业创新服务平台。同时，围绕绿色生态核心主题，积极抢抓"互联网+"和数字经济发展新机遇，坚持扩总量、提质量，进一步发挥电子商务对加快转变经济发展方式、调整优化产业结构、保障和改善民生等的促进作用，构建具有竞争力的民族地区电子商务产业新生态。2023年实现对外出口总额达19712万元。

五是共享发展迈上新台阶。汶川大力发展集体经济，深入推进乡村振兴，农村居民人均可支配收入从2008年的2745元增长至2023年的21323元，城乡之间的收入差距（2.02）小于全省（2.26）、全国（2.39）的平均水平，共同富裕取得新进展。这是奋力建设中国式现代化民族县域"汶川样本"的硕果。深入实施"东西部协作""省内对口帮扶"等工作，大力开展"春风送岗"活动，不断拓展就业渠道。完善多层次社会保障体系，养老、失业、医疗、工伤保险参保合计达64万人次，特困人员救助保障率达100%。

党的二十大报告明确指出："中国式现代化是物质文明和精神文明相协调的现代化。物质富足、精神富有是社会主义现代化的根本要求。"汶川深入实施"孝善和俭""文明四风"建设、感恩情怀培育工程，开展"家国爱"系列主题活动，提炼出"汶川哥哥""汶川方舱""无忧志愿"三种精神，注重对汶川人民共同价值追求的宣传与推广，用身边好人教育引领身边的人，使之得到全县干部群众更加广泛、更深层次的认同，真正成为汶川人民精神家园的"主旋律"，在全社会形成了见贤思齐、崇德向善的良好社会风尚，成为汶川精神富足的新表达。

三 民族县域高质量发展：汶川的探索与实践路径

民族县域高质量发展是汶川"十四五"时期的主题。民族县域高质量发展是一项系统性、战略性、复杂性、长期性工程，绝非单一路径可以实现的。以高质量发展赋能建设中国式现代化民族县域"汶川样本"的征程中，汶川着力从多路径、多维度统筹推进。

（一）夯基固本多措并举，有效激发产业内生动力

汶川始终坚持以新发展理念引领产业高质量发展。以农业兴县、工业强县、服务业活县，保持三次产业高质量发展定力。

农业是民族县域高质量发展的"压舱石"。汶川重视农业夯基，积极引导农民因地制宜发展特色农业、林果产业、养殖业和观光休闲农业，紧扣构建"6+3"现代农业产业新体系，围绕"健康果""绿色菜""有机茶""放心肉"，建基地、补链条、创品牌，做足汶川"土特产"文章。鼓励农民发展农产品加工、农副产品运输、乡村旅游等非农产业，持续提高农村居民经营性收入。扩大土地流转规模，盘活农村存量资产，支持农村集体土地参与旅游资源开发，推动农村各类产权入市交易，提高农村居民财产性收入。坚持以双层经营体制发展农业，将培育优秀农业经营主体作为先导性工作来抓，用好支持农业高质量发展若干政策，引导农民合作社、家庭农牧场和职业农民做大做强，培育一批联农带农的农业经营主体。大力发展劳务经济，加强农民技能培训，促进农村劳动力向二、三产业转移，增加农村居民工资性收入。加大财政对农业的投入力度，强化对农民的各项补贴政策，提高农村居民转移性收入。

工业是民族县域高质量发展的"撒手锏"。汶川加快推进新型工业化，聚焦"一园四区一线+飞地"工业布局，加快七盘沟中小微园区标准化厂房建设，推进工业产业结构优化升级。依托区域科技创新中心建设，持续实施高新技术企业梯度培育计划，提高科技成果转化和产业化水平。发展壮大

"飞地园区",积极发挥驻外招商专班作用,深度融入成阿、德阿工业园区,深化跨省"飞地"园区合作,推进金华(义乌)—汶川合作园区、兰溪—汶川飞地产业园区等建设,承接绿色载能、清洁能源、生物医药等产业。以产业建圈强链逻辑,坚持项目投资"第一引擎"的理念,高质量推进羌人谷滑雪场、黄岩片区市政基础设施等 6 个州庆项目落地建成;持续抓好 G317 改线、七盘沟绿色中小微科技园等 18 个省州重点项目建设;全力推进都四山地轨道交通项目,确保首段线路尽早开通试运营;加快通用机场、新型智慧城市建设等项目前期工作;切实抓好长江经济带和黄河流域农业面源污染治理等优质项目储备,蓄积发展潜能;加大旧城改造、星级酒店等项目推介招商力度,积极构建企业"朋友圈",吸引更多社会资本投资汶川。

现代服务业和消费是民族县域高质量发展的"承重墙"。汶川大力发展现代服务业,促进特色旅游业发展。加快推进创业富民工程,强化对中小微企业的帮扶支持政策,促就业、保就业,建立城市居民收入增长长效机制;深化农村集体产权制度改革,壮大集体经济,深化拓展消费帮扶行动,不断提升农村居民收入水平;着力巩固拓展脱贫攻坚成果,保障低收入群体生产生活。坚持以特色旅游促进旅游消费,作为稳增长的"第一动力"。全面落实刺激消费、财政金融、生产流通等政策,推动休闲生活、酒店餐饮、精品专卖等批发零售业态提档升级。聚焦消费促升级,以推广"净土阿坝""康养汶川""无忧地"等区域品牌为目标,积极发展考务经济、首店经济、夜间经济等新模式,办好大禹华诞、岷江大峡谷赏花音乐节、熊猫节、羌年等节庆活动,积极推介消夏避暑、山水观光、休闲纳凉等体验项目,开发农特产品后备箱、伴手礼等产品,端上丰富多彩"消费大餐",全面促进消费提档升级,强化消费带动。

(二)深化改革、促进转型,优化资源配置

汶川以提升质量为导向,深化改革、促进转型,优化资源配置,全面提高管理水平,促进高质量发展。

汶川着力深化投融资体制改革，探索资源、资产、资本融合新路径，引导社会资金参与基础设施、公共服务、旅游开发等领域投资。深化财税体制改革，健全预算管理制度，全面落实减税降费政策，积极防范和化解债务风险。深化金融体制改革，发展股权融资和债券融资，推广知识产权和应收账款质押融资，扩大中小微企业抵质押范围。深化资源管理改革，理顺电力管理机制，健全砂石、矿产等资源开发管理机制。深化国资国企改革，加强国有资产监管，推动国有资本多样化投资。

汶川全面落实区域发展总体战略和主体功能区规划，支持城镇化地区整合各类创新资源，推动制造、加工等传统产业改造升级，加大新一代信息网络、智能绿色制造等产业关键技术推广应用力度，培育具有核心竞争力的产业集群。促进农业与旅游休闲、教育文化、健康养生等产业深度融合，发展观光农业、体验农业、创意农业、电子商务、物流等新业态，推动商业模式创新，走产出高效、产品安全、资源节约、环境友好的现代农业发展道路，带动农民增收致富。实施农业产业竞争力提升科技行动，支持重点生态功能区以保护自然生态为前提、以资源承载能力和环境容量为基础，科学有度有序开发，促进人口、经济、资源环境均衡发展。结合地方资源禀赋和发展基础，发展知识产权密集型产业，促进县域特色主导产业绿色化、品牌化、高端化、集群化发展。

在深化改革、促进高质量发展进程中，汶川牢牢兜住"三保"底线，不断提高财政资金使用效益。自觉践行"一线工作法"，扎实推进"两联一进"群众工作全覆盖，认真履行政府承诺，踏踏实实把汶川的事情做好、做实、做细、做成。不断健全正向激励、容错纠错等措施，切实提高工作标准。

（三）培育平台、激发动能，强力推进创新驱动发展

汶川始终把创新摆在核心位置，围绕产业链部署创新链、升级人才链，持续深化产学研用合作，构建产业发展高能级平台，不断开辟发展新领域新赛道。找准县域创新驱动发展的着力点，加强企业技术创新平台和环境建

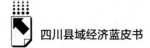

设，培育一批具有较强自主创新能力和国际竞争力的高新技术企业。

实施《促进科技成果转移转化行动方案》，建设县域内企业与高等学校、科研院所的产学研合作平台，加强基础研究成果转化和产业化。引导金融机构支持县域科技创新，提升县域科技资源配置和使用效率。鼓励设立科技成果转化基金、创业投资引导基金等，引导社会资本投资初创期、种子期科技型中小企业。鼓励采取科技创新券等科技经费后补助措施，支持小微企业应用新技术、新工艺、新材料，发展新服务、新模式、新业态，培育一批掌握行业专精特新技术的科技"小巨人"企业。

围绕"乐活、环保、休闲、养生、静居"主题建设康养发展平台，推进"康养+"模式，打造无忧产品和无忧服务，优化康养旅游产品体系。发展森林康养、自驾野奢露营、冰雪运动、乡村田园体验等生态体验型旅游产品。依托区域医疗分中心和水磨主动健康小镇，发展康复治疗、慢病疗养、养生保健、心理修复等康体疗养植入型旅游产品。发挥大禹文化、藏羌文化资源优势，发展羌绣、羌乐、羌餐、藏茶、锅庄等文化引领型旅游产品。推动农旅融合，发展休闲农业、养生农业、创意农业，建设"人民家园·都市后花园"。抓住大熊猫国家公园建设机遇，开发"大熊猫"主题新型生态旅游产品。

坚持把深化改革作为推动发展的"关键一招"，分类分步推进国企市场化改革，提升国企综合竞争力，积极争创县域民营经济改革试点县，优化中小微企业和个体工商户发展环境，全面深化"放管服"改革，持续推进"一网通办"，大力开展民营企业融资难题破解行动和营商环境提升行动，激发国企和民营经济两大市场主体动能。

（四）品牌兴农、数字赋能，魅力彰显全域特色旅游

坚持农业绿色发展，提高农产品质量安全水平，树立高端绿色品牌形象。实施品牌培育工程，擦亮"净土阿坝·康养汶川"公用区域品牌。争创国家、省级有机产品认证示范区，开展"三品一标"产品和名特优新产品认证，扩大"汶川三宝""大土司""西路边茶""三江牛雪花牛肉"等

特色优势产品影响力，争创"川字号"知名品牌。开展商标注册，争创驰名商标。坚持线上线下融合，加大电商推介力度，推进农商、农超对接，积极参加展销会、博览会。

加快推进数字经济基础设施建设，支持大数据、云计算、物联网、5G、人工智能等新业态、新技术广泛应用。支持发展生鲜电商、在线诊疗、线上教育、网络视频、数字娱乐、数字档案、无接触配送等数字经济新模式。推动数字经济与实体经济融合发展，鼓励龙头企业加快工业互联网建设，推进重要农产品全产业链大数据建设，实施"互联网+农产品出村进城"工程。推动区块链技术在政务服务、金融服务、物流仓储、数字版权、农产品溯源等领域创新应用。

近年来，汶川县坚持以文塑旅、以旅彰文，推进文化和旅游深度融合发展，向世界发出了"天府三九大、绝美在阿坝，安逸走四川、无忧上汶川"的诚挚邀约。2021年启动实施新兴场景业态倍增工程，着力打造一批距离近、时间短、品质高的旅游产品，以满足成渝都市圈游客"微度假""微旅游"需求。发展集休闲、体验于一体的采摘体验园、休闲农庄，打造一批名城名镇名村，建设茶马古道万株高山古茶树博览园、生态创意农业体验区和农耕文化体验区。发挥龙头企业带动作用，建设集生产、加工、销售于一体的现代农业融合示范园区。积极培育休闲农业、生态农业、创意农业等新兴业态。持续巩固天府旅游名县创建成果，加快构建"1+3"北部冰雪休闲胜地、"3+3"南部避暑康养胜地建设，加快培植文旅产业新场景、新业态，突出"汶川味道"，打造"汶川名店"，推进旅游全域化、全景化、全时化。加快推进无忧和合城建设，有序完成布瓦群雕保护规划、姜维城遗址保护修缮项目和克枯栈道项目，打造一批具有辨识度、传播度、美誉度的特色文化符号。瞄准数字文创、数字文旅、智慧体育等新兴赛道，全面提升汶川全域旅游品质，持续创建国家全域旅游示范区。

（五）做优县城培育小镇，多措并举促进乡村振兴

以做优县城和特色小镇，全面统筹推进乡村振兴和新型城镇化建设，着

力形成分工合理、功能互补、良性互动的城镇化整体布局。坚持人民城市人民建、人民城市为人民，力争在全州率先完成乡镇级片区市政专项规划，高效推进城市更新行动，持续推进城市供排水管网升级，加快推动垃圾处理、燃气项目建设，不断优化城市结构和功能。创新产城融合发展模式，加快威州镇、水磨镇、漩口镇、映秀镇的商业圈、生活圈、步行街、夜间消费聚集区建设，更新城镇形态、文态、业态和生态，全面提升城镇发展容量。以数字汶川建设为方向，主动适应城镇发展新需求，探索推进新基建，完善充电桩、智慧灯杆、5G基站等布局，加快推进"智慧型"汶川建设。

坚持把加快重大基础设施建设作为推动城乡统筹的重要着力点，聚焦乡村建设"183"行动，持续加大基础设施领域补短板力度。以巩固"四好农村路"示范县创建成果为契机，建设美丽乡村路，持续推进"1213+N"路网体系提质增效。持续巩固推进农村电网改造、威绵引水灌溉工程、乡镇污水改造等项目实施。加快推动安全饮水、田间运输、环境整洁等提升工程，美化优化城乡居住环境，着力补齐城乡发展短板，为县域注入发展新动能。

聚焦"农民基本具备现代化生活条件"的目标要求，扎实开展"三家园"工程建设和"十百千"行动，持续巩固拓展脱贫攻坚成果同乡村振兴有效衔接，常态化做好防返贫监测帮扶工作，坚决防止规模性返贫致贫。全力发展新型农村集体经济，多渠道推动农村集体经济发展壮大。全面推进"艺术乡创""五美乡村""人才兴乡"三大行动，高效推进乡村发展、乡村建设、乡村治理，争创省级乡村振兴先进县。

（六）加强生态系统治理，坚守绿色低碳发展底色

汶川深入践行习近平生态文明思想，牢固树立绿水青山就是金山银山的理念，统筹污染治理、生态保护，协同推进降碳、减污、扩绿、增长，着力建设绿色生态高地，尽显羌山之韵。

突出国家重点生态功能区定位，加快推进以大熊猫国家公园为主体的自然保护地体系建设，提升生态系统性、平衡性、和谐性。坚持"尊重自然、顺应自然、保护自然"理念，统筹山水林田湖草系统治理，推行草原森林

河流湖泊湿地休养生息，全力建设自然生态保护地，促进人与自然和谐共生。全面推进"七大保护"行动，深入推行林长制创新试点工作。大力开展国土绿化行动，不断增强水源涵养功能和水土保持能力。全面落实河湖管护长效机制，着力提升河湖长履职能力，建设绿色生态长廊，推进水利风景区建设和改造提升，持续改善河湖面貌，力争将寿溪河成功创建为省级美丽河湖。推进水生态文明科普教育基地建设。严把岷江流域项目环境准入关，加快推进岷江沿岸产业布局调整，全面实施长江经济带发展负面清单管控制度，深化"两山理论"的实践转化和落地，打造毗邻成都都市圈的绿色生态高地。

巩固大熊猫国家公园体制试点成果，继续加强大熊猫栖息地保护和修复，强化生态廊道建设，推进大熊猫食用竹的更新复壮，积极开展大熊猫物种研究、放归试验，切实维护大熊猫及伴生动植物栖息地生态系统的完整性和原真性。加强国家公园配套设施建设，完善保护站、救护站、界桩界碑等设施，恢复提升草坡片区基础设施，加大森林防灭火设施、地灾治理等建设力度。

深入践行"重在保护、要在治理、高质量发展"理念，扎实开展"七大治理"工程，打好打赢蓝天、碧水、净土保卫战，持续保持全县环境空气质量优良率达100%，岷江流域出境断面水质保持在Ⅱ类，集中式生活饮用水水质达标率100%。常态化抓好各级环保督察反馈问题整改和各类生态环境领域突出问题整治。紧盯"两园一江""三域一居"重点领域，大力实施"三大革命"，争创全国人居环境综合整治先进县。

推进工业、建筑、交通等领域清洁低碳转型，主动服务"重要清洁能源基地"建设，推动以氢能和锂电为代表的绿色低碳产业发展，不断完善碳排放总量和强度"双控"制度，常态化治理"散乱污"企业，加快落后产能淘汰和技改升级步伐，稳妥推进碳达峰、碳中和。健全生态产品价值转换机制，积极申报国家储备林项目，完善生态保护补偿机制，探索建立"两山银行"，完善支持绿色发展的财税、金融、投资、价格政策和标准体系，打通"两山"转换通道。

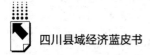

创新森林生态效益补偿制度，探索商业化造林绿化补偿机制。推进岷江流域上下游横向生态保护补偿，加快建立资源开发权有偿获得制度和资源开发利益共享机制，探索岷江流域水权交易试点。积极探索甜樱桃等经济果林套袋技术、经济果林保险补贴政策和项目建设奖补政策。探索建设社会公益型保护小区，通过政府购买服务方式开展造林、森林管护的生态建设与保护工作。

（七）开放合作互惠共赢，构建新兴产业内生动能

突出开放合作引领，坚持主动开放、合作共赢理念，四向拓展发展空间，深度融入双循环发展新格局，打造川西北开放合作发展新高地。借力成渝地区双城经济圈建设，持续深化东西部协作和对口支援、省内对口帮扶和定点帮扶。积极参加西博会、森博会、农博会、义乌国际小商品博览会等大型展会，全力打造"开放汶川"。以培育特色优势产业群为核心，加强与成渝两地校、院、企、地战略合作，推动建立创新创业联盟、科技园区联盟，深度融入成渝创新体系。依托川青甘高原物流园区建设科技园、众创空间等众创平台。以先进适用技术引进、开发、应用和推广示范为重点，组织实施一批特色水果改良、中藏羌药研发、新能源开发、大数据应用等科技项目。加大知识产权申报和保护力度。

树立错位发展、分工协作、互利共赢的发展理念，主动加强与茂县、理县的区域合作，共同推动东南绿色经济先行示范带建设，协力打造全州高质量发展增长极。强化旅游联合宣传营销，建设区域性旅游文化品牌，共同开拓和分享旅游客源市场，推动旅游一体化发展。推动建设区域性农产品品牌，促进农业抱团发展，实现农业优势产业提档升级。推动区域内工业园区间合作，协同引资发展高技术和高附加值产业，形成优势产业集群。

加强战略对接、政策衔接、功能链接，全面融入成渝地区双城经济圈建设，打造双城经济圈优质生态产品供应基地。融入成渝产业生态圈，推动建设成都-阿坝（汶川）优势农畜产品产销基地，加强物流仓储、养生保健食品、旅游产品制造等绿色科技产业多元合作，积极推进成都-阿坝（汶川）

飞地园区建设，打造一体化产业发展圈，推动产业迈向中高端。全面融入区域协同创新体系，推动科技资源和人才资源共享，提高创新驱动能力。充分利用好成都开放窗口平台作用，加大招商引资和宣传力度，不断提升汶川影响力。

坚持"引进来"和"走出去"相结合，提高招商引资质量，加强要素保障，深化对外合作交流，全面提升开放合作水平。积极参加招商引资活动，注重引进产业关联度大、技术含量高、辐射带动力强的项目，提高外来资金利用水平。发挥生态资源比较优势，瞄准市场前沿需求，着力引进有机农业、绿色工业、生态康养、特色文化、城市建设等项目，促进由资金引进向资金、技术、管理和人才引进并重转变。

全面开拓国外市场，培育发展一批特色农产品、民族手工艺出口企业，扩大西路边茶、羌绣等特色产品外销规模，促进对外贸易快速发展。深化东西部扶贫协作和对口支援、省内对口帮扶，推动受援双方共建产业园区，积极拓展支援地产品市场，加大资金、人才、技术引进力度，推动对口支援向对口合作转变。引进高新技术企业和研发机构，推进产学研协同发展，完善产业配套体系，构建产业生态圈。支持高等院校、社会团体和民间组织对外开展文化、学术交流。支持展览事业发展，推动会展中心建设，加快发展会展经济。

（八）完善设施提升服务，努力强化发展保障能力

坚持交通先行，聚焦关键领域和薄弱环节，统筹推进能源、水利、信息等重大项目建设。补齐发展短板，提高保障能力，构建支撑高质量发展的基础设施体系。一是围绕更好发挥内联阿坝外通内陆"枢纽"作用，以铁路、高速公路、国省干线、快速通道建设为重点，实施"十四五"交通大会战，做实"交通+旅游"，推进通达能力和抗灾能力一体化建设，打通成渝地区双城经济圈特色卫星城快速通道。二是依托国家智慧城市建设试点，统筹推进信息高速网络和新型基础设施建设，建设智慧汶川，以信息化引领现代化。三是促进城乡电网升级，合理布局油气设施，优化用能结构，增强能源

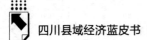

保障能力。四是统筹生态生活生产用水，全面加快水利基础设施生态网络建设，提高水安全保障能力。

落实鼓励自主创业的财税、金融、工商、场地等政策，提升"双创"成功率。健全创业培训体系，开展公益创业培训，提升创业人员创业能力。开展大学生就业促进计划，加强创业服务体系和省级创业孵化基地建设，着力推动传统型创业向智慧型创业发展。积极鼓励"大学生创业"、"返乡创业"、"外来创业"和"扩张创业"；扶持和引导草坡等易地搬迁居民创业；建设创业项目库，搭建创业者和创业项目的对接平台，继续推动省级孵化基地建设。

实施新技术、新工艺、新产品产业化示范项目，促进先进适用技术在特色产业、防灾减灾、旅游康养、城市管理等领域广泛应用。建设创新创业孵化中心，搭建技术转移中心，完善成果转化、技术转移、咨询服务、科技金融等科技服务，促进科技成果与汶川需求有效对接。深化科技成果产权制度改革，建立科技成果、知识产权归属和利益分享机制。

深化普惠金融发展，完善银行业金融机构服务网点，支持新型农村资金互助组织发展，推进行政村 ABCD 信用等级评定和授信、银行卡助农取款点、移动便民支付普及应用。创新金融产品，推广林果权和产权质押、股权融资、债券融资、信托融资等多种融资方式。支持保险公司、保险中介机构发展，开展养老、医疗等补充商业保险业务，拓展农业和自然灾害保险。规范和整顿金融秩序，防范和化解金融风险。

（九）维护团结振兴文化，大力培育时代文明新风

汶川依托新时代文明实践站，大力实施新时代文明进万家、乡风文明提升项目，传承红色基因，赓续红色血脉。加强和改进党的民族工作，坚持宗教中国化方向，依法管理民族宗教事务，制度化、规范化、科学化推进依法治寺管僧，严密防范打击民族分裂、宗教极端活动。以铸牢中华民族共同体意识为主线，坚定不移推进铸牢中华民族共同体意识行动工程，构建课堂教育、社会实践、主题教育多位一体的大宣教格局。全力打造爱国主义教育示

340

范,"四川省青少年爱国主义教育基地""四川省青少年生命教育基地"相继挂牌,爱国主义教育基地成为全国最前沿的干部教育培训基地。聚焦红色精神高地和特色文化高地建设,持续彰显汶川感恩奋进精神面貌,不断巩固全县各族人民团结奋斗的共同思想基础,奋力开创民族团结进步事业新局面。

弘扬羌民族优秀传统文化,加大羌文化原生态保护和传承力度,强化羌绣的生产性保护和活态传承,推动数字化处理羌族文献。加强姜维城遗址保护和开发建设,对布瓦黄土碉楼、红军长征遗址进行保护性开发利用。加强文物、非物质文化遗产管理,组织申报国家级、省级非物质文化遗产名录和传承人,建设非遗保护中心,建设文物、非物质文化遗产数据库。促进档案文献保护利用,推进档案数字化建设。加强地方志工作。构建文化传播体系,加强传播载体建设,打造互联网传播平台。推动民族文化元素与城乡建设有机融合,打造具有汶川特点的精神坐标和文化坐标。加强文化对外交流,加大文化精品"走出去"力度,提升汶川文化国内外影响力。

弘扬汶川抗震救灾精神,深化"文明四风"建设,持续弘扬"县为民造福、民为县立业"的汶川价值观和"做勤劳、善良、感恩的汶川人"的社会新风尚。培育和践行社会主义核心价值观。加强公民文明道德建设,坚决落实习近平总书记重要指示精神,持续发掘汶川"文化四朵花"的时代价值和精神内涵,持续做优做强映秀爱国主义教育基地,讲好汶川"六个故事"。加大道德模范和先进典型宣传力度,弘扬时代新风。

（十）提质增效、完善治理,促进政务服务提档升级

紧紧围绕深化两项改革"后半篇"文章、推进赋权扩能等重点内容,不断提高基层治理体系和治理能力现代化水平。全面推进体制机制提升,加快推进34项党建引领基层治理工作要点任务、45项"10+N"试点示范创建任务、24项制度突破与经验创新重点任务,全面完成乡镇行政区划和村级建制调整改革任务,乡镇行政区划调减率30%,行政村调减率37.84%,77个村（社区）实现"一肩挑"。全面推进组织治理,创新建立"1610"

工作机制，探索实践统筹党建引领能力提升、群众综合素养提升"双轨推进"与注重党政引导、群众主体"双向发力"的"两双"治理方法，丰富"汶川模式""汶川经验"，成功打造全国首个涉藏地区"无证明城市"。

充分动员和发挥社会多元力量共同参与治理，深化提升"两联一进""户户入·入户户"新时代群众工作成效，创新建立"无忧法治苑"，高效整合公检法司、信访等部门职能，积极构建"党建+自治、德治、法治、共治+网格化、数字化"的"1+4+2"基层治理新格局，各类矛盾纠纷化解率达98%，县域治理体系持续完善。先后荣获四川省"第五届省级文明城市""民族团结进步示范县""法治示范县"等光荣称号。

着力提高政府工作的质量和效率，减少政府行政干预，更好地发挥宏观调控作用。深化"放管服"改革，进一步简政放权，完善政府行政权力和责任清单。加快建设数字政府，推进政务服务大厅场地建设，推动"互联网+政务服务"，建设一体化政务服务平台，推进审批服务便民化和行政许可标准化，逐步实现"一枚印章"管审批，推进工商注册全程电子化。

坚持全覆盖、保基本、多层次、可持续方针，不断扩大社保覆盖面，提高统筹层次和保障水平。完善社会保障体系，积极提供公共和社会化服务，继续落实各项社会保险制度，加强社会保险经办服务能力建设，推进社会保险业务档案电子化进程，强化社保信息资源管理，加强社会保险基金监督。完善医疗保障体系、社会救助和福利体系，规范最低生活保障、特困人员救助供养等基本生活救助制度，健全教育、医疗、就业、法律等专项救助制度。加快完善住房保障体系，发展和培育住房租赁市场，着力解决城镇中低收入居民、新市民等群体住房问题。

实施人才强县战略，加大人才引进和培育力度，完善人才激励机制。一是加大党政人才、企业经营管理人才、专业技术人才、农村实用人才等培养力度，盘活用好本土人才。二是大力开展招才引智工作，全面承接硕博进阿坝行动、阿坝英才计划，培育产业急需紧缺人才，集聚优秀青年大学生。三是建立人才关爱制度，妥善解决各类人才发展的后顾之忧，切实营造尊才、爱才、留才、重才的良好社会氛围。

四　促进汶川和四川省民族县域高质量发展的对策举措

习近平总书记在中央民族工作会议上指出，"要加大对民族县域基础设施建设、产业结构调整支持力度，优化经济社会发展和生态文明建设整体布局，不断增强各族群众获得感、幸福感、安全感"。[①] 四川省民族县域是四川省的资源富集区、水系源头区、生态屏障区、文化特色区和边远地区，也曾经是深度贫困区，虽然已经整体脱贫，但致富的基础较薄弱。少数民族县域经济发展的状况，直接关系到建设中国式现代化四川篇章。

汶川建设中国式现代化民族县域先行区的探索和实践，给我们以深刻的启迪。四川省民族县域要立足资源禀赋、发展条件、比较优势等实际，以生态富民为切入点，推进高质量发展。同时，也需要各级政府、社会各界一如既往的帮扶。

（一）帮扶结对共富，推动县域"跟跑"共进

汶川要进一步重视建立和完善省内先发地区、部门、企业与民族地区结对共富机制，在高质量发展进程中，"背靠大树"，"跟跑"共进。

汶川要抢抓结对共富的"市场精髓"和"造血关键"，不求所有，不求所在，但求所用，主动积极融入对口帮扶和先发地区各种平台、会展舞台、产业链供应链、贸易通道，利用先发地区高能级的"软性优质资源"，借"台"唱戏，借"展"拓市，借"链"成势，借"船"出海，积极利用先发地区产业高能级平台优势，参与线上线下会展活动和招商引资活动，链接优势产业链供应链，培育提升汶川品牌影响力，延展汶川产业链供应链资源配置空间，与国内外大市场有效衔接。

在基础设施建设、项目投资、产业链构建、教育及医疗服务、科技成果

---

① 《习近平在中央民族工作会议上强调 以铸牢中华民族共同体意识为主线 推动新时代党的民族工作高质量发展》，新华网，2021 年 8 月 28 日，http：//www.news.cn/politics/leaders/2021-08/28/c_ 1127804776. htm。

转化、市场平台搭建、生态价值转化等方面，四川省要形成先发县域与民族县域"一对一"和"组团式多对一"帮扶交流协作和结对共富伙伴关系，形成先发地区与民族地区"大手拉小手"，携手共进、对标竞进，以"有为政府"与"有效市场嵌套"，激发和增强民族县域发展的内生动力和活力，构建结对共富中的"比、学、赶、帮、超"的制度安排，形成奋力建设中国式现代化民族县域"汶川样本"的"助推器"。

（二）用好激励政策，增强县域造血功能

汶川要着力用好、用足民族县域的政策倾斜，着力推动生态文明建设与政治、经济、社会、文化建设的全方位融合。

汶川要以数字经济赋能嵌入，构建绿色加工业、生态农业和旅游业新赛道，深入推进生态产业化和产业生态化，聚焦清洁能源制造业、生态农业、特色旅游业等绿色产业的建圈强链，构建"链长＋链主（协会联盟）＋产业园区＋产业基金＋公共服务"综合性平台，实现产业链、价值链、创新链、人才链多链深度融合。按照"一大优势产业、一大产业链、一位总链长、一位大链主、一支产业基金、一大园区、一系列的公共服务"的产业生态逻辑，形成奋力建设中国式现代化民族县域"汶川样本"的"撒手锏"。

四川省要向具备条件的民族县下放经济社会管理权限，赋予民族县域更多的自主权，增强统筹发展的能力。在高质量发展征程中，一方面，要注意引导民族县域摒弃"等靠要"思想，营造"比学赶超"氛围，激励广大群众树立奋斗目标，拼搏进取，增强其高质量发展的志气和信心，从而发扬勤劳致富的奋斗精神；另一方面，要着力运用市场机制，合理安排产业项目和产业发展资金，激发民族县域的"造血功能"，开掘富源、自力更生、艰苦奋斗，加快走出一条振兴发展新路子。

（三）创建飞地园区，优化产业空间布局

汶川要利用毗邻成都都市圈城市群区位优势，以税收、GDP 共享机制，以其清洁能源和绿色资源比较优势，与其他县域共建"飞进"和"飞出"

的"双飞地园区"。

汶川要主动链接服务四川省六大优势产业，甘当"配角"和"绿叶"，积极融入成渝地区双城经济圈和成都都市圈，促进省内先发县域与民族县域融合发展，积极打造开放包容、互利共赢的合作平台，拥抱都市圈"新极化"，承接都市圈的"强辐射"，激发县域经济发展内生动力，形成奋力建设中国式现代化民族县域"汶川样本"的"黏合剂"。

四川省要重点支持成都-阿坝工业园区、甘孜-眉山工业园区、成都-甘孜工业园区、德阳-阿坝产业园区、成都-凉山产业园区、佛山-凉山农业产业园区建设，着力完善园区基础设施、加强公共平台建设、培育壮大特色产业、激发创新创造活力、增强就业带动能力、健全园区合作机制，引导支持创新要素向飞地园区集聚。除了要给飞地园区以财政、税收、融资、土地、用电、项目等方面的倾斜政策外，还应该给予"飞地"的先发县域一定的支持政策，以鼓励这些先发县域在飞地园区建设上的贡献。要简政放权，合作双方要按照权力责任一致、职责能力匹配和应放尽放、能放皆放的原则，以授权、委托或交办等形式，依法有序地向飞地园区授予相关权力。

（四）凸显生态价值，擦亮县域发展底色

汶川要牢固树立"绿水青山就是金山银山"的理念，坚持走生态优先、绿色发展之路，坚持尊重自然、顺应自然、保护自然的原则，优化国土资源结构，合理划定生产、生活、生态空间，严格落实"三线一单"的生态环境分区管控，构建科学合理的城市发展格局、农业发展格局、生态安全格局和自然岸线格局。汶川要按照生态系统的内在规律，统筹考虑自然生态各要素，从源头上系统开展生态环境修复和保护。加强综合治理，强化山水林田湖草沙冰等各种生态要素的协同治理，注重整体推进和生态产品的价值转化，为魅力汶川添绿、添彩、添能，擦亮奋力建设中国式现代化民族县域"汶川样本"的"生态底色"。

长期以来，四川省民族县域自然资源存在产权界定难、权益落实难等问题，生态产品在价值转化中存在难度量、难抵押、难交易、难变现等问题。

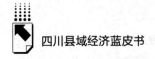

因此，四川省要建立健全生态产品价值转化机制。

一要深化民族县域自然资源资产与人文遗址资源的所有权、使用权、经营权分置改革，合理划定出让、转让、出租、抵押、入股等权责归属，明晰产权边界。

二要挖掘民族县域土壤特质、气候水文、风土人情等稀缺性资源，建立合理的生态产品价格形成机制与监督体系。

三要针对民族县域不同类型的生态产品，研究制定与之相配套的会计与经济核算体系。

四要规范民族县域用能权、用水权、排污权、碳排放权初始分配制度，创新有偿使用、预算管理、投融资机制，培育和发展市场化、多元化交易平台。积极探索"上游保护下游受益、下游反哺上游受益"切实可行的办法。

五要鼓励银行等金融机构或社会资金通过绿色信贷、绿色基金、绿色保险等绿色金融产品，为民族县域生态产品价值实现提供中长期融资服务。

六要支持和指导民族县域和民族乡镇开发森林碳汇资源，参与温室气体自愿减排交易。推动和引导具有碳交易配额履约任务的企业购买民族县域和民族乡镇的林业碳汇减排量。

七要优先将符合条件的民族县域和民族乡镇纳入生态补偿范围，适当提高地方公益林补偿标准。将生态护林员指标向民族县域和民族乡镇倾斜。将国家下达的退耕还林任务优先安排给民族县域和民族乡镇。在保障林业生态和林业安全前提下，大力支持民族县域和民族乡镇发展林业经济。

八要明确大熊猫国家公园管理机构与地方政府的职责边界；根据园区面积按比例确定大熊猫国家公园管理机构人员编制，配齐配强专业技术人员；落实大熊猫国家公园管理机构专项经费。

（五）建强基础设施，助力县域提档升级

汶川要进一步做靓县城和特色小镇，实现新型工业化、信息化、城镇化和农业现代化在时间上同步演进、空间上一体布局、功能上耦合叠加。汶川要着力加强高速、快速通道建设，促进汶川与周边县域，特别是与成都都市圈空港、铁港、水港及枢纽城市便捷的互联互通。

汶川要加强新型基础设施建设，并对其不断优化升级，使 5G 和千兆光网等新一代信息基础设施全域覆盖、提档升级。要以"智慧汶川"打造电商产业链，依托融媒体电子商务服务等平台，使特色产品实现品牌传播、渠道搭建、营销链路等，以冷链协同形成汶川预制菜、特色新鲜水果、休闲食品新赛道，夯实奋力建设中国式现代化民族县域"汶川样本"的"基座"。

四川省要优先支持做好民族县域和民族乡镇交通基础设施发展规划和安排立项。优先支持民族县域建设一批民族特色鲜明的小城镇、民族乡镇建设一批民族特色村寨，每年安排一定资金支持民族特色村寨的保护与发展。

四川省要优先争取将民族县域符合条件的新建或在建小型水电站纳入中央资金补助范围，并将中央投资收益纳入项目县的县级财政预算管理，专项用于民族县域巩固拓展脱贫攻坚成果与乡村振兴有效衔接项目。对光照资源相对丰富、电网接入条件允许的民族县域和民族乡镇在光伏发电指标竞争性配置中给予优先支持。

四川省要在科学有序开发水电的基础上，重点推进阿坝、甘孜、凉山等民族地区风光资源开发，打造"两江一河"清洁能源走廊，前瞻布局氢能、生物质能、地热能等多类型清洁能源。给民族地区以就地转化电量和优惠电价，促进水风光等清洁能源在民族县域的市场化消纳；在民族县域产业园区开展钠电储能电站试点；推动四川电网主网架提档升级和向民族县域延伸，形成相对独立、互联互济的"立体双环网"主网结构，为民族县域高质量发展赋能。

（六）产业振兴赋能，推进乡村振兴成势

汶川要围绕绿色工业强县、现代服务业和特色旅游业活县、生态农业兴县，为四化同步、城乡融合注入新动能。着力推进高耗能、高排放、高污染的传统产业加速转型升级，利用技术引进、技术创新进行低碳化、清洁化和生态化改造，构建"度电产值""亩均税收"考核制度，大力发展循环经

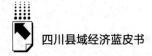

济。以电商和现代物流助力绿色产业的高质量发展，提升县域经济的产业动力和活力。

汶川要进一步优化县、乡镇、村三级有机衔接的乡村振兴战略规划，注重乡村振兴的顶层设计和细化落地，着力培育新业态，把生态红利、旅游资源、文化禀赋转化为汶川乡村振兴和高质量发展红利。

汶川要进一步培育汶川优质农产品公共品牌。调研组建议，叫响"汶美川味"的农副土特产公共品牌，着力提升汶川农副土特产的整体形象，着力提升其知名度和美誉度。

汶川要深入实施优质种业提升工程，全面推动现代种业高质量发展，促进粮油、生猪、蔬菜、水果等产业优质品种的迭代，不断擦亮绿色农副产品产业高质量发展的"金字招牌"。

四川省要进一步完善政策支持，促进民族县域的乡村振兴和绿色产业的高质量发展。

一是要支持民族县域发挥清洁能源比较优势，积极承接东部地区和省内先发地区高载能绿色加工业和制造业的产业转移。对民族县域和民族乡镇所需的年度建设用地指标、城乡建设用地增减挂钩指标和工矿废弃地指标，国土资源部门要实行应保尽保。支持民族县域和民族乡镇开展资源变资产、资金变股金、农民变股民的"三变"改革。支持农村集体经济组织依法使用农用地、集体经营性资产或以土地使用权入股、联营等方式与其他单位或个人共同兴办企业，发展新产业新业态。

二是要支持民族县域和民族乡镇编制大健康医药产业发展规划，指导有条件的民族县域创建大健康医药产业示范基地，有条件的民族乡镇发展大健康医药产业。

三是要支持民族县域和民族乡镇编制特色农产品发展规划，优先推进"一县一业""一乡一特""一村一品"产业发展，融入省产业发展规划。每个民族县域建成1~2个特色农产品支柱产业示范基地，每个民族乡镇建成1个以上特色农产品生产基地。

四是要支持民族县域现代种业创新发展，优先扶持民族县域和民族乡镇建立健全农产品定向直通机制，加大对民族地区粮食主产区的利益补偿，加快建立农产品定向采购配送平台，支持民族县域和民族乡镇农产品定向直供学校、企事业单位食堂、直销餐饮酒店、经销企业和交易市场。对农业产业联合体、龙头企业、农民合作社和家庭农场从事农产品初加工用电，严格执行农业生产用电价格。

五是要支持民族县域和民族乡镇发展农村电子商务，优先将具备条件的乡、村纳入农村电子商务示范站（点）建设，并在网络资费、租赁场所等方面给予适当补助。民族县域实现电子商务进农村综合示范县全覆盖。

六是要支持民族县域和民族乡镇编制旅游发展规划。加大旅游产业发展基金对民族县域和民族乡镇的倾斜力度，挖掘民族乡镇生态文化优势，优先支持民族县域创建国家4A级以上旅游景区，优先安排民族乡镇打造一批精品乡村旅游点。

七是要鼓励民族地区对田、水、路、林、村等农村土地进行综合整治。对民族县域和民族乡镇旅游项目中的非永久性附属设施用地，在不破坏生态、景观环境和不影响地质安全的前提下，可不征收（收回）、不转用，按现用途管理。支持以乡村振兴为导向，组织实施土地整治项目。建立民族县域地勘投入机制，探索用财政补贴加吸引社会力量投资的办法，加大资源勘探力度，推进矿业权竞争性出让。对民族县域和民族乡镇，选择有市场前景、有资源潜力的资源富集区开展前期调查评价，并在矿业权投放、开采总量控制指标等方面给予倾斜，对其地质灾害治理项目、矿山环境恢复治理项目优先安排。

八是要增强生态文化自信自强。系统整理少数民族优秀文化传统，深入挖掘其中关于生态文明的相关内容；深入推进民族县域雄浑壮美的自然风光与多姿多彩的民族文化紧密融合，加快发展民族县域生态文化产业；积极创作民族曲艺、舞蹈等文艺作品，加大对民族生态文化的推介和宣传力度；大力支持民族县域生态村、绿色校园、绿色企业、绿色社区和文明城市建设，把生态文化建设与人居环境建设结合起来，倡导绿色生产生活方式，打造人与自然和谐相处的人居环境。

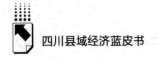

（七）用活资金杠杆，激发县域内生活力

汶川要切实把有限的财政资金花到刀刃上、用在紧要处。把有限的资金用到打基础、调结构、转方式、增后劲上来。要进一步加强可用财力统筹，进一步增强财政资源配置的"集聚效应"、"组合效应"、"均衡效应"和"整体效应"。坚持系统观念，全面加强预算管理，把分散在各个口子、游离于财政监管之外的各类资金统筹配置，注重财政资金与金融的互动协同，以产业基金机理汇聚社会资本力量。

汶川要加强政策引导激励，通过建立基金、财政贴息、风险补偿、以奖代补、股权投资、后补助等方式，推动财政由直接投入为主向间接扶持转变。为发挥财政资金引导、撬动和放大效应，建立起特色产业引导基金、中小企业发展基金、外贸发展基金，通过阶段性参股方式，引导企业转型升级。积极探索拓宽基础设施建设融资渠道，激发民间投资活力，形成多元化、可持续的资金投入机制，奋力建设中国式现代化民族县域"汶川样本"的"财金杠杆效应"。

省、市（州）要加大对民族县域和民族乡镇财政转移支付力度。从省财政通过民族地区转移支付安排每个民族县域的资金，要落实落地。省、市（州）相关教育转移支付增量资金按照大权重因素向民族县域和民族乡镇倾斜，支持提升教育基础设施服务水平。中央和省级财政资助项目，要适当降低民族县域的配套比例。省级工业和信息化发展专项资金、中小企业发展专项资金等上级专项资金向民族地区倾斜，支持民族地区发放专项债券；要加大省级文化产业发展专项资金对民族县域和民族乡镇的倾斜力度，建设民族文化产业示范基地。增加适合山区的农机购置补贴机型，提升四川省民族县域的农业机械化水平。

四川省要针对民族县域和民族乡镇制定差异化信贷支持政策，在贷款准入、利率、期限等方面，乡村振兴项目工程、基础设施建设、基本公共服务等重点领域提供优惠政策。推出适应民族地区民营企业特点的信贷产品，进一步完善支持民族地区民间资本参与重大项目建设的相关政策，大力促进民营企业的发展。鼓励保险机构适当降低民族县域和民族乡镇农业保险费率,对民族地区实施大农业综合保险标准,要积极探索民族地区的特色农业保险。支持和指导民族县域和民族乡镇用好乡村振兴投资基金,加强对农业政策性保险、农业担保等方面支持,为基金项目增信分险。

(八)加大人才引培力度,完善相关政策倾斜

奋力建设中国式现代化民族县域"汶川样本"的关键在于人才。在人才引培上,汶川要通过编制人才发展规划及人才专项规划,建立"人才账",全系统、全领域、全覆盖呈现人才工作发展脉络;要把引进培养人才作为战略重点和经常性工作任务,保障经费投入,推行"责任制+清单制+销号制",着力实现农业人才职业化、企业人才集聚化、文旅人才高端化,为县域经济高质量发展赋能。

汶川要积极与先发地区的决策咨询机构、学会协会、智囊团、科研院所加强对接,形成协同和联盟,借智借脑。注重各类人才的"内用外招",推出"周末工程师""周末农艺师"共享人才计划,以项目制招引人才。将招商引资、招才引智同步推进,让"项目带着人才来、人才带着项目来"。要借势专家资源,依托对口帮扶、东西部协作平台,坚持"走出去、引进来"人才战略,内聘外请各类高层次人才组建专家咨询委员会,引荐高端人才;要主动加强与大专院校的战略合作,建设产学研合作项目,建强大学生实习实践基地,争取更多的选调生和大学生村官指标等。要加强与结对共富县域的人才交流,推进双方干部相互挂职,推动先发地区的人才为汶川所用。

四川省要建立和完善省、市级示范性学校对口帮扶民族县域和民族乡镇中小学机制,引导优质学校到民族县域和民族乡镇开展共建帮扶活动。省、市(州)教育主管部门统筹安排区域内省级示范性高中学校分别对口帮扶民族县域和民族乡镇普通高中。市(州)教育主管部门统筹安排本级义务教育学校、市(州)辖区(市、县)优质义务教育学校对口帮扶民族县域和民族乡镇义务教育学校。要将民族县域和民族乡镇全部纳入"特岗计划"实施范围。适当增加国家级"特岗计划"教师指标。对民族县域和民族乡

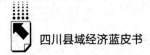

镇确需用少数民族语言进行辅助教学的农村学校"双语"教学岗位给予适当补助。要建立健全三级医院对口帮扶民族县域县级医院、二级医院对口帮扶民族乡镇卫生院的对口帮扶机制。帮助民族县域至少建立一个二甲医院，条件成熟的民族县域可建立三甲医院。完善机构、社区和家庭养老体系，逐步取消异地就医备案登记。省、市（州）的三甲医院针对民族县域和民族乡镇，定期开展医疗卫生人员业务技能培训。民族县域和民族乡镇可以采取适当降低学历、降低开考比例、面向熟悉本地少数民族语言的人才、面向本地人才等方式招录（聘）人才。事业单位引进具有硕士学位、副高级职称以上的人才以及急需紧缺的人才，可简化考试程序。向具备条件的民族县域下放中等专业技术职务任职资格评审权。

B.13
推进共同富裕的"彭州市"样本

杨继瑞 杜思远*

摘 要： 彭州市在推进共同富裕的实践中，通过"共富城乡"战略，致力于缩小城乡差距，实现高质量发展。通过对标浙江兰溪市的成功经验，彭州在收入分配、教育医疗、消费潜能、就业机会以及公共设施等领域实施了五大支点战略，着力打造了十大"共富城乡"场景。彭州还通过深化集体经济改革、农村合作金融改革和高质量产业功能区建设，构建了可持续发展的共享经济圈，并加大基础设施投入，夯实共同富裕的物质基础。这一模式为成都周边及其他地区提供了可复制、可推广的有效经验。

关键词： 城乡一体化 高质量发展 共享经济 共同富裕 彭州市

一 "共富城乡"：彭州市促进共同富裕的先行探索

共同富裕是篇大文章，从经济社会发展大局看，涉及城乡关系；从解决矛盾角度看，涉及缩小城乡收入差距的重大问题；从未来发展前景看，涉及全面建成小康社会后的发展路径选择。

（一）"共富城乡"：彭州贯彻习近平新时代中国特色社会主义思想的生动实践

共同富裕是社会主义的本质要求，是中国式现代化的重要特征。2021

---

* 杨继瑞，博士，西南财经大学教授，主要研究方向为区域经济学、农村经济学、国土资源与房地产经济；杜思远，博士，四川旅游学院副教授，主要研究方向为区域经济学、产业经济学。

年1月11日，在省部级主要领导干部学习贯彻党的十九届五中全会精神专题研讨班上，习近平强调，实现共同富裕不仅是经济问题，而且是关系党的执政基础的重大政治问题。应当综合考虑需求和可能，遵循经济社会发展规律，积极主动地解决地区间、城乡间及收入间的差异问题，以此持续提升民众的获得感、幸福感和安全感。找准时代方位，契合彭州市情，打造"共富城乡"，是彭州贯彻落实习近平新时代中国特色社会主义思想、推进共同富裕的生动实践。

（二）"共富城乡"：彭州对标竞进的追赶行动

国家选择在浙江建设共同富裕示范区，给彭州树立了标杆。通过打造"共富城乡"，能够有针对性地解决人民群众最关心、最直接、最现实的利益问题，在推进高质量发展进程中不断满足人民群众对美好生活的新期待，将为化解新时代社会主要矛盾探索出一条成功的道路。

浙江省的兰溪市提出了纵深推进"强工兴市、拥江兴城、文旅兴兰、环境兴人"四大战略，努力打造彰显兰溪特色的共同富裕县域样板，为浙江省金华全市高质量发展、实现共同富裕提供兰溪元素、贡献兰溪力量。兰溪市深入推进共同富裕的探索与实践，给彭州以极大的启发。打造"共富城乡"，就是对标学习兰溪的彭州行动。

（三）"共富城乡"：契合彭州市情和远郊区位的战略抉择

彭州地处成都三圈层，位于成都远郊。同时，居住在乡村的人口占总人口的50.87%，乡村面积占全域面积的92%（含龙门山保护区），在彭州高质量发展版图上，乡村也是主角。打造"共富城乡"，解决的主要矛盾和矛盾的主要方面在于，要进一步缩小城乡差距，"共富城乡"就是彭州促进共同富裕的"精髓"。打造"共富城乡"，处于成都三圈层的彭州当仁不让，理应勇于担当，为超大城市推进共富裕探路，形成在成都远郊板块缩小城乡差距的先行典范。

（四）"共富城乡"：彭州具有厚重而坚实的基础

彭州市是国家级现代农业示范区、全国重要商品粮示范基地、全国闻名的无公害蔬菜生产示范县、四川省现代农业重点县和四川省现代畜牧业重点县、全国农村创新创业典型县、四川省农村改革先进市、国家生态市、中国县域经济竞争力百强、中国县域经济发展潜力百强、中国最具投资潜力中小城市百强市、西部百强县、四川省十强县、中国家纺名城、四川最具投资价值潜力城市、国家卫生城市等。彭州在成都三圈层中的经济规模最大，打造"共富城乡"的基础扎实。

2021年10月，在彭州市第十五次党代会明确指出，新型城镇化和乡村振兴是互相促进、联动发展的关系，是实现共同富裕的有力推手。农村人口向中心村—中心镇—中小城市—大城市转移，部分村落会自然消亡，彭州将"11236"城市空间体系优化调整为"1124N"城乡融合发展空间体系，同时，城市工业化吸引大量人口就业，大幅提高人均收入；而农村留下少量爱农业、懂技术的新型农民，将便于规模化、机械化种植，也将吸引城市里的资金、技术、人才下乡，提高农业生产效率，最终农民也可获得不低于城里务工的收入。资源要素的双向流动和市场化配置，将有力助推城乡融合、实现共同富裕。彭州一手抓新型城镇化，一手抓乡村振兴，形成了"共富城乡"新格局。

（五）"共富城乡"：彭州具有早期探索的"基因"

彭州市宝山村走出以发展集体经济促进共同富裕的道路，被誉为共同富裕的"西部第一村"。彭州市还有不少比肩宝山村的共富新典型。这是彭州探索"共富城乡"的厚重"基因"和"星星之火"。

近年来，尤其是2021年以来，彭州市发布了一系列旨在构建"共富城乡"的政策文件，积极把握"一带一路"、成渝地区双城经济圈建设等发展机遇，贯彻成德眉资同城化发展战略，全面提高城市的综合实力和知名度，致力于跻身全国县域经济百强之列。同时，彭州市正全力构建成都都市圈北部区域高质量发展新高地，通过推进新型城镇化和乡村振兴"双轨并行"的策略，着力描绘成都建设践行新发展理念的公园城市示范区中的"立体山水篇章"，努力实现"共富城乡"的目标，把彭州城乡差距的"五大痛点"转换成"五大支点"，构建了城乡"缩差共富的十大场景"，取得了可借鉴、可复制、可推广的"五条经验"。

二 打造"共富城乡"："五大痛点"
向"五大支点"转变

彭州在成都率先打造"共富城乡"，是源自科学理论、把握潮流趋势、基于比较优势、顺应百姓期待的目标引领和倒逼下的重大决策和实践创新，是彭州扎实推进共同富裕、奋进"第二个百年"的重大战略选择。

第一，从认识论看，新思想引领新使命。党的十八大以来，习近平总书记就共同富裕发表了一系列重要论述，明确指出，"共同富裕是社会主义的本质要求，是中国式现代化的重要特征"，要"在高质量发展中促进共同富裕""主动解决地区差距、城乡差距、收入差距等问题""我们全面建设社会主义现代化国家，既要建设繁华的城市，也要建设繁荣的农村，推动形成工农互促、城乡互补、协调发展、共同繁荣的新型工农城乡关系"。① 这些重要论述标志着中国特色社会主义共同富裕理论的新高度。彭州在构建"共富城乡"过程中，一方面积极推进新型城镇化，另一方面大力实施乡村振兴战略，这正是对习近平总书记重要论述精神的实际践行，是对彭州实现共同富裕示范路径的高度概括，也将为成都市乃至四川省缩小城乡差距、推动共同富裕提供更多的彭州经验和彭州实践。

第二，从实践论看，大趋势呼唤大作为。回顾我国现代化的历史进程，经历了从"以乡支城"到"以城带乡"的转变后，如今的"乡土中国"已经演变为"城乡中国"。我国的城乡关系正处于融合发展的新阶段，并将朝

---

① 习近平：《扎实推动共同富裕》，《求是》2021年第20期。

着无差别发展的更高阶段迈进。逐步消除城乡差异已经成为重要任务，亟须我们勇于实践、攻坚克难。彭州打造"共富城乡"，是顺应时代潮流、持续前进的创新实践，也是在目标引导下缩小城乡差距的具体行动，更是采用数字化改革的思维和方法，重构城乡关系，展现践行新发展理念的公园城市示范区中"立体山水篇章"共富新图景的彭州作为。

第三，从优势论看，好基因催生好价值。彭州打造"共富城乡"立足于自身的天然禀赋和比较优势。2023年，彭州的GDP为660.69亿元，位于四川省183个县（市、区）中的第21位；①彭州是全国知名的蔬菜生产基地，同时也是全国城乡差距最小的地区之一；此外，宝山村数十年来的"共富基因"为彭州提供了宝贵的经验。这些都是彭州打造"共富城乡"的坚实基础和信心来源。彭州打造"共富城乡"，就是要将各种显性优势和潜在优势转化为新的发展动力，在城乡均衡发展上进行探索，将共同富裕这一普遍概念转化为具有彭州特色、致力于先行探索的实践模式，展现出彭州的独特魅力和价值。

彭州打造的"共富城乡"，是在新发展理念的指导下，将城乡视为一个整体进行统筹规划，以增强城乡居民的获得感、幸福感和安全感为核心，其重点包括居民收入均衡化、宜居环境高品质化、公共服务均等化、要素配置高效化和数智进程同步化。这一模式聚焦绿色共富，加快城乡融合，旨在率先呈现共建共享、充满活力、"差距"缩小和普遍富裕的新型城乡关系形态。

彭州打造"共富城乡"注重的是制度供给的均等化，而非功能形态的同质化；追求的是发展机会的平等化，而非发展结果的一致化；强调的是品质生活的共享化，而非生活方式的平移化。第一，彭州打造的"共富城乡"是以人的全面发展为核心的新形态。"共富城乡"以增强人民的获得感、幸福感和安全感为核心目标，这体现了以人民为中心的发展理念，旨在确保每一位新老彭州人，不论居住在城市还是乡村，都能获得平等的发展机会，共

---

① 资料来源：2023年彭州市主要经济指标，由四川省统计局提供，下同。

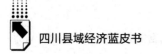

同分享时代发展的成果。

第二，彭州打造的"共富城乡"是城市和乡村实现高水平均衡的新形态。打造"共富城乡"并不是简单地削峰填谷或削平补齐，也不是追求城乡无区别，而是在城乡各自充分发展的基础上，着力解决不平衡不充分的问题，实现更高水平的动态均衡。所谓"共富城乡"，即"共富彭州"，是将彭州全域作为一个整体来规划，使城乡之间的功能定位更加清晰、发展各有侧重，各具特色，共同繁荣。

第三，彭州打造的"共富城乡"是通过绿色驱动和改革牵引形成的新形态。打造"共富城乡"并非追求大规模开发和建设，而是注重深度融合和全面发展。绿色成为普遍形态，绿水青山转化为金山银山的过程得到加速，在碳达峰、碳中和的过程中，生态产业形态不断丰富，优质的山水和人文资源价值得到提升，转化途径更加宽广。城乡要素的大循环成为新的格局，市场在资源配置中发挥决定性作用，推动资金、人才和技术等资源要素"上山下乡"，同时让乡村富余的土地指标和生态产品"进城入市"，实现双向高效流动和配置。

第四，彭州打造的"共富城乡"，是践行新发展理念的立体山水公园城市的城乡形态。2021年8月16日中国共产党彭州市第十四届委员会第十二次全体会议审议通过了《彭州市高质量建设践行新发展理念的立体山水公园城市高水平创造新时代幸福美好生活实施方案》，提出到2035年，践行新发展理念的立体山水公园城市成为彭州最亮丽的名片，彭州市共同富裕走在成都前列。紧扣2021年度重点任务，彭州在产业融合、城乡风貌、公共服务、社会治理、共建共富等方面取得了新突破。

（一）"共富城乡"的根本支点：缩小城乡居民收入

针对城乡居民收入差距这一"痛点"，彭州将城乡居民收入水平提升工程列为幸福美好生活十大工程之首，以问题为导向，将"痛点"转化为"支点"。彭州通过工资收入有保障、经营收入能致富、财产收入有渠道、收入分配更合理等途径，让彭州人民的钱包更加充实，切实巩固全面小康成果，满足人民对幸福美好生活的新期待。2023 年，彭州城镇居民人均可支配收入预计达到 46444 元，农村居民人均可支配收入预计达到 29083 元，城乡收入差距进一步缩小。到"十四五"末期，城镇居民人均可支配收入力争突破 58000 元，年均增幅 8%；农村居民人均可支配收入力争突破 40000元，年均增幅 9.0%，城乡收入比缩小到 1.5∶1 以内。这一指标不仅在全省而且在全国均处于领先水平。

（二）"共富城乡"的关键支点：推动城乡教育医疗一体化

针对城乡教育医疗差距这一"痛点"，彭州着力打造城乡教育医疗资源一体化这一"支点"。

2021 年，彭州发布了《创建全国义务教育优质均衡发展县实施方案》，旨在实现区域内城乡义务教育学校建设标准、教师编制标准、生均公用经费基准定额、基本装备配置标准以及"三免一补"政策的统一和全面覆盖。这一举措全面消除了大班额问题，学校标准化建设取得了显著进展，城乡师资配置趋于均衡，乡村教育质量得到了明显提升，初中教育质量显著提高，实现了义务教育优质均衡发展。

截至 2023 年底，全市共有各级各类学校（含幼儿园）211 所，学前教育普惠性幼儿园覆盖率达到 85.99%，义务教育校际均衡指数为 0.19，在郊区新城中排名第一，高中教育形成了省级示范校"1+2"格局，职业教育成功创建首批省级中职示范校，终身教育服务优质便捷，民办教育健康发展，民众的教育获得感显著增强。计划到 2025 年，新建中小学校 8 所、幼儿园4 所，新增学位 1.5 万个以上，并培养成都市级以上名优教师 100 名，引进硕士研究生及以上高层次人才 240 名。[①] 推动优质医疗资源的扩展和下沉，加快市域医疗共同体建设，强化网格化布局和标准化管理，不断提升市级医院的综合服务能力。统筹规划并加强分级诊疗体系的构建，实施分级诊疗制度，促进优质医疗资源合理分布，引导形成有序就医模式。积极应对人口老

---

① 资料来源：《彭州市教育事业发展"十四五"规划》。

龄化挑战，提升生育健康服务品质，大力发展普惠性的婴幼儿照护服务，加速建立以居家、社区和专业机构协调联动，医疗与养老、健康养护相结合的综合养老服务体系。同时，发展普惠性和互助式养老服务，并完善全民健身公共服务体系。

（三）"共富城乡"的潜在支点：提升城乡消费能级

针对城乡消费差距这一"痛点"，彭州以促进城乡消费的体制机制创新、激发城乡消费潜能为"支点"，从市场供给、消费升级、消费网络、消费生态、消费能力、消费环境等方面提出若干有力的举措，为缓解新冠疫情对消费的影响、激发城乡消费潜能绘制出了一条清晰的路径。

彭州进一步完善了促进城乡消费举措，着重加强消费基础设施、消费环境建设及消费金融服务，特别是冷链物流设施这一短板的建设，并优化了市域内乡镇商贸设施以及村级物流站点的布局。同时，注重整合现有资源，重构新的消费场景，规划了包括"蜀山乡韵"、"天府农耕"、"秀湖云田"、"山水乡旅"和"大美田园"在内的5条林盘经济精品线路。积极构建"林盘+"体系，完成了如九尺积谷仓农场、天彭西花町林盘等9个新消费场景的建设。通过创新消费空间，展现现代化林盘生活方式，促进了乡村休闲旅游业的发展。2023年全年共接待游客1887.91万人次，较上年增长7.5%；旅游收入达到108.94亿元，同比增长7.9%。

（四）"共同富裕"的期望支点：促进城乡居民充分就业

针对城乡就业差距这一"痛点"，彭州将城乡居民充分就业的期望作为"支点"置于重要地位。具体措施包括落实金融惠农政策，为农业发展提供资金支持；创新"整村授信"等适合农村经营特点的信贷产品和服务模式，推进农村"信用变信贷"；实施技能提升行动，为乡村振兴输送专业人才；加强乡村振兴服务团队建设，通过全市范围内的分批培训，针对服务标准、就业政策解析、就业援助、业务办理流程以及就业数据统计等方面，提升基层就业服务平台的专业水平，推动农村公共就业服务走向规范化、精准化和专业化；培育新型职业农民，对新生代农民工广泛开展从农民工到农业技术工人的转型培训，建立一支技术熟练、善于经营的农业技术工人队伍；拓宽农民就业创业途径，为农民增收提供坚实的服务保障，并积极响应省、市关于农村劳动力"双转移"的战略部署，助力农村劳动力向非农产业转移。

在青年创新创业就业筑梦工程方面，彭州正在加快建设 12 个高能级重大创新平台和 55 个成都市级以上的企业创新平台。逐步建成 50 万平方米的双创载体，构建"众创空间+孵化器+加速器+科创空间"的梯级孵化体系。每年新增实习见习岗位 1000 个、新职业岗位 1000 个。每年新吸引落户的全日制大专及以上学历青年人才、专业技术人才和技能人才超过 1000 人。筹建 1000 套人才公寓和 800 套产业园区配套住房，青年人才驿站累计服务 2000 人次。

（五）"共富城乡"的条件支点：均衡城乡公共基础设施投入

聚焦城乡政府公共投入差距的"痛点"，彭州以均衡城乡公共投入为"支点"，着力缩小公共基础设施的城乡差距。

建设完善的、现代化的乡村公共基础设施，使其覆盖乡村并向农户延伸，是实现"缩差共富"的基础和重要条件。因此，彭州加大了对乡村各类公共基础设施的投入力度。彭州市已在白鹿镇、通济镇、丹景山镇完成了快递共同配送中心的试点建设，初步形成了县乡村三级快递共同配送网络体系。目前，彭州市已被列入四川省 52 个县乡村物流体系建设的重点县之一。彭州市围绕打造"共富城乡"的目标，采取了一系列措施推动农村物流高质量发展。这些措施包括加快旅游路、产业路、资源路建设，构建县、乡、村三级农村物流节点体系。农村公路提档升级项目的实施使得农村公路总里程达到了 2527 公里。城乡公交一体化改革持续深化，实现了所有建制村 100% 通客车的目标。快递业务快速发展，2022 年快递业务量同比增长 80% 以上，业务收入实现 4 亿多元，同比增长 55% 左右。此外，彭州还加强了乡村水利基础设施建设，实现了城乡供水一体化；实施乡村生态环境优化设施建设，在农村普及冲水式厕所，加大对粪尿污物的资源化、清洁化处理力度；实施绿化美化工程和乡村清洁能源建设工程，保障了农村生产用电和生活用电；大力推进燃气下乡和实施秸秆资源化利用。彭州是"西控"区域的重要组成部分，还是成都北部的生态屏障，拥有龙门九峰、湔江河谷、九水润城、沃野蔬香、林盘清泉等优质自然资源，以及古蜀文化、牡丹文化、宗教文化、文翁治水等深厚人文底蕴。这些资源大多处于彭州广袤的乡村地区。彭州以政府公共投入作为杠杆资金，引导社会资本参与，不仅提升了山水园林公园城市的公共基础设施水平，还均衡了政府对城乡公共基础设施的投入，促进了城乡的缩差共富。

三　彭州打造"共富城乡"："十大场景"

彭州对标浙江省兰溪市（金华市代管市）争创共同富裕标杆县的做法，着力打造"共富城乡"，全力推进全域共同富裕，做到优势指标保持领先、中游指标力争上游、短板指标迎头赶上，推动共同富裕从长期愿景、宏观图景落地到微观场景，确保彭州促进共同富裕的探索实践指标过硬、群众有感，彰显彭州在缩小城乡差距、促进共同富裕上的使命担当，形成了彭州"共富城乡"的"十大场景"。

（一）"共富城乡"场景之一：争创全国百强县的"奋进场景"

打造"共富城乡"、促进全域共同富裕，必须首先要做大彭州的"蛋糕"。只有把经济发展的"蛋糕"越做越大，共同富裕的基础才能越坚实。彭州市委提出，争创"全国县域经济百强县"，各部门要牢固树立"一盘棋"思想，围绕"一年强基础、两年进百强、三年提位次"目标，调动一切积极因素，勇于攻坚克难、善于创新突破，推动形成集中力量发展县域经济的良好局面，力争继续入围全国县域经济百强县。

聚焦争创"全国县域经济百强县"，彭州相继启动补短板强功能攻坚项目、幸福美好生活十大工程等一揽子民生实事，旨在补齐经济社会发展短板，持续增加优质公共服务供给，不断提升宜居宜业功能品质，着力营造安全稳定发展环境，在新的更高起点上推动高质量发展、创造高品质生活、实现高效能治理，建成全面践行新发展理念的立体山水公园城市。争创全国县域经济百强县的奋进场景统一了干部群众的认识和行动。人民群众的幸福感，"看得见、摸得着、感受得到"，从而调动广大干部群众争创"全国县域经济百强县"的积极性和创造性。

（二）"共富城乡"场景之二：产业能级的"提升场景"

产业能级是打造"共富城乡"、促进全域共同富裕的内生动力。2021年，彭州全力打造"11236"（一轴一带双核三心六镇）城市空间发展格局，建设"3+2+1"产业园区规划体系，围绕重点发展新材料、中医药大健康、航空动力装备、文化生态旅游及康养、现代都市农业及商贸物流等产业构建了产业能级提升场景，以"3+2"产业功能区为主引擎，做大做强优势主导产业，抢先布局"双碳"经济新赛道，高质量构建现代产业体系，为新旧动能接续转换和城市加快转型升级注入了强劲动力。坚持人城境业有机融合，实施城乡功能品质提升工程，高起点谋篇布局濛阳新城；坚持四向拓展、全域开放，实施交通互联互通提升工程，彭什交界地带融合发展在全省率先破局。坚持人与自然和谐共生，创新谋划"民宿点亮乡村"，塑造"龙门雪山下·七星耀湔江"品牌，三次产业能级提升的场景十分亮眼。

目前，彭州拥有西南最大的石油化工炼化一体化项目、四川最大的在建海相天然气开发项目、西南最大的农产品集散交易市场、四川最大的中医药产业园区、全国最大的新型军用航空发动机维修基地、成都最大的生态旅游功能区，主导产业在成都、四川均具有独特性和显示度。彭州作为中国"蔬菜之乡"、"大蒜之乡"和"莴笋之乡"及南菜北运和冬春蔬菜生产基地，是名副其实的中国人的"菜篮子"，与山东寿光形成了"北有寿光，南有彭州"的蔬菜流通格局，彭州的种植业成为优势产业。搭乘中欧班列，这个"菜篮子"已经开始走出国门，上了"老外"的餐桌。

2023年，彭州市 GDP 达到 660 亿元。同时，发挥"三九大"区位交通节点优势，依托大熊猫国家公园，积极联动三星堆、九寨沟，共建"三九大"文旅品牌交汇坐标，打造国家级生态建设示范区、国际山地旅游目的地，打造精品民宿120家以上，争创国家全域旅游示范区、天府旅游名县。

（三）"共富城乡"场景之三：数字赋能活力迸发的"改革场景"

数字经济是打造"共富城乡"、促进共同富裕的助推器。彭州大力发展数字经济，为三次产业赋能。同时，通过"数字+"丰富拓展人民群众的美好生活场景，让群众充分享受数字社会的快捷便利。优化提升数字治理，努力在多领域先行探路、创造经验。

2020年10月14日，华为与彭州市人民政府正式签署了《彭州市人民政府华为技术有限公司数字经济合作协议》。双方将共同建设数字技术产业创新平台，在智慧城市、智慧园区、5G产业及应用等领域开展深度合作，共同打造世界级、全国领先的5G智慧化工园区，并构建智慧城市基础设施。此外，华为还将与本地高校合作，联合培养在人工智能、大数据、物联网、云计算等数字经济领域的专业人才，为数字经济发展提供源源不断的动力。

2021年9月30日彭州市举办了"首批数字人民币示范场景授牌暨10月集中推广月启动仪式"。现场，各类数字人民币支付体验活动引来大量市民驻足围观，银行工作人员细致地讲解、展示数字人民币特性、优点及支付流程。彭州通过持续打造一批精品示范场景，实现数字人民币赋能实体经济、助力成都西部金融中心建设，助力打造"共富城乡"和促进共同富裕。

（四）"共富城乡"场景之四：经济区与行政区适度分离的"协同场景"

经济区与行政区适度分离有助于在更大空间配置资源，是遵循区域经济规律、促进"缩差共富"的重要路径。打造"共富城乡"必须跳出地域限制，打破行政区域边界，抱团、融合发展，实现"一加一大于二"的资源配置效应。

彭州市在"缩差共富"进程中构建经济区与行政区适度分离的协同场

景，可圈可点。比如，为深入实施成渝地区双城经济圈建设国家战略和省委"一干多支"发展战略，加快成德眉资同城化发展进程，共建面向未来、面向世界、具有国际竞争力和区域带动力的成都都市圈，彭、什两市协商，提出了《彭什区域协同融合发展实施方案》。两市还共同编制《彭什跨区域资源转化合作试验区发展规划》，合力打造彭州丽春镇、什邡师古镇"两化互动产业孵化园"和军民融合小镇；在彭州敖平镇和什邡隐峰镇、师古镇部署发展中药材产业链，打造彭什跨区域天府中药城协同区；在彭州三界镇、濛阳镇、九尺镇和什邡马井镇、隐峰镇部署发展蔬菜产业链，打造彭什跨区域天府蔬香现代农业产业园协同区。在彭州龙门山镇、葛仙山镇、白鹿镇、红岩镇和什邡蓥华镇、湔氏镇、冰川镇、师古镇部署发展山地旅游、健康养老产业，建设旅游环线、打造精品线路，打造彭什龙门山生态旅游区、飞来峰国家地质公园、中国森林康养首选区和心灵之旅目的地。积极探索"飞地经济"模式，探索设立产业协同发展基金，支持跨区域产业链建设等，助推彭州打造"共富城乡"，促进共同富裕。

彭州市依托黑水县道地中药材种植优势，在黑水县建立起能够提供优质中药材的货源种植基地和康养基地，促进两地一二三产业融合发展；彭州组织辖区中医药企业到黑水县实地考察，引进企业到黑水县建基地、搞加工，实现了帮扶中的双赢。

（五）"共富城乡"场景之五：城镇化推进乡村振兴的"城乡场景"

城镇化和乡村振兴互动，是打造"共富城乡"最有亮点的城乡场景。特别是彭州的地理环境很是特别，有着"六山一水三分坝"的自然格局。彭州市委书记王锋君说："我们与其他地方最大的不同，是我们要以特色镇带动乡村的发展，这是我们很重要的一个抓手。"这是彭州乡村振兴的一大亮点。彭州通过城镇化推进乡村振兴的城乡场景融合了彭州乡村振兴的六条路：城乡融合之路、质量兴农之路、绿色发展之路、文化兴盛之路、乡村善治之路和共同富裕之路。

彭州每一个镇都有自己独有的特色，不管是在生态上，还是在文化上，

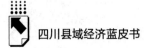

抑或在自然资源上，都各有特色。同时，地震之后的重建也让每个镇的聚集性和吸引力变得更强。

彭州独特的地理环境和历史文化决定，以镇带动乡村连片发展，形成城镇化推进乡村振兴的城乡场景。目前，彭州建设了以白鹿镇、海窝子镇、丹景山镇、龙门山镇、濛阳镇、葛仙山镇、桂花镇等为代表的连片发展模式，构筑了推进共同富裕的大美城乡形态。

彭州推进城镇化，立足"产业建镇"，挖掘培育各镇最有基础、最具潜力、最能成长的特色产业，加快打造一批产业集聚、功能复合、连城带村、能级凸显的特色小镇。以特色小镇链接生态山水林地，着力构筑全域景区。在山区，将突出生态、度假、避暑和文化四大特色，重点打造湔江河谷和龙门山民宿两个旅游品牌。在坝区，将做足"泉水、林盘、农田"三篇文章，全力营造"田成方、树成簇、水成网"的秀美大地景观。

（六）"共富城乡"场景之六：绿色全域的美丽"生态场景"

绿色生态是乡村的比较优势，把"绿水青山"转化为"金山银山"，形成绿色全域的美丽生态场景，无疑是打造"共富城乡"、促进共同富裕的重要举措。

龙门雪山下，七星耀湔江。彭州作为成都的重要生态屏障及大熊猫生存繁衍的关键区域，在四川省率先划定了生态保护红线。依据《彭州市国家生态文明建设示范县规划（2019-2025）》的指导，围绕国家生态文明建设的标准体系，精选了21个能够代表彭州特色、展现彭州亮点的地点，全面推进国家生态文明建设示范市县的创建工作。

彭州积极探索和完善环境健康风险管理路径，推动环境与健康的协同发展。2021年初，彭州被批准为成都市生态环境与健康管理试点城市，并积极推进四川省环境保护科学研究院彭州分院的建设。全市正在积极探索生态环境治理项目与资源、产业开发项目有效融合、统筹推进和一体化实施，加快推进彭州湔江美谷龙之梦低碳生态旅游区的 EOD 模式试点申报工作。

彭州构建了"源头严防、过程严管、末端严治"闭环治理体系，重点实施了协同降碳、治污减排、控车减油等六大行动，聚焦源头治理，全力打好蓝天保卫战。通过优化现代先进制造业的工业空间布局，严格项目准入标准，加快新能源及氢能项目建设，大幅度削减污染物排放以腾出更多的环境容量。这一系列措施已基本实现"蓝天常见、雪山常现"的目标，同时确保了水源地水质优良比例达到100%。

2021年，彭州开展了耕地安全利用及监测体系建设试点试验项目，持续推进农药化肥的减量增效，并加强农业用地的安全利用。大力推广清洁生产技术，持续推进垃圾分类工作，建成并投入运营了彭州市首个PPP项目——彭州市生活垃圾压缩中转站。同时，全力推进成都市的4个固体废物项目建设，并积极申报成为无废城市的试点地区。

彭州与山东菏泽、河南洛阳并称为中国三大牡丹之乡。在坝区，蔬菜、中药材种植在全国都是非常闻名的；从葛仙山镇开始往北，就进入山区了，在山区，老百姓主要是依托独特的地理环境和生态文化资源发展旅游，其旅游经济即便是在传统的1.0时代都非常发达，所以农民的富裕程度很高。彭州以天朗气清、青山叠翠、绿水长流等目标为统揽，打造公园城市示范场景30个，以生态惠民提升市民群众的获得感、幸福感和安全感。

（七）"共富城乡"场景之七：文化自信、精神富足的"人文场景"

文化自信是"四个自信"之首，是打造"共富城乡"、促进共同富裕强大的精神源泉。文化自信、精神富足的人文场景反映了彭州人民在"缩差共富"进程中的获得感、幸福感和安全感。

自古以来，彭州拥有丰厚的历史文化与自然资源，给人们留下不少深刻的印象。而且，彭州近几年在文化创意部分，也有不俗的发展。

彭州的书店数量越来越多。这些书店，不仅彰显了天府文化特色，也呈现了彭州独特的生活美学。彭州作为天府文化的发源地，自古就有读书的优良传统。文翁、严君平、尹昌衡、李一氓等"大家"闪耀在彭州的历史长河中……"读书何须读书日，学习自有学习功"，全民阅读的繁荣发展和文化自信，使彭州这片历史悠久、底蕴深厚的"共富城乡"，焕发出了无限的文化魅力和生机活力。

目前，"彭州非遗"文创产品早已渗透到人们的生命里，潜移默化地改变了人们的生活。彭州的九尺板鸭、军屯锅盔、敖平风筝、桂花土陶、彭州白瓷，都是消费者爱不释手的"人气好物"；"沙"白甜的银裕沙琪玛、金城窑精酿啤酒等农特产"文创"，让打造"共富城乡"有了更美妙的生活质感。

彭州积极打造"夜间经济""周末经济"新型消费场景，彭州人的创意精神总是在点亮着城市。当音乐与彭州的时空碰撞，就点燃了这座城市潜在的艺术灵魂火焰。在白鹿，激扬悦耳的古典音乐也来轻撩夜色，震撼你的耳朵。为艺术精神和创意之花准备的文创集市，展示了文化自信、精神富足的人文场景，彰显了"缩差共富"进程中彭州人的美好生活品质。

（八）"共富城乡"场景之八：共建新家园的"动力场景"

打造"共富城乡"，群众共建共享是重要的机制，美好生活由城乡人民共建，发展成果才能由城乡人民共享。城乡居民只有形成有机的共同体，使生产发展到能够满足全体成员需要的规模，形成人人参与、人人尽力的社会氛围，才能共享高质量经济社会发展成果。共建新家园的动力场景，在彭州城乡遍地开花。打造"共富城乡"，促进共同富裕，使彭州乡村实现了"四个蜕变"：村民变股民，现金变股金，资源变资本，园区变景区。村民在共建新家园中得实惠。彭州的城镇有机更新、老旧院落和街道改造，也充分调动了群众共建参与的积极性。

"忽如一夜春风来，千树万树梨花开。"花村街就是典型代表。几年前，这里还是公共基础设施配套不完善、街道房屋破损、环境脏乱差的地方。为走出花村街发展治理困境、重塑街道的生机和活力，丹景山镇关口场社区坚持以党建引领社区发展治理为抓手，不断探索实践，逐步构建起"两个原则、三个委员会、四个双机制"的工作体系，推动花村街实现蜕变。其中的两个原则是指花村街在社区发展治理过程中始终坚持"自上而下明确方向"和"自下而上推动工作"的两个原则；三个委员会是指花村街成立了"共建、共治、共营"三个委员会，分别负责发动群众全程参与花村街外围空间改造、负责劝导居民转变不文明行为和负责共商街道商业发展计策，激发居民自治活力；四个双机制是指建立"党建引领、资金保障"的双元保障机制，"以人为本、以客为尊"的双线问需机制，"志愿激活、组织培育"的双轮驱动机制，"项目支撑、多元参与"的双效推动机制，推动花村街品质提升。由此，丹景山镇花村街不仅荣获成都市"最美街道"称号，还获得了"最具镜头感街道"的美誉。

（九）"共富城乡"场景之九：服务优质、民生优享的"生活场景"

打造"共富城乡"，促进共同富裕，最终是要体现民生优享。彭州市服务优质民生优享的生活场景随处可见。这一场景，不仅提高了城市柔性化治理和精细化服务的水平，而且让城市更加宜居、更具包容性和人文关怀。

彭州致力于增强公园城市的新优势、不断提升生态环境质量、塑造公园城市的美丽形态，这既是全体市民的共同心声，也被列为彭州市政府工作报告中的重点工程。围绕"人人都享有推窗见景、诗意栖居的宜居环境"这一目标，彭州市稳步推动城市有机更新，深入践行生态惠民的发展理念，为市民提供兼具都市便利与自然美景的生活环境，打造高效便捷、绿色优美的宜居城市形态。

绿草如茵、花团锦簇、小河流淌、曲径通幽，加上时尚的潮玩秀场和可供骑行的绿道，这一切构成了彭州官渠郊野公园的真实景象。彭州市投入约5亿元打造了这个占地约1400亩的郊野型农商文旅体科融合示范区，保留了田园湖泊森林的自然风貌。公园采用开放式布局，提供了广阔的社交空间，其中包含熊猫大地景观、智能运动场地、书吧、咖啡馆和便民服务中心等多个新场景，展现了公园城市的活力与自由。无论是城乡景观游览、农耕体验还是时尚运动休闲，这里不仅成为一个新的旅游"打卡点"，更为市民带来了丰富的休闲、文化、艺术、运动和民俗等多元化的生活体验。

与此同时，彭州国际化氛围感不断提升。彭州与日本、美国等13个国家的 17 个城市先后建立了国际友好（合作）城市关系，是省内唯一一个获得国家级"国际友城战略发展奖"和连续两届荣获"中法地方合作奖"的县级市，并成功加入世界遗产城市组织；先后成功举办了国际山地户外运动挑战赛、环中国国际公路自行车赛、白鹿·法国古典音乐艺术节等一系列重大国际文体活动；全国首个县级国际友城合作馆正式开馆，法国"莫雷之家"正式入驻彭州白鹿镇。

（十）"共富城乡"场景之十：尊崇法治、共促善治的"社区场景"

打造"共富城乡"，促进共同富裕，下沉治理资源，发挥社区、街道等基层组织的城乡共治效能，建立多向联系与协作的跨层级治理体系，促进城乡社区治理体系和治理能力现代化是重要保障。彭州市营造尊崇法治、共促善治的社区场景，成效十分显著。

彭州市以"三治"力量有机融合社治引领，形成了可复制、可推广的经验。一是由市委社治委统筹、市法院主导，成立城乡社区"家和促进"前端共治工作领导小组，发动民政、司法、检察、公安、卫健等 20 余个部门共治力量，融合社区、物业管理公司、志愿者组织等社会治理力量，构建起"社治委牵头、法院主导、多部门协作、全社会参与"的一盘棋工作大格局。二是市法院充分发挥司法利民护民职能，创新法治指导方式，围绕把非诉纠纷解决机制放在诉前的要求，选派优秀法官驻社区值班，长期性、常态化地面对面服务社区居民，推动矛盾纠纷源头治理。三是充分挖掘社区热心"能人"担任金牌调解员，通过专业培训和实践，让他们有能力为身边的社区居民排忧解难。同时，在社区践行"正家风、顺家事、睦邻里、做公益、乐生活"的家庭治理工作法，营造社区居民自治的良好氛围。截至目前，自治力量参与社区纠纷共治率达 100%。

彭州市委社治委发布了 2021 年幸福邻里十大项目，以此为抓手凝聚城乡社区发展治理新动能，提升社区活力，开创和谐邻里关系和幸福美好社区建设新局面。十大项目包括和谐邻里营造系列评选、社区微更新、社区美空间打造、社区商业示范消费新场景打造、社区社会企业孵化培育、优秀社规划师及策划设计方案评选、"金彭善治"小区精细化治理公益创投、信托制物业服务模式试点导入、老旧示范小区打造培育以及成都市级示范社区（小区）创建。伴随着该项目的接力实施，邻里互助、邻里友爱、邻里和谐的城乡社区幸福生活场景在彭州随处可见。

四 彭州打造"共富城乡"：五条宝贵经验

彭州打造"共富城乡"，促进共同富裕的探索和实践已经取得初步成效，其五条宝贵经验值得总结和推广。

（一）大力发展"集体经济+"是"共富城乡"的康庄大道

彭州的"集体经济+"模式将不同类型的集体经济与多样化的资产、业态、经营模式、经营规模、服务体系以及各类电子商务等进行多维度融合。这种模式将"共富基因"与市场经济体制"效率基因"有机结合起来，不仅促进了城乡共同扩大经济总量，而且还通过可量化的指标体系来指导乡村集体经济的发展，使城乡居民能够共享"集体经济+"带来的发展成果。

彭州的"集体经济+"模式优化了农村土地的"三权"分置，鼓励农民依法自愿流转土地经营权，通过多种合作模式促进城乡互动，推动集体经济组织联合发展适度规模经营。支持农村集体经济组织盘活资产资源，以特色小城镇作为聚焦点，以数字经济作为新动能，以"农商文旅体"融合项目为载体，采用城乡要素互动配置的新机制和新模式，发展各类新兴产业和业态，深入推进乡村振兴战略实施，扩大城乡经济总量，缩小城乡差距，构建"共富城乡"。

彭州的"集体经济+"支持集体经济组织与国有平台公司及社会化服务企业合作，通过量化入股的方式参与农商文旅体融合项目；强化农村金融服务平台建设，推出7种特色金融产品，实施"农贷通"基层服务的市场化运作，规范"点状用地"工作的实施，并探索农户自愿有偿腾退宅基地的工作机制，促使城镇资源向农村流动，实现了新型城乡融合与"逆城镇化"。

在全面完成清产核资和股份量化的基础上，彭州的"集体经济+"建立了规范的法人治理机制，完善并创新了农村集体经济组织，通过登记赋码确立其特别法人地位，赋予其合法的市场主体身份。在集体经济组织的引领下，形成了诸如"整村共富宝山""区域联动渔江楠""租赁自营白鹿场""共享激活金城""平台孵化丰碑"等多种发展模式。这些举措使得全市的家庭农场和合作社覆盖率达到了100%，增加了20个以上的市级以上示范场（社）。同时，推动实施农业产业化龙头企业的"排头兵"行动，新培育了两家成都市级以上的农业产业化重点龙头企业。加速新型职业农民的培养，畅通渠道吸引各类专业人才进乡村，支持多种形式的创新创业活动，全年培训新型职业农民200人。在村党组织的领导下，村民委员会和农村集体经济组织的治理体系更加完善，农村集体经济组织运行能力有了显著提高，农民的财产性收入也得到了稳步提高。

彭州的"集体经济+"模式根据村级建制和城乡社区规划的调整，优化了综合服务社的布局，新建了4个农村综合服务社，构建了功能完备的为农服务体系。通过开展农业生产社会化服务提升行动，供销社在农业社会化服务中的中坚作用得以充分发挥，新增了5500亩的土地托管等社会化服务面积。同时，通过"供销社+"电商服务提升行动，成立了电商服务平台公司，大力发展网上商城、直播带货和社区团购等新兴业态。整合各镇（街道）现有生产和生活资源，构建了10个"连锁化、规模化、品牌化"的连锁网点，为城乡居民提供高效快捷的服务。此外，完善了由联合社主导的行业指导体系，继续加强市、镇、村三级供销社理事会和监事会的组织建设，规范完善相关工作制度，强化行业指导和监督职能。还进一步完善了社有资产管理机制，充分发挥市供销联社社有资产管理委员会的作用，进行全面的资产核查和规范化管理。

彭州的"集体经济+"模式汇聚成了乡村振兴的"集团军"和"大兵团"，推动了集体经济的壮大与发展，为构建"共富城乡"奠定了坚实基础，铺设了一条通往共同富裕的康庄大道。

（二）深化农村合作金融改革是"共富城乡"的"催化剂"

彭州借助"农贷通"平台，构建了特有的农村金融彭州模式；推进农村金融服务综合改革试点转型为普惠金融服务乡村振兴试验区，为乡村振兴战略提供了强有力的支撑，显著加速了"共富城乡"的建设。

第一，通过科技金融手段解决信息不对称的问题。彭州"农贷通"线上系统基于大数据建模来管理小额分散贷款，具备发布涉农政策、汇集数据、展示统计报表、融资对接以及在线贷款审批等核心功能。资金提供方（即金融机构）可以在该平台上自主发布和推广涉农金融产品，或者根据新型农业经营主体发布的项目资金需求信息，主动与资金需求方联系，实现信息的高效对接。资金需求方（包括新型农业经营主体和农户）在注册后，可以通过平台网站或移动应用提交农业项目的详情和资金需求，进而根据金融机构提供的产品和服务选择合适的资金提供方。"农贷通"平台还能根据资金需求方的具体需求，向金融机构有针对性地推荐贷款申请。此外，通过成立成都市首个农产品金融仓储公司，以仓单质押担保的方式解决了农户的资金周转问题，将农产品仓单质押融资转化为可广泛推广的标准化金融产品，撬动了数亿元的社会资金。

第二，通过政策导向将金融资源引入农村。出于农村地区发展滞后、信息不对称、缺乏有效的抵押物且抵押品处置难度大等原因，金融机构通常认为涉农贷款存在较高的风险，成本较高且回报较低，因此不愿涉足这一领域。为此，成都市政府出台了一系列政策措施，包括《关于建立"农贷通"平台促进现代农业与现代金融有机融合的试行意见》在内的十余项配套政策，旨在加强支农资金的整合，充分发挥政策支持和风险缓解的作用。借助成都市升级"农贷通"2.0版本的机会，进一步引导更多金融机构加入彭州"农贷通"平台，增强平台在资金汇集、产业与金融对接、信用体系建设及保险服务推广等方面的功能。实施"农贷通"基层服务的市场化运作，并探索与益农信息服务站的融合，确保农村金融服务能够覆盖到最基层。对于那些使用专项基金在农村增设服务网点或在农村金融综合服务站安装自助设

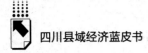

备的金融机构，提供一定的财政补贴，以减轻其运营成本。同时，设立农村产权收储公司，解决农村产权抵押物的处置难题，逐步构建起一个完整的农村金融生态系统。

第三，通过线下便民服务推动金融下乡并扎根基层。成立了成都市首家专门从事农村产权评估的公司，并组建了农村产权交易公司。线下服务体系按照农村金融、农村产权交易和农村电子商务"三站合一"的模式，已在成都建立了282个"农贷通"乡镇服务中心，以及2679个村级服务站点。每个农村金融综合服务站都配备了便民取款设备，并在行政村聘用了金融联络员，负责产权交易登记、农产品信息发布以及贷款信息和资料的收集工作。这些金融联络员以本地"熟人社会"关系网络为基础，充当金融机构与农户之间的桥梁，帮助完善线上系统的征信信息。这样一来，农户无须离开村庄就能办理信息采集、融资对接、小额支付、跨行转账、便民缴费以及农村电商等多种业务。

第四，运用金融大数据技术拓宽融资渠道。依托"农贷通"网络系统，成都探索建立了涉农融资项目库、涉农企业直接债务融资项目库以及金融服务和产品数据库。基于这些不断完善的信息资源库，搭建了一个政府、银行与企业之间的对接服务平台。该平台致力于向项目库内有融资需求的重点农业产业化生产基地项目和涉农企业提供信息推送服务，并配套提供各类创新金融产品以及电商、产权交易、收储、担保、评估、仲裁等相关金融服务，从而促进政府、银行、保险和企业之间的有效对接，畅通涉农融资渠道。

第五，深化数字人民币试点"乡村惠农助农"场景建设。推动金融普惠发展是数字人民币的初心宗旨。数字金融对彭州乡村振兴起到了重要的推动作用，特别是在涉农领域支付场景中数字人民币的成功应用，有效地缩小了城乡之间的数字鸿沟。人民币的数字化转型所带来的红利，有力地促进了"共富城乡"的建设。

（三）高质量建设产业功能区是"共富城乡"的"芯片"

产业园区是经济发展的空间载体和先导力量。彭州坚定不移地推进

"3+2"五擎驱动战略,即3个以现代工业为主导的园区、1个以现代服务业为主导的园区以及1个以现代农业为主导的园区。这一战略布局不仅是彭州对新一轮科技革命和产业变革趋势的积极响应,也是彭州实现高质量发展和"共富城乡"目标的重要驱动力和关键支撑。

产业功能区的发展潜力在于第一产业。构建特色农业产业功能区是彭州实现"共富城乡"愿景的关键所在。通过现代农业功能区的建设,彭州正在充分利用其"1+5"特色农业的新优势。利用菜博会全面展示彭州在农业和农村发展上的最新成果;借助民宿休闲服务业的兴起,提升公园城市的品质。2022年,彭州的粮食作物生产保持稳定增长,种植面积超过56.8万亩;全年生猪出栏量达到39.65万头,确保了主要畜产品的供应量稳中有升;同时,推行"食用农产品合格证制度",实现了全市蔬菜等农产品的质量全程追溯。通过高质量建设中国西部蔬菜种业园起步区、10000亩高效优质绿色蔬菜保供基地及彭州市智慧农业产业园,有效解决了蔬菜产业链条薄弱、农业效益低下和科技含量不足等关键问题;持续发展壮大川芎特色优势产业,致力于建设"中国川芎之都";打造"中国种蒜、早蒜之都"的品牌形象;优化菜博会的品牌;形成民宿产业集群发展的新动力,从而激发"共富城乡"的内生动力。

(四)构建"共享经济圈"是"共富城乡"的可持续财富源泉

共享发展是新发展理念的重要组成部分,与推动共同富裕紧密相连。共享经济是一种随数字技术进步而兴起的一种创新商业模式,它指的是经济社会中各个行为主体将其闲置的资源,包括但不限于资产和劳动力,与其他行为主体进行共享的一系列活动。在此过程中,提供资源的主体能够获得收益,而使用这些闲置资源的主体则可以借此创造价值。共享经济的核心在于通过整合和重新利用分散的闲置资源,提高资源的配置与使用效率,增加资源要素的回报,从而惠及所有相关利益者。聚焦"共富城乡"目标,彭州构建的"共享经济圈"不仅涵盖共享单车、共享汽车等形式,还延伸至通过农地和宅基地的"三权"分置政策来促进资源共享。此外,还包括对老旧院落和特色小镇进行有机更新的共建共享机制，以及采用"整合流转+专业托管+收益分成"的市场化运作模式，有效地整合和盘活了闲置、碎片化、分散式的土地、房屋、空间及林盘等资源，为"共富城乡"提供了可持续的经济支持，使城乡居民能够共享发展成果。与此同时，城乡居民社区内部的共享洗衣房、共享厨房、共享工具房、共享文化大院、共享大型机械以及共享食堂等多种共享设施和服务的出现，构成了丰富多样的"共享经济圈"，降低了资源配置过程中的交易成本，极大地便利了城乡居民的生产和生活。由此可见，构建一个多元化、系统化且深受城乡人民欢迎并积极参与的"共享经济圈"，是彭州实现"共富城乡"目标的重要途径。一方面，共享经济通过盘活闲置资源、提升资源配置效率以及创新资源利用方式，有助于形成资源节约型的经济形态，为经济增长注入新的动力，促进可持续的高质量发展，并巩固"共富城乡"的物质基础。另一方面，"共享经济圈"不仅能够增加工资性收入，还能提供多样化的财产性收入来源；通过资源共享、空间共享和经济共享，促进情感上的相互联结，营造互助互惠的社会氛围，从而优化"共富城乡"的收入分配机制。

（五）加大基础设施投入是"共富城乡"的"硬核"工程

根据新经济地理学的理论，加大对公共基础设施的投入，对实现"共富城乡"和"缩小差距、共同富裕"的目标具有双向促进作用。一方面，通过改善公共基础设施，可以加速城乡之间的经济要素和资源从边缘地区向中心地区的流动，增强中心区域的集聚效应；另一方面，增加公共基础设施的投入还将显著提升城乡一体化的程度，促进中心区域的经济效应向外围地区扩散，产生积极的"溢出效应"。彭州实现"共富城乡"的一个重要举措是深入推进新型城镇化与乡村振兴战略，而公共基础设施的投入则是这一进程的基础性工程。无论是新型城镇化中城镇产业、实体经济及民生服务的发展，还是乡村振兴战略所涵盖的"五大振兴"（产业振兴、人才振兴、文化振兴、生态振兴、组织振兴），都必须依赖于公共基础设施投入的增加。因此，在推进"共富城乡"的过程中，彭州加快了城乡之间、区域之间以及农村内部的交通基础设施建设，促进了电力、电信、互联网、新媒体等能源与通信基础设施的互联互通。这些基础设施的完善与城乡各自的产业优势、地理特征、旅游资源、文化特色及电子商务发展紧密结合，推动了城乡在产业、旅游、文化和电商等领域的融合发展。在推进"共富城乡"的进程中，彭州还加快了高标准农田项目的实施与建设，并切实推进更高标准的农村人居环境整治工作。继续深化"厕所革命"的成效，落实并推进行政村垃圾分类试点工作，统筹规划并梯次建设农村生活污水处理设施，同时启动农村饮水安全提升工程建设等。

聚焦高品质公共服务倍增工程，彭州市建立了基本公共服务清单管理和动态调整机制，以实现基本公共服务供给与高品质生活需求的相互促进和联动提升。该市致力于建设更多的优质学校，使中小学优质学校覆盖率超过70%，并通过"3+2"产业载体引入至少3所高等院校，同时开展创建全国学前教育普及普惠县和全国义务教育优质均衡发展县的工作，并改善中小学就餐环境。实施全民医保计划，确保城乡居民医疗保险参保率超过98%，并将人均预期寿命提升至82.2岁以上。此外，彭州市还建成了以县级公共文化设施为核心，以镇（街道）、村（社区）级公共文化设施为网络的三级服务体系，推动牡丹新城图书馆、彭州艺术中心等项目的建设，新增50个书店和公共文化阅读空间，打造10个基层公共文化示范点。高品质公共服务倍增工程的实施，助力"共富城乡"愿景的实现，呈现一幅各美其美、美美与共的美好画卷。

五　高质量发展：彭州市推进"共富城乡"的进一步谋划

"共富城乡"建设的首要目标是实现富裕。为了在争创全国百强县的过程中推动高质量发展并实现"共富城乡"，彭州必须贯彻创新、协调、绿色、开放、共享的新发展理念。需要显著增强自主创新能力，形成新的产业竞争优势，提升经济体系的循环效率，并激发各类市场主体的活力。更重要的是，要确保发展的成果能够广泛地惠及社会中的弱势群体，增强低收入群体的增收能力和提高他们的收入水平，从而促进区域间、城乡间以及不同社会群体之间的均衡发展。

根据以索洛模型为代表的新古典增长理论，经济增长具备内生收敛性，即由于资本的边际报酬递减规律，那些资本劳动比率较低的地区将会比比率较高的地区拥有更高的经济增长率。随着时间的推移，这种初始资本与产出的差异将逐渐减少，最终实现经济上的共同富裕（类似于库兹涅茨曲线描述的现象）。然而，如果我们仅仅依赖于索洛模型的预测，则可能忽视了现实中的复杂性。

实际上，法国经济学家托马斯·皮凯蒂的研究表明，在没有干预的情况下，自由市场并不能有效缓解财富不平等现象；相反，贫富差距扩大的一个根本原因是资本回报率长期高于经济增长率。因此，除了针对经济收敛条件作出改革之外，彭州还需要采取一系列措施，比如放宽市场准入限制、调整落后地区产业政策、优化整体产业结构以及提升这些落后地区的发展能力，以此来促进经济发展的均衡性。

第一，应推动市场开放和公平竞争。对于涉及国家安全、重大发展战略并且市场供给不足的关键领域，实施最低限度的国有企业清单制度，明确界定国有经济的进入范围和退出机制；在此基础之上，进一步推进国有企业混合所有制改革，并力求取得实质性的进展。未来，彭州应依据行业特性和企业规模等因素来制定公共政策，不再单独基于所有制形式制定相关政策。

第二，应遵循比较优势的原则来促进"共富城乡"。一个基本事实是，乡村发展不可避免地与城镇形成竞争关系。对于乡村而言，有两条主要的发展路径：一条是识别自身的比较优势，与城镇开展差异化竞争或建立互补的产业链，以实现跨越式发展；另一条是选择与城镇类似的产业，通过学习和借鉴城镇产业发展经验，获取后发优势，逐步追赶城镇的发展步伐。至于应该选择哪条路径应当基于乡村的具体发展条件是否与拟发展产业相契合。例如，如果城镇的主导产业是技术驱动型，而乡村的技术水平相对较低，那么发展类似的产业可能缺乏竞争力；反之，如果城镇的主导产业形态是劳动密集型或以特定自然资源为基础，那么只要乡村具备相同的资源条件，就可以通过学习和模仿获取后发优势。

第三，彭州应当优先发展那些附加值高但技术更新迭代相对较慢的制造业和服务业。制造业是经济稳定的"压舱石"。研究表明，现今所有富裕的非石油出口经济体在过去都曾拥有至少18%的制造业就业比例，并且制造业的劳动生产率显示出稳健的绝对收敛趋势。相比之下，低收入国家由于制造业就业比重较小，其工业化进程较为缓慢，这会显著影响到经济发展的收敛性。不过，这并不意味着仅靠发展制造业就能够解决问题，我们仍需坚持高质量发展的方向。

根据产业的附加值和技术更新的速度，可以将产业形态分为四种类型：高附加值且快速技术更新、高附加值但技术更新缓慢、低附加值且快速技术更新、低附加值且技术更新缓慢。在经济发展的早期阶段，我们依靠低附加值的制造业使中国成为"世界工厂"，但由于在这一领域，企业缺乏足够的激励和能力去改善工人的福利并提升其技能水平，因此常被批评为"血汗工厂"。

对于技术更新较快的行业，由于技术变化迅速，大多数人特别是低收入者往往不具备相应的能力去适应这些变化。此外，这些行业的员工流动性很高，企业也缺乏动力去做长期的人力资本投资，这与共同富裕的目标并不完全一致。相比之下，那些附加值高且技术更新迭代较慢的产业，企业拥有较高的利润率，具备提高劳动力社会保障水平的物质基础。同时，由于技术更新迭代较慢，政府或企业可以通过教育培训等社会投资型政策提升劳动力的知识技能，获得较高的投资回报率，从而在这些行业中更容易形成政府、企业和劳动者之间的共赢局面。在推进高质量发展的"共富城乡"进程中，重点支持这类产业可能是更优的选择。

第四，应重视乡村内源发展的实际动力和能力。彭州应以城乡之间的创新合作为契机，推动城镇在治理体系、治理能力、管理经验、技术、人才及信息等方面的先进要素向乡村延伸、推广和转移，以此来增强乡村的发展与治理能力，进一步促进"共富城乡"目标的实现。

B.14
乡村振兴的"越西县"样本

蒋远胜*

摘　要： 越西县在中国式现代化背景下，积极探索推进乡村振兴，形成了独具特色的发展模式。县内民族众多，文化底蕴深厚，但城乡发展不平衡、二产薄弱、金融支持不足等问题仍然存在。为此，越西县采取了一系列措施，如推动乡村产业融合发展、加强金融服务、促进科技成果转化、丰富社会服务供给等。同时，县政府注重民族团结和文化保护，推动城乡融合发展，努力缩小城乡差距。越西县的实践为四川乃至全国提供了宝贵的经验和可借鉴的模式。

关键词： 乡村振兴　民族团结　城乡融合　文化保护　越西县

党的二十大报告明确提出"以中国式现代化全面推进中华民族伟大复兴"。在我国全面建设社会主义现代化国家的时代背景下，深刻把握中国国情，着重发挥中国式现代化引领作用，以中国式现代化不断推进乡村振兴，在我国向第二个百年奋斗目标奋力迈进的征程上，具有重要的战略意义。《中共中央 国务院关于做好 2023 年全面推进乡村振兴重点工作的意见》指出："必须坚持不懈把解决好'三农'问题作为全党工作重中之重，举全党全社会之力全面推进乡村振兴，加快农业农村现代化。"中国式现代化的本质要求与全面推进乡村振兴战略有着紧密的逻辑关联性，为推进农业农村现代化、实现乡村振兴提出了新方向和新指引。

---

* 蒋远胜，四川农业大学教授，主要研究方向为农村发展理论与政策、农村金融与保险。

少数民族地区是全面实现乡村振兴的重要组成部分。2019年，习近平总书记在全国民族团结进步表彰大会上指出："中华民族是一个大家庭，一家人都要过上好日子"。[①] 2021年中央民族工作会议上，习近平总书记进一步强调："要推动各民族共同走向社会主义现代化"。四川是一个多民族省份，少数民族县51个，占全省183个县的28%，比重接近1/3。根据四川省统计局2021年发布的《四川省第七次全国人口普查公报（第一号）》，四川全省常住人口中，少数民族人口568.8万人，占常住人口的6.80%。与第六次全国人口普查相比，少数民族人口增长了78万人，增长15.90%。少数民族县数量多、人口多，少数民族地区与其他地区发展不平衡和自身发展不充分问题始终存在，成为制约民族地区乡村振兴战略实施的关键因素。乡村振兴不能在民族地区留下盲区、死角，只有把这块短板补齐了，才能保证工作不留空档、政策不留空白。越西县地处凉山州北部，是汉彝文化交融的典型代表，在以中国式现代化促进乡村振兴发展方面作出了积极探索。因此，及时总结越西县在推进乡村振兴工作中取得的成效与做法、存在的问题与宝贵经验，对于推进整个民族地区乡村振兴战略的实施、提高民族地区乡村振兴工作质量和效果，具有十分重要的意义。

一 四川少数民族县特点

（一）空间分布及区位特征

四川少数民族县共52个，主要分布在3个少数民族自治州，乐山和绵阳也有零星分布。少数民族县主要位于四川省西部，东接成都平原，北连甘肃、青海，西靠西藏，南邻云南，地处青藏高原东南隅、云贵高原西北缘和四川盆地的过渡地带，是内地通往边疆地区的重要通道。其区位特征表现：

---

① 《（受权发布）习近平：在全国民族团结进步表彰大会上的讲话》，新华网，2019年9月27日，http://www.xinhuanet.com/politics/leaders/2019-09/27/c_1125049000.htm。

一是面积广阔。少数民族县辖区面积30.21万平方公里，占全省总面积的62.14%。二是地形差异大，各类地貌交错存在。少数民族县既有高原、峡谷，又有森林、湖泊、雪山，相比于四川其他地区，地形错综复杂；甘孜州和阿坝州平均海拔3500米，凉山州在1800米以上。三是河流水系众多。该区域是长江、黄河等各大支流的流经地带，既是长江、黄河和各大支流的重要水源涵养地，也是全国、全省生态保护和建设的重点地区。

（二）发展特质

1. 自然资源丰富

少数民族县自然资源富集。拥有森林面积973.7万公顷，占全省森林面积的83.1%；木材蓄积量10.22亿立方米，占全省木材蓄积量的66%。甘孜、阿坝两州的草原面积2亿亩，是全国五大牧区之一。凉山州安宁河流域是四川第二大平原，有可开发耕地800余万亩。水能资源丰富。水能资源蕴藏量超过1.6亿千瓦，可开发利用约6000万千瓦，是四川乃至全国水能资源的重要聚集地。矿产资源丰富。探明矿产资源有55种，其中金、银、锌、钒、钛、稀土等矿种储量占全省90%以上。[①]

2. 经济发展潜力大

少数民族县整体发展程度相对落后，但发展速度快、潜力大。一是发展水平差距大。2023年，四川52个少数民族县人均GDP为4.79万元，明显低于四川全省的6.55万元和平原县的9.63万元。农村居民人均可支配收入17370元，较全省人均水平低2911元；城镇居民人均可支配收入38455元，较全省人均水平低4156元。二是发展速度相对快。2023年，平均而言，少数民族县地区生产总值比上年增长6.43%。2019~2023年，少数民族县人均GDP增速为8.44%，高于全省7.40%和平原县5.91%的增速。相比于2021年，2023年少数民族县农村居民人均可支配收入增长率为8.06%；城镇居民人均可支配收入增长率为2.13%，农村居民收入增幅显著；农村居民人均可支配

---

① 资料来源：《四川年鉴（2022）》。

收入与全省差距逐渐缩小，且三州地区均明显高于 14051 元的全国脱贫地区农村居民人均可支配收入。三是产业结构不断优化。按照重点生态功能区县主体功能的定位和要求，少数民族县通过培植比较优势产业，利用本地区生产要素优势，把握生态特色产业，开展民族贸易，产业结构由 2017 年的 19.7∶42.4∶37.9 转变为 2021 年的 20.7∶32.2∶47.1，产业结构优化升级。[①]

3. 多民族特质突出

四川少数民族县是多民族聚居地，56 个民族均有所分布。一是少数民族人口占比大。2023 年，少数民族常住人口约占少数民族县总人口的 77.4%。广大少数民族群众是促进当地经济发展的主要力量。二是民族文化历史悠久，底蕴深厚独特。数千年来，各民族在藏羌彝文化走廊地带繁衍生息、迁徙流动，形成丰富的文化沉积带，民族文化交织纷繁，创造出众多具有独特风貌的民族文化。在国家级非物质文化遗产名录中，四川共有 82 个少数民族非物质文化遗产进入国家级非物质文化遗产代表性项目名录，占四川省国家级非物质文化遗产名录的 54%。少数民族县独特且深厚的民族历史文化为乡村文化振兴提供了重要基础。

4. 区域内部发展不平衡

少数民族县由于地理区位、资源禀赋、生产生活环境等差异，存在众多的语言和文化区，分布广泛而分散，经济发展水平差异大。一是人口密度差别大。人口密度最高的民族县为 337 人/km²，人口密度最低的仅为 4.49 人/km²。二是经济发展不平衡。2023 年，少数民族县人均 GDP 最高的县是最低县的 6.24 倍，绝对值相差 9.85 万元。三是财政收支相差极大。2023 年财政收入最高的县为 651215 万元，而排在最后的县仅为 4011 万元。支出方面，最高的县是最低县的 6.73 倍。

（三）面临的主要制约

1. 区位条件限制

少数民族县区位偏远，自然条件相对恶劣。民族县地处川西，地形险

---

① 资料来源：由四川省统计局提供的 2018~2023 年四川各县（市、区）主要经济指标数据。

峻，平均海拔较高，离成都等中心城市距离较远。民族县多位于地震带，自然灾害频发，给当地经济发展带来极大阻力。2023年全川共发生有感地震78次，最大地震等级为5.6级，其中地震等级最高的5次地震活动中有2次是在少数民族县，地理位置、降水、地形等自然条件都限制着民族县域产业的发展。①

2. 城市服务功能不足

少数民族县城镇化水平整体偏低，基础设施建设落后，公共服务水平滞后，制约了发展。2023年，四川少数民族县平均城镇化率为35.87%，比四川省的平均水平低了近14个百分点，只有6个少数民族县的城镇化率在50%以上。

3. 要素支撑薄弱

少数民族县的各类要素对当地发展支撑不足。少数民族县域整体融资能力不足，金融发展滞后，难以形成规模产业，企业竞争力提升缓慢。民族县在推动各类要素城乡间双向流动和平等交换，实现人才与技术、资金、信息、物流等要素之间优化配置等方面仍有待加强。

4. 教育资源不足

少数民族县整体教育资源不足的问题依旧存在，主要表现为中等教育和高等教育方面短板明显，少数民族县普通中学数量平均每县6所，与全省平均每县24所的差距较大；普通中学在校生平均每县9302人，全省水平为县均2.3万人；中学专任教师人数平均每县600人，不足全省县域平均水平的1/3。整个少数民族县高等院校7所，其中本科院校3所，专科院校4所。②

二　越西县经济社会发展现状

越西县作为四川少数民族县之一，位于四川西南部、凉山彝族自治州北

---

① 资料来源：2023年四川省政府工作报告及中国地震台网信息（https：//news. ceic. ac. cn/）。
② 资料来源：由四川省统计局提供的2018~2023年越西县主要经济指标数据。下同。

部，全县辖区面积 2257.61 平方公里，辖 17 镇 3 乡，总人口 38.6 万人，有彝、汉、藏、回等十个多少数民族，是多民族聚居县。越西作为文昌文化发源地，是南方丝绸之路"零关古道"要塞，坐拥极为丰富的历史文化资源。县城海拔 1667 米，处于暖温带与亚热带气候区过渡带，两种气候特点兼具，植被种类、生物资源丰富，有苹果、花椒等十余种国家地理标志认证、绿色食品认证的特色农产品，被评为四川省文明城市、省级卫生县城、省级民族团结进步创建示范县、四川省双拥模范县。① 近年来，越西县坚持把创新改革作为推动发展的第一动力，加快构建创新型现代产业体系，拉动经济增长新引擎正在发力，县域经济综合排名属于全省同类县区第一方阵。

（一）民族团结发展进步，人口素质不断提升

近年来，随着越西县经济和社会的迅速发展以及现代化进程的加速，民族团结和人口发展等方面取得了显著进步。

1. 民族团结繁荣稳定

越西多民族和睦共处、团结进步，是民族团结进步的生动实践。越西是少数民族聚居区，彝族人口占 81.10%，汉族占 17.70%，藏族占 0.97%，另有 0.23% 的少数民族。2023 年少数民族人口较 2017 年增长 18.54%，多民族共存丰富了文化多样性。近年来，越西县以习近平总书记关于加强和改进民族工作的重要思想为指导，围绕增强中华民族共同体意识，大力开展民族团结工作，强化"三个离不开""四个与共""五个认同"理念，促进各民族交流融合，共同推进现代化。近年来无民族冲突事件，各民族保持团结一致，形成推进现代化的强大合力。②

2. 人口结构不断优化

近年来，越西全县的人口总数保持了稳定的增长趋势，五年来人口总量

① 《越西县地情》，四川省情网，2019 年 6 月 12 日，https://scsqw.cn/scdqs/sxdq/lsz/yxx/content_ 20787。

② 资料来源：由四川省统计局提供的 2018~2023 年越西县主要经济指标数据，以及越西县历年政府工作报告。下同。

净增 5.78%，2023 年，越西县人口总量在全省民族县中排名第 7。一是年龄结构逐渐优化。18~60 周岁的劳动力人口数量较 2017 年增加 9.48%，占总人口比重较 2017 年增加 1.09 个百分点。二是性别结构保持平衡。男女性别比为 103.80∶100，男女性别比与 2017 年基本持平。三是城镇化进程加速。2023 年，城镇人口占总人口的 36.32%，增长迅速，数量较 2017 年增长了 34.71%；城镇化率较 2017 年提升了 8.28%，城镇化进程取得较大进展。

3. 人口教育水平显著提升

越西县全面贯彻党的教育方针，立足基本县情，推进教育现代化，提升教育质量，促进教育公平，优化教育结构，建设教育强县。2023 年，九年义务教育阶段学生较 2017 年增长 10.77%，普通高中学生增长 56.65%，职业技术学校学生增长 50.30%，素质教育稳步推进。

（二）现代化建设不断推进，社会公平稳步提升

1. 经济实力不断增强

2017 年自乡村振兴战略实施以来，越西县国民经济实力进步显著。全县地区生产总值从 2017 年的 475158 万元增长到 2023 年的 698824 万元，年均增速 5.21%，经济发展水平实现飞跃。2023 年，越西地区生产总值在三州 48 个民族县中排名第 13 位，全省排名第 142 位。2023 年，第一产业完成增加值 186820 万元，较 2017 年增长 51.9%，年均增速 8.65%；第二产业完成增加值 96962 万元，较 2017 年同比增长 10.5%，年均增速 1.76%；第三产业完成增加值 415042 万元，较 2017 年增长 1.6 倍，年均增速达到了 27%。三次产业比重为 26.74∶13.87∶59.40。全县人均 GDP 为 22912 元，较 2017 年增长 83.7%，年均增速 13.9%。

（1）农业产业基础扎实

农业总体生产方面，2023 年全年全县农作物播种面积 71.02 万亩，粮食播种面积 48.35 万亩，全年完成农林牧渔业增加值 186820 万元，较 2017年增长 117 倍。农业园区方面，2023 年建成 1 个省级四星级产业园区，1 个州级产业园，3 个县级现代农业园区。农业合作社培育方面，2023 年农民专业

合作社 571 个、工商注册家庭农场 401 户。集体经济发展方面，截至 2023 年，共成立了 163 个新型集体经济组织，全年集体经济收入达 1048.03 万元。

（2）工业、建筑业经济逐步发展

越西县全县工业结构调整迈出实质性步伐，不断推动工业经济向绿色、环保发展。完成装机 10.6 万千瓦的华润风电项目建设，推动企业并网发电，推动华润风电和恒基商砼入统。2023 年规模以上工业企业全年累计实现产值 8.47 亿元，同比下降 19.6%。工业完成增加值 92990 万元，增速 -0.5%，规模以上工业增加值增速为 0.1%。2023 年新入统建筑施工企业 13 户，建筑业完成总产值 5.84 亿元，同比增长 4.8%。建筑业完成增加值 4104 万元，增速 -22.1%。①

（3）现代服务业提质增效

越西高度重视文化旅游产业发展，确立了"全域建景区"战略，把旅游业作为越西县优势主导产业，围绕创建"天府旅游名县"目标，把发展全域旅游作为推动全县经济转型跨越发展的重要载体。2023 年，越西县编制全域旅游发展总体规划，向发展全域旅游迈出关键步伐，打造"2124"全域旅游新态势；以文旅项目为支撑，打造高品质避暑度假新标杆；以文旅品牌为载体，打造高规格区域文旅新典范。2023 年，越西县接待游客达到 102.97 万人，实现旅游收入 8.77 亿元，分别较 2022 年增长 3.67 倍和 13.69 倍。

2. 改革创新取得进展

（1）持续推进两项改革"后半篇"文章，"放管服"改革深入推进

越西县深入推进机构改革、事业单位改革、乡镇行政区划调整等改革，严格落实省州改革部署。制定专项工作方案任务清单，各部门稳步推进任务落实。优化行政审批流程，缩短至 1~15 天。将 478 项政务服务事项纳入"四办"，办理量达 24 万件，满意度 99.5%。继续深化医药、综合执法等领域改革。

① 资料来源：由四川省统计局提供的 2018~2023 年越西县主要经济指标数据，以及越西县历年政府工作报告。下同。

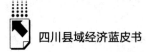

（2）推进对外开放，激发发展活力

越西县坚持把改革开放作为发展动力，大力实施开放合作。充分利用对口帮扶平台，积极融入区域经济圈，加强与周边县市交流合作。越西围绕特色农业全链条招商、资源能源开发招商、劳动密集型产业招商、全域旅游投建运营一体化招商、新业态新模式新产业招商"五个方向"，策划包装并推出总投资185亿元的107个招商引资项目。

（3）大力发展科技产业，提升科技应用承载力

越西县培育4家企业入选科技型中小企业。引进高校和科研院所14名人才，开展科技培训、技术帮扶和成果转化。围绕产业需求，建设3个产学研协同创新示范基地。在省平台录入9家供销对接企业、10家龙头企业，推荐5个特色农产品，提供22条技术供给路线，推动科技成果转化应用。

3. 城乡差距逐步缩小

（1）城乡居民收入差距逐渐缩小

越西县城乡经济社会发展取得显著成效，2023年城镇居民人均可支配收入3.4万元，较2017年增长41.66%，六年年均增长6.94%；农村居民人均可支配收入1.41万元，较2017年增长64.39%，六年年均增长10.73%，农村居民收入增幅显著高于城镇，城乡共同富裕取得较为明显的实质性进展。

（2）城乡医疗卫生体系协调发展

"十三五"期间，越西县加大力度建设农村公共卫生服务体系，完成23所乡镇卫生院和所有贫困村卫生室的达标建设，农村公共卫生服务短板基本补齐。截至2022年底，全县有公立医疗机构26个、民营医疗机构4个、村卫生室168个。覆盖20个乡镇的标准化卫生院和全覆盖的168个村卫生室，形成了比较完善的县、乡、村三级医疗卫生体系。

（3）城乡教育均等化进程不断加速

坚持"科教兴县"和"人才强县"战略，把教育置于优先发展位置。召开五级联控会议，确保脱贫户等子女100%入学，适龄儿童少年失学实现动态清零。依法完成九年义务教育。"十三五"期间，投资8.62亿元改扩

建各类学校 25 所，建设 291 个"一村一幼"点、19 所乡镇园，办学条件显著改善，城乡教育资源均等化取得显著成效。

（4）城乡公共文化生活明显改善

大力实施文化基础设施建设，统筹推进广播电视"户户通"、应急广播"村村响"等工程，深入开展文化科技卫生三下乡活动。建成民族体育综合训练馆、全民健身中心等体育场馆，体育事业发展加快。大力推进数字乡村建设，推进越西广播电视网络基础能力建设。各乡镇均可实施类似天网、雪亮、智慧党建、一镇一屏等的智慧业务，县级节目覆盖率和入户率得到大幅提升，群众文化生活日益丰富。

4. 民生事业整体改善

（1）社会救助工作不断深化

第一，城乡低保工作不断规范。严格落实《社会救助暂行办法》，遵循"应保尽保、应退尽退"原则和"按标施保"政策，逐步推进"低保兜底一批"行动计划。

第二，临时救助体系逐渐完善。对遭遇突发事件、意外伤害、重大疾病或其他特殊原因导致生活陷入困境，其他社会救助制度暂时无法覆盖或救助后基本生活仍有暂时困难的家庭或个人给予应急性、过渡性生活救助，持续推进"救急难"重大事项救助工作，对重特大疾病或其他突发事件造成巨额支出的，采取"一事一议"形式，适度提高救助标准。

（2）养老服务工作有序推进

"十四五"以来，养老服务体系建设从无到有，医养、康养、旅养"三位一体"的健康养老服务业得到有效发展，基本建成以居家为基础、社区为依托、机构为补充的养老服务体系。圆满完成全州"1+N"互助养老综合改革试点任务，"困有所帮、难有所助、求有所应、病有所医"的互助养老试点目标基本实现。

（3）儿童福利工作持续加强

一是顺利完成越西县儿童福利院提质转型建设任务，保障地区困境儿童平等享有高质量养育、教育和保护服务的权利。二是加大困境儿童救助帮扶力度。持续提高儿童保障服务水平，按时足额发放儿童基本生活保障金，切实维护困难儿童基本生活。三是继续实施孤儿"明天计划""助学工程"等助医助学项目，以及江北爸妈行动计划——星星点灯孤儿精准帮扶项目。切实维护困境儿童合法权益，不断提高儿童福祉。四是扎实开展"合力监护、相伴成长"农村留守儿童关爱保护专项行动。督促各个乡镇落实家庭监护责任，落实一对一帮扶责任人，建立关爱保护机制。五是实施"快乐同行"儿童关爱保护项目，在两个点位开展未成年人关爱保护工作。

（三）物质精神协调发展，传统文化传承发展

1. 城乡风貌大幅提升

越西县统筹推进城乡区域发展，发展格局不断协调。越西县定位于凉山北部城镇群区域中心城市，加快构建"中心城区—中心镇——般乡镇"三级城镇体系，持续改造老城、建设高铁新城，打造新型集镇和幸福美丽新村，统筹推进城乡区域协调发展。以乡村振兴为契机，以美丽宜居村庄为导向，深入开展农村人居环境整治"十大行动"，推进"三大革命"，人居环境和村容村貌显著改善，乡村环境整治成效良好。

2. 基础设施不断提升

越西县基础设施建设成效显著，服务能力显著增强，技术水平明显提高。一是大力推动国省干线路网改造升级和农村公路建设工作，G245线越西段、小相岭隧道、S218线越西段等一批重大交通项目建成投运；提前两年实现通乡油路100%通畅、通村通畅率100%目标。公路总里程1196.42公里。道路等级和公路里程得到极大提升。二是电力基础设施建设加快，完成142个村4.09万户升级改造。三是水利保障能力明显增强，推动以书古水库为重点的重大水利工程建设，同步推进山坪塘小微水利项目前期工作，中小河流治理、山洪沟小流域综合治理项目建设。实施农村饮水安全工程387处，解决农村30.38万人饮水安全问题。四是加大通信基础设施投入，建成4G基站679个、5G基站13个，行政村宽带通信覆盖率100%，互联网普及率100%，信息化水平稳步提升。

3. 文旅产业快速发展

越西县根据自身特色，明确文旅发展方向，优化旅游发展格局。依托自然、历史、文化、生态资源，构建"两中心、一轴线、两发展带、四片区"的全域旅游格局，打造越城、普雄两城市中心，形成 G245-S309 产城融合轴线，零关古道、成昆铁路两旅游带。同时规划四大特色旅游区块。深化挖掘文旅资源，推进品牌建设，成功创建"中国气候宜居城市（县）""避暑旅游目的地""巴蜀气候康养地"等品牌。

4. 文化传统深入弘扬

依托丰富的文化资源，推动文化旅游融合发展。依托非遗文化，于2022 年、2023 年连续组织开展"往来嶲嶲·非遗国潮"新春嘉年华活动；2023 年举办了"嶲州花事·诗意田园"越西乡村旅游春季主题活动，吸引了众多游客。

（四）人与自然和谐共生，生态环境持续向好

1. 生态资源丰富，自然本底优良

越西县生态系统类型丰富，物种资源多样。截至 2023 年，全县森林覆盖率达到 43.03%，草原综合植被盖度为 83.03%，环境空气质量优良率高达 99.7%。此外，境内地表水环境质量稳定达标，县城和 37 个乡镇的饮用水源地水质达标率均为 100%。土壤环境质量也长期稳定。全县生态环境状况指数（EI）良好且保持稳定。作为全国重点生态功能区，越西县拥有丰富的绿色资源，包括水能、风能、光能等清洁能源资源，为全县清洁能源发展奠定了坚实基础。

2. 人文资源厚重，发展基础稳固

越西县城是一座历史悠久、文化灿烂的千年古城。文昌帝君（张亚子）在此诞生，留下博大精深的文昌文化；古南丝路沿此南下，留下厚重沧桑的南丝路文化；红军长征经此北上，留下经典永恒的红色文化；诸葛武侯南征小相岭，留下源远流长的古蜀文化。此外，越西县还有多个民族繁衍生息，留下以藏族尔苏文化为代表的民族文化。这些多样的文化为越西县的文旅产

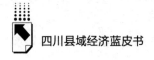

业发展奠定了坚实的基础。

3.绿色发展导向，产业转型迅速

越西县着力于绿色发展，不断淘汰落后产能、加强技术改造，使全县单位 GDP 能耗和水耗大幅下降。同时，县政府大力推进示范合作社及家庭农场发展模式，农业产业转型升级成效显著。生态旅游业也获得了较快的发展，成功创建了文昌故里国家 4A 级旅游景区和越西县现代农业产业园 3A 级旅游景区，并实施了观音河流域景观等核心旅游景区基础设施建设。通过农旅融合、文旅融合，县政府还引导越西河谷城镇壮大观光农业。

（五）党的领导全面加强，社会风险有效化解

1.政治建设坚定有力，依法行政纵深推进

落实全面从严治党要求，坚持以习近平总书记来川视察重要指示精神及系列重要讲话精神为指导，深入学习贯彻党的二十大精神，扎实开展"两学一做"学习教育、"不忘初心、牢记使命"主题教育和党史学习教育，切实把增强"四个意识"、坚定"四个自信"、做到"两个维护"落实到政府工作全过程。坚定贯彻新时代党的建设总要求和新时代党的组织路线，贯穿高质量跨越式发展全过程，各项工作取得新进展、新成效。

2.组织机构合理精简，党员结构不断优化

越西县高质量完成党员发展教育工作，落实基层党组织建设工作。一是党组织方面，基层党组织数量得到合理优化、精简。二是党员结构方面，越西县党员总数在五年内保持稳定增长，其中，女党员、少数民族党员、农牧渔民党员、35 岁以下党员以及大专及以上学历的党员数量与占党员总人数比例基本保持稳步提升。在为党员提供更好发展平台的同时，党的事业迅速发展。

3.巩固拓展脱贫攻坚成果同乡村振兴有效衔接

脱贫攻坚成果巩固提升。全县继续执行对"摘帽"县和脱贫人口的主要扶持政策，进一步完善全县基础设施建设，实现公共服务均等化，进一步发展产业与就业，进一步加大对口支援、定点扶贫、社会扶贫力度，驻村工作和扶贫工作也会延续一段时间。扶贫政策的延续性与连贯性能使全县脱贫地区和脱贫人口在过渡期逐渐增强自我发展能力，为巩固拓展脱贫成果同乡村振兴有效衔接提供充分保障。

聚焦衔接政策落实，促进乡村振兴。按照"资金投入不减、支持力度不降"的总体要求，加大了乡村振兴衔接资金的投入，持续推进基础设施和基本公共服务向农村延伸，全面提升了农村人居环境和乡村公共服务水平，让农村人民群众的获得感和幸福感更加充实。2023年，县政府计划到位衔接资金49385万元，实施项目119个，其中34个为产业类项目，47个为基础设施类项目，5个为到户类项目，9个为其他类项目。同时，续建项目24个，产业占比60.29%。

4. 社会治理不断深化，重大风险妥善化解

民主管理制度不断优化。加大基层民主管理的创新力度。积极推进以城乡社区党组织为核心、自治组织为主体、监督机构为保障的基层民主体系建设。一是在民主决策方面，健全居（村）民会议、居（村）民代表会议、居（村）民听证会议等会议制度，创新推行了受理初议制、听证参议制、票决审议制和民主评议制。二是在民主管理方面，指导全县289个行政村和5个社区完善村规民约的制定工作，基本形成了基层民主建设中共议共管、共驻共建、服务群众的工作体系。三是在民主监督方面，推行了"四务公开"制度和事务处理询问制度，加强现场督查指导，建立了问题整改台账，5年来督促整改各类问题达658件。

基层社会治理明显增强。提升社会治理变革的深化程度。深入开展"七五"普法，营造良好的法治环境。全力推进"四治"攻坚，创新运用科技力量推动提升社会治理体制机制，实施"天网工程""雪亮工程""慧眼工程"等技防工程。推动网格化管理向乡村（社区）延伸，网格化管理服务体系日趋完善。健全矛盾纠纷排查预警和多元化解机制，开展了人民调解规范化建设，全县成立调委会381个，矛盾纠纷受理率达100%，调解成功率达100%。

社会重大风险显著降低。防范化解重大风险体制机制不断完善，发展安

全保障更加有力。抓好国家重大公共卫生和基本公共卫生服务项目，加强新冠感染、艾滋病等重大疾病综合防治。全县艾滋病抗病毒治疗覆盖率达95%以上，艾滋病转入低流行趋势；全县毒情实现"一升三降"，越西成功摘掉了"外流贩毒重点关注县""毒品滥用重点关注县"国家层面"两顶帽子"；深入开展扫黑除恶、缉枪治爆等专项行动。

自然灾害风险有效化解。加强地灾防治，守护"生命家园"。县政府全覆盖开展风险调查评价及隐患排查，采取"拉网式""地毯式"等方式进行再排查。坚持"治理为主、避让为辅"原则，并积极争取中央和省级财政资金支持，加快推进地质灾害治理工程，积极完成地灾隐患点的销号任务。

三 越西县推进乡村振兴的创新性探索

越西县深入贯彻落实习近平总书记重要讲话和党的二十大精神，举全县人民之力全面推进乡村振兴，促进农业高质高效、乡村宜居宜业、农民富裕富足。

（一）推动乡村产业振兴

产业振兴是巩固拓展脱贫攻坚成果、接续乡村振兴的核心，是推动农业发展、支撑农村建设、保障农民收入，最终实现共同富裕的有力保障。在产业方面，越西全力推动形成以粮油、烤烟和苹果、花椒、草食畜及其他优势特色产业"1+1+1+N"现代化农业体系建设。

1. 实施优质粮食工程，守住"粮袋子"

越西农业用地分布不均，大多集中在高二半山区、高寒山区。根据自身地形特征，越西因地制宜发展粮食产业。

一是坚持规划引领，严守耕地红线。在严守永久基本农田和耕地保护红线的基础上，高标准编制了《越西县国土空间总体规划（2021-2035年）》《越西县土地综合整治专项规划（2021-2035年）》，坚持以"数量不减少、质量不降低"为原则,全面推动"田长制"实体化运行,建立健全制度机制,强化耕地恢复工作指导推进力度,进一步夯实耕地保护责任,广泛开展政策宣讲,营造良好的耕地保护社会氛围。

二是实施优质粮食工程,保障粮食安全。一方面,利用越西地理资源优势,大力发展马铃薯产业。成功打造国家绿色马铃薯原料生产基地 10 万亩、原种繁育基地 4480 平方米、原种生产基地 300 亩,实现了"原料—种育—生产"一条线,为马铃薯产业发展创造了良好条件。另一方面,落实耕地地力补贴、种粮大户补贴等政策,提高种粮积极性,确保粮食稳产扩面。

三是构建多元化粮食供给体系,充实"粮袋子"。越西通过构建多元化的粮食生产结构和区域布局,确保粮食供给的稳定、可持续。越西粮食作物以玉米、水稻、马铃薯、荞麦、小麦为主,油料作物以油菜为主,实现多元化供给。同时,通过深加工,生产荞麦面、荞麦粉丝加大粮食供给。利用福银苦荞、天生源野生保健品有限责任公司荞麦加工企业,年加工荞麦 4000吨,生产荞麦粉丝 3000 吨、苦荞茶 60 吨,年产值 2500 万元。

2. 推动"小苹果"破局,县域全产业链提档升级

一是立足禀赋优势,打造特色苹果产业园。越西县被誉为四川省苹果生产基地县。"越西苹果"是四川知名苹果品种,是地理标志保护农产品。相比省内主产区,越西县的同一品种的苹果成熟时间早 15～20 天,比北方苹果产区早近 1 个月,具有很强的市场竞争力。同时,越西苹果大力推广矮化密植,带动全县矮化密植面积占比达到 55% 以上,进入丰产期后园区预计亩产 8000 斤,年产值达到 10000 万元以上。依托四川省农科院的技术力量,成功将越西县苹果现代农业园区打造成为省级三星级园区。

二是依托苹果产业园配备深加工场所,补齐产业链。为解决越西苹果残次果效益低的问题,在园区建有农特产品深加工车间约 1100 平方米,可涵盖整个越西县特色农产品深加工,将残次苹果、蔬菜加工成冻干,包装销售,提高产品效益。

三是构建"城区+园区+景区"三区联动模式,助力全域产业振兴。越西充分利用苹果现代农业产业园区、新乡瓦吉村观光农业产业园、水观音景

区相连的优势，形成"百里长廊看产业"的壮观景象，达到农文旅相结合，促进三次产业深度融合发展。

3. "越西贡椒"多维发力，做好川味之魂

一是建机制强管理，实现提质增效。按照"统一品种、统一育苗、统一管理、统一质量"的管理要求，结合《越西贡椒管理周年历》抓好抓实田间管理，确保花椒增产增效。

二是完善技术体系，推动可持续发展。加强花椒产业发展技术人才培训。行业主管部门、省州科技专家服务团、四川农业大学和省林科院等技术力量每年对全县种植大户、经营主体、林业果技员，以"理论教学+现场指导"模式进行技术培训，为越西贡椒产业发展提供持续长久的科技支撑。

三是品牌加渠道双驱动，拓展销售新局面。在品牌方面，实施品牌提升工程，依托"越西贡椒""越西贡椒地理标志""大凉山农产品"等公用品牌，积极创建省级以上著名商标。在渠道方面，积极运用"互联网+"，鼓励支持企业和种植户组建联合体和越西贡椒网络销售平台，拓展销售渠道，提升越西贡椒产品的销售量和品牌知名度。

4. 培育优质生态畜牧，助力发展新引擎

越西县是四川草原畜牧业优势区和特色草食畜产主产区，运用"草—牛—牛粪—草"循环模式，构建生态农业发展格局，实现种养循环、产加结合、粮饲兼顾、农牧融合。引进企业建设现代农业园区，发展良种繁育和集中育肥，构建乡镇能繁基地和企业育肥基地，为乡村振兴奠定产业基础。现肉牛存栏 5.1 万头，2950 户养殖户，培育 16 个新型经营主体。

5. 坚持绿色发展，林业碳汇开发走在全省前列

县林草局探索创新，积极对接有国际影响力的专业开发团队为林业碳汇项目开发保驾护航，由第三方专业机构承担前期全部工作和相关费用，待项目交易完成后，政府与第三方按照6∶4的收益模式分成，确保在项目建设中保持零风险、高收益。上半年，联合国 VCS 网站对越西县林业碳汇造林VCS+CCB 开发项目进行了公示，代表越西县林业碳汇开发进入了新阶段。该项目为凉山州首个国际 VCS+CCB 碳汇造林获公示项目。

（二）推动乡村人才振兴

人才是推动越西县乡村振兴的宝贵资源，是引领乡村发展的不竭动力。越西全面实施乡村人才振兴计划，开创了精准引才的先锋领航模式，为振兴与建设越西乡村注入了强劲动力。

1. 精准引才发力，壮大乡村建设力量

一是定位精准。越西面对逐渐白热化的人才竞争，着力探索符合自身发展需求的精准化引才道路。立足建设凉山北部区域中心城市定位，提出以招引普通人才为主、招引高层次专家人才为辅的差异化竞争方略。制定《越西县柔性引才实施办法（试行）》，实现柔性引才常态化。

二是需求精准。针对乡镇基层和支柱行业认真开展人才资源调查统计分析，精准编制急需紧缺人才招引目录，突出引才的实用性、精准性和匹配性，提高引才总量和引才质量。

三是施策精准。越西在人才振兴问题上，一方面，紧盯着外面的世界，吸引高素质人才返乡；另一方面，从本地挖掘能人、乡贤。通过落实《越西县拓展脱贫成果促进乡村振兴就业增收十二条措施》，利用"本土+返乡+引入""三位一体"乡村振兴人才支撑，加大"田专家""土秀才"等本土人才的引培力度，充分挖掘民间工艺人才，促成归燕还巢。

2. 落实"育才、炼才"，助力人才提质增效

一是打造人才培育"主阵地"。越西与内江职业技术学院、中国民航飞行学院、西昌学院等高校就项目合作、平台建设、教育培训等达成合作意向。与德阳市旌阳区合作建成"校联体"2个。与中国延安干部学院、北京服装学院继续教育学院等多家高校院所探索共建2个实践教学基地，积极对接院校开展"科技下乡万里行"活动。

二是采取"师带徒，强培训"的育才模式。为培养本地实用人才，越西县建立了"省州专家+本地人才+种植能手"的人才培养机制。结对帮扶本土农技人员、企业骨干、种养大户等165人，培育科技示范户22户，建立微信交流平台，以培养一批懂技术、愿奉献的人才队伍。同时，通过开展

高素质农民培训，加强新型农业经营主体带头人、农业产业领军人才、农业职业经理人培养和农村实用人才培训，不断提高从业者的科技水平和经营能力，培育出一批致富带头人和高素质农民，为乡村振兴提供了人才支撑。

三是深化合作"炼才"。通过"组团式"帮扶、千名紧缺专业人才顶岗培养、赴省内发达地区企事业单位进行 3~6 个月研修培养、前往其他市县先进单位进行挂职学习，让人才在实践中得到锻炼。组建科技特派团和科技下乡万里行、农业科技服务队下沉包乡、包村活动，开展乡村产业发展指导和新技术推广及种养知识咨询。

3. 强化"激励留才"，营造尊才爱才氛围

一是健全创新激励机制，充分调动人才积极性。越西县在"留住人才"上下功夫，建立"定向评价、定向使用"的职称制度，高标准修建人才公寓，千方百计满足人才看病就医、家属就业、子女上学等现实需求，完善高层次人才的津贴发放，加强对优秀人才和先进典型的宣传，营造尊重劳动、尊重知识、尊重人才、鼓励创新、宽容失败的良好人才工作生活氛围。

二是深入贯彻党委联系专家制度，完善人才关怀机制。为了更好地留住人才，越西充分发挥党委作用，深入专家群体做好慰问工作。通过"凉山人才周"活动，举办新入职年轻干部座谈会，为人才提供更多交流平台。

（三）推动乡村文化振兴

1. 加强文化资源保护利用，筑牢文化振兴根基

一是保护乡村文化资源，传承优秀文化基因。越西加大投入开展文物保护修缮及申保工作，在"十三五"期间完成新民古城遗址维修工程，完成越西县大瑞镇土城小学内古建筑"川主庙"的维修工作，实施完成"挖掘、整理、抢救民族文化遗产项目"，将彝族经书整理、分类、翻译、成书。成功申报"小相岭古道遗址"为第九批省级文物保护单位。

二是传承与现代同频共振，凸显乡村文化魅力。越西依托并传承当地固有的非遗文化，坚持从传统到时尚、融入当代精神的思路，通过"非遗+活动""非遗进社区""非遗进校园""非遗进景区"等多种创新模式，让非

遗焕发新光彩，探索出一条非遗与时代发展脉搏同频共振的新路子。2021年通过"非遗+活动"开展"数字非遗与乡村振兴"的科技时尚秀。这场秀被"高端"定义为中国互联网行业第一场"数字时尚大秀"。2022年，"越西非遗进社区走出致富路"案例入选2022年四川非遗在社区优秀案例。

三是推动乡村特色文化产业发展壮大，彰显乡村文化特色。一方面坚持全域旅游发展思路，以城、景、乡、廊为载体，大力发展文旅产业，守住乡土文化特色。另一方面促进非遗文化与文创产品融合发展。越西凭借其非遗文化，打造了彝绣、银饰、漆器、服装等一系列的特色民族非遗产品，给旅游附加文化价值，打造特色非遗文创产品。2023年越西县作为凉山唯一参展县参加第二届中国（武汉）文化旅游博览会，惊艳亮相四川馆。"安逸熊猫"直播推介、非遗技艺展示、文创产品赠送，带动越西展台人气爆棚，参观市民络绎不绝，非遗文化的广泛传播，为越西县乡村振兴注入动力。

2. 做靓文化宣传，变"要我来"为"我要来"

一是以文铸魂，创品牌。越西高标准编制《四川省凉山州越西县全域旅游发展总体规划》，以深挖南丝路文化、蜀汉文化、文昌文化、红色文化和民族特色文化，坚持文化"铸魂"，创立了"文昌故里，水韵越西""越动山水·巂养福地"的文旅金字品牌、"长征丰碑·团结之旅"红色旅游品牌。

二是以文赋能，增业态。越西以"2124"特色旅游布局发展理念，打造了"春赏花、夏避暑、秋风情、冬康养"主题文旅活动。同时，越西以"旅游+演艺"融合的模式，填补话剧演出空白，激活夜间经济，提高游客在越西过夜率。此外，深度挖掘越西非物质文化遗产，建设大凉山彝族文化核心体验区，让非遗"靓"起来。

三是以互联网为契机，加强宣传。围绕自身平台建设运营，统筹运营越西文旅在线微信公众号、抖音线上平台，加强宣传平台主题策划、内容创新。2023年，越西文旅在线微信公众号、官方抖音更新发布内容达400余条，其中80余条精品文案被"学习强国"、《人民日报》、新华客户端及省州新媒体平台转发，全方位、多角度地对越西文旅进行宣传，让越西文旅"走出去"。

3. 实施文化惠民工程，多彩文化滋润百姓生活

一是常态化推进"三馆一站"免费开放工作任务。在全县 20 个乡镇全覆盖建设图书馆分馆。县图书馆馆藏图书 20 余万册，每周免费开放时间 72 小时，完成第七次全国县级以上公共图书馆评估定级工作。同时，新建集文化馆、美术馆、民族手工艺品展陈基地于一体的文化艺术服务中心，配套青少年活动中心等一批新型文化场地，该中心档次高、设施齐、环境美，多次受到省、市（州）领导的肯定，被评为四川省全民艺术普及示范基地。

二是开展形式多样的群众文化活动。聚焦建州 70 周年主线，开展主题文艺创作及群众文化活动。成功举办 2022 年"火舞嶲州·清凉越西火把节音乐会"、零关漫道嶲水长——越西县"喜迎二十大·献礼建州 70 周年"文艺惠民演出、凉山州"第六届少数民族文化艺术节"暨建州 70 周年文艺活动、建州 70 周年成就展及书画摄影展、凉山州第二届书法小品展暨越西县 2023"清风雅韵"迎新春书法展等大型文化活动近 60 场次，惠及群众 9 万余人，满足了群众精神文化需求，增加了群众的幸福感、满足感和安全感。

（四）推动乡村生态振兴

近年来，越西县委、县政府高度重视生态文明建设，出台《越西县生态文明体制改革方案》等文件，积极探索"环境增值+生态产业"的发展模式，走绿色发展之路。

1. 保护生态环境，维护生态安全

坚持把握建设绿水青山的内在要求，实施从严"护绿"、科学"兴绿"等行动，稳定森林草原生态功能，努力打造宜居宜业的美丽生态环境。

一是从严"护绿"，保护森林和草原资源。坚持把森林资源保护放在更加突出的位置，全力抓紧抓实抓好各项工作。针对县内"天然林"，严格落实县乡村层层签订责任书。同时做好古树名木保护，完成县域内古树名木的普查，对 90 株古树、大树进行挂牌保护。在梅花镇白果村新建越西县银杏古树公园，通过人工复壮、修补树洞、修建围栏、栽植绿化树种等措施，有

效保护了百年银杏古树的生存空间，改善当地人居环境，丰富县域历史底蕴。

二是科学"兴绿"，厚植绿色本底。以建设"越西百里画廊"为抓手，以开展大规模国土绿化为主题，将人工造林与封山育林相结合、生物措施与工程措施相结合，大力培育"混交、复层、异龄"的健康森林，提升全县森林覆盖率，提高森林质量，丰富越西县"南大门"小山路段生态环境。同时，在板桥镇上涌村水库栽植香樟、桂花、天竺桂等绿化树种 4500 株 72000 平方米，丰富了县域生态环境。

2. 探索转化路径，让生态产业遍地开花

越西坚持生态经济向绿色发展转变。在生态农业方面，发展循环经济，打造绿色生态产业链。

一是推广"果园+养殖"种养结合。通过果园和养殖场配套建设，实现种养结合、生态循环的产业方式。越西县东方公司樱桃园，在园区内开展湖羊养殖，目前养殖湖羊 2000 头，通过收割甜樱桃基地青草饲喂湖羊、湖羊粪发酵成有机肥作为甜樱桃果园主要肥料来源，实现园区"果—草—羊—肥"循环种养模式。通过建设种养循环体系，每年可以帮助园区除杂草 100 万斤、生产有机肥 1000 吨，公司节约有机肥采购费用 40 万元，每年实现净利润 50 万元。

二是"智能化+自动化"。2019 年，越西县投资建设越西县有机农业生态循环经济产业链 300 万羽蛋鸡养殖项目。该项目配套设施齐全，在整个生产过程中实现高度自动化、智能化，粪污处理达到了污染物零排放，整套蛋禽养殖系统目前在国内处于先进地位。同时，该项目将全县所有 7527 户、32282 人易地扶贫搬迁农户纳入帮扶对象，制定了相应利益联结机制，按照 12900 万元易地扶贫搬迁资金 5%的年化收益率回报给易地搬迁农户共计 645 万元产业扶贫收益，回报期限 5 年。

3. 整治提升村容村貌，打造人居新环境

越西全面实施以治理农村生活污水、垃圾和卫生厕所为重点的农村人居环境整治行动，探索以就地就近的方式处理利用农村废弃资源。编制专项规划，成立项目工作组，大力推进农村生活污水治理。2019年以来，投入资金约1.4亿元用于农村生活污水治理、饮用水源地保护和农村环境综合整治，完成20个行政村环境整治，168个行政村中已有77个村污水得到治理，治理率45.8%。新建垃圾压缩中转站8座，购置垃圾转运车18台，建成建制镇污水处理站9座、农村生活污水处理站32座。依托村活动室等场所建成农村公共厕所289座，基本消除"脏乱差"。

（五）推动乡村组织振兴

1. 驱动"三力齐发"，打造基层治理新引擎

越西突出党建引领，聚焦难点、痛点、堵点，加快补齐短板弱项，以抓治理为目的、优服务为根本，"三力齐发"打造基层治理新引擎。

一是以组织力为引领，筑牢基层治理"主阵地"。越西县聚焦"规范提升年"主题，构建"县委统一调度，农村、机关、学校、医院、国企、两新各领域分类施策，各级党组织落细落实"的基层党建工作体系，派发基层党建工作"月度清单"，推行组工干部"联乡包村·帮带提升"工作制度，每月定期下沉督导调研，形成全链条闭环管理机制，推动基层党建工作提质增效。

二是以服务力为核心，绘就基层治理"同心圆"。优化推进"双报到"，健全"居民点单、社区吹哨、部门报到"工作机制，采取"单位包楼栋、股室包单元、党员干部包住户"的包联模式，推动全县机关单位和党员到驻地村（社区）报到，打通服务群众"最后一米"。

三是以保障力为抓手，激发基层治理"新动能"。通过在安置点设立社会保障服务站点和劳务输出服务站点，抢抓东西部对口扶贫协作机遇，成立工作专班，负责创业指导、就业培训和劳务输出，切实增强贫困群众脱贫增收能力。近年来，共引进专业培训机构开展彝绣、焊工、钩针熊猫、中式烹调、美容美发、挖掘机等各类培训，帮助搬迁务工群众掌握就业技能，促进就业增收。

2.探索"党建联盟+四化模式+后续发展",构建易地扶贫搬迁集中安置点基层治理新格局

越西着力探索"党建联盟+四化模式+后续发展"和"联合组团"片区治理模式,致力突破"一方水土养不活一方人"的现实瓶颈,切实提升搬迁群众的获得感和幸福感。

一是构建"党建联盟+治理平台",织密多方参与的治理架构。健全"党建联盟"治理平台,按照区位分布相对集中原则,在4个乡镇试点建立"联合组团"片区治理党工委,由4名县委常委挂帅,迁出地、迁入地乡镇联系领导协助配合,形成党建共抓、资源共享、治理联动的"联合组团"片区治理格局。同时,健全联席会议制度,合理设置安置点党组织,形成"安置点党组织主管、乡镇党委联管、村党支部协管"的治理格局,让涉及搬迁党组织由"单打独斗"走向"抱团合作",推动了易地扶贫搬迁集中安置点治理创新的新突破。

二是推行基层治理"四化"模式,全面提升群众幸福指数。通过做到为民办事集中化、公共服务一体化、文化生活特色化、综合治理多元化,使得群众进门"找得到人、办得了事",一窗受理、一人跟办、一站办结。为搬迁群众提供居家养老、医药诊所、子女教育等吃、穿、住、行、乐等方面的一体化服务。开展"移出大山走新路·共同发展感党恩"、达体舞、"三下乡"、文化志愿服务等活动,丰富搬迁群众文化生活,提升人民群众的幸福指数。

三是完善后续发展增收保障,确保搬迁群众逐步致富。加强基本政策保障,出台后续帮扶"十六条措施",落实"四不摘"要求,实行"三级三包"责任制,推行"1+3+N"帮扶机制,做到居住地改变帮扶力量不变,持续提振脱贫增收信心。强化产业支撑保障,通过"资产收益模式"建立带贫机制,制定《越西县易地扶贫搬迁后续产业发展规划》,实行搬迁安置点与产业园区"两区同建"。采用"公司+基地+农户"的模式,不断强化易地扶贫搬迁群众增收后劲。

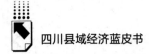

3. 夯实中国特色社会主义民主基础，推行"群众知情大会"

畅通干群联系渠道，全面形成共商共建、共治共享治理格局。印发《关于在村（社区）全面推行"群众知情大会"的通知》，以村（社区）为单位，根据常态宣传政策、收集社情民意、开展卫生评比、村务财务通报、共商发展大计等5项基本重点工作，每季度召开1次"群众知情大会"，会议由村（社区）党组织负责召集，原则上每家每户要派1名代表参加。

四 越西县推进乡村振兴的制度创新

制度带有全局性、稳定性，管根本、管长远。越西紧紧围绕乡村振兴核心要素进行制度改革和创新，最大程度地激活要素活力，全面推进乡村振兴。

（一）开展农村集体产权制度改革，激发农村经济新活力

2017年以来，越西相继出台了《巩固集体经济实施意见》《越西县扶持发展村集体经济实施方案》《越西县盘活集体资产、资源指导意见》《越西县关于推进农林产业发展助力群众脱贫奔小康的指导意见》等系列指导意见指导集体经济发展，全面开展农村集体产权制度改革，全县168个村均制定了集体经济组织章程，建立了成员（代表）大会、理事会、监事会"三会"制度，建立了新的集体经济组织，不断探索农村集体资产股份占有、收益、抵押、转让、担保和继承有效实现形式，为促进资源整合、产业连片、区域联动构筑了坚实的基础。

（二）实施行政区与经济区适度分离制度，推进全域四大片区融合发展

为应对以单一行政区为主体的产业发展模式面临的发展空间不足、发展权限不足等现实问题，越西县高标准编制了《越西县国土空间总体规划（2021-2035年）》《越西县土地综合整治专项规划（2021-2035年）》等

规划。积极探索经济区与行政区适度分离制度，把经济区与行政区适度分离作为重要课题，以此化解诱发行政区和经济区冲突的因素。不仅在一定程度上实现了行政壁垒被打破、产业聚链成圈、资源要素畅通、利益联结共享，有效促进了全域旅游格局的构建及发展，推动了北部、西部、中部、东部四大片区产业成片联动；同时，形成以县城为重要载体，以三大片区重点镇为依托，"一城连四片"的共兴新格局，落实了产业空间发展布局。

（三）实施差异化的人才引进制度，为乡村建设提供多元化的人力资源

为了应对逐渐白热化的人才竞争，着力探索一条符合自身发展需求的精准化引才道路，越西领导班子深入基层调研形成《"定向评价、定向使用"职称评价体系的探索与思考》《越西县就业工作现状分析》调研报告。制定《越西县柔性引才实施办法（试行）》，并发布了《"才聚文昌·智创嶲州"越西县关于引进百名事业编制专业技术人才公告（长期有效）》。立足建设凉山北部区域中心城市定位，提出以招引普通人才为主、招引高层次专家人才为辅的差异化竞争方略。通过对普通人才和高层次专家人才的双重引进，打造了一个具有竞争力和活力的人才生态系统，为未来的发展奠定坚实基础。

（四）加强文化培育和保护制度建设，为乡村文化传承和发展保驾护航

越西通过编订《非物质文化遗产保护规划》《越西县文化广播电视和旅游局"十三五"总结暨"十四五"规划》《四川省凉山州越西县全域旅游发展总体规划（2022-2035年）》，从制度上去保护并创新文化。

一是建立和完善乡村文化培育和保护制度，激活乡村社会的文化生机。建立健全乡村文化遗产保护体系，并制定相关政策法规，加强文物保护与修复工作。通过对古建筑、遗址、文物等的保护，不仅维护了越西历史记忆，还为乡村注入浓厚的文化氛围。同时，加强对传统乡土文化、风俗习惯等的保护和传承，保持乡村独特文化特色。

二是健全非遗名录登记制度，助力非遗文化传承发展。针对越西乡村社会中演变积累下来的各种农业形态、手工艺制作、休闲娱乐、地方戏曲、美食小吃、礼仪习俗等进行分类登记。

三是坚持规划先行制度，以村布局。越西高标准编制《四川省凉山州越西县全域旅游发展总体规划（2022-2035年）》、4个乡镇级片区国土空间总体规划及相关村级片区规划，引领全域实施文旅资源整合与美丽乡村建设。深挖南丝路文化、蜀汉文化、文昌文化、红色文化和民族特色文化，用生态美学、生活美学提升村落整体环境，构建越西乡村整体肌理，全域建设美丽宜居乡村示范区域。通过示范村带动，形成了星罗棋布、风格统一、风貌协调的中山宽谷地貌特色越西乡村村落集群。

（五）建立生态"三严"制度，打造优良生态环境

越西县人民政府办公室印发了《越西县国家生态文明示范县创建规划（2021-2030）》《生态环境保护责任清单》《越西县2022年臭氧污染防治攻坚方案》《越西县2022-2023年秋冬季大气污染防治攻坚行动方案》，修订《越西县重污染天气应急预案》等通知，编制了《越西县国土空间生态修复规划（2021-2035年）》。率先开展生态经济体制创新改革试验，积极营造有利于建设"绿水青山就是金山银山"实践创新基地的政策和体制环境，实现以体制创新引领绿色发展的重大突破。

一是源头严防制度。越西通过加强生态保护红线管理严守自然生态安全边界、实施"三线一单"（生态保护红线、环境质量底线、资源利用上线和生态环境准入清单）生态环境分区管控制度、严把建设项目环评质量关这"三驾马车"，从源头保护好生态环境。

二是过程严管制度。越西全面落实生态环境保护责任体系。成立了以书记、县长为主任的越西县生态环境保护委员会，明确各级各部门的环境保护职能职责。制定《越西县环境保护"党政同责、一岗双责"责任规定》、《环境保护"党政同责、一岗双责"责任制考核办法》和《越西县环境保护"党政同责、一岗双责"责任追究办法》，实行环境保护"一票否决"，倒逼

各级各部门履职尽责。

三是后果严惩制度。越西针对生态惩罚，建立了生态环境损害责任终身追究制度。以自然资源资产离任审计结果和生态环境损害情况为依据，明确对乡镇党委和政府领导班子主要负责人、部门负责人的追责情形和认定程序。区分情节轻重，对造成生态环境损害的，予以诫勉、责令公开道歉、组织处理或党纪政纪处分，对构成犯罪的依法追究刑事责任。对领导干部离任后出现重大生态环境损害并认定其需要承担责任的，实行终身追责。

（六）建立党建品牌制度，全力助推高质量发展

通过制定和发布《越西县深化党建引领城乡治理工作实施方案》《进一步做好农村基层党组织标准化规范化建设》《2023年全县基层党建工作要点》，深入贯彻培育党建品牌制度。

一是着眼"凉山先锋·感恩奋进"总抓手。总结推广一批经验做法、打造一批党建示范点位、树立一批越西党建品牌。在各级党组织和广大党员中，探索实施"典型选树"计划，围绕拼经济搞建设、推进乡村振兴、森林草原防灭火、防汛防地灾等重点工作，选树培育一批先进集体和优秀个人，宣传推广一批先进典型事迹，激励各级党组织和广大党员干部在推进越西现代化建设新征程中敢于担当、勇于作为。

二是探索实施"达标创优"工程。按照"增加先进支部、提升中间支部、整顿后进支部"思路，对村党组织进行分类管理、分类提升，确保创先有标杆、争优有动力。

三是在两新领域，探索开展"新火凝聚"行动。推动新业态新就业群体党组织应建尽建，建立新业态新就业群体"从业人员-党员从业人员-党支部-行业党委"诉求直通机制，引导两新组织在乡村振兴中担当作为。

五 越西县乡村振兴实践的主要经验

越西县围绕加快推进乡村振兴战略，将县委、县政府的主导作用和农

407

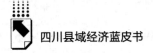

民主体作用有机结合起来，重视乡村内部的建设发展和乡村振兴的外部环境改善，就中国式现代化引领四川民族地区乡村振兴发展总结形成"越西经验"。

（一）坚持民族团结和以人民为中心，始终聚焦实现人民对美好生活的追求这一发展目标

越西从全县农民群众的切身利益出发，坚持贯彻"民有所需、我有所应"。一是把增进民生福祉作为根本出发点，不断改善农村生产生活条件，提高农民的生活质量和健康水平；激活农民致富内生动力，在尊重农民意愿的同时努力提升农民、发展农民，让乡村工匠、农村实用型人才不断成长起来。二是建立健全城乡社会保障体系，群众生活水平得到明显提升，群众的满意度不断提升；加强各项慈善工作，促进社会福利事业稳步发展。三是整治农村人居环境，改善农村居民居住环境和生活条件，提升农村人民的生活品质和幸福感。四是加强农村基层治理，推进社会治理变革深化，提升农民参与决策和自治能力。

（二）坚持新发展理念，推进乡村全面振兴

越西始终坚持新发展理念，实现乡村社会全面发展和可持续繁荣。一是锚定"三大"特色主导产业发展，坚持依托农业资源优势，促进产业园区蓬勃发展、培育新型经营主体、扶持壮大农村集体经济，积极推进凉山绿色农业产业体系，推进以现代农业产业为核心的三次产业融合，实现产业升级转型并进一步推进现代农业高质量发展。二是坚持以"高效示范、休闲观光"为导向，依托特色产业基地、农业综合体、特色小镇等载体，植入文旅休闲新元素、新业态，推进三次产业融合，实现产业转型升级，进一步推进现代农业高质量发展。三是推进产业经济绿色转型，依托绿色农业发展、新型能源应用、林业碳汇开发、低碳生活方式、生态保护与修复以及发展生态旅游，实现越西乡村经济绿色转型，为乡村振兴注入可持续发展动力。四是大力实施乡村人才振兴计划，依托外引内培、强化待遇激励，为乡村振兴

408

提供有力支撑。五是发挥文化底蕴深厚优势，注重培育和发展现代乡村文化，打造越西特色文化品牌。

（三）坚持中国式现代化引领，推进城乡融合发展

统筹部署、协同推进，抓住重点、补齐短板，破除妨碍城乡要素平等交换、双向流动的制度壁垒，促进工农互促、城乡互补、协调发展、共同繁荣的城乡关系。

一是坚持统筹城乡发展，不断推动城市基础设施向农村延伸、公共服务向农村覆盖、资源要素向农村流动，实现农村基础设施水平提高、农村公共服务供给水平和供给质量均等化，缩小城乡收入差距。二是依据自然禀赋、社会经济、风俗文化等条件制定方案，构建以县城为枢纽、以小城镇为节点的县域经济体系，建成各具特色、各美其美的宜居乡村。三是深化农村土地制度、农村集体经营性资产股份合作制、农村集体产权制度等关键改革，解决"三农"关键性问题，推动农民增收致富。四是推进线上线下就业平台建设工程和促进脱贫群众向东部发达城市转移就业，提高劳务有组织输出程度，帮助缓解农村劳动力就业问题。

（四）坚持调查研究，实事求是想问题谋发展

越西县坚持理论联系实际、实事求是，从县域的实际出发找寻解决问题的新视角、新思路和新对策。一是开展低收入人口全面摸排、对象认定、动态监测、快速预警，实现精准救助和帮扶，实事求是消除风险，有效防止返贫和降低返贫发生率。二是开展资源调查，科学编制各类保护地总体规划，加大生态保护与修复力度。三是通过开展公益性岗位摸底调查，做好农村公益性岗位的开发、管理工作。

（五）坚持抓好党建工作，提升党组织基层治理能力

越西县以党建为抓手，凝心聚力推进乡村振兴。一是充分发挥党的领导作用。充分发挥农村基层党组织战斗堡垒作用，充分挖掘村两委积极性，引

导基层党员干部干在先、走在前，团结带领农民群众听党话、感党恩、跟党走。二是对党员干部监督管理并加强对干部的教育培训，打造忠诚干净担当高素质干部，增强党的政治领导力、思想引领力、群众组织力、社会号召力。三是坚持以党建引领基层治理，发动群众、依靠群众，把党的政治优势、组织优势、密切联系群众的优势，不断转化为全面推进乡村振兴的工作优势。

六　越西县推进乡村振兴中存在的问题和挑战

（一）存在的问题

1. 村与村之间发展不平衡

主要表现在资源禀赋、区位优势不平衡。有资源、有产业的乡村或城郊村相对较少，而大部分村庄只有耕地和山地，且人均占有水平低，难以形成规模产业，村与村之间发展不平衡问题较为突出。

2. 二产不足制约经济转型升级，产业融合发展有待深化

2023 年，越西县三次产业比重为 26.74∶13.87∶59.40，二产增加值96962 万元；全州三次产业比重为 22.26∶34.48∶43.26，各县域二产增加值平均458500 万元。越西县二产总量与比重远低于全州平均水平，薄弱的二产制约了越西经济转型升级。加之，越西县全产业链发展起步较晚，规模较小，现代化程度较低，产业融合方面不够深入，相对缺乏系统性、整体性规划推动。

3. 县域金融发展程度不高，多元化金融支持力度不够

越西县乡村振兴建设的资金来源主要包括政府财政投入、金融机构贷款、农村集体投资和其他社会资本。截至 2023 年底，全县有各类金融机构10 家，其中，银行业金融机构 4 家、保险机构 6 家。金融机构数量较少，金融发展偏弱。在金融机构数量有限、融资渠道偏窄的情况下，乡村振兴发展助推力有限。

4.科技成果转化应用较弱

科技项目数量少的问题突出，目前全县仅有 2 项科技转化成果，缺乏真正落地有效成果。2023 年越西仅有 2 个省级项目申报。在科技成果转化过程中，资金不足、人才流失、政策支持不够等障碍突出。

5.城乡公共服务均等化水平有待提升

越西县共有职业技术学校 1 所，完全中学 2 所，初级中学 5 所，九年一贯制学校 3 所，特殊教育学校 1 所，小学 54 所，幼儿园 82 所；县医院 1 所，县疾控中心 1 个，县妇幼保健计划生育服务指导中心 1 个，中彝医医院 1 所，社区卫生服务中心 1 个，中心卫生院 15 所，乡镇卫生院 5 所。全县医疗卫生、教育文化短板明显，无法很好地满足广大群众对优质医疗卫生、教育文化资源的需求。越西县农村人口占比 75%，但是相对优质教育医疗资源都集中在县城，教育和医疗资源分布不均衡，城乡公共服务均等化水平有待提升。

（二）重要机遇

从国家战略层面看，顶层设计引领发展新方向。中共中央和国务院在 2023 年 2 月 13 日发布了《关于做好 2023 年全面推进乡村振兴重点工作的意见》。党中央提出，必须坚持不懈把解决好"三农"问题作为全党工作重中之重，举全党全社会之力全面推进乡村振兴，加快农业农村现代化。强国必先强农，农强方能国强。明确现代农业发展的战略定位，将巩固拓展脱贫攻坚成果与乡村振兴有效衔接，为越西县乡村振兴发展指明了努力方向，提供了根本遵循。

从全州决策部署看，区域协同构筑发展新格局。《凉山彝族自治州国民经济和社会发展第十四个五年规划和二〇三五年远景目标纲要》（以下简称《纲要》）指出，"十四五"时期凉山州经济社会发展的总体要求、主要任务和重大举措，是市场主体的行为导向、政府履行职责的重要依据、全州各族人民共同的行动纲领。"十四五"时期，是凉山州深入贯彻新发展理念，开启现代化建设新征程的关键阶段。《纲要》把党中央、国务院和省委、省政府的决策部署同凉山州发展实际紧密结合起来，对于越西县抓住用好重要战略机遇期具有重要意义。

从越西县域层面看，铁路打通发展新通道。新成昆铁路开通带来的"同城效应"是推进越西县乡村振兴发展的关键机遇。新成昆铁路的开通将促进越西县与周边城市的联系和交流，将大大缩短从越西到成都、西昌、攀枝花、昆明的旅行时间。越西2小时北向进成渝，5小时南向到昆明。由于交通更加便捷，越西县与周边城市之间的人流、物流和信息流将更加畅通。这将促进产业合作、商业交流和人员流动，推动经济的互联互通，人员流动也有助于技术和知识的传播、促进人才交流和合作。

（三）主要挑战

一是从全国农产品供需关系看。当今世界正经历百年未有之大变局，国际环境日趋复杂。在这种背景下，我国粮食维持紧平衡态势，面临着诸多挑战。高质量农产品的需求与落后的市场意识之间的矛盾突出，导致农产品相对过剩与阶段短缺交替出现。同时，农业生产成本居高不下，保障粮食安全和重要农产品供给的压力较大，水果等特色优势农产品同质化发展问题也比较突出。

二是从凉山州内县域产业竞争角度看。全州内部各县域发展定位存在重叠，导致越西县的产业发展面临同质化竞争的压力。如昭觉县的旅游业、雷波县的烤烟业、甘洛县的苹果业也各具特色。在未来的乡村振兴过程中，同质化竞争可能会对县域经济高质量发展带来挑战。

三是从越西县县域产业提档升级和巩固拓展脱贫攻坚成果角度看。目前越西县苹果产品以生鲜果直接销售为主，深加工环节有待提升，附加值开发不足。巩固拓展脱贫攻坚成果与推动产业提档升级两者之间具有一致性、连续性和互促性。要实现乡村全面振兴，需要在巩固拓展脱贫攻坚成果的基础上，加快产业转型升级。如何抓住机遇，发展苹果深加工产业，提升苹果产业链发展水平，以产业链延伸带动农民持续增收，是越西面临的又一挑战。

七 越西县实现乡村振兴的对策举措

（一）逐步缩小乡村差距，加快要素公平流动

一是加大省州部门、县级机关定点帮扶力度。科学制订定点帮扶计划，推进县、乡两级党政机关包干脱贫村，加强双方互动交流，强化产业帮扶，因地制宜发展经济、缩小差距。二是进一步健全市场配置城乡要素的机制。进行以土地制度为核心的产权制度改革，建立土地使用权流转机制，使部分农村土地进入市场，减少由土地制约带来的发展不均衡现象。三是加强基础设施建设。协调各地区基础设施的建设，推动农村电网改造、光伏风电建设等项目。四是积极构建数字乡村。顺应"新基建"和"两化互动"发展趋势，抓住"数字乡村"、"智慧凉山"和"光网凉山"机遇，补齐发展短板。

（二）推进各产业融合发展，加强外部经济帮扶

一是推进农村三次产业互融互促。加强产业技术的优化和设备的更新，增大企业的效益和竞争力，设立城乡三次产业融合发展推进委员会，针对易地扶贫搬迁群众，创新"搬迁户+种植养殖业"特色经济发展模式，鼓励搞好"庭院小经济"。二是持续推进经济帮扶。积极申报粤港澳大湾区"菜篮子""生产基地"等富有开拓市场潜能的"金字招牌"项目，构建"实体+仓储+配送+电商"模式；深度融入凉山州的"1+3+N"发展新格局，积极承担产业转移，切实提高龙头企业尤其是集群核心企业的发展能力；抢抓国家东西部协作帮扶和对口支援机遇，以资金项目为抓手，重点推动越西、江北区、旌阳区等多地产业合作，主动融入州外市场，推动苹果、核桃、甜樱桃等精品水果打入东部以及川渝发达地区销售市场。

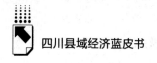

（三）增强金融服务能力，提高居民金融素养

一是优化信用银行模式。设立乡村信用银行，使得农村内在的信任关系同外部信任关系完美衔接，解决了少数民族地区居民贷款难的问题。二是建立农村金融机构信贷风险分散机制。降低农村金融机构经营成本，鼓励各种形式的金融创新，解决农户和中小企业贷款担保难和抵押难的问题。三是鼓励各地因地制宜开发优势特色农产品保险。加大对山区优势特色产业信贷和保险支持力度，稳步推广价格指数保险，继续探索气象指数保险、"保险+期货"等险种，不断丰富农业保险产品类型、提高覆盖程度。四是促进对少数民族地区居民的金融知识普及和教育。利用官方媒体的优势，对乡村居民进行循环式金融知识宣讲，同时金融机构定期派遣专业人员深入基层地区广泛开展线下活动。

（四）加快科技成果转化，强化科技服务支撑

一是发挥企业创新主体作用。以需求为牵引，以市场为导向，以产业化为目的，支持龙头企业联合四川农业大学、西昌学院等高校共建技术创新中心、新型研发机构等创新平台载体，聚焦产业链薄弱环节开展强链、补链、延链行动，支持产业链上下游企业开展产学研协同创新。二是以科技创新创业需求为导向，以体制机制创新为动力。积极引育一批服务能力强、专业水平高、信用名誉好且具有较强竞争力的科技中介服务机构，择优支持科技咨询、科技评估、科技代理、技术转移、成果转化等示范性机构建设。

（五）丰富社会服务供给，巩固保障服务体系

一是不断建设和完善全县综合服务设施，引导管理服务向农村基层延伸。继续推进"快递进村"项目，不断强化脱贫地区进村物流设施建设，加快农村物流基础设施骨干网络、末端网络建设；开展变电站扩建工程，加快解决部分县域电网与主网联系薄弱问题；实施"气化越西"项目，支持越西县天然气户户通工程，加快天然气管网建设。二是巩固社会服务机制，

与人民需求有效衔接。统一城乡居民基本养老保险制度，实现机关事业单位和企业养老保险制度并轨；整合城乡居民基本医疗保险制度，全面实施城乡居民大病保险，推进全民参保计划；积极发展福利事业，建立政府与社会投入相结合的资金筹措机制，尝试运用市场化运营模式；实施好易地扶贫搬迁集中安置点产业园后续支持项目，落实城镇集中安置点产业园后续支持项目。

（六）继续深化人才引培，稳步夯实人才基础

一是加强教育资源均衡配置。构建利用信息化手段扩大优质教育资源覆盖面的有效机制，持续实施"雨露计划"项目。二是进一步完善人才引进政策。实施高校毕业生"三支一扶"计划，全力用好重点高校定向招生专项计划。充分用好全科医生特岗计划和农村订单定向医学生免费培养计划优先倾斜乡村振兴重点帮扶县政策。继续支持脱贫户"两后生"接受职业教育，并按规定给予相应资助。三是建立良好工作和创业环境。利用地处不断融入成都、西昌经济圈的区位优势，做好招商引资，拓宽人才发挥作用的平台和空间。四是加大职业技能培训力度。实施定向培养项目，强化本土人才培养提升，培养更多符合当地产业发展需求的专业技能人才。

（七）繁荣发展文化产业，不断加强文化宣传

一是加快文化产业数字化布局。以文化大数据体系建设为抓手，推动文化企事业单位基于文化大数据不断推出新产品新服务，利用科技赋能文化产业，把先进科技作为文化产业发展的战略支撑，建立健全文化科技融合创新体系。二是提高文旅竞争力，避免同质化现象。一方面，产品要明确定位，加强外观形象设计，用品牌抢占市场，利用各种媒体宣传自己的品牌，提高游客的认知度。另一方面，要更好结合当地乡村旅游特点，开发参与性更强的乡村特色旅游项目，丰富乡村旅游内容，注重对教育性、参与性活动的开发，以提升产品深度和产业附加值，进一步活跃乡村"农文旅"融合产业经济，持续推进"1+5+10"全域旅游发展项目。

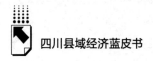

（八）优化生产服务体系，深挖合作资源平台

一是加快建设北部区域物流中心。建设越西县智能物流园区，规划建设一批农产品批发市场、农贸市场和"微型商贸综合体"。二是培育一批具有竞争力的现代流通企业。加快推进上海麦金地中央大厨房项目，建设越西县农贸城，发展"互联网+"智慧物流，打造辐射全国的农产品交易平台。三是继续用好东西部协作帮扶等平台。发挥粤港澳大湾区帮扶作用，发掘"越西产、湾区销"潜力，将更多的越西农特产品推向粤港澳和全国市场。四是主动用好国家、省、州等商务系统的资源。夯实产销对接基础工作，在持续对接"扶贫832""四川扶贫消费网"等销售平台的基础上，拓宽农产品线上销售渠道。

B.15
县域协同发展的"安宁河谷
经济走廊"样本

杨继瑞 杜思远 黄 潇*

摘 要： 安宁河谷经济走廊是攀西地区的重要发展轴，涵盖凉山州两市六县和攀枝花市一区两县。安宁河谷经济走廊的综合开发不仅促进了攀西经济区域的协调发展，还推动了国家级战略资源的开发、清洁能源基地的建设以及现代农业的示范探索。通过优化区域交通网络、推进基础设施建设和产业升级，安宁河谷成为西部地区新的经济增长极。此外，安宁河谷的开发缩小了城乡发展差距、巩固拓展了脱贫攻坚成果，并推动了民族团结和文化融合。未来，安宁河谷将围绕资源能源、特色农业、阳光休闲旅游三大主线，构建新的产业体系，推动区域经济高质量发展。

关键词： 安宁河谷 区域协调 清洁能源 现代农业 城乡融合

在城镇化进程和城镇群发展规律的作用下，攀西经济区正在成为"攀西城镇群"。"攀西城镇群"是以安宁河谷经济走廊为轴带的城镇群。按照四川省委、省政府《安宁河流域高质量发展规划（2022-2030年）》的指引，安宁河流域应该打造成为安宁河谷经济走廊。安宁河谷经济走廊以凉山州的两市（西昌和会理）、六县（冕宁、喜德、德昌、宁南、会东和盐源），以及攀枝花市的一区（仁和区）、两县（米易和盐边）为规划空间，重点建

---

* 杨继瑞，博士，西南财经大学教授，主要研究方向为区域经济、农村经济、国土资源与房地产经济；杜思远，博士，四川旅游学院副教授，主要研究方向为区域经济学、产业经济学；黄潇，博士，重庆工商大学教授，主要研究方向为区域经济学、数量经济学。

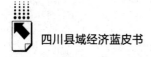

设成为国家战略资源创新开发试验区、全国重要的清洁能源基地、现代农业示范基地、国际阳光康养旅游目的地、巩固拓展脱贫攻坚成果同乡村振兴有效衔接的示范区。

一 安宁河谷经济走廊综合开发的重要意义

（一）深入贯彻落实新发展理念的具体体现

立足新发展阶段，践行新发展理念，服务和融入新发展格局。按"两山理念"和生态优先原则，从全流域生态化、资源化入手，促进安宁河谷经济走廊综合开发，有助于推进该区域高质量发展、优化该流域环境的治理。

促进安宁河谷经济走廊综合开发，可以推进该区域的新型城镇化，形成西昌、攀枝花等百万人口级区域中心城市，统筹绿色生态城镇为核心新型城乡体系，深入推进物质文明、精神文明、政治文明、社会文明和生态文明建设，有助于实现安宁河谷经济走廊经济发展、改革开放、人民富足、山川秀美、社会和谐统一协调的宏伟目标。

（二）建设西部陆海新通道南向大通道门户枢纽的重要抓手

安宁河谷经济走廊是西部陆海新通道的南向大通道。因此，要加快实施和完成成昆铁路峨眉至米易、米易至攀枝花段改造，加快攀枝花至昭通铁路前期工作，畅通成都经攀西通往滇中、衔接孟中印缅和中国—中南半岛的铁路货运大通道。争取规划建设宜宾至西昌至攀枝花至大理（丽江）铁路，争取将成昆新线成都至西昌（美姑）段、攀枝花至昆明段纳入新时代中长期铁路网规划并适时建设，形成成都通往昆明的高速铁路大通道。成昆铁路双线、G5 京昆高速、108 国道贯通南北，西香高速、乐西、宜攀、德会等高速公路正加快建设。

攀枝花机场的迁建、会东民用机场、中缅天然气管道攀枝花—凉山段等基础设施项目前期工作的加快推进，将促进安宁河谷经济走廊的互联互通。安宁河谷经济走廊综合开发将围绕"一带一路"、长江经济带、成渝地区双城经济圈及"一干多支、五区协同"等国家和省战略部署，铁路、公路和机场协同，有助于形成多通道放射状的立体开放交通运输综合发展新格局，推动形成以攀枝花、西昌为中心，四向畅通，服务功能完善的综合运输大通道，打造四川乃至中国南向开放的门户区域性综合交通枢纽。

（三）促进区域协调发展的有效途径

攀西地区发展不平衡、不充分，是其区域协调发展面临的严峻挑战。统计指标显示，2023 年凉山州城乡收入比为 2.13，安宁河谷所在的"两市六县"平均城乡收入比为 1.8，"两市六县"较全州低 0.33。2023 年攀枝花市城乡收入比为 2.08，安宁河谷所在的"一区两县"城乡收入比为 1.94，"一区两县"较全市低 0.14。[①] 因此，通过安宁河谷经济走廊综合开发，可以增强以工补农、以城带乡能力，不断缩小城乡和区域发展差距。

安宁河谷经济走廊的农田水利基础设施有一定基础。凉山州 10 座大中型水利工程中有 8 座布局在安宁河谷经济走廊。强化以农田水利、交通体系及生态保育为核心的基础设施升级，力求实现城乡一体化、社会事业全面进步与生态环境和谐共生的综合发展目标。在此过程中，尤为重要的是要凸显西昌市与仁和区及攀枝花主城区的"双核"驱动效应，以及整条经济走廊的引领示范、辐射效应与联动增长机制。通过加速新型工业化与农业现代化的深度融合进程，并同步提升现代服务业的竞争力与服务质量，有助于形成攀西经济发展的内生新动力，促进全省的区域协调发展，为省内欠发达地区、革命老区、民族地区、盆周山区的高质量发展提供示范。

（四）巩固拓展脱贫攻坚成果与乡村振兴有效衔接的积极举措

作为四川省第二大平原，安宁河谷的现代农业发展一直备受关注。从发

---

① 资料来源：2023 年四川各县（市、区）主要经济指标，由四川省统计局提供，下同。

展潜力来看，安宁河谷矿产资源丰富、自然资源密集、组合优越、光热水土资源丰富、植被资源多样，而且旅游资源丰富、特色鲜明。与此同时，该区域地平土肥水丰，光热条件极好，是长江流域热量资源最富集的地区之一，并且蔬果品种多样、品质优良，错季上市特色农产品享誉全国，产业特色鲜明，以人文生态、民族文化、红色文化、三线文化等为代表的旅游资源极其丰富。

推进安宁河谷经济走廊的综合开发，促进巩固拓展脱贫攻坚成果与乡村振兴有效衔接，建立全国巩固拓展脱贫成果与乡村振兴有效衔接的示范区，深入探索深度贫困地区脱贫后高质量可持续发展的经验和模式。同时，将全面推进安宁河谷综合开发纳入国家层面的"十四五"发展规划，支持安宁河谷建设全国乡村振兴示范区，探索创建现代农业硅谷，将安宁河谷打造成为中国现代农业芯片、创新源地和种业种库种源国家级基地，建成全国一流的国家现代化农业示范基地。

（五）铸牢中华民族共同体意识的先行示范区

攀西地区是全国最大的彝族聚居区、全省民族类别和少数民族人口最多的地区，有彝、汉、藏、回、蒙等 14 个世居民族，凉山州的木里县是全国仅有的两个藏族自治县之一。安宁河谷经济走廊，作为连接古代南方丝绸之路、承载藏羌彝文化精髓并融入长江经济带发展的核心交会地带，不仅承载着深厚的历史文化底蕴，还富集了丰富的文化资源，展现了多元的民族文化景观，是探索中华民族多元一体格局不可或缺的重要区域。

推动安宁河谷经济走廊综合开发，有助于打造民族团结示范区，牢固树立正确的国家观、历史观、民族观、文化观、宗教观，切实铸牢中华民族共同体意识，探索走出民族地区跨越发展、长治久安之路，实现各族群众和睦相处、和衷共济、和谐发展，民族团结进步事业焕发蓬勃生机。推动安宁河谷经济走廊综合开发，切实把民族事务纳入共建共治共享的社会治理格局，依法保障各族群众合法权益，筑牢民族团结的铜墙铁壁。

安宁河谷经济走廊空间布局是基于安宁河谷核心陆路交通网络及攀西地

区"双机场"战略的地理和交通优势，以城市关键节点和既有产业体系为基石，遵循"双核驱动、双带联动、多点支撑"的空间发展战略布局，旨在建成四川省内乃至西部区域中充满活力、特色鲜明的关键经济增长极与创新动力源泉。

"两核"，即以凉山西昌、攀枝花仁和及其他主城区为核心城市，以精明增长、绿色低碳形成"内圈"同城化、"中圈"一体化、"外圈"协同化的经济地理空间新格局。以成昆铁路及复线提档升级、拟规划建设的宜宾至西昌至攀枝花至大理（丽江）高速铁路、成昆新线成都至西昌（美姑）段高速铁路、成昆新线攀枝花至昆明段高速铁路、攀枝花至昭通货运铁路、攀枝花机场迁建至仁和区平地镇双龙潭以及相关高速公路等为辐射路径，进一步促进"两核"对辐射区的互联互通。双龙潭场址在仁和区平地镇西北方向，距离城区约 23 公里。新机场占地面积约 3871 亩。规划跑道长度 3200 米，远景预留跑道长度 3600 米，总投资约 45.2 亿元，新机场建成后可起降客机载客量将大幅增加，同时平地双龙潭气象条件比保安营更好，新机场建成后通航条件将大幅提升。

在"两核"区域，优先发展战略聚焦于现代制造业与现代服务业的壮大，同时有序引导高能耗产业向外转移，以增强产业集聚效应与核心竞争力。着重强化生态宜居、休闲旅游功能，完善城市基础设施配套，提升综合服务能力，吸引人口聚集，从而更有效地发挥对周边地区的经济辐射与引领带动作用。

"两带"，即以"冕宁—喜德—西昌—德昌—米易—盐边—仁和"为"纵向发展带"，以"会理—会东—宁南—盐源"为"横向发展带"。会东机场的建设，将进一步改善"横向发展带"的交通条件。会东机场及甘洛机场的建设，再加上现在已经建成的西昌青山机场，凉山州境内支线机场数量将达到 3 个。

"多点"的发展策略，即沿着 G108 国道、雅攀高速公路、成昆铁路及其复线等主要交通线路形成"纵向发展带"。这条发展带上以冕宁、喜德、德昌、米易、盐边等县城作为重要的节点，加速城镇化进程，并全面优化城镇服务体系。同时，强化产业园区的基础设施建设，聚焦于钒钛及有色金属深加工、特色农业种植与加工领域的基地建设，构筑一条以资源密集型工业为核心，辅以生产性服务业为引领的特色产业经济带。"横向发展带"则充分利用宜攀高速、昭攀丽铁路等交通要道，以会理、会东、宁南、盐源等县城作为互联互通的战略节点，致力于扩大城镇辐射范围，深化发展矿冶产业、特色水果种植、蚕丝加工及农产品深加工等多元化产业，促成县城引领乡镇发展、乡镇支持县城成长的良性互动发展新模式。

安宁河谷经济走廊显著强化其民族多元与地域独特的风貌展示，致力于构建以西昌与仁和为核心的区域性中心城市体系，同时，强化县城及特色集镇的集群效应，形成多层次城镇发展格局。西昌市正被精心打造为中国航天城、攀西地区中心城市、风景旅游城市和西部水城，力求成为展现城乡生态和谐、社会文明进步的民族地区典范。仁和区则持续推进城市品质提升战略，依托项目驱动，不断优化城市生态环境，增强城市吸引力，全力塑造绿色、活力、和谐并进的现代化城区形象，成为践行创新、协调、绿色、开放、共享新发展理念的山地生态花园城市典范。此外，会理、米易、会东、德昌、盐边、冕宁、宁南、喜德、盐源等地被规划为融合深厚历史文化底蕴、山水园林景观与特色产业优势的小型城市，彰显各自独特魅力。围绕旅游资源的深度开发、交通枢纽的战略布局及产业结构的优化升级，螺髻山、泸沽湖、红格、渔门、普威等一系列特色鲜明的小镇将被重点培育，成为推动区域经济多元化与可持续发展的重要支撑点。

二 统筹做好"三篇大文章"，建设国家南向开放新通道门户枢纽

以安宁河流域高质量发展作为战略引领，立足资源禀赋和产业特色，统筹做好资源能源、特色农业和文化旅游"三篇大文章"，切实把资源优势转化为发展优势，以南向开放新门户枢纽赋能"三篇大文章"，构建双城经济圈圈外开放新高地，重塑攀西经济地理新格局。

（一）以资源能源做好"第一篇大文章"，建设国家级"双碳"示范区

安宁河谷经济走廊要有序发展水电产业，培育发展太阳能、风能、生物质能源、地热、氢能等新型能源产业，将清洁能源产业打造成区域支柱产业，聚力"水、风、光、氢、储""五位一体"、多能互补、协调发展，推进氢能制储输用和装备制造全要素全产业链发展，开辟清洁能源和绿色产业新赛道，把安宁河谷经济走廊打造成为氢能产业示范区和国家级"双碳"示范区。

目前，白鹤滩和乌东德两个百亿级水电站已经正式投产发电。积极配合"三江流域"国家大型水电项目建设，安宁河谷经济走廊还将稳步推进安宁河、黑水河、孙水河等河流水电开发，有序开发一批中小型水电站。抢抓省委、省政府把安宁河流域水利工程作为全省水利建设的"二号工程"的机遇，坚持向水要地、以水蓄能、以水兴旅，实施一批"引、蓄、灌"工程，有效解决区域性、季节性、工程性缺水问题，扎实做活水资源综合利用文章。

安宁河谷风电光电资源十分丰富，开发潜力极大，随着绿色发展理念逐渐深入人心，安宁河谷经济走廊的风电产业步入了发展的"黄金时代"，特别是盐源光伏和风能资源十分突出，成为安宁河谷经济走廊中强有力的清洁能源引擎。同时，安宁河谷还拥有令人瞩目的光热资源，这一优势有助于积极拓宽产业版图，吸引行业领军企业入驻，推进太阳能产业的培育与壮大。可通过推进太阳能产品的普及应用，以及推动光伏发电与建筑设计的深度融合，加速这一绿色能源领域的创新与发展步伐。此外，探索生物质能源的广阔前景，特别是加大对麻风树等可再生能源作物的开发力度。通过扩大麻风树种植基地，建设先进的生物质柴油加工厂，培育出一批具备高成长潜力和强产业关联性的现代生物能源企业，从而构建起一条相对完善的生物质能源产业链。

按照规模采矿、定点洗选、集中冶炼、延伸链条、做强产业的原则，加大钒钛、稀土、铅锌、铜镍等资源勘探开发力度，积极拓展产品应用领域，提高产品精深加工和资源综合利用能力，延长矿冶产业链，增加附加值。

巩固攀枝花钛精矿、钒产品产能产量全国第一地位，使钒、钛利用率分别突破45%和30%大关，进一步加快钒钛国家重点实验室建设，科技创新综合水平指数名列四川省前茅。重点加快西昌钒钛产业新基地等一批重大项目建设，发挥攀钢等龙头企业的引领作用，积极引进大企业、大集团，全面提升产业发展层次，大力发展产业集群，全力打造世界级钒钛产业基地。

据有关部门的数据，安宁河谷稀土资源推测远景储量达1000万吨以上，居全国第二。以冕宁、德昌100公里的稀土矿带为重点发展区域，依托江西铜业集团等龙头企业，有序开发稀土资源，实现从原料型基地向深加工基地转变，建设集"采、选、冶、加、研"于一体的现代稀土工业集中区。重点发展稀土火法冶炼、稀土金属、电池级材料等，提高稀土深加工水平，建设成为国内重要的稀土产业研发制造中心。

以会理、会东、西昌为重点发展区域，提高资源综合利用效率，打造技术先进、竞争力强的全省重要的铅锌生产基地。

以会理、会东、西昌为重点发展区域，积极发展铜、镍采选冶炼及精深加工业，有效延伸产业链，注重资源节约和环境保护。

（二）以特色农业做好"第二篇大文章"，实现巩固拓展脱贫攻坚成果与乡村振兴的有效衔接

安宁河谷是四川仅次于成都平原的第二大平原，是四川的第二大粮仓，是成渝地区双城经济圈的"圈西南"高端优质"米袋子""菜篮子""果盘子"生产基地。安宁河流域具备高质量发展现代农业的资源优势、产业发展基础、区位条件和相应的基础设施等比较优势，可打造一批"叫得响""销得好""质量优"的区域特色农业品牌，建设国家级的现代化特色农业"硅谷"。

充分利用区域内立体气候优势，加快发展循环型农业和立体农业，以自然生态为基础，按照优势优先发展的原则，以农地流转实现适度规模化经营，基于新型农业生产经营组织和"政产学研用"的深度协同，开展标准化生产和产业化发展，形成具有较强市场竞争力的现代特色农业产业体系，

以名优特新农产品品牌创建为依托，建成全省特色农业率先发展区、粮食增产战略后备区和现代农业创新示范区。

积极促进特色种植业多元化发展。稳固并提升粮食生产的综合效能，聚焦于优化凉山地区烟叶与蚕桑业的品质与经济效益，加速推进高品质马铃薯产业的壮大，着重培育早春蔬菜市场，以及葡萄、苹果、蓝莓、早春枇杷、优质石榴等多样化水果种植，拓展鲜花种植、中药材培育、优质粳稻栽培与花椒等特色经济林果的产业布局。此外，推动特色畜牧业、特色水产业及特色农产品深加工行业的蓬勃发展，强化生物医药产业的创新与升级。全域推进乡村振兴战略，以特色农业的高质量发展巩固拓展脱贫攻坚成果。

（三）以阳光休闲度假和民族文化旅游做好"第三篇大文章"，建设新时代国际消费新走廊

从"卖阳光"转型升级为"阳光蜕变"，把安宁河谷打造成为阳光休闲度假旅游产业走廊，以"攀西动车时代"和"缅气入攀西"，促进城市有机更新，形成四川得天独厚的康养宜居地。

秉持保护性开发的核心策略，充分挖掘并利用阳光生态、航天科技引领的创新体验以及深厚的民族文化与红色文化资源，精心打造一系列旅游精品，包括邛海—泸山自然风光、螺髻山的神秘探索、灵山的静谧禅意、西昌卫星发射基地的科技之旅、小相岭—灵关古道—喜德阳光温泉的历史与自然交融、会理古城的岁月留痕、彝海结盟地的红色记忆，以及红格温泉—格萨拉百里生态旅游长廊的壮丽风光、二滩国家森林公园的生态探险等。通过全面整合与优化旅游资源配置，深化旅游产品的内涵与外延，引领旅游产业向休闲化、度假化、观光体验综合化转型，实现旅游业态的全面升级与蜕变。

安宁河谷经济走廊要大力发展彝族文化旅游、节庆旅游、特色旅游，积极发展乡村旅游，加强知名景点互动，实现区域联动，在接待国内外游客人次、实现旅游综合收入、带动社会就业上，取得历史性突破，建设国内一流、世界知名，集山地高原旅游、高峡平湖观光、阳光温泉康养、彝族风情

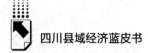

体验等于一体，"农文旅休康娱"相融的世界级度假旅游目的地，建设新时代国际消费新走廊。

（四）以南向开放新通道门户枢纽赋能"三篇大文章"，构建双城经济圈圈外开放新高地

安宁河谷经济走廊要抢抓 RCEP 生效、中老铁路通车、中—缅（至皎漂港）铁路规划建设机遇，积极融入"一带一路"建设和长江经济带发展，联动成渝地区双城经济圈建设，借助"宜宾—泸州"组团副中心的辐射，构建"经济圈"南向通道新枢纽，深化与粤港澳大湾区、北部湾经济区合作，参与中国—东盟框架合作、孟中印缅等国际经济走廊建设，对接南亚、东南亚 23 亿人口国际大市场。

在推动安宁河谷经济走廊的发展进程中，需加速沿金沙江流域的重大交通基础设施布局，畅通一条高效连接长江中下游区域的开放动脉，进一步优化对外开放环境，聚焦于"四向八廊"这一战略性综合交通网络的构建愿景，以及国际经济走廊的打造目标，打通成都经攀西直达东盟的国际运输主干线，强化沿金沙江的综合交通运输体系建设，建立起一个连接云南、辐射东盟、具有国家战略意义的南向新通道门户枢纽。

安宁河谷经济走廊要创建保税区（B 型）、跨境电商聚集区等开放平台，聚焦适铁产业适东（盟）产业，以"农旅康养富民、现代绿色工业强区"的新思路，谋划建设开放型现代产业体系、东盟进出口商品物资集散地和现代物流产业聚集区，为"三篇大文章"和成渝地区双城经济圈圈外增添开放新动能和市场新活力。

三　构建和完善促进安宁河谷经济走廊综合开发的体制机制及政策支持体系

安宁河谷经济走廊综合开发虽然成绩有目共睹，但攀枝花市与凉山州区域协调发展尚存在战略协同性不到位和战略落地性不深入、不扎实的问题。

（一）安宁河谷经济走廊综合开发尚需进一步走深走实

第一，安宁河谷经济走廊综合开发关键要破解经济区与行政区的隔膜，构建经济区与行政区适度分离的体制机制，将产业链供应链嵌入国家双循环新发展格局之中。同时，还要有效承接成渝地区双城经济圈的辐射效应，带动四川"圈外板块"的协同竞进；挖掘四川最大"回旋余地"潜力，形成四川高质量发展的"大兵团"推进态势，开启全面建设社会主义现代化四川的新征程。在此方面，产业链跨行政区的城市群及区域的协同化、一体化和同城化是"硬骨头"和"深水区"，仍有待突破，战略协同性还不到位。

第二，安宁河谷经济走廊不少区域地处安宁河及金沙江沿岸，山高路险，地质灾害多，导致交通基础设施建设难度大、成本高，至今还没有高铁通达，特别是宁南、会东、会理、盐源、喜德高速公路还未通车，国省干道和县乡村道路等级低，交通网络不发达，对外通达性差、物流成本高，交通成为一体化发展的最大短板和瓶颈，影响了开放质效，削弱了区域整体竞争力。

第三，在安宁河谷经济走廊综合开发过程中，涉及攀枝花与凉山及相关县（市、区）协调发展的战略落地性不强，"六重六轻"现象甚为普遍，攀枝花与凉山及相关县（市、区）还存在合作协同中的泛化和虚化。

一是"重"签合作协议，"轻"抓落地落实。在安宁河谷经济走廊综合开发推进过程中，攀枝花与凉山及相关县（市、区）各种合作协议签得比较多，各部门之间、县（市、区）之间像完成任务似的，纷纷与跨行政区划的"对方"在协议上"携手"。但是，"雷声大雨点小"，协议签是签了，但双方并没有按照协议去抓落实、抓落地，一些协议成为攀枝花与凉山及相关县（市、区）间的"概念成果"。

二是"重"浅层次的短期合作项目，"轻"良性竞合长效机制的构建。在安宁河谷经济走廊综合开发推进过程中，攀枝花与凉山及相关县（市、区）之间的合作大多处于短期"浅层次"，比如相互学习交流、相互参与对方的相关会议，或共同举办各种展会、论坛等。涉及各种重大项目合理布

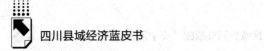

局、构建错位竞争差异发展的良性竞合关系的长效体制机制比较少，各方都不愿打破既有格局，怕"伤筋动骨"。

三是"重"一时之轰轰烈烈，"轻"深度跟进、久久为功。在安宁河谷经济走廊综合开发推进过程中，初始阶段呈现轰轰烈烈之态势，各种商讨、协议、论坛层出不穷，气氛热烈。但是，涉及各方利益深度合作的体制机制构建，是一个不断深化的过程，破除行政区与经济区藩篱则需要久久为功。在这方面，还需要攀枝花与凉山及相关县（市、区）合作的各方"下深水"。

四是"重"互联互通项目，"轻"产业链的嵌入协同。在安宁河谷经济走廊综合开发推进过程中，成昆铁路复线在2022年底有望全线贯通，互联互通基础设施提速建设，毗邻地区的通道建设更是如火如荼地展开。但是，攀枝花与凉山及相关县（市、区）间产业链合理布局尚需破题，以嵌入协同规避过度的同质化竞争。产业同质化现象，其根源可追溯至过往GDP导向与区域本位主义的思维模式，各地政府往往遵循"财政收益最大化"的逻辑进行规划布局，无论是工业园区、高新技术开发区还是创业孵化区，其发展蓝图多聚焦于GDP贡献高、财税效益显著的产业领域，从而导致产业结构的趋同。这种现象不仅在攀枝花与凉山及其周边区域，更在全国范围内广泛存在，成为区域经济协调发展面临的一大挑战。

五是"重"向上争取各种政策和资金，"轻"激发内生动力向市场拓展。在安宁河谷经济走廊综合开发推进过程中，攀枝花与凉山及相关县（市、区）各方在向国家、向省争取重大政策、重大项目、重大平台上，保持了高度的一致，已达成许多共识。但是，攀枝花与凉山及相关县（市、区）要素流动在不少地区不够顺畅，统一开放公正高效的市场体系还没有真正建立起来。

六是"重"招商引资中的合作，"轻"资源协同配置中的利益分享。攀枝花与凉山及相关县（市、区）相互支持举办专题性投资促进配套活动，共同策划举办安宁河谷走廊合作品牌活动，联合的招商引资活动也如火如荼地展开。但是，攀枝花与凉山及相关县（市、区）之间，资源协同配置中利益分享的体制机制尚处于探索阶段。

"六重六轻"现象的根本成因，在于攀枝花与凉山及相关县（市、区）财政"分灶吃饭""地方包干"管理体制使地方利益强化，在缺乏有效利益协调机制的情况下，势必会导致区域重复建设、重复引进和产业结构的严重趋同，也会滋生地方保护主义和经济封锁，加剧区域之间的利益矛盾。此外，区域间 GDP 与财税利益共享机制的不完善，构成了区域规划与合作缺乏坚实制度保障的关键障碍。同时，数字经济浪潮的汹涌澎湃，显著加剧了消费地与价值创造地之间的空间错位，促使产业布局与要素流动模式经历深刻变革。面对这一趋势，传统 GDP 核算体系、税收征管理念、技术手段、税收管辖权界定及税源分配机制等，均显现出对安宁河谷经济走廊综合开发新需求的适应性不足，亟须创新与调整以适应时代变迁。

（二）构建和完善促进安宁河谷经济走廊综合开发走深走实的体制机制

在推进安宁河谷经济走廊综合开发的进程中，构建并维护一种健康、良性的竞争与协作框架，同时明确并稳固其背后的体制机制架构，显得尤为关键且不可或缺。合作并不意味着消除了竞争，因为竞争与合作本质上是矛盾的统一体。在社会主义市场经济体制下，市场竞争始终是不可或缺的基本规律。[1] 没有良性的竞争，攀枝花与凉山及相关县（市、区）间的合作就缺乏生机和活力，就不能形成安宁河谷经济走廊综合开发中"你追我赶"生动活泼的协同场景。安宁河谷经济走廊综合开发必须立足做强自身和社会资源的优化配置，实现从"重竞争、轻合作"的传统模式向"强化合作、兼顾竞争"的新格局转型。这不仅是破解攀枝花与凉山及其下辖县（市、区）之间竞合关系中存在的"复杂交织""认识迷思"的关键策略，更是奠定坚实发展基础与明确方向的必要举措。

---

[1] 杨继瑞、周莉：《基于合作之竞争博弈的成渝双城经济圈良性关系重构》，《社会科学研究》2021 年第 4 期，第 100~109 页。

解决安宁河谷经济走廊综合开发推进过程中存在的问题，关键在于摒弃形式化倾向与"表面工程"，转而聚焦于实效驱动与持续发展，确保市场作为资源配置决定性力量的有效发挥。为实现这一目标，亟须构建并优化一套促进该经济走廊开发深入、务实的体制机制框架。这包括清除制度层面的"梗阻"，打破行政壁垒的束缚，拆除市场准入的不合理限制，进而重塑攀枝花与凉山及其所属县（市、区）之间基于共赢理念的竞争与合作新生态。

1.构建和完善税收与 GDP 的分享机制

在促进安宁河谷经济走廊综合开发走深走实过程中，关键在于激发区域合作的内在活力，充分调动安宁河流域内较为发达区域的积极性，通过利益导向机制，促使其主动向合作区域释放发展动能。为此，攀枝花与凉山两地可汲取深汕合作区在利益共享方面的成功经验，构建一套以"飞出地"（即相对发达区域）政府为主导的利益分配机制，同时鼓励"飞入地"（即发展中区域）通过合理让渡部分利益给"飞出地"，强化双方的合作纽带，促进资源、技术与市场的有效对接与融合。①

（1）在税收分配上，应倾向于对"飞出地"的倾斜支持，即合作产业园区所实现的税收，在保障"飞入合作区"基本留存需求后，剩余部分应以较高比例回馈给"飞出地"，以激励其持续投入与合作。

（2）GDP 核算体系亦需体现对"飞出地"的贡献认可。合作园区产生的 GDP，应设定较高的比例计入"飞出地"政府的统计范畴，以此体现其在区域合作中的核心作用与贡献。

（3）在"飞地经济"的其他利益分享方面，包括但不限于土地出让收益、固定资产投资额、招商引资成效、工业增加值、产品销售收入及进出口总额等关键经济指标，均应以能够纳入"源发地"地区政府绩效考核体系为主导原则进行设计与实施。

当然，"飞地园区"利益分享机制不是一成不变的，随着产业园区的发展，通过双方政府之间的定期联系机制，可以协商并进行相应的调整。

---

① 李莲、唐佳莹：《建言献策：助力安宁河流域高质量发展》，《四川省情》2022 年第 5 期。

2. 构建和完善招商引资的利益分享机制

在促进安宁河谷经济走廊综合开发走深走实过程中，发展中区域招引的企业，主动落地在相对发达区域，积极拥抱相对发达区域的"新极化"。但是，招引企业产生的 GDP 和税收在两地按照比例共享，发展中区域也可由此分享相对发达区域的"新极化"红利。

此创新性的招商引资模式，不仅从根本上缓解了安宁河谷走廊内招商引资领域的无序竞争问题，还显著提升了资源分配与利用的效率，为区域间的协调共进铺设了坚实基石。按照产业链逻辑，招商引资项目异地流转、安宁河谷走廊企业跨行政区迁移，关键在于其利益的合理共享。

在促进安宁河谷经济走廊综合开发走深走实过程中，按照比较成本机理，差异和错位配置相关产业，规避同质化的恶性区域竞争，需要对不符合本区域重点产业布局的项目跨区域异地流转，从本市、本省行政区域外新引进的项目，可推荐到包括重庆在内的其他区、县（市）及开发区建设，但必须以异地流转项目建设的利益共享机制为前提。

招商引资项目异地流转、企业省内迁移、川渝企业跨行政区迁移项目产生的税收，各区、县（市）地方实际留成部分及流转项目实现的 GDP，前 5 年引入方和承接方可以按 4：6 比例分成；第 6~10 年可以按 3：7 比例分成，10 年后可以按 2：8 或 1：9 比例分成。这样，有助于促进安宁河谷经济走廊综合开发走深走实，统一招商引资政策，合理调整成渝地区双城经济圈和省内产业结构和布局，切实解决产业定位不清晰、重复建设、无序竞争、资源浪费等问题，推动成渝地区双城经济圈和省内各市州重点产业集聚发展。

3. 构建和完善产业建圈强链的体制机制

在促进安宁河谷经济走廊综合开发走深走实过程中，要聚焦《成渝地区双城经济圈建设规划纲要》，成渝地区双城经济圈重大产业链规划，四川工业"5+1"、服务业"4+6"、农业"10+3"现代产业体系，以安宁河谷经济走廊的"四大特色"产业集群，主动对接创新驱动发展战略，加大研发投入，掌握自主知识产权，构建产业建圈强链的体制机制，把市场决定资源

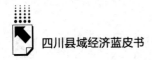

配置与政府有效引导有机结合。

攀枝花市与凉山州及其下辖县（市、区），需依据产业链的关键性、规模差异与特色亮点，分层构建并广泛实施"链长引领+链主驱动+人才支撑+产业基金助力+中介服务联动+公共平台赋能+科创空间引领"的综合性产业生态体系。通过信息化手段加速安宁河谷经济走廊的"再工业化"进程，与产业链龙头、科研机构等紧密合作，共建一批专注于产业链核心中间品、关键技术、关键部件的小型试验与中型试验基地集群。目标锁定高端产业及其高端环节，聚焦于主导产业、特色产业及细分领域，通过强化、聚集、补充、延伸、扩展及巩固产业链条，协同部署并执行重大规划、政策、工程、项目、资源调配及工作任务，深度推进安宁河谷经济走廊的综合开发。

在政府层面，构建"省级总链长+市（州）级链长+市（州）级副链长+县（市、区）级链长"的多级联动机制，确保产业链发展的各项政策得以有效执行，便于各级政府根据本地实际情况进行适当的调整和创新，以适应不同地区的产业发展需求。省级总链长建议由省高层领导担任，负责全局性产业链建设的战略规划与重大事项协调。市（州）级链长由市州主要领导出任，负责总体协调与督导；市（州）级副链长则具体分管产业链工作，并指导县（市、区）级链长的工作执行；县（市、区）级链长则具体落实上级"链长制"部署，推动产业链的具体项目和活动，确保政策落地生根。

在企业层面，确立"链主"核心地位，形成"链主引领+产业联盟"的协作模式。链主通常由行业龙头企业的董事长或总经理、产业协会与联盟领导、科研专家及资深园区管理者担任（可根据细分领域设置分链主），负责组建专项工作组，引领行业标准制定，协同中小企业攻克产业链关键环节；同时，组建园区服务专员与招商专员队伍，实施"园区品质提升"与"企业满园发展"战略；依托科创空间，全面指导园区的规划、管理、布局、招商、设施配套、环境优化及服务升级，共同塑造并优化建圈强链的产业生态环境。

4. 构建和完善数字经济运行的赛道机制

数字经济的快速发展进一步提高了生产效率和资源配置效率，促进了科学化分工和创新生态系统，是各次产业的新赋能，是促进经济区与行政区适度分离的新赛道。鉴于全球经济环境的复杂性和变化多端，把握数字经济这一新兴领域的发展机遇，积极培育该领域的竞争优势，已成为在挑战中寻求机遇、在变革中开创局面的关键战略举措。这不仅是"十四五"规划期间四川省构建现代化经济体系、促进国内国际双循环顺畅运行的先行步骤，还标志着未来经济发展的重要方向。

在促进安宁河谷经济走廊综合开发走深走实过程中，要深化改革，积极破除攀枝花与凉山及相关县（市、区）跨行政区经济多向融合的体制机制障碍：坚持产城融合，实施混合用地模式，推动数字经济和实体经济在空间上集聚融合发展，促进工业园区和开发区向综合园区转型升级；打破条块分割管理体制，理顺准入、准营及监管机制，推进垄断性服务业数字化业务的综合配套改革；明晰数字经济的行业边界、认定规范、统计标准，重视数据审核、发展评估和监测分析，定期发布安宁河谷经济走廊数字经济发展情况，提高监测、预警分析的质量和水平。

在促进安宁河谷经济走廊综合开发走深走实过程中，攀枝花与凉山及相关县（市、区）要克服"信息孤岛"效应，突出数字经济的集成，加快完善促进数字经济发展的政策支持体系：优化现有增值税政策，新增针对数字融入型生产企业和智能化制造企业的劳动力成本抵扣条目，以减轻其税负；确认数字化制造企业可享有高新技术企业的税收优惠政策，并根据企业的数字化进展实施梯度化的税收减免措施；为激励先进制造业的数字化转型，应革新抵押贷款机制，允许高数字化水平的企业和项目以非固定资产（如知识产权、数据资产等）作为抵押或质押物，同时，在金融机构的不良贷款管理、核销流程以及人员绩效评估上实施差异化策略，以适应这一变化；积极清除各类显性及隐性障碍，营造更加开放的投资环境，以拓宽数字化服务领域的市场准入，吸引社会资本流向高端生产性服务业。

在促进安宁河谷经济走廊综合开发走深走实过程中，攀枝花与凉山及相关县（市、区）要加强数字经济的立法保障，加快制定工业数据标准和数据安全管理条例：制定工业制造企业的行业通用数据标准，为实体经济的数字化融合奠定大数据智能化基础；在工业数据融合管理体系和评估规范中，进一步明确罚则，提升约束力和执行力；研究出台《成渝地区双城经济圈数据资源安全管理条例》，对数字经济和实体经济融合过程中的信息采集、存储、加工、传递、检索、分析等应用过程加以立法保护。

在促进安宁河谷经济走廊综合开发走深走实过程中，要注重攀枝花与凉山及相关县（市、区）发展数字经济的协同共赢，加强技术创新平台建设和共享：在核心领域与关键环节，倡导并组建共性技术研发联盟与创新共享平台，激励更多传统企业进行数字化转型，携手攻克关键共性技术难题；依托既有产业集群与国家级开发区的优势资源，精心培育制造业与数字化服务业深度融合的示范平台与载体，提升集群内部的协同效应与产业链协作效率；于制造业集群腹地内，构建全方位的服务支撑体系，涵盖研发设计、知识产权管理、信息服务、金融服务、商贸流通、物流配送及会展服务等，围绕区域数字化服务网络的构建，促进实体经济与数字经济间的业态交融、资源高效配置与互动发展模式的形成，最终实现两者的和谐共生与持续繁荣。[1]

5. 构建和完善区域经济品牌的共享机制

在促进安宁河谷经济走廊综合开发走深走实过程中，打造区域经济品牌，形成共享机制，无疑是十分重要的。区域经济品牌，作为外界对某一区域经济体、产业体系及产品集群的总体印象、理解与评判标准，深刻体现了消费者与这些经济要素间的互动关联。相较于单一的企业品牌或产品品牌，攀枝花与凉山及其下辖县（市、区）所构建的区域品牌，其核心差异在于其能够直接且全面地塑造区域整体形象、提升产业竞争力、提高产品辨识度，进而实现安宁河谷经济走廊内区域、产业与产品之间的协同发展与共赢。这一品牌效应不局限于某一具体企业或产品，更辐射至整个经济走廊，促进区域内各要素间的深度融合与共同繁荣。

毋庸讳言，安宁河谷经济走廊区域公共品牌的建立是一个长期努力和积

---

① 王济光：《推动数字经济与实体经济共融共生》，《当代党员》2023 年第 10 期。

累的过程。首先,安宁河谷经济走廊区域品牌打造要坚持长期主义,急功近利做不好品牌。安宁河谷经济走廊区域公共品牌的形成需要系统、科学的方法,以共商共投共建共管形成共营和共享机制。品牌建设不能仅凭感觉,还需要有科学方法论的支持。

根据是否具有公共性、具有何种程度的公共性,安宁河谷经济走廊区域品牌可以分为区域公共品牌和区域公用品牌两大类。区域公共品牌针对的是公共区域、公共服务领域,是区域内所有组织与个人公有、公用的品牌;而区域公用品牌的品牌所有权与品牌使用权分离,品牌所有权属行业协会等运营组织所有,品牌使用权由行业协会等组织授权符合标准的产业、产品生产经营者使用。区域公用品牌针对的更多是产业品牌、产品品牌等生产经营领域,只有区域内相关的行业协会等组织拥有品牌所有权,是区域内获得授权者才能共用、共建、共享的品牌。

安宁河谷经济走廊农业的金字招牌,特别适合打造区域公用品牌。打造安宁河谷经济走廊农产品区域公用品牌,必须立足安宁河谷经济走廊农业的现状特色,发挥政府职能部门、行业协会的作用,从产地特色、地理标志产品和其他特色农产品入手,创建区域公用品牌,与农业企业形成多元化的"母子品牌"结合、双方互促互动的发展模式。

6. 构建和完善县域经济群落的集成机制

在安宁河谷经济走廊的宏伟蓝图中,县域的繁荣与稳定构成了整体安宁的基石,县域经济的兴盛则是区域优化升级的关键所在。依据区域创新发展的深层次理论分析,县域经济不仅占据了安宁河谷经济走廊的显著份额,更是实施创新驱动发展战略中不可或缺的核心板块。而从产业空间组织演进的视角审视,随着工业化进程迈入中期阶段,大中城市的生产职能正逐步向县域腹地延展,这一趋势预示着县域即将承担起第一、第二产业协同发展的核心支撑角色,成为推动区域经济转型升级的重要引擎。

县域经济要注重专精特新"小巨人"的培育与发展。专注细分市场、掌握关键核心技术、创新能力强、成长性好,是专精特新"小巨人"企业的普遍特点。县域经济对制造业特别是高精尖产业的规划应当充分体现

"三要三不要"：一是要长线意识、不要追短线，不因为市场、行业、热点的短期变化而转移产业注意力；二是要整体意识、不要"一叶障目"，只看经济效益、不看生态效益，只顾受益者利益、不顾相关方利益；三是要大局意识、不要各搞一摊，不能把自己置身于全国大市场之外，避免不同地区在相似产业上恶性竞争，避免县域之间、市州之间因产业高度同质化导致的过度内耗。也就是说，在城镇化新格局背景下，县域经济特色化、特色经济产业化、产业经济集群化已经超越县域行政区划边界，大力发展特色产业、壮大特色产业集群、重构县域经济集群，无疑是双循环新发展格局下县域经济高质量发展的重要途径。

因此，在促进安宁河谷经济走廊综合开发走深走实过程中，安宁河谷经济走廊要聚焦战略性新兴产业、绿色产业和比较优势产业，以专精特新"小巨人"企业作为"动力细胞"，突破价值链低端锁定、构筑新竞争优势，围绕主导产业品牌的价值链、企业链、供需链和空间链四个维度，通过调整、优化相关企业关系使其协同行动，以头部企业和细分化龙头企业牵头培育铸链；以特色产业功能区的交易成本优势，吸引相关企业入驻聚链；针对县域主导产业供应链产业链短板，对照赛迪百强县评价指标的弱项，着力补链；根据县域主导产业的"左右岸""上下游"延链聚势；以"产业森林"逻辑扩链，以经济区和行政区的适度分离，形成"一县一主业"甚至"多县一主业"的产业规模效应；以产业数字化和数字产业链强链，激发县域主导产业品牌提档升级，形成成渝地区和四川县域主导产业品牌的强大竞争力。

7. 构建和完善会展经济的市场链接机制

发达地区主导产业品牌崛起的经验表明，借助"节庆、会议、展览、赛事、演艺"等重要大型会展，可以更好地发挥市场在资源配置中的决定性作用，促进民营经济的发展，推动区域特色优势产业做大做强，形成强势的品牌影响力。因此，安宁河谷经济走廊主导产业品牌建设可以借势"产业+会展""会展+产业""会展+电商"能量，实现区域特色优势产业的裂变和市场突围。

因此,在促进安宁河谷经济走廊综合开发走深走实过程中,要促进会展业与安宁河谷经济走廊特色优势产业深度融合。要重点围绕《成渝地区双城经济圈建设规划纲要》,成渝地区双城经济圈重点产业规划,四川省工业"5+1"、农业"10+3"、服务业"4+6"的产业优势以及安宁河谷经济走廊"四大特色产业",编制安宁河谷经济走廊产业主题会展规划,设计和培育与主导产业相关的系列节事庆典、会议论坛、展示展览、赛事演艺等活动,大力促进会展业与安宁河谷经济走廊特色优势产业融合发展,通过会展助推安宁河谷经济走廊的名优特新产业扩影响、拓渠道、促销售。

在促进安宁河谷经济走廊综合开发走深走实过程中,会展资源不能"撒胡椒面"、打"遍地开花"的"游击战",而要注重会展资源的整合,打赢区域主导产业品牌会展的"辽沈战役"、"平津战役"和"淮海战役"大战役,打造一批国家级和区域性标志性品牌会展。要积极举办安宁河谷经济走廊主导产业品牌"全国行"活动,促进安宁河谷经济走廊主动融入国内国际双循环的新发展格局。

在促进安宁河谷经济走廊综合开发走深走实过程中,要坚持"突出重点、彰显特色、助推产业、示范带动"原则,做大做强中国西部国际博览会进出口商品展、四川农博会、全国糖酒商品交易会、中国(四川)电子商务发展峰会、中国(绵阳)科技城国际科技博览会、成都国际家具展、成都国际车展、四川国际航展、中国国际酒业博览会、四川国际旅游交易博览会、中国(四川)国际物流博览会、成都国际汽车零配件及售后服务展览会、成都智慧产业国际博览会等知名会展活动。培育扶持一批安宁河谷经济走廊特色会展品牌,深入挖掘区域特色,结合各地产业优势和消费热点开展相关会展活动,文旅产业类重点培育系列会展品牌,积极参与重庆、京津冀、长三角、粤港澳和周边省份各类有影响力的会展。

在促进安宁河谷经济走廊综合开发走深走实过程中,要超前谋划"RCEP国际会展",通过自贸试验区、综合保税区与保税物流中心(B型)等开放平台,利用成都双机场货运、中欧班列、西部陆海新通道等走出安宁河谷经济走廊和国门,提升区域主导产业品牌的国际知名度和影响力,鼓励国际知名品牌到安宁河谷经济走廊参展。在"成渝地区双城经济圈发展论坛"基础上，嵌入区域主导产业品牌论坛和品牌产品会展；举办安宁河谷经济走廊会展，促进安宁河谷经济走廊融入新发展格局。

在促进安宁河谷经济走廊综合开发走深走实过程中，要以顶天立地与铺天盖地相结合的会展形式加强资源整合。以专业市场、商贸城等载体为平台，探索"展会+基地+交易+资源配置"的模式，促进安宁河谷经济走廊主导品牌的招商引资、要素流通和产品交易。推动展会与优势产业和电子商务融合发展，通过"产业+展会+电商"模式，打造一批展览业与实体经济相结合的专业展会品牌。举办小区微型会展，充分利用街道、社区和小区公共场所，围绕居民日常所需消费品开展一些产销对接的"家门口"微型会展。

在促进安宁河谷经济走廊综合开发走深走实过程中，还要以"云端会展"和新经济重塑"产会融合"新赛道，积极引导、推动政府主办的品牌展会率先使用5G、VR/AR、大数据等现代信息技术手段，通过举办线上展示、"云展览"、"云对接"和实体展线下体验互动，提升营销、资源配置和展示宣传绩效。线上虚拟会展以会展数字化逻辑在相当宽泛领域可与线下实体会展良性互动，形成实体展的有益补充。线下实体展需要融入现代数字技术，线上虚拟展可以助推线下实体展，节约线下实体展的人力、物力资源；线下实体展可为线上虚拟展构建体验场景，使虚拟展更好地满足客户对场景和体验感的需求。同时，线上虚拟展可以在时间和空间上延伸和"云端保存"线下实体展，形成"永不落幕的展会"和"云端可储存可搜索会展"。同时，"双线会展"可以推动实体市场与线上网络批发商、销售商、物流商的有机衔接，催化安宁河谷经济走廊主导产业品牌和特色优势产业基地、龙头批发市场、新零售和消费终端的互动。

8. 构建和完善重大项目的 AB 协同机制

在促进安宁河谷经济走廊综合开发走深走实过程中，需切实贯彻区域协调发展的核心理念，强化攀枝花与凉山及其下辖县（市、区）间的协同联动，摒弃狭隘的地域观念，打破"各自为政"的传统思维框架。尤为重要的是，在行政区划交界地带的空间布局规划中，攀枝花与凉山及其毗邻县

（市、区）应统一战略视角、深化认知共识，自项目规划及建设初期便注重功能定位的差异化设计，旨在实现优势互补的错位发展格局，并在此基础上推动形成深度融合、共生共荣的区域经济共同体。

只有错位发展、差异竞争才能实现融合发展。只有构建良性的竞合关系，安宁河谷经济走廊行政区划毗邻地区作为融合发展先行区、示范区和创新区，才能够规划出最新最美的发展场景。创新的本质之一在于其外溢效应，这些先行示范区通过汇聚创新要素、激发创新活力、培育创新主体，不仅加速科技成果向现实生产力的转化，更以辐射效应引领周边区域共同进步，整体推进经济社会全面发展，树立经济区与行政区良性互动、和谐共生的典范。

错位发展策略，深刻体现了对区域特色与优势差异化发展的重视。须从攀枝花与凉山及其下辖县（市、区）的独特禀赋出发，避免重蹈他人覆辙，探索一条以稳固基础为基石、彰显特色优势为引领、强化开放创新为驱动、增进民生福祉为目标的差异化发展路径，促进跨行政区域的资源优化配置与互补发展，实现更高层次的区域融合与协同。

在安宁河谷经济走廊综合开发走深走实过程中，按照跨行政区划合作共建区域发展功能平台的规划，除了根据比较优势规律考量之外，攀枝花与凉山及相关县（市、区）党政还要构建相对均衡的项目布局及其制度安排，统筹兼顾。

遵循区域经济学的内在逻辑，区域间的互动应以合作为基石，并适度融入错位竞争的元素。具体而言，若一行政区划侧重于 A 类项目的布局，则相邻区域应相应侧重于 B 类项目，以实现互补共生。攀枝花与凉山及相关县（市、区）党政要优化跨行政区划落地重大项目的地方性法规。以法治思维保障"国省区域发展战略"契合与嵌套进一步走深走实的良性竞合秩序。一旦空间 AB 错位的生产力布局格局议定，攀枝花与凉山及相关县（市、区）党政就要依法严格遵守，加强协调，决不能破坏共同确定的"游戏规则"。也就是说，要用法治化的"AB 错位生产力布局"逻辑，加强安宁河谷经济走廊在大数据、智能化、新能源、新材料、航天科技等领域的协调发展，形成符合区域生产要素资源条件的重大项目布局和相对均衡的优势产业布局。

9. 构建和完善多制度有机衔接认证机制

在促进安宁河谷经济走廊综合开发走深走实过程中，要合力建设现代基础设施网络、协同建设现代产业体系、共建具有全国影响力的科技创新中心、打造富有巴蜀特色的国际消费目的地、共筑长江上游生态屏障、联手打造内陆改革开放高地、共同推动城乡融合发展、强化公共服务共建共享等，多制度的有机衔接认证机制至关重要。

比如，在攀枝花与凉山及相关县（市、区）实名办税互认、实名数据交换，实现一次实名认证、双方互认，通俗点讲，就是进一家门办两家事，包括临时发票代开、车购税缴纳、跨区域经营登记报验、二手房申报交易税费缴纳等；开展外汇管理改革创新和外汇监管互通互认，联合成立安宁河谷经济走廊科创母基金等；在科技领域，成立安宁河谷经济走廊高新区联盟、技术转移联盟，开通科技资源共享服务平台，共建重点实验室；在医疗领域，开通药品委托生产快捷通道，共同选派检查员联合开展药品生产场地许可及药品 GMP 符合性检查，深化药械化审评检查能力建设合作，共建安宁河谷经济走廊中医药大健康产业科技创新中心；在贸易领域，深化安宁河谷经济走廊海关监管协同联动，创新"关银一 KEY 通"一体化模式，实现"电子口岸卡"业务跨关区通办；在数字经济领域，推进安宁河谷经济走廊数字基建、跨省通办机制、信用信息共享、数据服务、"互联网+监管"、企业交流、大数据立法、大数据标准化等，合力打造数字产业高地；在市场监管领域，建立和完善"市场准入异地同标"便利化准入机制，政务服务实现异地直通互办；还应该在汽车、电子信息、科技创新、文创会展、现代金融、数字经济、总部经济、生物医药、国际消费目的地、农业现代化等领域构建产业联盟和实现多制度的有机衔接认证；统筹推进流动型开放和制度型开放，对标 CPTPP、RCEP 等高水平经贸规则，协同攻关制度创新，推动构建以铁路提单、多式联运"一单制"为核心的陆上贸易规则体系，携手推进金融科技创新监管、本外币合一银行结算账户体系等（国家）试点，形成攀枝花与凉山及相关县（市、区）贸易跨境收支结算、西部陆海新通道融资结算应用场景等。

攀枝花与凉山及相关县（市、区）还要在民生工程和人才工程等方面实现无缝衔接。比如，社保电子化转移，实现异地养老待遇线上人脸自助认证、职业技能等级的互通互认、专业技术人才职称的互认机制等，形成一体化甚至同城化的新局面。

10. 构建和完善干部交流互派的连心机制

在促进安宁河谷经济走廊综合开发走深走实过程中，须强化攀枝花与凉山及其下辖县（市、区）间的人才流动与合作，尤其是加大党政领导干部的跨域交流力度，这不仅是组织体系内对干部权责的强化监管与正面激励措施，更是对干部队伍建设的深度关怀，为攀枝花与凉山及其下辖县（市、区）各级领导集体的构建提供了坚实的组织支撑，并作为推动安宁河谷经济走廊深入开发的关键制度设计，进一步夯实了其发展的组织基础。

攀枝花与凉山及相关县（市、区）土生土长的领导干部，内部存在较为普遍的本土关系网络，这可能在一定程度上影响决策的公正性，成为腐败滋生的潜在土壤。长期任职于同一地区的干部，易形成地域性"归属感"，这虽具正面意义，但在面对区域协同开发的大局时，也可能导致思维惯性、限制合作视野。因此，推动干部全面交流机制显得尤为关键。此举旨在打破地域界限，拓宽干部视野，避免"闭门造车"的局限，促进各地优秀经验的互鉴共享。通过交流，干部们能够相互学习、弥补不足，将先进的管理理念与实践方法引入新岗位，同时也有助于消除因地域文化差异造成的误解与隔阂，激发创新思维，促进区域间的合作与共赢。

在促进安宁河谷经济走廊综合开发走深走实过程中，攀枝花与凉山及相关县（市、区）党政常态化的沟通交流非常重要。基于此，四川省、攀枝花市及凉山州需共同推行部门间及毗邻区域干部的互派与深入交流机制。在核心经济与管理领域，可探索设立对口机构，实施联合办公模式，以此促进日常沟通的高效与顺畅，实现从地理邻近到人员亲善、心灵相通的转变，鼓励干部间的换位思考，构建安宁河谷经济走廊建设中的深厚干部共识与协作

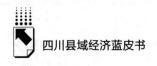

精神。

此外，为确保交流、挂职干部的工作与生活无后顾之忧，相关部门应明确界定其探亲交通、住房安排及各项待遇保障的具体执行标准与细则。例如，关于探亲交通费用的承担主体、年度报销频次；住房租赁的面积限制与费用解决方案；以及除基本工资福利外，可享有的额外补贴种类等，均需详尽规定。总体而言，对于参与攀枝花与凉山及关联县（市、区）交流的干部，应给予充分的人文关怀，确保各项保障措施到位、合理待遇得到落实，从而为安宁河谷经济走廊综合开发的深入推进奠定坚实的组织支撑与干部动力基础。

（三）完善促进安宁河谷经济走廊综合开发的政策支持体系

在省级层面设立安宁河谷经济走廊综合开发领导小组，由省领导担任组长，四川省发改委主要领导、攀枝花市、凉山州主要领导担任副组长，有关部门领导和攀枝花市、凉山州常务副市长为成员，办公室设在省发改委，分别在攀枝花市和凉山州设立办事机构。办公室要认真履行综合协调、计划制定、督促检查等职责，项目化、清单化推动任务落地落实。推动办公室下设的专项工作组成员单位及有关部门要按职责分工，加强力量配备，高效完成各项任务。

第一，强化重大改革举措的系统性集成与试点经验的广泛交流应用。四川省及各地全面深化改革举措，可以推广试点的，支持安宁河谷经济走廊集中落实、率先突破、系统集成。[①] 成渝地区双城经济圈探索形成的改革创新示范经验，应积极向安宁河谷经济走廊辐射，实现经验共享与成果互鉴。为此，建议由省级发改委主导，编制并发布《安宁河谷经济走廊投资指引目录》，旨在激励成渝双城经济圈各城市与安宁河谷经济走廊下辖各县（市、区）构建"飞地经济园区"，促进区域协同发展。

---

① 《上海市人民政府 江苏省人民政府 浙江省人民政府印发〈关于支持长三角生态绿色一体化发展示范区高质量发展的若干政策措施〉的通知》，《上海市人民政府公报》2020年第14期，第3~5页。

第二，特设立安宁河谷经济走廊管理委员会（以下简称"管委会"），并授予其等同于省级的项目管理权限，承担起跨区域（市州）项目的统筹管理职责，专注于先行启动区内（除国家特殊规定外）所有跨市州投资项目的审批、核准及备案流程的优化与集中管理。此外，管委会还将联合安宁河谷经济走廊内各县（市、区），共同行使对先行启动区域控制性详细规划的审批权力，以提升区域规划的协调性与实施效率。

第三，攀枝花和凉山州按比例共同出资设立安宁河谷经济走廊综合开发先行启动区财政专项资金，用于先行启动区的基础设施建设、经济发展项目及日常运营维护，为区域的发展提供坚实的资金保障。同时，双方还将积极争取中央及省级政府的财政支持，包括但不限于中央专项转移支付资金和地方政府债券额度，并力求促成中央与省财政联合出资，设立针对安宁河谷经济走廊综合开发的投资基金，以进一步拓宽融资渠道，增强区域发展的资金实力。

第四，加大金融创新力度。政府将积极鼓励并支持符合法律法规要求的各类社会资本，在该区域设立银行、保险、证券、基金等多元化金融机构，以及金融租赁、财务公司、汽车金融、消费金融等专业金融服务机构，以丰富区域金融服务体系。同时，鼓励符合条件的金融机构实施跨区域布局，在安宁河谷经济走廊增设分支机构，并提升分支机构的层级，鼓励其在业务创新上深入探索，以推出加灵活多样的金融产品与服务。

第五，大力发展绿色金融。广泛推广绿色信贷，鼓励发行绿色债券及绿色资产支持证券，同时积极引入绿色保险机制，以金融手段促进环境保护与经济发展双赢。此外，探索水权、排污权、用能权、碳排放权及节能环保等领域的质押融资创新业务，以拓宽绿色融资渠道。充分发挥国家级政府投资基金及其项目的标杆作用，激励社会资本积极参与，共同设立多样化的绿色发展产业基金，为区域绿色转型提供坚实的资金支撑。

第六，建立建设用地指标统筹管理机制。优先确保经济走廊内重大项目的用地需求，特别是涉及区域战略规划的轨道交通、高速公路、国道、航道及通用机场等基础设施项目，其用地指标将由省级或更高级别政府统一调配，以确保项目用地的高效供给。同时，遵循土地节约集约利用的原则，建立建设用地指标的灵活周转机制，确保示范区内的重大项目顺利落地实施。

第七，建设"天府第二粮仓"，坚决实施最为严格的耕地保护策略。实施全要素、生态绿色导向的全域土地综合整治，在确保耕地总量稳定、质量提升与结构优化并进的基础上，精心规划各类空间布局，优先将示范区的全域整治项目纳入国家试点范畴。同时，开展永久基本农田规划调整试点项目，针对安宁河谷经济走廊国土空间规划内明确界定的城镇开发边界与生态保护红线内的零散永久基本农田，实施科学合理的布局调整策略。对于因选址无法规避永久基本农田的重大建设项目，依据项目用地规模，制定详尽的占用补划方案，并在永久基本农田储备区内有效实施补划措施。针对断头路等紧急且重大的基础设施与生态治理项目，若需占用耕地、林地，在完善占补平衡管理机制的同时，积极探索并建立承诺补充机制。此外，对农田进行景观化改造，以"农商文旅体医"融合的新模式，打造安宁河谷经济走廊的独特魅力。同时，加速推进龙塘水库、大桥水库、竹寿水库等大中型水利工程建设，为"天府第二粮仓"提供功能完善、高效运行的水利设施支撑。

第八，提高土地资源配置效能。鼓励工业、仓储、研发、办公、商业等多功能用地实现互利共生，促进空间设施的共享利用，并强化公共服务与市政基础设施的功能混合性。在村庄用地布局上，优化调整策略，通过村内整合、跨村归并及城镇安置等多种方式，推动农民实现集中居住。同时，倡导农业生产和村庄建设用地的复合利用模式，以促进农业与旅游、文化、教育、康养等产业的深度融合，激发乡村经济新活力。

第九，加快新一代信息基础设施建设。鼓励电信、广电等运营商加快5G、千兆光纤等新一代信息基础设施的跨区域共建共享，积极探索跨域电信业务的创新模式。同时，深入推动IPv6的规模化部署，科学规划安宁河谷经济走廊的互联网数据中心及边缘数据中心布局，强化云计算、物联网、区块链等新一代信息技术的基础支撑与服务能力。此外，支持并引导示范区内的重点行业与重要企业建设工业互联网标识解析二级节点及企业节点，以推动数字制造、量子通信、智慧交通、未来社区等前沿应用的发展，并加快构建"城市大脑",为区域智慧化发展提供强大的数字引擎。

第十,打造教育协同发展试验区。吸引高水平大学于安宁河谷经济走廊设立分支机构,包括分校、联合大学及研究机构,并开设其优势学科与专业,以强化区域教育资源。积极扶持优质教育集团在此区域独立办学或合作办学,对入驻的高校及中小学校在设立条件、运营保障等方面给予全方位支持。推动职业教育高地建设,依据安宁河谷经济走廊的产业特色,打造高水平职业院校,并设立产教融合示范区,探索跨市(州)的"中高贯通""中本贯通"职业教育培养模式改革试验。依托现有资源,筹建安宁河谷经济走廊一体化师资培训中心,促进教师队伍的专业成长与资源共享。

第十一,推动继续教育资源共享。实施继续教育学时(分)及证书互认机制,打破地域界限,为专业技术人才的知识更新培训项目提供更广阔的参与平台。针对安宁河谷经济走廊内的主导产业,携手共建职业农民等专业技术人员继续教育基地及高技能人才培养基地,并积极争取省级基地认定。

第十二,优化医疗资源配置。整合攀西地区的医疗卫生资源,强化公共应急与传染病防控的联防联控机制,确保对突发公共卫生事件的有效应对。鼓励市(州)级三甲医院在安宁河谷经济走廊设立分院或特色专科,与本地医院建立结对帮扶关系,共同构建医疗培训一体化平台。支持区域内符合条件的医院争创三甲医院,允许境外医疗机构与医师在符合规定的前提下开展医疗服务。推广影像资料与检验报告的互认制度,提升医疗服务效率与质量。

第十三,探索推进医保目录、医保服务一体化。打破区域壁垒,重点加强医疗资源的互补、医保信息的互通、医保标准的互认、业务经办的协同以及监管检查的联合。进一步完善医保异地结算机制,确保在安宁河谷经济走廊内实现异地就医门诊与住院医疗费用的直接结算,为群众提供更加便捷高效的医疗保障服务。

第十四,推动文化旅游体育合作发展。联合构建攀西地区全域旅游智慧服务平台,携手共建安宁河谷生态文化旅游长廊。吸引高级别体育赛事入驻安宁河谷经济走廊,加速康养休闲特色小镇的崛起,实现区域内城市阅读、

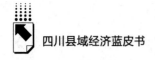

文化联展、教育培训、体育休闲、旅游服务的一卡通、一网通、一站通及一体化管理，提升区域文旅体综合竞争力。

第十五，优化公共资源配置。积极推动公共资源交易平台的信息共享与资源整合，促进排污权、用水权、碳排放权、用能权等环境权益交易市场的互联互通，提升资源配置效率与公平性。

第十六，探索科技创新一体化发展和激励机制。推动攀西地区科技创新券的通用通兑，鼓励建立跨区域财政资金结算机制以支持科技创新券的流通。针对安宁河谷企业明确的共性技术需求，探索实施"揭榜挂帅"科研项目立项与组织模式，支持企业申报科技攻关项目，强化项目驱动的一体化发展战略。

第十七，统一相关职业资格考试合格标准和职称评审标准。对二级建造师、二级注册计量师、二级造价工程师、初级注册安全工程师等职业资格考试项目，实施统一的合格标准及证书格式，允许考试合格人员跨区域注册执业。同时，进一步打破户籍、地域、身份、档案、人事关系等限制，在部分专业技术领域探索实施统一的评价标准与方式，推动临床住院医师规范化培训资质的互认。特别地，安宁河谷经济走廊内的工作经历将被视为医生、教师等专业技术人员职称评审中的基层实践经历，以促进人才流动与职业发展。

第十八，推进专业技术任职资格和职业技能等级互认。攀枝花市与凉山州依据国家标准评定的专业技术人员，在安宁河谷地区跨市（州）从事与其原专业技术职务相同或相近岗位时，其职称证书无须复核或换发，直接认可其专业能力。对于已持有国家认可的职业资格证书或职业技能等级证书的人员，在安宁河谷区域就业时，不再另外进行技能水平评估，确保人才流动的无缝对接。

第十九，优化企业自由迁移服务机制。安宁河谷经济走廊内的企业，若因住所或经营地点变更需跨市（州）迁移并涉及主管税务机关变动的，由迁出地税务机关为符合条件的企业提供便捷迁移服务，即时将企业相关信息推送至迁入地税务机关，后者则自动完成接入手续，确保企业纳税信用等级、增值税期末留抵税额等关键权益信息的无缝承继，减轻企业迁移负担。

第二十，加强组织保障。安宁河谷相关单位需深刻认识政策实施的重大意义，提高政治站位，加强跨部门协调配合，依据本政策措施细化工作方案，确保各项措施精准落地、取得实效。各责任主体应主动担当，积极探索产业合理布局、有序招商及错位发展的新机制，推动区域经济协同发展。安宁河谷经济走廊管委会需充分发挥统筹协调作用，合理配置资源，推进一体化制度创新与实施，加强政策研究、信息交流、效果评估及信息报送工作，密切跟踪政策执行情况，遇有重大问题及时向上级报告。

第二十一，提请农业农村部等有关部委将安宁河谷经济走廊农业特色产业发展纳入农业农村规划重点项目大盘子。加大对设施农业、标准化畜圈、防汛抗旱防雹设施等方面的支持力度，推动特色产业发展迈上新台阶。对农业基础设施建设项目在资金上给予倾斜，重点对特色农产品预冷分拣包装等商品化处理能力建设、配套产地预冷装置、速冻装置及气调保鲜库建设、农产品初精加工能力建设等方面给予支持。支持凉山安宁河流域创建国家级特色葡萄、蓝莓、杜果、石榴等优势产业集群，国家"南菜北运"输出基地和国家级特色农产品优势区。

第二十二，提请国家有关部委出台支持安宁河谷建设南向开放内陆门户枢纽的相关政策，出台支持安宁河谷经济走廊建设国家"双碳"先行示范区、国家钒钛和稀土资源创新开发试验区、全国重要的清洁能源基地等方面的相关政策，出台支持安宁河谷经济走廊建设国际阳光康养旅游目的地相关政策。在水资源配置工程基础设施建设、交通基础设施建设和新基建项目等方面给予倾斜。

参考文献

① 陈梅芬：《做强县域数字经济，助推四川省高质量发展》，《决策咨询》2023 年第 4 期。

② 郭训成：《促进山东低碳经济发展的对策建议》，《宏观经济管理》2013 年第 1 期。

③ 李莲、唐佳莹：《建言献策：助力安宁河流域高质量发展》，《四川省情》2022 年第 5 期。

④ 刘志惠、黄志刚：《P2P 网络借贷平台风险识别及度量研究——基于熵值法和 CRITIC 算法》，《合肥工业大学学报》（社会科学版）2019 年第 2 期。

⑤ 庄贵阳：《协同推进降碳减污扩绿增长》，《经济日报》2023 年 4 月 29 日。

⑥ 徐向梅：《在新发展格局中做强做优县域经济》，《经济日报》2022 年 9 月 19 日。

⑦ 杨继瑞、周莉：《基于合作之竞争博弈的成渝双城经济圈良性关系重构》，《社会科学研究》2021 年第 4 期。

⑧ 杨继瑞：《绵阳：释放国家科技城磁性思考及举措》，《决策咨询》2022 年第 3 期。

⑨ 王若晔、余如波：《发展县域经济，把县域打造为城乡融合发展"桥头堡"》，《四川日报》2023 年 3 月 21 日。

⑩ Diakoulaki, D., Mavrotas, G., Papayannakis, L., Determining Objective Weights in Multiple Criteria Problems: The CRITIC Method, *Computer Ops Res*, 1995, 22: 763-770.

⑪ Milićević, Milić R., and Goran Ž. Župac, "An Objective Approach to Determining Criteria Weights," *Vojnotehnički Glasnik*, 60 (2012): 58-70.

后　记

　　为了对四川县域经济发展现状有清晰的认知，让各级党政及部门从不同维度和视角深度了解四川 183 个县（市、区）经济发展情况，科学指导各县域对标对表，促进县域经济的高质量发展，四川省县域经济学会成立了《四川县域经济发展报告》编委会和相应的编写小组，进行《四川县域经济发展报告（2023~2024）》的调研和编撰工作。在《四川县域经济发展报告》编委会的领导下，《四川县域经济发展报告（2023~2024）》编写小组，在四川省各县域开展了大量深入的调查研究，多次召开座谈会，完成了对各种数据的分析、挖掘、梳理对各种资料的整理和编撰。《四川县域经济发展报告（2023~2024）》基于四川县域权威统计数据的分析和县域经济高质量发展调研，可为相关部门和各级领导提供决策参考，为科研工作者和高校师生提供学习研究四川县域经济的工具书。

　　《四川县域经济发展报告（2023~2024）》由 15 篇报告构成，县域案例篇中的报告来源于四川省县域经济学会课题研究成果。全书由杨继瑞、黄潇、梁甄桥、许辰迪、付莎、王平、苏苗薇修改、统稿。

　　《四川县域经济发展报告（2023~2024）》在编写和出版过程中，在四川省县域经济学会的统筹下，得到了四川省发改委、四川省统计局、四川省工商业联合会、四川省市场监督管理局、四川各市州县（市、区）等单位的大力支持。在此，编委会向各单位表示诚挚的谢意！

　　《四川县域经济发展报告（2023~2024）》在编写和出版过程中，充分听取和吸收了从事县域经济问题研究专家、学者和从事成渝地区双城经济圈研究的成渝地区知名专家、学者的真知灼见。他们是（以姓氏笔画为序）：

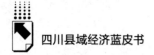

丁任重、马胜、王川、王冲、王擎、毛中根、文传浩、尹庆双、汤继强、杜伟、李好、李萍、李敬、李后强、张卫国、陈光、陈滔、易小光、祝志勇、徐承红、盛毅、阎星、盖凯程、蒋永穆、温涛、廖元和、熊平、戴宾等。

本书得到四川省县域经济学会的全力资助；同时，在编写出版过程中，得到了西南财经大学中国西部经济研究中心、西南财经大学成渝经济区发展研究院、重庆工商大学成渝经济区城市群产业发展协同创新中心、成渝地区双城经济圈建设与区域协调发展研究智库的联合支持。

本书也是成都市社科规划重大项目"成渝地区双城经济圈战略引领下的成都都市圈建设研究"（2022B04）、重庆市教育科学规划重点项目"成渝地区双城经济圈空间演进与高等教育人力资本布局研究"（K23YD2080092）、重庆市教委科学技术项目"成渝地区双城经济圈区域经济一体化测度及推进路径研究"（KJQN202100810）等项目的阶段性、关联性、支撑性、后续性成果。

由于编写小组水平有限，存在挂一漏万和若干不足之处。还请专家、学者以及社会各界批评指正。我们将在此基础上不断改进，持续提升《四川县域经济发展报告》后续年度的编撰质量。

《四川县域经济发展报告（2023~2024）》编写组

2024 年 8 月

社会科学文献出版社

皮 书

智库成果出版与传播平台

❖ 皮书定义 ❖

皮书是对中国与世界发展状况和热点问题进行年度监测，以专业的角度、专家的视野和实证研究方法，针对某一领域或区域现状与发展态势展开分析和预测，具备前沿性、原创性、实证性、连续性、时效性等特点的公开出版物，由一系列权威研究报告组成。

❖ 皮书作者 ❖

皮书系列报告作者以国内外一流研究机构、知名高校等重点智库的研究人员为主，多为相关领域一流专家学者，他们的观点代表了当下学界对中国与世界的现实和未来最高水平的解读与分析。

❖ 皮书荣誉 ❖

皮书作为中国社会科学院基础理论研究与应用对策研究融合发展的代表性成果，不仅是哲学社会科学工作者服务中国特色社会主义现代化建设的重要成果，更是助力中国特色新型智库建设、构建中国特色哲学社会科学"三大体系"的重要平台。皮书系列先后被列入"十二五""十三五""十四五"时期国家重点出版物出版专项规划项目；自2013年起，重点皮书被列入中国社会科学院国家哲学社会科学创新工程项目。

皮书网

（网址：www.pishu.cn）

发布皮书研创资讯，传播皮书精彩内容
引领皮书出版潮流，打造皮书服务平台

栏目设置

◆ **关于皮书**

何谓皮书、皮书分类、皮书大事记、
皮书荣誉、皮书出版第一人、皮书编辑部

◆ **最新资讯**

通知公告、新闻动态、媒体聚焦、
网站专题、视频直播、下载专区

◆ **皮书研创**

皮书规范、皮书出版、
皮书研究、研创团队

◆ **皮书评奖评价**

指标体系、皮书评价、皮书评奖

所获荣誉

◆ 2008 年、2011 年、2014 年，皮书网均
在全国新闻出版业网站荣誉评选中获得
"最具商业价值网站"称号；
◆ 2012 年，获得"出版业网站百强"称号。

网库合一

2014 年，皮书网与皮书数据库端口合
一，实现资源共享，搭建智库成果融合创
新平台。

皮书网

"皮书说"
微信公众号

权威报告·连续出版·独家资源

皮书数据库
ANNUAL REPORT(YEARBOOK)
DATABASE

分析解读当下中国发展变迁的高端智库平台

所获荣誉

- 2022年，入选技术赋能"新闻+"推荐案例
- 2020年，入选全国新闻出版深度融合发展创新案例
- 2019年，入选国家新闻出版署数字出版精品遴选推荐计划
- 2016年，入选"十三五"国家重点电子出版物出版规划骨干工程
- 2013年，荣获"中国出版政府奖·网络出版物奖"提名奖

皮书数据库

"社科数托邦"
微信公众号

成为用户

　　登录网址www.pishu.com.cn访问皮书数据库网站或下载皮书数据库APP，通过手机号码验证或邮箱验证即可成为皮书数据库用户。

用户福利

- 已注册用户购书后可免费获赠100元皮书数据库充值卡。刮开充值卡涂层获取充值密码，登录并进入"会员中心"—"在线充值"—"充值卡充值"，充值成功即可购买和查看数据库内容。
- 用户福利最终解释权归社会科学文献出版社所有。

数据库服务热线：010-59367265
数据库服务QQ：2475522410
数据库服务邮箱：database@ssap.cn
图书销售热线：010-59367070/7028
图书服务QQ：1265056568
图书服务邮箱：duzhe@ssap.cn

社会科学文献出版社 皮书系列
SOCIAL SCIENCES ACADEMIC PRESS (CHINA)

卡号：981642998871
密码：

S 基本子库
UB DATABASE

中国社会发展数据库（下设 12 个专题子库）

紧扣人口、政治、外交、法律、教育、医疗卫生、资源环境等 12 个社会发展领域的前沿和热点，全面整合专业著作、智库报告、学术资讯、调研数据等类型资源，帮助用户追踪中国社会发展动态、研究社会发展战略与政策、了解社会热点问题、分析社会发展趋势。

中国经济发展数据库（下设 12 专题子库）

内容涵盖宏观经济、产业经济、工业经济、农业经济、财政金融、房地产经济、城市经济、商业贸易等 12 个重点经济领域，为把握经济运行态势、洞察经济发展规律、研判经济发展趋势、进行经济调控决策提供参考和依据。

中国行业发展数据库（下设 17 个专题子库）

以中国国民经济行业分类为依据，覆盖金融业、旅游业、交通运输业、能源矿产业、制造业等 100 多个行业，跟踪分析国民经济相关行业市场运行状况和政策导向，汇集行业发展前沿资讯，为投资、从业及各种经济决策提供理论支撑和实践指导。

中国区域发展数据库（下设 4 个专题子库）

对中国特定区域内的经济、社会、文化等领域现状与发展情况进行深度分析和预测，涉及省级行政区、城市群、城市、农村等不同维度，研究层级至县及县以下行政区，为学者研究地方经济社会宏观态势、经验模式、发展案例提供支撑，为地方政府决策提供参考。

中国文化传媒数据库（下设 18 个专题子库）

内容覆盖文化产业、新闻传播、电影娱乐、文学艺术、群众文化、图书情报等 18 个重点研究领域，聚焦文化传媒领域发展前沿、热点话题、行业实践，服务用户的教学科研、文化投资、企业规划等需要。

世界经济与国际关系数据库（下设 6 个专题子库）

整合世界经济、国际政治、世界文化与科技、全球性问题、国际组织与国际法、区域研究 6 大领域研究成果，对世界经济形势、国际形势进行连续性深度分析，对年度热点问题进行专题解读，为研判全球发展趋势提供事实和数据支持。

法律声明